财经法治

BLOCKCHAIN

PRACTICAL DECODING 730 QUESTIONS

区块链实用解码730问

上册 基础与核心

王骥 编著

法律出版社
LAW PRESS · CHINA

编写说明

本书分为上下两部分，上部分包括区块链的构架、共识机制与算法以及加密机制与算法；下部分包括区块链 1.0：从比特币到数字货币、区块链 2.0：智能合约与可编程金融、区块链 3.0：可编程的经济与社会。

本书较同类图书更为详细，仅区块链的核心机制与技术——共识算法与加密算法，就以 10 章篇幅进行了论述。本书以问答方式的体例，730 个问题既普及知识，又答疑解惑，更易为读者所接受。

之前的互联网是“信息互联网”；今后，区块链将促使互联网华丽换体，嬗变成“价值互联网”，前景不可估量。

王　骥

2018 年 8 月 15 日

总 目 录

上 册

第一部分 框架解密与颠覆

第二部分 共识机制与算法

第三部分 加密机制与算法

下 册

第四部分 区块链 1.0:从比特币到数字货币

第五部分 区块链 2.0:智能合约与可编程金融

第六部分 区块链 3.0:可编程的经济与社会

目　　录

上　　册

第一部分　框架解密与颠覆

第二部分 共识机制与算法

第三部分 加密机制与算法

问答目录

第一部分

框架解密与颠覆

第1章　区块链及其背后的神秘组织

1.1　区块链背后的神秘组织及其运动

1.1.1　产生、背景与过程

001 区块链背后的神秘组织是什么，是如何产生的？

区块链作为蜚声世界的加密数字货币——比特币的底层技术，其产生不仅与中本聪有关，还涉及一个重要的神秘组织——“密码朋克”。

这群组织有如中国历史上伟大的“侠客”群体一样（主要产生于社会换代动荡与相对开明的历史时期，如春秋战国），其中大多数人对物质享乐的要求不高，但个个身怀绝技，他们多数有与生俱来的高贵人格、品质，强烈的“人文主义”情怀、理想和信念，往往让其在大多数时候作出一些“伟大的事情”，如“风萧萧兮易水寒”“留取丹心照汗青”“我以我血荐轩辕”“我自横刀向天笑”等描述的那样。这类人对民族、人类品格与文化的塑造，在一些时候起到的重大影响，往往让人肃然起敬。比如，《史记》中专设有《游侠列传》，其中对“荆轲刺秦”的描述可谓浓墨重彩，当时写成的竹简可能要堆满一个小隔间。由此可见，“史学太祖”司马迁对荆轲的壮举有多么的崇敬与激动。

在西方，中世纪之后，随着资本主义的萌芽和个人自由、平权制度的建立，社会在分权的过程中，相对开明的历史时期时有出现。这为西方“侠客”群体的产生或许提供了土壤和空间。从这个意义上讲，时代催生了“密码朋克”及其运动。

“密码朋克”运动萌芽于20世纪70年代，就“密码朋克”组织而言，始肇于1992年年底。当时，一位名为蒂莫西 · C. 梅（Timothy C. May）的美国退休物理学家，邀请一群朋友到他位于加利福尼亚州圣克鲁斯的家里讨论刚刚诞生的互联网与隐私问题。他说："正如印刷术改变了中世纪社会权力结构，削弱了行会权力，加密法也将从根本上改变企业的性质和政府对经济行为的干预。"在这次会议结束时，这个小群体为自己取了个名字——"密码朋克"，就像捍卫数字世界公民隐私的超级英雄一样。

一周后，"密码朋克"的另一创立人埃里克·休斯编写了个程序，可以接收加密邮件，隐除所有身份标记，并将它们发送回用户列表，当你签名后，你会得到休斯的回信。这个系统就是"密码朋克邮件名单"的加密电子邮件系统，简称"密码朋克"。所以，在有些书籍中，又将"密码朋克"狭义地称为"一套加密的电子邮件系统"。

公开资料显示，"密码朋克"的创立人除了埃里克·休斯和蒂莫西·C. 梅之外，还有约翰·吉尔莫尔。该组织是由一群密码天才建立起来的松散性联盟。他们认为，在这个开放的电子信息时代，不要指望通过政府、公司或者其他组织对个人隐私进行保护，他们有必要行动起来，通过编程来保护个人隐私。这个组织在全球只有 1400 多人，唯一的联络方式就是通过电子邮件，匿名地分享自己的技术思想。他们讨论的话题包括数学、加密技术、计算机技术、政治和哲学，也包括私人问题等。

"密码朋克"所做的正是政府所担心的，在过去的 10 年里，威菲迪菲的公钥加密和菲尔齐默尔曼的完美隐私（Pretty Good Privacy，PGP）加密已经被证明用于控制数字信息访问权方面很有效。由于世界各国政府担心失去对权力与信息的控制，开始威胁要禁止这些加密工具被公众使用。不过，对于这群"天才"来说，这早已是预料之中的事情。这也为这个组织交流、发明创造的"秘密性"以及中本聪的"隐姓埋名"埋下了的伏笔。

002 "密码朋克"运动的历史背景与重大过程是什么？

区块链的技术和文化根源就是"密码朋克"运动。"密码朋克"运动认为：保护个人隐私是自由社会的重要基石，反对政府和公司对个人隐私的侵害。该运动以代码与密码学为武器，与当局进行长期的周旋。他们与黑客不同，他们的运动关注保护隐私而不是获取秘密，但在某些问题上存在一定的合作关系。该运动对于密码学技术的扩算和民用发挥了重要的作用。加密数字货币是"密码朋克"运动长期努力的目标。"密码朋克"运行的大事记如下（见图 1－1）。

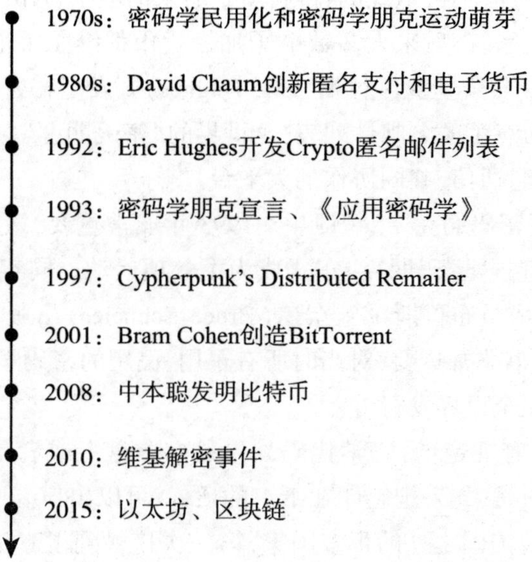

图 1－1

早期，密码学由政府与军队控制，属于军火武器、商业公司，老百姓是完全接触不到的。比如，信息论之父克劳德·艾尔伍德香农（Claude Elwood Shannon）在 1946 年写的论文，到了 20 世纪 60 年代，有些公众才能接触。直到 20 世纪 70 年代，IBM 出面找美国政府，声称公司在某些场合也需要使用密码学。因此，美国政府批准 IBM 拿出一个商用密码方案，后来变成今天的美国数据加密标准（Data Encryption Standard，DES），使密码学作为一种学问开始进入民间。

当密码学因为商业的原因得以民用之后，越来越多的信息和文章流向民间，也因此在民间出现了一批不在军方、不受政府雇佣、又掌握先进密码学的“高手”。他们开始研究密码学，形成了身怀绝技的“侠客”群体。

需要注意的是，比特币并非加密货币之发轫，早在 20 世纪 80 年代，“密码朋克”就有了加密货币的初步设想。蒂莫西·C. 梅提出了黑网（Black Net）的设想，建立一个充满政府秘密的市场，泄露政府秘密的人可以获得一种不可追踪电子加密货币的奖励，即加密信用（Crypto Credits）。加密货币的难点在于如何建立分布式共识，也就是莱斯利·兰伯特（Leslie Lamport）等人在 1985 年提出的拜占庭将军问题（Byzantine Generals Problem）。

20 世纪八九十年代，大卫·乔姆（David Chaum）提出注重隐私安全的密码学网路支付系统,具有不可追踪的特性,就是后来的电子货币(eCash),不过电子货币并非去中心化系统,后来大多数电子加密货币都继承了电子货币重视隐私安全的特性。1992 年埃里克·休斯(Eric Hughes)开发了秘密成员(crypto)匿名邮件列表。正因为有了匿名邮件列表,全世界的“密码朋客”“天才”才能汇聚一起,并筑构相互匿名通信、共同协作的大平台。

1992 年年底“密码朋克”组织诞生。1993 年非常重要,该年 3 月《密码朋克宣言》发布,同时宣告“密码朋克”正式成为了一项运动。同年,还发生了一件大事,就是密码朋克成员布鲁斯·施奈尔(Bruce Schneier)出版了一本名为《应用密码学》的书。该书非常重要,对当时所有军用、民用的密码学作了一个总结,并且这本书还可以在全世界发行。

当时,美国政府规定:密码学代码如果是在磁盘上或者是以电子形式存在的,不允许出口;但是,如果把它印在纸上的话,就可以出口。所以,出版《应用密码学》的意义在于:美国之外的很多国家,第一次接触到了真正的军用级别的商用密码学代码,极大地促进了密码学的传播。

上述这些传播者,都是“密码朋客”,他们不受雇于美国的军方。后来,还发生了一些重要的事情,如解密高手的分布式邮件转发服务(Cypherpunk's Distributed Remailer),事实上是匿名邮件列表的升级,里面有大量的技术创新,比特币的很多技术就源于这些匿名邮件列表。

2001 年著名的比特流(BitTorrent)出现了,发明者叫布拉姆·科恩(Bram Cohen),他是一位知名的“密码朋客”。2008 年中本聪发明了比特币;2010 年爆发维基解密事件(创始人也是“密码朋克”);2014 年以太坊区块链出现。由此引发了人们对这一颠覆世界的、很可能改写人类历史的比特币底层技术——区块链的认知和重视。

1.1.2 宣言与使命

003 “密码朋克”发布过哪些重要文件,对比特币、区块链的诞生有何重大指引?

1993 年“密码朋克”的联合创始人埃里克·休斯发表了《密码朋克的宣言》(A Cypherpunk's Manifesto)。1994 年蒂莫西·C. 梅发表了《密码朋克常见问题解答》(Cypherpunks FAQ)。1998 年戴维(Wei Dai)发表了名为“B-money”(最早的数字加密货币说明,由此,数字加密货币的概念诞生)的提议;提议指出,有一条能加强匿名用户之间契约关系的途径。2005 年尼克·萨博(Nick Szabo)发布了《比特金》(Bit gold),基于哈尔·芬尼(Hal Finney)的可重复使用的工作量证明算法(Reusable Proof of Work,RPoW)。虽然建议中没有提到合约的执行机制,但尼克·萨博自己早在 20 世纪 90 年代就已经提出关于智能合约的几个想法。2008 年年底中本聪发表了《比特币白皮书》,并于 2009 年 1 月 3 日发布代码,运行以区块链为底层技术的比特币。

其中,《密码朋克常见问题解答》(Cypherpunks FAQ)的一段内容揭示了"密码朋克"运动的重大意义和颠覆性影响:①

> 强大的加密技术已经到来。它正被广泛使用。这意味着世界的运作方式会发生许多变化:为两个素未谋面且永远不会遇见的人提供了私人渠道。它既完全匿名,也不会消逝;通信内容无法追踪但交流又是可行的。
>
> 由于买卖双方相互不知道对方身份,且能随时退出,所以交易只能是出于自愿。这对由政府或其他集团对当时人使用的武力威胁的传统方式,产生了极其深远的影响。须指出一点,这种威胁必将会失败。
>
> 加密技术会产生什么效应我们尚不得而知,但我认为会是一种被称为"加密—无政府状态"的无政府资本主义市场体系(只有自愿交流,无第三方介入)。

戴维(Wei Dai)发表了 B-money,在其引言中,揭示了"密码朋克"运动的本质内涵:②

> "加密—无政府状态"不像其他"无政府"传统社区,在那里,政府不是暂时而应当是被永久禁止且不被需要的。在这个社区里,暴力威胁是软弱无力的,因为暴力不可能存在。为什么呢?因为没人能知道参与者的真实姓名和物理位置。

① Oleg Andreev,"Real crypto-anarohy",http://blog. oleganza. com/post/71410377996/real-crypto-anarchy-without-anonymity,December 28,2016.

② Ibid.

比特币及区块链是结合了蒂莫西·C.梅和尼克·萨博设想的完美合体。它对交易双方的唯一要求就是保持匿名性。如果没有自然人的踪迹，那么就不会有暴力干预，这样的合约就只能按照自愿协商的方式由双方自行执行。比特币对这些交易进行编码，以达到全网自动执行的效果。

004 "密码朋克"宣言的使命、目标和思想是什么，有何重大影响？

1993年3月9日一篇名为《密码朋克运动的宣言》(A Cypherpunk's Manifesto)发表在埃里克·休斯的网站上(由埃里克·休斯撰写，与其他两位发起人商定)。这一宣言意义非常重大，几乎指导了过去20年来所有"密码朋克"运动的实践。当然包括比特币、区块链技术的开发与实践等。该宣言的使命即目标为：

> 密码朋克致力于建立匿名系统……电子时代，隐私是开放社会不可或缺的……我们不能期望政府、企业或其他大型的匿名组织来保障我们的隐私……如果期望拥有隐私，那么我们必须亲自捍卫之。我们使用密码学、匿名邮件转发系统、数字签名以及电子货币来保障我们的隐私。

该宣言揭示的指导思想为：

> 无隐私，无自由。
> 隐私不是秘密，密码朋克不是黑客。
> 匿名通信和支付系统是保护隐私必不可少的基础设施。
> 政府靠不住，公司靠不住，任何人类组织都靠不住。
> 新密码学得永生。
> 阻碍密码学传播和民用的人目的不纯。
> 自己动手，实干引领，用密码学与代码创建一个安全的、自由的网络世界

该指导思想开宗明义，提出了"无隐私，则无自由"的论断，并明确地指出隐私与秘密不一样。所谓黑客，是把你的秘密偷盗出来的人，而"密码朋客"是保护你的隐私的人。"政府是靠不住的，公司是靠不住的，任何人类组织都是靠不住的"，那么什么是靠得住的？密码学是靠得住的——信密码得永生。

在宣言里,最重要的是提出要他们自己构造电子支付系统,以达成“匿名通信系统和支付系统是保护隐私必不可少的基础设施”的目的。这是在1993年就已经明确设立的“密码朋克”运动的一个重要宗旨与重要目标。中本聪似乎就是按照这个目标往前走的,并创建了比特币与区块链技术。

1.1.3　区块链颠覆与价值

005　区块链、“密码朋克”产生的现实价值及其颠覆性作用是什么?

区块链产生的大背景需要注意两个重要的时间点:1998年前后与2009年前后。

1997年9月席卷整个东南亚的金融危机从泰国爆发,其中在以索罗斯等为首的金融大鳄活跃期间,他们“趁火打劫”“火上浇油”。这次危机不仅让整个东南亚经济严重衰退,同时向全球蔓延,对整个世界经济形成了很大的冲击。2008年9月金融危机再次袭来,并席卷全球,世界各国为了应对危机,开始量化宽松的货币政策,超发的货币大量稀释了民众手中的财富。传统金融体系带病、负重前行,步履蹒跚,再次引爆了人们对政府的质疑与愤怒,美国曾一度爆发“占领华尔街”运动。

在2008年金融危机时,作为底层技术的区块链,伴随着比特币正式登场了。

关于区块链颠覆世界的作用将在后面章节详述,这里,笔者将主要论述“密码朋克”作为一种特有组织形式,是如何引领互联网狂潮并颠覆未来社会组织模式的。

“密码朋克”那群“极客”在1993年通过网络建立起来的“人以群分”的组织结构模式,4~5年过后才在互联网上以锐不可当的方式引领时代大潮流,诸如天涯、FabLab、猫扑、Twitter、微博圈、QQ、朋友圈、微信群等。这些现象不仅体现了社会向个体价值方向的倾斜,也说明了区块链这一巨大的技术突破,类似于互联网的传输控制协议/因特网互联协议(Transmission Coatrol Protocol/Internet Protocol,TCP/IP)协议,尽管现在还处于基础阶段(就像1994年的互联网一样),但其特点及其植根于互联网技术发展与如今诸如云计算、大数据的兴起一样,必然导致社会的巨大变革。另外,这些先行者们在互联网产生之初便能迅速地搭借这一世纪“春风”,成为先知先觉,看来并非偶然。

当然,在这些自发群体之中,最重要的组织应该就是维基解密(百度百科、

SOSO百科等网络百科之祖)。它的创始人朱利安·阿桑奇(Julian Paul Assange)也是"密码朋克"的重要成员之一。这一颠覆传统、展示未来社会模式之一的重大创造,是在"密码朋克"成立8年后的2001年1月15日正式诞生的。其中最主要的运营思想和模式,都或多或少地受到这一"极客"成员已实现的技术与思想交流等的影响。

在"密码朋克"成立之初,或许无人能够想到,正是这群"天才"们的创意、思想与发明,如同在一个死气沉沉的湖面上荡开的一朵朵涟漪,10多年后却掀起了全球范围内数字货币的大风暴。更为重要的是,这一风潮背后的区块链技术,让人们开始相信"颠覆现有社会政治、经济、文化与生活的某些基本或重大模式"的实现似乎不再那么遥远。

1.2 "神"一样的"朋克大牛"

1.2.1 向"大牛"致敬

006 "密码朋克"有哪些"大牛",人们是如何向他们致敬的?

在"密码朋克"组织中,天才般的人类"大牛"很多,例如,维基解密的创始人朱利安·阿桑奇、BT下载的作者布拉姆·科恩、万维网发明者蒂姆·伯纳斯-李(Tim Berners-Lee)爵士、提出了智能合约概念的尼克·萨博、Facebook的创始人之一肖恩·帕克(Sean Parke)等。

其中,那些对比特币、区块链有重大贡献的"大牛"们,被人们以一种特别的方式记载到了区块链当中。比如,一个比特币相当于一亿个Satoshi,Satoshi是一聪,也就是比特币的最小单位,Satoshi就是中本聪的这个"聪"。以太坊的最小单位是Wei,10^{-18}以太币相当于一个Wei,而这个Wei是为了向一个人——戴伟致敬,他是华裔。10^{-6}以太币是一个Szabo,是为了向尼克·萨博致敬;而10^{-3}以太币是一个Finney,是为了向哈尔·芬尼致敬。

这些人都是数字货币在诞生过程中发挥过重要作用的"密码朋客",所以他们的名字也被以这样的方式记载在密码学数学货币的历史上(见表1-1)。

表1-1 “朋克大牛”名字对应的比特币(ETH)换算单位

ETH的贡献“大牛”	单位	折合成1比特币
中本聪	1 Satoshi	10^{-8} ETH
戴伟	1 Wei	10^{-18} ETH
尼克·萨博(Nick Szabo)	1 Szabo	10^{-6} ETH
哈尔·芬尼(Hal Finney)	1 Finney	10^{-3} ETH

1.2.2 贡献与推动

007 “密码朋克”的“大牛”们,都为区块链做了什么贡献?

很多事实证明,比特币及其区块链的灵感与构思来自“密码朋克”成员过往的发明或在不经意知识、经验分享中碰撞出来的火花,你也可以完全理解这群天才共享思想与创新的成果。

据统计,在比特币诞生之前,“密码朋克”的成员讨论、发明过失败的数字货币和支付系统多达数十个。比特币的加密理论基础来源于以下几项密码学的技术创新:1977年罗纳德·李维斯特(Ronald L. Rivest)、阿迪·萨莫尔(Adi Shamir)和伦纳德·阿德曼(Leonard Adleman)发明了第一个具备商业实用性的加密算法,即RSA(RSA Acgorithm)算法。1976年威特菲尔德·迪菲(Whitfield Diffie)与马蒂·赫尔曼(Marty Hellman)发明的精妙的公私钥加密(Public Private-Key Cryptography PPKC)体系,从PGP邮件技术[现在GnuPG(GNV Privacy Guard)软件更为普遍],到比特币的网络协议,PGP加密技术广为应用。

但是,当时这些加密技术发明均在美国国家安全局(NationalSecurityAgency,NSA)的严密监视之内,NSA最初认为它们对国家安全构成威胁,直到20世纪90年代末,NSA才放弃对这些技术的控制,RSA与迪菲-赫尔曼密钥交换体系最终得以走进公众领域。

不过,中本聪并不信任NSA公布的加密技术,而是另外一条精心设计的曲线。2013年9月爱德华·斯诺登(Edward Snowden)爆料NSA采用秘密方法控制加密国际标准,比特币采用的椭圆曲线函数可能留有后门,NSA能以不为人知的方法弱化这条曲线。全世界只有极少数程序躲过了这一漏洞,比特币便是其中之一。

在 2004 年比特币产生之前,“密码朋克”联盟早期的重要成员哈尔·芬尼便发明了数字货币,其中的可重复使用的工作量证明机制(Reusable Proof of Work,RPoW)为比特币借用。哈尔·芬尼(身患绝症于 2014 年去世)是 2009 年比特币产生后第一笔转账的接受者。在比特币发展的早期,中本聪与他有过大量互动与交流。

需要注意的是,上述的工作量证明机制,即比特币区块链的一个核心要素,是由另一位朋克成员英国密码学家亚当·贝克(Adam Back)于 1997 年发明的,它的成果为哈希现金(Hashcash),其机制原型主要用于解决互联网垃圾信息的问题。而且,亚当·贝克是今天 BlockStream 的技术掌舵人,比特币里很多的技术创新都来自 BlockStream,如侧链。

另外,与中本聪有很多邮件交流的另一位重要朋克成员戴伟,他是一位兴趣广泛的密码学专家。戴伟于 1998 年发明了 B-money,B-money 通过每台计算机尝试单独书写交易记录,虽然这样容易造成系统账本不一致,但其点对点的交易和不可更改交易记录的模型,为区块链技术的去中心化与交易记录不可更改等核心构件提供了重要的思路与雏形。其中,戴伟还设计了复杂的奖惩机制以防止交易作弊,虽然没能从根本上解决问题,但是也成就了通过“挖矿奖励”的方式解决比特币发行的重大问题。

“密码朋克”的“大牛”们,还有一些代表人物,例如,哈伯(Haber)和斯托尼塔(Stornetta)在 1997 年提出了一个用时间戳的方法保证数字文件安全的协议,这个协议后来成为比特币区块链重要协议的原型。又如,本·劳里(Ben Laurie),他是 OpenSSL(Open Secure Sockets Layers)的创造者;亚佩巴姆(Jacob Appelbaum)是 Tor(The Onion Router)的创始者,Tor 是互联网上匿名浏览的一个工具。

除此之外,如果不是因为有“密码朋克”运动,老百姓是不可能获得这种级别技术。这些东西“离经叛道”,运用于比特币、以太坊、区块链等,完全都是“密码朋克”运动的产物。

008 戴伟的 B-money 与比特币最大的区别是什么?

1998 年“密码朋克”成员之一的华裔天才数学家戴伟发明了 B-money——匿名的、分布式的电子加密货币系统。在比特币的官网上,B-money 被认为是比特币的精神先导,所以,分布式思想是比特币的重要灵感来源。

B-money 的设计在很多关键的技术特质上与比特币非常相似，但是，B-money最大的现实运用困难在于货币的创造环节。在其系统中，要求所有的账户持有者共同决定计算量的成本并就此达成一致意见。但是，计算量的成本这类信息并不准确、及时，也难以获得，而且计算技术发展是日新月异的，有时并不公开，因而 B-money 很难成为现实。

其实，B-money 与黑网（由蒂莫西 · C. 梅提出）、加密信用都只是停留的理论探索阶段，并未真正进入应用领域。直到 2010 年，美国政府向支付服务机构施压以对维基解密实施金融封锁时，蒂莫西 · C. 梅的黑网才逐渐成为现实。于是，比特币成为现实中的加密信用。

1.3　解密中本聪

1.3.1　身份与注册解密

009 中本聪特殊的注册生日，如何解密？

中本聪发布比特币白皮书的网站名为“P2P Foundation”，该网站注册必须提供出生日期，中本聪填写的是 1975 年 4 月 5 日。当然，没有人会认为这些信息是真实的。不过，1975 年 4 月 5 日在货币史上是具有重要意义的一天。作为在很多人心中像“神”一样存在的中本聪，如果说这是巧合或胡乱填的，似乎又低估了这位“天才”的睿智和涵养。

1933 年 4 月 5 日为应对大萧条，时任美国总统富兰克林 · D. 罗斯福（Franklin D. Roosevelt）签署了 6102 号政府法令。该法令规定所有美国公民持有黄金是非法的。于是，以美元交换美国人手中的黄金，使美元贬值了 40%。同时，强制推高黄金价，目的是让美国的债务贬值以对抗大萧条，造成美国人的财富被“洗劫”了 40%。这一行为，被一些人认为是政府对民众“不经过民主程序”的最直接的“盗窃”行为之一，许多人还认为这是美国政府所作所为中最违反宪法的行为之一。

但是，1975 年 4 月 5 日时任美国总统福特（Gerald Rudolph Ford）签署“黄金合法化”法案，美国人可以再次合法地拥有黄金。这两个数字被蹊跷地放在一起，没法不让人怀疑这是有意为之。

但凡仔细研究过中本聪的创世论文以及比特币代码，一定会对他的注重细节以及对货币知识的掌握感到惊讶。这一注册生日数字很可能不是随机组合，而是个隐喻，针对的对象或许就是这群“志同道合”的特殊人群——“密码朋克”们。

如果这一注册生日“果真有意为之”，这似乎暗示：中本聪就是美国人，或者是由美国人主导的一个团队。这能不能算得上泄露了一项重要的秘密？

010 中本聪到底是什么身份，如何揭秘？

比特币于 2008 年问世，而中本聪自 2010 年“消失”之后，各方人士努力搜寻此人，但查了 10 多年，曾经被锁定的人选高达数十位，但始终无法查出其真实身份，而且最后几乎都断了线索。

2013 年有人爆料在数学领域有过卓越贡献的望月新一就是中本聪，但是并没有人能提供直接证据。2014 年黑客攻击了中本聪用过的邮箱，并找到了邮箱的主人多利安 · 中本（Dorian Nakamoto），随后多利安表示自己只是偶然获得了邮箱的地址和密码，并不是中本聪。2016 年克雷格 · 赖特（Craig Wright）表示他就是中本聪，且能提供中本聪的私钥。但随后，赖特因为无法面对大家的质疑而撤回自己的声明。不过，关于这个克雷格 · 赖特有必要介绍一下。

克雷格 · 赖特是名澳大利亚商人，在他身上有很多地方符合“密码朋客”的特点。他 7 岁开始就不和父母住在一起，而是被外公抚养。而他外公恰好是第二次世界大战时期盟军部队里澳大利亚军方的军事密码谍报员。所以，在他很小的时候，外公教会他一些和密码学有关的东西。

克雷格 · 赖特虽然被认定不是中本聪本人，但是他也一定跟中本聪有密切的协作关系。因为，如果他不是“密码朋客”，很难想象他能够在论文正式发表的几个月前，就拿着这篇文章去找他朋友探讨里面的技术，好像这篇文章是他自己写的一样。而且，克雷格 · 赖特早在 2009 年就要给他朋友汇 5 万个比特币，但是又被他朋友退回了。同时，他和哈尔 · 芬尼也保持了密切的关系。所以，无论中本聪是谁，他一定是一名顶级的“密码朋客”，他是“密码朋克”运动的产物，或者可以说是一代豪杰。

根据中本聪坐拥价值近 700 亿元人民币的比特币而依然销声匿迹不予认领的事实，有人作出这样判断：中本聪大概是美国人，一个出身于富裕家庭、有着体面工作、衣食无忧的人，一个情商很高、在现实中拥有美满生活的人，一个心智坚定的理想主义者，一个拥有缜密思维和逻辑能力的工程师。

另外,从中本聪2008年在发布比特币白皮书的网站"P2P Foundation"注册的1976年4月5日的生日来看,这个日子含义特别,似乎也暗示了他就是美国人。

一位名叫安德烈亚斯·安东诺波罗马斯(Andreas Antonopoulos)的比特币业务企业家指出:"比特币是信任的中性框架,数十亿人可以借此在金融方面自力更生。之所以能够做到这点,是因为不需要任何人的权威,甚至不需要中本聪的权威。"所以,从某种意义上来讲,寻找中本聪似乎没有多大意义。

1.3.2　隐匿大法与"圈"中影响

011 中本聪"神龙不见首尾"的藏匿大法到底怎样?[①]

中本聪具备精湛的密码学造诣,许多曾经被认为是冗余设计的错误,后来被陆陆续续证明都是正确的,例如,在椭圆曲线数字签名算法加密的基础上,再哈希两次,足以应付量子计算机的威胁;精心挑选的Koblitz曲线,避开了美国国安局在加密标准中暗藏的后门。[②]

中本聪行事非常缜密,与任何人交流都使用PGP加密和Tor网络,哪怕是与最亲密的合作伙伴交流也使用加密,而且从不透露个人信息,加文·安德烈森(比特币基金会首席科学家)、尼克·萨博、哈尔·芬尼,这些曾经与他经常互动的"朋克友人"也对他知之甚少。连中本聪在把项目的领导权移交给加文·安德烈森时,也仅是通过邮件进行简短交流。

加文·安德烈森曾向记者透露,有很多人都冒充中本聪写信给他,但都被他轻易识破,因为他们没有使用PGP加密。中本聪甚至在白皮书和社区发言中,有意地伪造一些身份信息与个性化特征,导致一些错误的猜测。例如:伪装英式拼读、格林尼治时间的作息规律、使用日本名字、论文中"We"的第一人称、使用生僻的科技术语、模仿密码学同人的写作风格、反复使用"of course"无逗号隔离、不同于惯用的方法(the problem of course is)、使用"preclude"一词(仅在

---

① 长铁:《我们都是中本聪:那些孜孜以求建立密码学货币的先驱们》,载比特币链头条:http://www.8btc.com/cypherpunk-satoshi,最后访问日期:2018年7月28日。

② 屈兆翔:《中本聪的天才:比特币以意想不到的方式躲开了一些密码学子弹》,载比特币链头条:http://www.8btc.com/satoshis-genius-unexpected-ways-in-which-bitcoin-dodged-some-cryptographic-bullet.,最后访问日期:2018年7月28日。

1.5%的密码论文中出现)等。

他的这些方法效果很好,已经有无数研究者、情报人员调查过他的真实身份,这些人里有技术大牛、天才数学家、团队,目标人选多达几十位,但没有一个得到核实。分析称,比特币之父中本聪或为经济学教授尼克·萨博,业内人士质疑中本聪或为京都大学教授望月新一。前段时间两位以色列计算机专家爆料:比特币黑市网站"丝绸之路"站长罗斯·威廉·乌布利希(Ross William Ulbricht)与中本聪可能存在财务往来。研究称,中本聪或与网站"丝绸之路"存在财务来往。这让人对中本聪捏了一把汗,所幸的是,中本聪没有犯这么愚蠢的错误。很快有人站出来澄清那个地址是他的,不是中本聪的。中本聪从未动用早期挖矿所得的比特币,这些比特币就像石沉大海,永久沉默着。对此,美国联邦调查局(FBI)也无可奈何。美国中央情报局(CIA)雇员斯诺登曾披露NSA在椭圆曲线算法(Elliptic Curve Cryptography,ECC)中埋了个陷阱,他们通过不为人知的方法来弱化这条曲线。但遗憾的是,比特币让他们失望了,中本聪使用的不是NSA精心挑选的伪随机曲线,而是Koblitz曲线。至于中本聪怎么知道国际通用加密标准ECC中有后门,恐怕除了他本人,没人会知道。

实际上,早在中本聪为上线比特币项目的时候,他就精心准备了身份资料与域名。2008年8月18日中本聪注册了"http://bitcoin.org"的域名,并保护性地注册了"http://bitcoin.net。whois",将信息都毫无价值地指向位于芬兰赫尔辛基的一家小型主机托管商。域名注册商为一家小公司"http://anonymousspeech.com"。选择这家公司是因为这家公司声称能为用户的域名注册提供匿名性保证,确保不受人肉搜索,也不会遭到政府的检索。研究人员曾一度追踪到这家公司,但毫无结果。因为中本聪使用Tor网络发送邮件,而且目前"http://bitcoin.org"大概已经移交了所有权,这也就是为什么移到了赫尔辛基的原因。但是"http://bitcoin.net"这个域名一定还在中本聪的手里。完成域名准备工作之后,中本聪这于2009年2月11日,在"http://p2pfoundation.ning.com"发起"比特币"项目。

意味深长的是,中本聪在创世区块里留下了一句不可修改的话:"2009年1月3日,财政大臣正处于实施第二轮银行紧急救助的边缘。"(The Times 03/Jan/2009 Chancellor on Brink of Second Bailout for Banks.)此时,英国财政大臣达林正被迫考虑第二次出手纾解银行危机的时刻,这句话是《泰晤士报》(*The Times*)当天的头版文章标题。中本聪引用这句话,既是对该区块产生时间的说明,又是对金融危机中旧有的脆弱银行系统的冷嘲，还可能是一个隐瞒其身份的烟幕弹。

人们可能误解了比特币诞生的意义，在白皮书《比特币：一种点对点的电子现金系统》中，中本聪甚至提都没提“货币”这个词，而其存在性证明却在创世区块就已经有所暗示。直到几年之后，社区开发者才意识到区块链的深远意义。

012 中本聪在“密码朋克”中的影响度到底如何？

中本聪在密码邮件组中是以一个年轻后辈的注册身份出现的，但其影响度非常高。

在这个邮件组中，有菲利普·希默曼（Philip Mermman，PGP技术的开发者）、阿桑奇、布拉姆·科恩、蒂莫西·C. 梅、约翰·吉尔摩（John Gilmore，太阳微系统公司的明星员工）、斯蒂文·贝洛文（Steven Bello Vin，美国贝尔实验室研究员，哥伦比亚大学计算机科学教授）这样的“大牛”，虽然没有任何来自密码邮件组成员对中本聪的评价，但我们可以从一些细节中了解中本聪的地位。

中本聪的地位似乎比密码学货币的先行者大卫·乔姆要高。大卫·乔姆被凯文·凯利（Kevin Kelly）在20年前所著的世界级高水准巨著《失控》中施以重墨，如为乔布斯这样的科技明星立传一样。两位天才不同的是，前者失败了，而后者却吸取了前者的教训。可能正是由于这个原因，导致凯文·凯利对比特币持悲观态度。[①]

2011年维基解密宣布支持比特币捐赠，社区一片欢呼。消失已久的中本聪却在论坛发帖，警告这不是一个好消息，他建议阿桑奇不要支持比特币捐赠。维基解密后来淡化处理了这件事。那也是中本聪最后一次公开露面，这似乎暗示了他对阿桑奇的影响。

另外，哈尔·芬尼（PGP加密的发明人之一）被认为是中本聪的早期助手，人们亲切地称他为中本聪的“沃森”（Watson）（沃森是电话发明人贝尔的助手）。

不过，中本聪赢得的尊重，应该来自他超凡的才能与见识。比如，中本聪曾在与一位研究者的信件交流（节选）中（被该研究者公布，由名为“骨髓行走”的人翻译），[②]他强调比特币的独一无二，嘲弄基于“信任第三方”系统的失败，如电子现金。“我希望人们能够有一种区别，即人们认为我是第一次知道我们在尝试

① ［美］凯文·凯利：《技术元素》，张行丹、余倩译，电子工业出版社2012年版。

② 骨髓行走：《中本聪和某研究者的信件交流（节选）》，载比特币链头条：http://www.8btc.com/satoshi-bitcoin-email，最后访问日期：2018年7月28日。

一个无信任第三方为基础的系统。”①中本聪的自信可见一斑。

中本聪对这些失败者的反省是,Beenz、Flooz、E-cash、B-money 等虚拟货币的失败主要是由其中心化的组织结构所造成的。因为一旦为虚拟货币信用背书的公司倒闭,或保管总账的中央服务器被黑客攻破,该虚拟货币即面临信用破产与内部崩溃的风险。2009 年 2 月中本聪在 IRC 频道写道:“政府擅长击溃 Napster 那样拥有中央控制的网络,但是 Gnutella 和 Tor 这样完全 P2P 的网络看起来依旧高枕无忧。”

1.4 客观评价中本聪

1.4.1 极端与客观

013 如何客观评价中本聪的成就?

从技术来看,比特币是将数字货币、密码学和拜占庭容错共识三类技术以一种巧妙而简单的方式链接在一起产生的,这是信息技术和数字化发展的产物。中本聪的巨大贡献就是找到了这三类技术链接的方式。

在数字货币的诞生历程中,在蒂姆希 · C. 梅、大卫 · 乔姆和戴伟等“大牛”的努力下,每一次冲击都前进了那么一段距离,但是,距离成功总还差那么一点儿。

非对称加密技术的发明,肖恩 · 范宁创立 Napster 与肖恩 · 帕克点对点网络技术的开发,使比特币的出现成为可能。通过这两项技术,可以建立分布式交易账簿,并以呼叫问答机制向全网广播,网络节点不停地检查接收的数据,避免数据被篡改。

最后的障碍就是“双重支付”问题,“双重支付”自数字货币诞生伊始就是个难以解决的问题。实际上,其解决方法就是亚当 · 拜克在 1997 年发明的哈希现金(Hashcash)算法机制。但起初该设计用于限制发送垃圾邮件与拒绝服务攻击,并没有引起人们的太多注意。之后,哈尔 · 芬尼继续拜克的思路,在达利亚 · 马凯(Dahlia Malkhi)与米迦勒 · 瑞特(Michael Reiter)的拜占庭容错机制

---

① 骨髓行走:《中本聪和某研究者的信件交流(节选)》,载比特币链头条:http://www.8btc.com/satoshi-bitcoin-email,最后访问日期:2018 年 7 月 28 日。

(Byzantine Quorum Systems)学术成果基础上,将哈希现金算法改进为RPoW。

至此,所有的技术都已经成熟了,最终由中本聪“临门”一脚,将RPoW引入加密货币,于是,2008年比特币诞生了。RPoW消除了中枢时间戳服务器的需求,杜绝了被那些不怀好意的人想通过攻击服务器来进行比特币无限重复消费的问题。最终,中本聪利用RPoW机制解决了拜占庭将军问题。

显而易见,在哈希现金、非对称加密和点对点技术这些关键技术中没有一项是中本聪发明的,但最后由他摘取了“桂冠”。与其说是运气,不如说是因为中本聪恰好具备发明比特币的全部素养,更关键的是,他还是个能够将自己的想法付诸行动的编程精英。中本聪的睿智与成就体现在他纵横于不同领域、摘取众家之长,最终创造了奇迹。

因此,对于中本聪,出现了两种极端的评价:一种观点认为,比特币里使用的都是已经存在的甚至过时的技术——哈希链过时了,分布式数据库也不新鲜,工作量证明(Proof of Work,PoW)也早已存在,所以,比特币不算什么。很多老资格的计算机和密码学领域的研究者都支持此类说法。另一种观点认为,比特币是横空出世的圣物,而中本聪则是神一样的人物,中本聪创造的内含于比特币的每一个技术细节都是创新的、完美的和无懈可击的。

中本聪的天才构思的确仅限于货币方面,而不是要创造一个第二代的价值互联网,他并没有提出要重塑社会和改写文明;不过,中本聪的这些思想和技术,确实体现在他那让人惊叹的独创能力、简易思维和对人类深刻的洞悉。因此,我们结合“密码朋克”“大牛”戴伟的事后评价,来作客观归结。他说:想开发出比特币必须具备六大才能:一是对货币有非常深入的思考;二是认为比特币这样的系统从理论上是可行的;三是需要了解密码学;四是要有足够的动力去将这个理念开发成实际产品;五是编程能力出色,能保证产品安全;六是能围绕这个产品建立一个成功的社区,要有足够的社交技巧。

显然,即使在“密码朋克”这样的圈子,能符合前三个条件的人非常少,可谓凤毛麟角,由此可以看出中本聪的睿智与跨领域的杰出才能。单从能将各类技术巧妙“链接”的角度上来说,有人将中本聪评价为“加密货币界的乔布斯”,这应该是名副其实的。

实际上,中本聪的价值不仅在于区块链、比特币本身,而是在于区块链的产生,他让世人突然发现:似乎永远不可能被颠覆的世界原来也有后门。中本聪确实提供了一把有着无限想象空间的简易钥匙。从这个意义上来说,我们评价中本聪及相关“大牛”像“神”一样的存在，一点也不为过。

1.4.2 坐拥 700 亿元人民币与“义侠”价值

014 坐拥近 700 亿元人民币财富却不认领，中本聪的“义侠”意义？

中本聪于 2009 年创造了比特币，2010 年 12 月 12 日当比特币渐成气候时他却悄然离去，在互联网上销声匿迹。

中本聪在消失前积累了大约 100 万个比特币。按 2017 年 10 月 31 日的价格计算，它们的价值已超过 80 亿美元，换算成人民币，足足有 700 亿元。

比特币的供应量预计将在 2140 年达到 2100 万个。中本聪持有的 100 万个比特币相当于所有加密货币的 5%。从本质上说，如果中本聪选择出售其持有的比特币，它们可能会涌入市场并导致比特币价格下跌。居住在旧金山的比特币投资者 Ben Yu 表示，中本聪在比特币市场上的地位极其重要。如果比特币真的承担起全球货币的角色，那么中本聪可能会成为世界上最富有的人，而且他在比特币最终供应中所占的比例也比美国政府在黄金储备中所占比例要高得多。

按照 Ben Yu 的计算，美国政府持有世界上最多的黄金储备，约 8000 吨。这个比例约占全球黄金储备的 4%，低于中本聪所持比特币 5% 的比例。有些分析师认为，比特币的反弹才刚刚开始。2017 年 5 月盛宝银行（Saxo Bank）分析师凯伊·凡－彼得森（Kay Van-Petersen）表示：到 2027 年，单枚比特币价值可能会达到 10 万美元。如果这一预测成真，中本聪的财富将达到 1000 亿美元，成为地球上最富有的人。

显然，中本聪不是一个以钱财为中心的人，他的品质更多地体现在“义侠”上。然而，意义并非仅仅如此，一位知乎用户这样评价：

> 中本聪的销声匿迹，一直认为这是个神迹，感谢上帝！创始人保持匿名是去中心化的必要条件。创始人若公开身份，只要项目有所起色，很快就会被捧上神坛，在社区里拥有巨大的影响力。一旦此人被利益诱惑（人性使然），或者受到胁迫（只要利益够大，迟早会发生），就会成为 single point of failure，去中心化也就不复存在。

以太坊就是个典型。创始人维塔利克·布特林(Vitalik Buterin)在数据库访问对象(Data Access Objects,DAO)被骇后无视社区大量的反对声音,强行进行硬分叉挽回损失,后来又支持多个利益相关的首次币发行(Initial Coin Offering,ICO),2017年6月还与俄罗斯总统普京会面商谈合作,去中心化已基本不可能。

迄今为止,比特币是唯一一个创始人仍保持匿名的加密货币,因此也是唯一一个去中心化的加密货币。这或许就是为什么说比特币几乎不可能被任何一种山寨币、分叉币或国家主权数字货币所取代的理由,也是比特币价值的根本来源。

015 中本聪"销声匿迹"背后的伟大价值是什么?[①]

中本聪就像是"密码朋克"们的字母混合体,如埃里克·休斯、亚当·贝克、大卫·乔姆、戴维、哈尔·芬尼和尼克·萨博等,也许他对比特币开发的作用比其他人更关键,但由于他的神秘,他会成为一个非常重要的难以被遗忘的历史密码。

中本聪似乎从数字地下世界的黑暗海洋中突然浮现,却又很快消失,但是他的思想、精神却与世永存,不断地升华,不断地领导着公众去对抗银行寡头和跨国公司等,对抗那些利用我们对钱的渴望来获利的利益集团。因为以前我们无力对抗根深蒂固的国家垄断,只能对政府与商业巨头们的相互勾结顺从。

所以,中本聪代表了一种理想,代表一种"义侠",代表了一群人。这群人是和平主义的泄密者,他们是知识分子和实用主义者,信仰非暴力,是互联网时代的"诚实孩子"。政府可能将他们标记为持不同政见者,但把他们定义为英雄可能更适合。他们希望挑战旧秩序,并建立更公平、平等的社会。在这个社会中教育可以公平地、自由地分配给所有人,隐私是一种权利而不是一种特权。所以,有人这样评价:对于那些追求一个更公平世界的人来说,我们都是中本聪。

---

① 长铁:《我们都是中本聪:那些孜孜以求建立密码学货币的先驱们》,载比特币链头条:http://www.8btc.com/cypherpunk-satoshi,最后访问日期:2018年7月28日。

第2章　深度解密:区块链的本质、核心与价值颠覆

2.1　11大视角解密:区块链的内涵与误解

2.1.1　区块链的突破、颠覆与诞生

016 “人类金融史上的最大突破”,区块链概念是如何诞生的?

2008年美国次贷危机末期,比特币诞生前,中本聪发表了名为《比特币:一种点对点的电子现金系统》的论文。在这个开创性的具有重大意义的白皮书中,中本聪并没有用到“区块链”一词,只有“区块”(Block)和“链”(Chain)。

后来,一些人为这种超越主权、不会滥发的虚拟数字货币而欢欣鼓舞,开始积极投入挖矿、炒币活动,甚至发行自己的数字货币进行筹资(ICO),俗称“币圈”。而另一些人,包括很多专家和学者,则专注于比特币底层技术,对区块链(Blockchain)技术和应用进行深入的研究,考虑能否将这个技术加以改进,运用到更多的领域,俗称“链圈”。

2015年1月《华尔街日报》发表了题为《比特币与数字货币的颠覆性革命》的文章:经过了多次的实验和验证,许多金融机构证实了区块链是一项颠覆性的技术,并认为比特币的数字货币发行机制可能“颠覆”目前各国央行的法定货币发行模式。在此之前,《华尔街日报》甚至宣称,区块链是近500年以来在金融领域最重要的突破。2015年10月以英国《经济学人》(*The Economist*)杂志发表的《信任的机器》(The Trust Machine)的封面文章为标志,人们意识到,作为比特币底层技术的“链”,其价值远大于比特币本身。区块链可以让人们在没有中央权威机构监督的情况下,对彼此的互相协作建立起信心。简单来说,它是一台创造信任的机器。

2015年可称为国外区块链的元年，世界许多大型组织，包括高盛银行、花旗银行、英国央行、美国央行等机构纷纷投资区块链。大量的投资从2015年10月开始进入区块链。2016年1月英国首席科学家建议英国政府把区块链技术列为英国国家战略，这是区块链历史上的一个重大突破。他们认为，区块链可以在各行各业使用，带来诸如诚实报税、政府监管、反洗钱、国家安全等行业与社会的公平。

世界科学排名第二位的英国（从各样指标来看，英国在科学上的建树在全球排名第二，仅次于美国）把区块链列为国家战略，强调了区块链的重要性，而且产生了深远的影响。一般来说，成为国家战略一方面必须在科学上被验证过，另一方面还必须能够带来巨大的商业价值，两者都不可缺少。

2016年可以说是中国区块链元年，因为在这一年区块链在中国受到极大的重视。2016年1月，中国人民银行宣布使用数字货币。2016年30日以后，许多中国的组织、企业就开始投资区块链。中国的许多大学也开始研究区块链技术，大型金融机构都纷纷成立区块链团队以研究区块链，区块链的讨论班以及研讨会如雨后春笋般大量涌现。

017 从区块链创新的角度看区块链如何诞生？[①]

为何有区块链创新这一事项的诞生，笔者从信息信用、互联网进化以及人们现实与未来的需求角度来看。

人类在活动过程中需要交流，而交流是以信息为基础的，以前信息流通不够便利，无法满足市场参与者对信息的需求，因此，中介、中心随之诞生。这种中心化体系存在高成本、低效率、价值分散、“信息孤岛”以及数据存储不安全的问题。但由于技术和环境因素，这种体系仍然持续运营多年，直到互联网的出现。第一代互联网的起点是TCP/IP，它执行一个网络上所有节点统一格式对等传输信息的开放代码，把全球统一市场所需要的自由、平等基本价值观给程序化、协议化、可执行化。互联网消灭了价值低、成本高的中间链条，去中心化地实现了全球信息传递低成本、高效率的目标。

但是，第一代互联网没有解决信息的信用问题。互联网上能去中心化的活动一定是无须信用背书的，需要信用作保证的一定是中心化的、第三方中介机构

---

① 英途说：《详解区块链在资本市场的各大应用场景》，载搜狐网：http://www.sohu.com/a/74917945_337449，最后访问日期：2018年7月28日。

参与的活动。因此,无法建立全球信用的互联网技术使前进过程中遇到了很大的阻碍——人们无法在互联网上通过去中心化的方式参与任何价值交换活动。人们要实现价值交换,还是需要基于信用而存在的第三方中介机构,如银行、清算机构和交易所等。全球中心化信用体系仍然存在运营成本高、效率低、易受攻击破坏等问题。例如,各国法定货币,信用价值不同,清算体系也各不兼容,给全球贸易增加了很大成本。

因此,第二代互联网必须突破的是,怎样去中心化的建立全球信用?让价值传递也能低成本、高效率地进行。笔者认为,需要在互联网中创造一种技术,这种技术在无法保证人们互相信任的前提下,仍然可以从事价值交换的活动,从而做到真正的去中心化、去第三方中介机构,实现从信息互联网到价值互联网的转变。

在这样的现实与未来的需求下,区块链诞生了。

018 如何从一个古老问题上来看区块链概念的诞生?

区块链的出现被一些人解读为与一个古老问题有关,这一问题就是拜占庭将军问题。两者关系简单表述见图2-1。

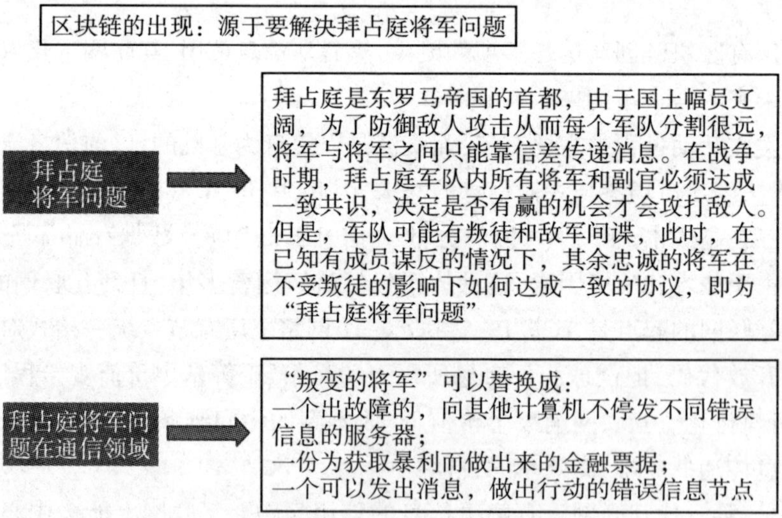

图2-1　区块链与拜占庭将军问题

019 如何从比特币底层技术角度来看区块链的诞生?

区块链技术最初是由一位化名中本聪的人为比特币(一种数字货币)而设

计出的一种特殊的数据库技术，它基于密码学中的椭圆曲线数字签名算法（The Elliptic Curve Digital Signature Algorithm，ECDSA）来实现去中心化的 P2P 系统设计。但区块链的作用不仅局限在比特币上。现在，人们在使用“区块链”这个词时，有时是指数据结构，有时是指数据库，有时则是指数据库技术，但无论是哪种含义，都和比特币没有必然的联系（见图 2－2）。

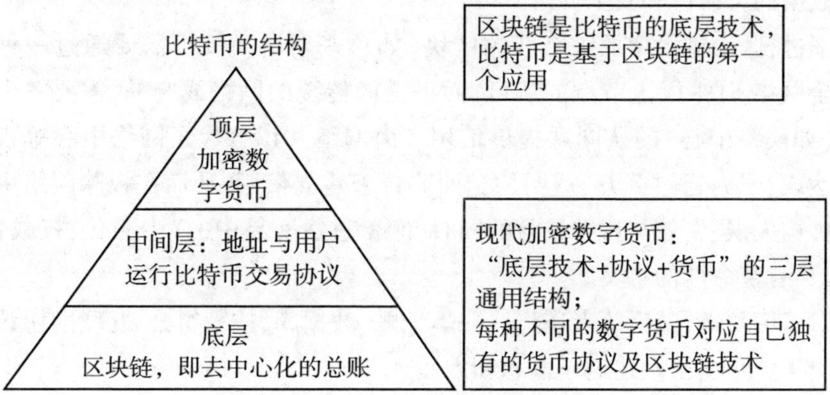

图 2－2　区块链与比特币的关系

2.1.2　万物账本与数据库

020 如何从总账副本的角度来理解区块链的一般性概念？

简单来说，区块链是一种去中心化的、分布式的网络数据库系统。在这个网络中，所有的交易都由网络的全部节点参与确认和维护，通过共识机制来保证交易与信息的安全和有效。同时，网络中的全部交易数据以加密形式储存到网络的所有节点上，信息不可伪造和篡改，可以自动执行智能合约，无须任何中心化机构的审核。

为了更容易理解，可以把它看作一本公开的“总账账本”，网络上的每一个节点都保存着这个“总账账本”的副本。总账的每一页就是一个区块，存储着一段时间系统内所有交易的加密信息，而每一页都包含前一页的“页码”，即前一个区块的地址，所形成的有时间顺序的空间链就叫作区块链。因此，区块链上的每一笔交易都可以追溯至最初的源头。在一般情况下，如果要追溯交易，只需追溯、验证区块头的哈希值，就可以等价于该区块的所有交易是可验证的。如果真要通过一个个区块去追溯某笔交易的源头,需要耗费大量的时间和资源。

在区块链的网络中,每一个节点都有总账的副本,任一个节点如果想要伪造交易,从理论上来讲,需要修改全网中每一个节点的总账。时间与资源是无法容许的。所以,篡改、伪造历史交易和区块在区块链中几乎是无法做到的,因此确保了数据的可靠性和安全性。

不过,区块链每增加一个新的区块(如总账新增一页),需要通过一种算法取得全网络51%以上节点的认可,而不是像传统的网络或交易,需要一个权威机构(如网络中心)的认同并提供信用。由网络共识替代了网络中心等权威机构来达成交易,通过公开、透明的全网监督来建立信用,从而在根除网络中心等权威机构失误、失效与舞弊风险的同时,颠覆过往交易中的"中心化、权威化"的范式,具有革命性的意义。

对于区块链,随后笔者还将从账本记账、数据库、技术组合、互联网协议与演进历史4个角度来阐述这一概念和内涵。

总而言之,笔者认为,应该从系统与工程的总体角度来理解与发展区块链,例如,基于云计算、软件工程、数据库等系统工程技术来开发区块链。区块链不只是一个加密技术或是数字货币,而是一门系统工程;而且这项技术工程可以成为国家战略,改变各行各业的流程以及基础设施。

021 如何从账本"记账"的动态角度来理解区块链?[①]

区块链(Blockchain),是指通过去中心化和去信任的方式集体维护一个可靠数据库的技术方案。该技术方案主要让参与系统中的任意多个节点,通过一串使用密码学方法相关联产生数据块(block),每个数据块中包含了一定时间内系统全部信息交流的数据,并且生成数据指纹用于验证其信息的有效性和链接(chain)下一个数据库块。

简言之,区块链技术是指一种全民参与记账的方式。在所有系统背后都有一个数据库,也就是一个大账本。那么谁来"记账本"就变得很重要。目前,是谁的系统谁来记账,例如,各个银行的账本就是各个银行在记,支付宝的账本就

① 英途说:《详解区块链在资本市场的各大应用场景》,载英途说:http://www.sohu.com/a/74917945_337449,最后访问日期:2018年7月28日。

是阿里巴巴在记。但现在在区块链系统中的每个人都有机会参与记账。在一定时间段内如果有新的交易数据变化，系统中的每个人都可以记账，系统会评判在这段时间内记账最快最好的人，将其记录的内容写入账本，并将这段时间内的账本内容发给系统内所有的其他人进行备份。这样系统中的每个人都有了一本完整的账本。因此，这些数据就会变得非常安全。篡改者需要同时修改超过半数的系统节点数据才能真正地篡改数据。这种篡改的代价极高，几乎是不可能的。例如，比特币运行已经超过 7 年，全球无数的黑客尝试攻击比特币，但是迄今为止没有出现过交易错误，由此可以认为比特币区块链是一个安全可靠的系统。

022 如何从数据库的构造角度来理解区块链?

从数据库的角度来看，区块链是一种分布式数据库，或称为分布式共享总账（Distributed Shared Ledger），这里的“分布式”不仅体现为数据的分布式存储，也体现为数据的分布式记录，即由系统参与者来集体维护。简单来说，区块链能实现全球数据信息的分布式记录与分布式存储，即由系统参与者集体记录并存储在所有参与记录数据的节点中，而非由一个中心化的机构集中记录并集中存储于这个中心化的机构节点之中。

所以，区块链是一种把区块以链的方式组合在一起的数据结构，它适合存储简单的、有先后关系的、能在系统内验证的数据，用密码学保证了数据的不可篡改和不可伪造。它能够使参与者对全网交易记录的事件顺序和当前状态达成共识。

总而言之，区块链技术是指通过去中心化和去信任的方式集体维护一个可靠数据库的技术。简单来说，区块链技术就是一种大家共同参与记录信息、存储信息的技术。在过去，人们将数据记录、存储的工作交给中心化的机构来完成，而区块链技术则让系统中的每一个人都可以参与数据的记录、存储。区块链技术在没有中央控制点的分布式对等网络的情况下，使用分布式集体运作的方法，构建了一个 P2P 的自组织网络。通过复杂的校验机制，区块链数据库能够保持完整性、连续性和一致性，即使部分参与人作假也无法改变区块链的完整性，更无法篡改区块链中的数据。

2.1.3 三大核心问题与演进

023 如何从解决三大核心问题的角度来理解区块链?

如果我们想要在互联网世界中建立一套全球通用的数据库,那么我们会面临三个亟待解决的问题,而这三个问题也是设计区块链技术的核心所在:

一是如何建立一个严谨的数据库,使该数据库能够存储海量的信息,同时又能在没有中心化结构的体系下保证数据库的完整性?

二是如何记录并存储下这个严谨的数据库,使即便参与数据记录的某些节点崩溃,仍然能保证整个数据库系统的正常运行与信息完备?

三是如何使这个严谨且完整存储下来的数据库变得可信赖,在互联网无实名背景下成功防止诈骗?

针对这三个核心问题,区块链构建了一整套完整的、连贯的数据库技术,解决这三个问题的技术也成为区块链最核心的三大技术。另外,为了保证区块链技术的可进化性与可扩展性,区块链系统设计者还引入了“脚本”这一概念以实现数据库的可编程性。

024 如何从升级换代的历史演进角度来理解区块链?

从区块链历史来说,先诞生了比特币,当时并没有区块链这项技术和概念,然后业界从比特币中提取了技术架构和体系,称之为区块链1.0时代。那个时候的应用主要以电子货币和去中心化交易为主,如各种山寨币。

而以太坊将区块链带入了2.0时代,区块链2.0不是推翻了1.0,而是在1.0的基础上实现了区块知晓、价值知晓、图灵完备,并进行了细节优化,从而形成了以智能合约为特色的区块链2.0。后来,又演化出了区块链3.0(当然,1.0、2.0与3.0的划分是根据区块链技术的演进和应用特点人为界定的)。

上述比特币定位于一个数字货币的应用,而以太坊定位于平台,并可以在这个平台上利用智能合约做各种应用。

2.1.4　多技术融合与互联网协议

025 如何从多种技术组合的角度来理解区块链？

区块链技术并不是一种单一的、全新的技术，其所使用的技术，如加密算法、P2P 动态组网与文件传输、基于密码学的共享账本、共识机制(拜占庭将军问题，即在一种分布式场景下的一致性问题)、分布式存储、分布式密钥、智能合约等技术与思想，在十几年前就已经存在。所以，区块链是由多种现有技术与数据库巧妙地组合在一起，形成的一种新的数据记录、传递、存储与呈现方式。如果没有中本聪那一篇开创性的关于比特币的白皮书，所有这些强大的工具都只是埋藏在学术论文堆里。因为单独使用这些工具是不能解决问题的，只有中本聪出人意料地提出了一个系统性的、可供实践的解决方案。

甚至可以这样设想：如果中本聪能提前 10 年提出这篇论文，那么比特币就可以提前 10 年被发明出来。所以，单个技术点并非是区块链的魅力所在，综合地创新运用这些技术才是区块链的本质和核心。

026 如何从互联网应用协议的角度来理解区块链？

在互联网上，人们访问或链接网站时，经常会输入一个以“HTTP”开头的网址，这个“HTTP”就是一种互联网协议，通过这种协议使网络内所有的计算机可以访问网站，实现互相交流。在“HTTP”之下，有个更底层的互联网协议，即 TCP/IP 协议。有了这一协议，才能构建出全球联通的互联网络。

而区块链技术，正是通过一套完整的数学规则，把分布在全球的各种各样的网络节点链接起来。所以，区块链是在互联网基础上发展起来的一种创新技术，从本质上来说，它是一项类似于互联网协议的应用协议。

区块链通过这种类似于互联网协议的约定和技术进行价值交换、价值传递。在区块链技术的上层，人们之间发生各种交易，这些交易通过区块链网络节点的共同确认便可生效，而不需要通过中心化机构的确认，从而实现互联网价值的流动。

所以，大部分人已经认同区块链是“价值互联网”的基础协议。从这个角度来看，其地位与当前“信息互联网”的“HTTP”协议相当，两者都是建立在 TCP/IP 协议之上的应用层协议，同是互联网的两大基础协议。

2.2 深度解密区块链特征

2.2.1 一般性特征

027 区块链有哪些重要特点?

区块链具有如下重要特点:

(1)点对点与去中心化。区块链数据的验证、记账、存储、维护和传输等过程均是基于分布式网络结构,采用纯数学方法而不是由中心机构建立分布式节点间(点对点)的信任关系,从而形成了去中心化的可信任的分布式系统(分布式账本)。

(2)时序数据。区块链采用带有时间戳的链式区块结构存储数据,从而为数据增加了时间维度,具有极强的可验证性和可追溯性。

(3)集体维护。区块链系统采用特定的经济激励机制来保证分布式系统中所有节点均可参与数据区块的验证,如比特币的"挖矿"过程。并通过共识算法来选择特定节点,将新区块添加到区块链中。

(4)安全可信。区块链技术采用非对称密码学原理对数据进行加密,即只能单向加密而不能反向解密,确保了数据和信息的基础安全;同时,借助分布式系统,由各个节点的工作量证明等共识算法形成强大的"算力"来抵御外部攻击、保证区块链数据不可篡改和不可伪造,因而具有很高的安全性。

(5)可编程。区块链技术可提供灵活的脚本代码系统,支持用户创建高级的智能合约、数字货币或其他形式的去中心化应用。

除上述5点之外,还可以归纳出:去信任与共识机制、开放性与匿名性、时间戳与不可篡改性(基于上述第2点、第4点)和跨平台与万物性。

2.2.2 去中心化偏差与争议

028 如何深度理解区块链点对点与去中心化特点?

当今世界,几乎一切基础的、重大的社会运行模式都是围绕中心来构架的,比如,中央银行、中央政府、集团公司、市中心、购物中心等。但是,区块链系统却逆向而行,它提出了"去中心"的概念。这是区块链技术创造之初的基础理念和目的。

通过区块链在互联网上的运用，可归纳这一特点的大致内涵：由大量节点共同组成的一个点对点网络，不存在中心化的硬件或管理机构，任何一节点的权利和义务都是均等的，系统中的数据块由整个系统中所有具有维护功能的节点共同维护，且任一节点的损坏或者失去都不会影响整个系统的运作。比特币的巨大成功证明了这种新的而非中央银行等“中心”结算系统的强大力量。如网站，过往与如今，一般都是某个公司、机构组织人员集中维护与管理，而维基百科让这种中心得以消失，它让来自世界各地数以万计、亿计的自愿者通过亿万台电脑点对点的方式来完成网站的创建、编辑与维护。

未来，诸如中央银行、集团公司、市中心、购物中心等大多可能被替代，从而构建起世界的一种新模式。实际上，从如今经济、文化、生活等各类新模式的不断产生与演化，也能看出这种趋势。如市中心，曾经是非常重要的，几乎所有重要的娱乐、购物、消费、游玩等全在这里，如今已经呈现出日渐式微的局面。

随着城市的扩大，市中心渐渐淡化，被城市的东南西北等新中心所分流；这些新中心继续向外延展，形成了更多的分散中心。虽然这似乎只是增加了分、支中心，但是这也是朝向点对点模式的演化过程。上海曾经最繁华的“四街一城”——南京路、淮海路、西藏路、四川路和豫园商城，如今已经开始出现相对弱化迹象。特别是随着技术的发展，由于交通、购物、消费等模式的改变，此类城市构造或将被未来新型城市模式所取代。

以购物为例，过去人人都需要到购物中心、超市去购买物品，如今通过网购实现了个体点对点之间选择与消费，特别是个人与个人之间电子商务（Customer to Customer，C2C）模式的兴起，基本上已经完成了对中心化传统模式的颠覆。

029 对区块链的去中心化有什么争议？

相对于前一问的展望，有人对区块链去中心化的概念、思想提出了异议。[①]这里很有必要对异议进行阐述，以供全面理解区块链。

首先，很多人认为“decentralized”是区块链的核心特征，并将其翻译为“去中心化”。然而这个最早由国内“币圈”所做的翻译，多少有一点主观和政治化的色彩。作为软件系统的网络架构，一般有三种模式：单中心、多中心、分布式。单

① 李志琴：《区块链：未来已来，只是尚未流行》，载中国出版传媒网：http://www.sohu.com/a/132921169_609552，最后访问日期：2018 年 7 月 28 日。

词“decentralized”只表明不是单中心,可能为多中心或弱中心,也可能是分布式的。所以在我国台湾地区,大多将“decentralized”翻译为“分散式的”而不是“去中心化的”。

其次,在中本聪的整篇论文中并没有提到“decentralized”,而只有P2P(Peer-to-Peer)。在2016年6月召开的万维网联盟(World Wide Web Consortium,W3C)区块链标准会议上,以太坊的核心开发团队“Ethcore”就明确表示,不再使用“decentralized”这个词,而是用P2P、Secure、Serverless这类纯技术性词语。

最后,The DAO事件表明,完全去中心化是不可行的。The DAO是一个基于以太坊公有链的众筹项目,它在短时间内就募集了价值1.6亿美元的数字货币,成为史上最大的众筹项目。然而由于其智能合约的漏洞,导致The DAO被黑客攻击并转移走价值6000万美元的数字货币,最后不得不黯然落幕。在挽回这个损失的过程中,原有的去中心化机制未能解决问题,最后还是通过集中式的方式,强制以太坊进行硬分叉完成交易回滚。但这也导致了以太坊社区的分裂,产生了以太币(ETH)和以太经典(ETC)这两种同源却又不同价格的数字货币,给以太坊生态系统带来了很多负面影响。

此次事件之后,很多人对区块链的“去中心化”进行了反思。前上交所总工、中国分布式总账基础协议联盟(China Ledger)技术委员会主任白硕则认为:“去中心化不是区块链的本质特征。”万向控股副董事长兼执行董事肖风则进一步阐述:“区块链的核心是分布式而不是去中心。”

2.2.3 信任改写与共识颠覆

030 如何深度理解区块链的去信任与共识机制?

如今这个社会,几乎一切人与社会的关系,特别是包含一切有形无形、实物虚拟的资本、财富积累与运行模式全建立在信用基础之上。你可以使用钞票购买任何东西,这是因为人们信任钞票在任何地方、任何时候都可以用来交换实物,其背后有国家、权威机构等信用背书。你把钱存在银行里,是对银行的信任,你可以用银行账户余额、存单等去质押套现,是因为银行用信用为你担保;你的信用卡可以透支现金,是在消费你的信用。

当今社会,信用不仅可以通过人们的交往、交易达成,而且可以通过政府、社团的各类制度、规则与运行机制形成模式,最后由国家通过法律予以强制性保障。中间组织和权力机构随之产生,人们也由此形成了对中间组织权威性以及权力机构强制性的依赖,进而从被迫到自动担负昂贵的信用性支付。

在日常生活中,大部分应得而未得的收入以及众多的显性、隐性支付都是在获取社会的各种信用,信任的依赖性被习惯性地剥夺了。不过这仅是一个方面,另一方面也很关键,那就是离开了这些中介机构的连接以及权威部门的证明、裁定与权力保障,几乎所有较重要的事情都办不成了。

正因为人们习惯了对权力、权威的认同与信任,这无疑也给这些机构与个体赋予了无上的权力与丰厚的利益。

但是,几乎所有的权威机构、中介机构在未来都将面临被减少直至消亡的趋势。区块链为这种趋势提供了强有力的技术支撑,并通过诸如比特币的成功运行得以验证,这便是"去信任的共识机制"。根据其在互联网上的运用,可以归纳为:区块链技术从根本上改变了中心化的信用创造方式,运用一套基于共识的数学算法,在机器之间建立信任网络,从而通过技术背书而非中心化信用机构进行信用创造。借助区块链的算法证明机制,参与整个系统的每个节点之间进行数据交换无须建立信任。在系统指定的规则范围和时间范围内,节点之间不能也无法欺骗其他节点,即少量节点无法完成造假。

2.2.4 开放匿名、不可篡改与万物平台

031 如何理解区块链的时间戳与不可篡改性?

时间戳与不可篡改性,即区块链系统将通过分布式数据库的形式,让每个参与节点都能拷贝一份完整的数据库。一旦信息经过验证添加到区块链上,就会永久地存储起来,除非能够同时控制整个系统中超过51%的节点,否则单个节点上对数据库的修改是无效的,因此区块链的数据可靠性很高;并且参与到系统中的节点越多、计算能力越强,该系统中的数据安全性也就越高。

032 如何理解区块链的开放性与匿名性?

一方面,区块链系统是开放的,除了交易各方的私有信息被加密之外,区块链的数据对所有人公开,任何人都可以通过公开的接口查询区块链数据和开发相关应用,因此整个系统信息高度透明。另一方面,由于节点间无须互相信任,因此节点间无须公开身份,系统中的每个参与的节点都是匿名的。参与交易的

双方通过地址传递信息，即便获取了全部的区块信息也无法知道参与交易的双方到底是谁，只有掌握了私钥的人才能开启自己的“钱包”。此外，在诸如比特币的交易中，提倡为每一笔交易申请不同的地址，从而进一步保障了交易方的隐私。

033 如何理解区块链的跨平台与万物性?

区块链网络上的节点是基于共同算法和数据结构独立运行的，主要消耗的是计算资源，与平台无关，并可以在任意平台部署计算节点。同时，区块链的技术、思维与模式几乎可以在未来物联网上广泛运用，由此为万物相连提供基础的技术与账本，形成万物账本。区块链的万物性，具有无限的想象空间。

2.3　区块链与网络本质、核心问题的解决

2.3.1　重塑交易与万物互信

034 以颠覆性的模式解决了万物交换的互信问题，如何理解?

互联网的产生，解决了信息的交互、交流问题，使经济生活中的信息不对称现象有所好转，但是依然没有完美解决欺诈、舞弊等问题，从而不得不借助第三方权威机构，如中介、中心结算机构、中央银行等。

但是，第三方权威机构本身存在问题是如今与过往存在大量社会渎职、腐败、寻租、不公正以及不公平等社会现象的重要原因。

在区块链网络内，万物都是可以追溯的，每一笔交易、每一分钱甚至可以一直追溯到最初的“创始区块”。区块链在信息交互网络的基础上，设计了一套近乎完美的机制，不仅使各种价值交换、交易的双方不再通过中心化的权威机构认证或背书也能够建立信任并进行价值交换或交易，而且交换、交易的过程也不需要交易双方来审核，而是把信息广播到区块链的网络之中，由无数的节点共同审核和检查，几乎不能造假、作弊。

正是在这种分布式网络的基础上，价值可以依据交易双方的意愿在交换、转移、交易过程中自由流动，不仅是信息的无障碍流动，更重要的是价值的无障碍流动，这就是“价值互联网”。

2.3.2　信息互联网转变为价值互联网

035 信息互联网转变为价值互联网，区块链改写了什么？

互联网在最开始的时候，是参照信息传输管道的模式进行设计的，TCP/IP 协议底层并不关心“上面”传输的数据有什么差别。对于底层交换机和路由器来说，一切都是“0”和“1”而已。无差别的信息传输，创造了信息复制的便捷通道，也造就了今天的信息爆炸。

但是，互联网虽然解决了信息传播的问题，却带来了信息权属的新问题。一篇文章或一首歌曲可以在几个小时内传遍全球，却不知道是通过什么路径传播的，是谁拥有这篇文章或这首歌曲的权利，等等。

区块链则可以做到，例如，你将一个数据发送给另外一个人，你自己就不再拥有这个数据的所有权，但你可以利用一个虚拟的系统传输实际的价值。所以，互联网实现了信息的传播，而区块链实现了价值的转移。

2.3.3　代码即法律的颠覆

036 未来社会，“代码即法律”的颠覆，区块链有何作用？

未来，人类将进入“后人工智能”时代，无论生活还是工作，都会越来越多需要计算机的参与。在未来的金融公司，看不到太多工作人员，像现在的无人工厂一样，无数的计算机将会通过区块链协议快速地缔结无数的智能合约，替我们进行精确到小数点后的资产配置；同时，智能投资顾问会自动为我们组合各种投资，当然，如无人驾驶、无人超市等，也会通过区块链协议自动付款或缴纳各类费用。显然，区块链在为这个时代的到来进行前期铺垫和准备。

在区块链行业中有一句话：代码即法律（Code is the Law）。在现实中，公司之间的合作，有律师进行合同条款约定，有执法机关保障合同的履行；而在虚拟世界，计算机没有办法开设银行账户，也没有办法到法院起诉，因此在沟通和合作的时候，一定要有一种有效的机制来快速地实现共同协作。

如果说互联网的 TCP/IP 协议是机器之间的通信协议，那么，区块链就是机器之间的信任机制和合作协议。对于不需要验证真假的信息传输来说，TCP/IP 协议已经足够了，但是一旦属于不同实体的计算机时，就需要彼此进行自动化的沟通和合作,这个时候问题就会变得相当复杂。进言之,区块链就可以在这个时候起到重要的颠覆性作用了。

2.3.4 网络本质的填实与桥梁

037 颠覆性地弥补了传统互联网的不足,如何理解?

在传统网络中,一旦中心机构(如央行结算中心、股票交易中心等)受到攻击,就可能导致网络瘫痪,甚至丢失各种数据。由于区块链在全网的每个节点都保存了全部交易的“副本”,不依赖中心化的机构,所以区块链网络具有非常高的抗风险性。如有人要攻击区块链网络,则需要同时覆盖 51% 以上的网络节点才可能取得成功;而且,在区块链应用全球化的背景下,这样的攻击是很难实施的。这也是比特币运行近 10 年来从未发生故障的主要原因。

在传统互联网中,由于缺乏可靠的监督机制,信息的传递难以证明真伪,导致在传统互联网上进行信息欺诈几乎没有风险。另外,信息技术在不断发展,信息传递变得无比廉价和快捷,这让传统的网络欺诈变得更加容易和频繁。而在区块链网络中,由于采用了很好的技术手段确保了很多事情在区块链网络中是唯一的,不能再造出另一个相同或相类似的交易信息或支付货币。所以,区块链技术能够有效地辨别信息的真伪,并起到自发监督的作用。

区块链网络不需要中心机构来为所有的交易提供信任确认,交易各方直接通过网络进行,减少了交易环节,简化了中心化机构确权或信用审核的交易流程,节约了时间,将大幅降低了费用,为系统的高效运转奠定了的基础。

038 搭建虚拟世界与现实世界的桥梁,区块链做了些什么?

在未来,区块链所连接的是千千万万真实存在的个体和公司实体,不会像比特币一样是无法辨别的匿名账户和价值不定的虚拟资产。所连接的资产都将具有现实的价值和对应物,在这个虚拟网络上发生的一切都会直接作用于现实世界,将虚拟世界与现实世界一对一的映射并勾连起来。

这一过程需要的不仅是单纯的技术,还需要将金融、商贸、法律、政府等各方面规则、资源和人才凝聚在一起来保证这一对应关系实现的有效性,这也是我们一直在努力推进区块链生态系统和可信区块链概念的原因。所以我们不能将区块链简单理解为万物账本、数据库、数据系统、技术集合、共识协议等,就像将智能手机说成一部移动电话，将浏览器说成一个网页解读器，将云计算说成一个计算机集群一样，这样会造成很大的误解。当每一个人都随身携一部能上网、带定位、能导航、能感知的智能手机，当全球用户都打开浏览器访问网页，当我们所有的工作和生活数据都发生与存储在"云"上的时候，我们所看到是移动互联网、浏览器和云计算上所承载的各行各业、杂沓百态的产业生态的现实世界，这与最初的对相应技术的描述几乎相差万里之遥。

如今，这些虚拟与现实的映射不能一一对应，很多时候真假难辨，但区块链的出现让这些在未来或许都不是问题了。所以，区块链将会成为连接虚拟世界与现实世界的最佳桥梁。另外，区块链还传导出一种颠覆性的新思想，巨大的潜力和很多几乎不可想象的未来场景，似乎不再"遥遥不可触及"。

第3章 区块链的系统构架、数据结构及运行机制

3.1 区块链的系统框架

3.1.1 区块链的系统构架、运行与讲解思路

039 区块链的系统构架与各层级的讲解思路是什么?

区块链的系统构架,主要由数据层、网络层与共识层(共识层还包括,激励层和从智能合约抽离出来的智能合约层)构成底层网络,由数字货币、智能合约与其他“去中心化”组织等构成应用层(见图3-1)。

数据层主要包含区块数据、链式结构、数字签名(时间戳)、哈希函数、梅克尔树与非对称加密等;网络层主要有P2P网络结构、传播机制与验证机制等;共识层主要包含分布式系统一致性问题与工作量证明(Proof of Work,PoW)机制、股权证明(Proof of Stoke,PoS)机制和授权股权证明(Delegated Proof of Stake,DPoS)机制等共识机制与算法等;激励层包括发行机制与分配机制等。

本章将介绍区块数据、链式结构及其数字签名中的时间戳,至于哈希函数、梅克尔树、非对称加密与数字签名等,本书将放在“加密机制与算法”部分用5章来专门讲述。其中区块数据是重点,涉及区块、区块头及其区块头中的哈希值(父区块哈希值)、梅克尔树根、时间戳、难度值与随机数(Nonce)等数据结构成分及其机制与作用。

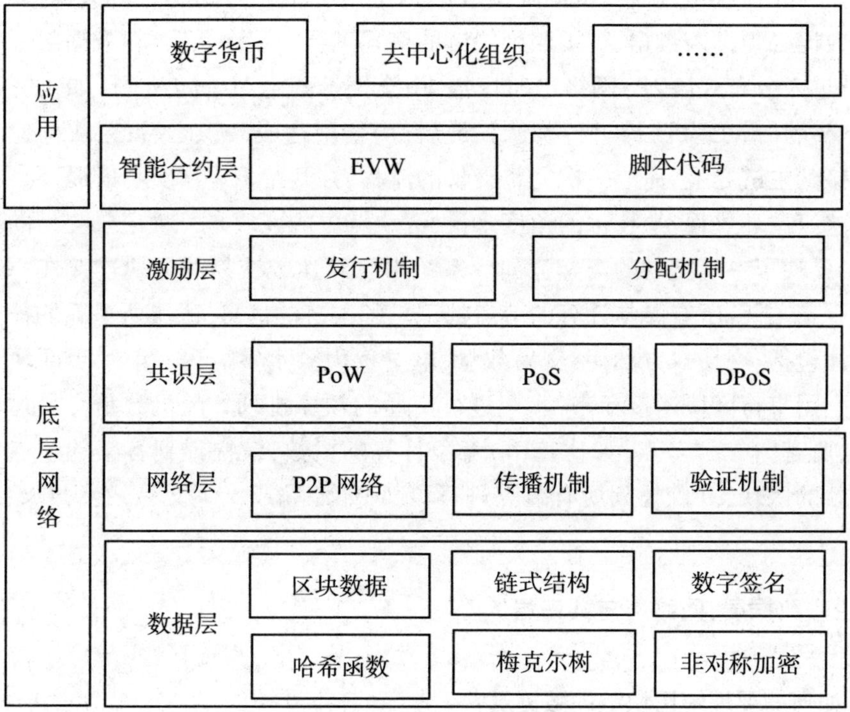

图3-1 区块链的系统构架

040 区块链系统构架是如何互动与运行的?

区块链是一个去中心的、分散式的网络账本,所以其系统构架也符合网络的基本特点。该网络账本构成一个系统,该系统最底层、最基础的是数据结构。这个结构就是将信息和数据采用一定的方式、格式组织起来,输入到区块链系统中并由其处理。当统一方式(格式)的数据输入后,网络层便开始链接,在全网的节点之中进行广播、验证,然后在共识层中由全网达成共识而构建起区块。所有区块进行"组装",最终构建起各种系统产品的运行平台,如公有链、私有链与联盟链等。

数字货币、智能合约、去中心化组织等都是区块链平台上运行的产品。一般来说,用户不需要关注这些底层的构造,需要熟悉应用的产品便可。

在区块链的系统构架中,各个层次以交易为中心构建起一个完整的相互关联的循环体系,这一循环模式是这样的:首先,应用层的数字货币、智能合约等产品，对于底层网络来说，传输的全是数据，即应用层相当于数据层的数据输入源。这些数据必须进入数据层，按照区块链的格式进行封装。其次，在数据封装完成后，就进入分布式（P2P）网络进行广播，由全网节点通过一定机制（如比特币采用 PoW 的“矿工”机制）进行确认。最后，当全网达成共识之后，区块构建完成并连接到主链之上，完成一次完整交易的流程，并开始下一次交易的循环。

这一循环过程，从技术的角度来讲，区块链中的区块是一种记录交易的数据结构，反映了一笔交易的资金流向。系统中已经达成交易的区块连接在一起形成了一条主链，所有参与计算的节点都记录了主链的信息，区块所承载的任务数据具体包括：交易双方私钥、交易数量、电子货币数字签名等。前一个区块形成的散列用来将区块连接起来，实现过往交易的顺序排列。随机数是交易达成的核心，所有“矿工”节点（如比特币）竞争计算随机数，最快得到答案的节点生成一个新的区块，并广播到所有节点进行更新，如此完成一笔交易，然后开始新的循环。

3.1.2 数据层、网络层与共识层

041 如何简要理解区块链的数据层？

区块链的数据层封装了底层数据区块的链式结构以及相关的非对称公私钥数据加密、时间戳等技术，这是整个区块链技术中最底层的数据机构，其中大多数技术已被发明数十年，并在计算机领域使用了很久，无须担心其安全性，因为如果这些技术出现安全问题，则意味着全球金融技术会出现严重问题。

中本聪在设计比特币时，为每个区块设置了 1 兆（MB）大小的容量限制，但由于目前比特币的交易量迅速上涨，1 兆的区块空间能够容纳的交易数量有限，所以要考虑扩容区块链来突破这个限制。

042 如何简要理解区块链的网络层？

区块链的网络层包括分布式组网机制、数据传播机制和数据验证机制等，由于采用了完全的 P2P 组网技术，意味着区块链具有自动组网功能。

这种 P2P 组网技术，已经应用于比特流（BT）和电驴（eMule）之类的 P2P 下载软件中，相对于来说是非常成熟的技术。

043 如何简要理解区块链的共识层？

区块链的共识层主要包括封装网络节点的各类共识机制算法。共识机制算法是区块链的核心技术，因其决定了到底由谁来记账，而且记账者选择的方式将会影响整个系统的安全性和可靠性。

目前已经出现了10余种共识机制算法，其中最为知名有：工作量证明机制、权益证明机制以及委托权益证明机制等。

3.1.3 激励层、合约层与应用层

044 如何简要理解区块链的激励层？

区块链的激励层将经济因素集成到区块链技术体系中，主要包括经济激励的发行机制和分配机制，该层主要出现在公有链、私有链中，参与记账的节点在链外已完成了博弈，因为在公有链中必须激励遵守规则参与记账的节点，并且惩罚不遵守规则的节点，从而让整个系统朝着良性循环的方向发展。所以激励机制往往也是一种博弈机制，让更多节点愿意遵守规则。

045 如何简要理解区块链的合约层？

区块链的合约层主要封装各类脚本、算法和智能合约，是区块链可编程特性的基础。以以太坊为首的新一代区块链系统试图完善比特币的合约层，但并不是图灵完备的，比特币尽管包含了脚本代码，但不支持循环语句。

以太坊在比特币结构基础上内置了编程语言协议，在理论上是可以实现任何应用功能的。如果把比特币看作全球账本，那么就可以把以太坊看作一台“全球计算机”，因为任何人都可以上传和执行任意的应用程序，并且能够保证程序的有效执行。

046 如何简要理解区块链的应用层？

区块链的应用层封装了区块链的各种应用场景和案例，例如，搭建在以太坊上的各类区块链应用就部署在应用层，可编程货币和可编程金融也将会搭建在应用层。在该模型中，基于时间戳的链式区块结构、分布式节点共识机制、基于共识机制的经济激励和灵活可编程的智能合约是区块链技术最具代表性的创新点。

综上所述，数据层、网络层和共识层是构建区块链应用的必要因素。而激励层、合约层和应用层不是每个区块链应用的必要因素，有部分的区块链应用并不完整包含着这三层结构。

3.2 区块的概念及识别

3.2.1 区块与区块头

047 什么是区块，其数据结构是怎样的？

区块是区块链的基本组成单元，它由一个包含元数据的区块头和紧跟其后的构成区块主体的一系列交易组成。区块不断地被各个“矿工”节点（如比特币）计算出来并链接到区块链上，从而构成了区块文件。一旦链接成功，就不能改变和删除。一个区块的基本数据结构见表 3－1。

表 3－1 区块的基本数据结构

大小	字段	描述
4 字节	区块大小	用字节表示该字段之后的区块大小
80 字节	区块头	区块头的组成字段
1～9 字节	交易计数器	交易的数量（可变整数）
可变的	交易	记录在区块里的交易详细信息

048 什么是区块头，其数据结构是怎样的？

在区块的数据结构中，能够与其他区块联系和链接起来的信息存放在“区块头”中。区块头由三组区块元数据组成。第一组引用父区块哈希值的数据，这组元数据用于将该区块与区块链中前一区块相连接。第二组元数据，即难度、时间戳和随机数（Nonce），其与挖矿竞争相关。第三组元数据是梅克尔（Merkle）树根，一种用来有效地总结区块中所有交易的数据结构。区块头的基本数据结构见表 3－2。

表3-2　区块头的数据结构

大小	字段	描述
4字节	版本	用以跟踪软件或协议的更新
32字节	父区块哈希值	引用上一区块的哈希值
32字节	梅克尔根	该区块中交易的梅克尔根的哈希值
4字节	时间戳	该区块产生的近似时间(精确到秒的UNIX时间戳)
4字节	难度目标	该区块工作量算法的难度目标
4字节	随机数(Nonce)	用于工作量证明算法的计数器

3.2.2　区块的识别

049 区块如何识别,区块哈希值是什么?

区块可以通过两种方式被识别:区块哈希值或者区块高度。所以区块哈希值和区块高度是区块的识别符。

区块主标识符是它的加密哈希值,通过安全散列算法-256(Secure Hash Algorithm,SHA,下文简称SHA-256)对区块头进行二次哈希计算而得到的数字指纹,所产生的"32字节"哈希值被称为区块哈希值。实际上,只有区块头被用于计算,所以区块哈希值严格来说是区块头哈希值。如第一个比特币区块的区块哈希值为:000000000019d6689c085ae 165831 e934ff763ae46a2a6ce72 b3 f 1 b60a8ce26f。区块哈希值可以唯一、明确地标识一个区块,并且任何节点通过简单地对区块头进行哈希计算都可以独立地获取该区块哈希值。

需要注意的是,在区块的数据结构里并不包含区块哈希值,无论是该区块作为区块链的一部分被永久性地存储在某节点上,还是该区块在网络上传输。区块的哈希值可能会作为区块元数据的一部分被存储在一个独立的数据库表中,以便于索引以及更快地在磁盘中检索区块。

050 什么是区块高度,它是如何识别区块的?

区块在区块链中的位置即区块高度(Block Height),区块高度可以识别区

块,如第一个比特币的区块高度为 0,对应的哈希值为:

000000000019d6689c085ae165831 e934ff763ae46a2a6c 172b3feb60a8ce26f。

后一个被存储在前一个区块之上的区块在区块链中都比前一个区块"高"出一个位置,就像砌围墙,砖块一个接一个堆叠在其他砖块之上。

区块高度和区块哈希值不同之处在于,一个单一的区块有一个固定、明确的区块高度,但是两个或两个以上的区块也可能有相同的区块高度,并在区块链里争夺同一位置。所以,一个区块的区块哈希值能唯一地识别一个特定的区块,但一个区块高度却不一定能识别出唯一的区块。

区块高度不是区块数据结构的一部分,它并不被存储在区块里。但是,当节点接收来自比特币网络的区块时,会动态地识别该区块在区块链里的位置(区块高度),而且区块高度也可作为元数据存储在一个索引数据库表中以便快速检索。

3.3 创世区块与区块的连接

3.3.1 创世区块及其数据

051 创世区块是如何诞生的?

2008 年 10 月 31 日下午 2 时 10 分(纽约时间),在一个普通的密码学邮件列表中,几百个"密码朋克"成员收到了中本聪的电子邮件,邮件写道:"我一直在研究一个新的电子现金系统,这完全是点对点的,无须任何可信的第三方。"然后将他们"引向"一本 9 页的白皮书,书里描述了一个新的货币体系。2008 年 11 月 16 日中本聪发放了比特币代码的先行版本。

2009 年 1 月 3 日,中本聪在芬兰赫尔辛基的一个小型服务器上挖出了比特币的第一个区块——创世区块(Genesis Block),并获得 50 个比特币作为"首矿"奖励。

052 创世区块的数据与信息是什么?

创世区块是区块链里面所有区块的共同祖先,这意味着你从任一区块循链向后回溯,最终都将到达创世区块。每一个节点都"知道"创世区块的哈希值、结构、被创建的时间和里面的交易。

因此,每个节点都把该区块作为区块链的首区块,从而构建了一条安全的、可信的区块链根,每一个节点都包含创世区块,永远不会被改变。

在名为“chainparams. cpp”的源文件里可以看到创世区块被编入比特币核心客户端里。该创世区块的哈希值为:

0000000000 19d6689c085ael65831e934ff763ae46a2a6cl72b3flb60 a8ce26f。

我们可以在任何网站(如 blockchahi. info)搜索这个区块哈希值,就会发现描述这一区块内容的页面:

https://blockchain. info/block/000000000019d6689c085ae165831e934ff763ae46a2a6c172b3f1b60a8ce26f

https://blockexplorer. com/block/000000000019d6689c085ae165831e934ff763ae46a2a6c172b3f1b60a8ce26f

在命令行使用比特币核心客户端:

```
$ bitcoindgetblock 000000000019d6689c085ae165831e934ff763ae46a 2a6c172b3 flb60a8ce26f
{
"hash":"000000000019d6689c085ae165831e934ff763ae46a2a6c172b3flb60a8ce26f",
    "confirmations":308321,
    "size":285,
    "height":0,
    "version":1,
"merkleroot":"4a5ele4baab89f3a32518a88c31bc87f618f76673e2cc77ab2127b7afdeda33b",
"tx":["4a5e1e4baab89f3a32518a88c31bc87f618f76673e2cc77ab2127b7afdeda33b"],
    "time":1231006505,
    "nonce":2083236893,
    "bits":"1d00ffff",
    "difficulty":1.00000000,
"nextblockhash":"00000000839a8e6886ab5951d76f411475428afc90947ee320161bbf18eb6048"
}
```

创世区块在币基(Coin Base)交易输入中,中本聪写下了这样一句话:“2009年 1 月 3 日财政大臣正处于实施第二轮银行紧急援助的边缘(The Times 03/Jan/2009 Chancellor on brink of second bailout for banks)。”这句话是当天《泰晤士》报头版头条的标题。当时英国财政大臣达林被迫考虑第二次出手纾解银行危机。这句带有时间戳的话不但清晰地展示了比特币诞生的时间，还表达了对旧金融体系的嘲讽和宣战，耐人寻味。

3.3.2 区块的连接

053 区块是如何连接的？

以比特币的区块为例，比特币完整节点保存了区块链从创世区块起的一个本地副本。随着新区块的产生，该区块链的本地副本会不断地更新用于扩展这个链条。当某个节点接收到传入区块时，它会验证这些区块，然后链接到现有的区块链上。为建立这个链接，该节点将检查传入的区块头并寻找该区块的"父区块哈希值"。

例如，某个节点在区块链本地副本中有277,314个区块，则该节点知道最后一个区块为第277,314个区块，这个区块的区块头哈希值为：

0000000000000000027e7ba6fe7bad39faf3b5a83daed765f05f7d1b71a1632249。

然后该比特币节点从网络上接收一个新的区块。对于这一新的区块，节点会在"父区块哈希值"字段里找出包含它父区块的哈希值。这是节点已知的哈希值就是第277,314块区块的哈希值。节点将新的区块添加至链条的尾端，使区块链变长到一个新的高度277,315，现有的区块链得以扩展。见图3-2显示了通过"父区块哈希值"字段进行连接的三个区块的链。

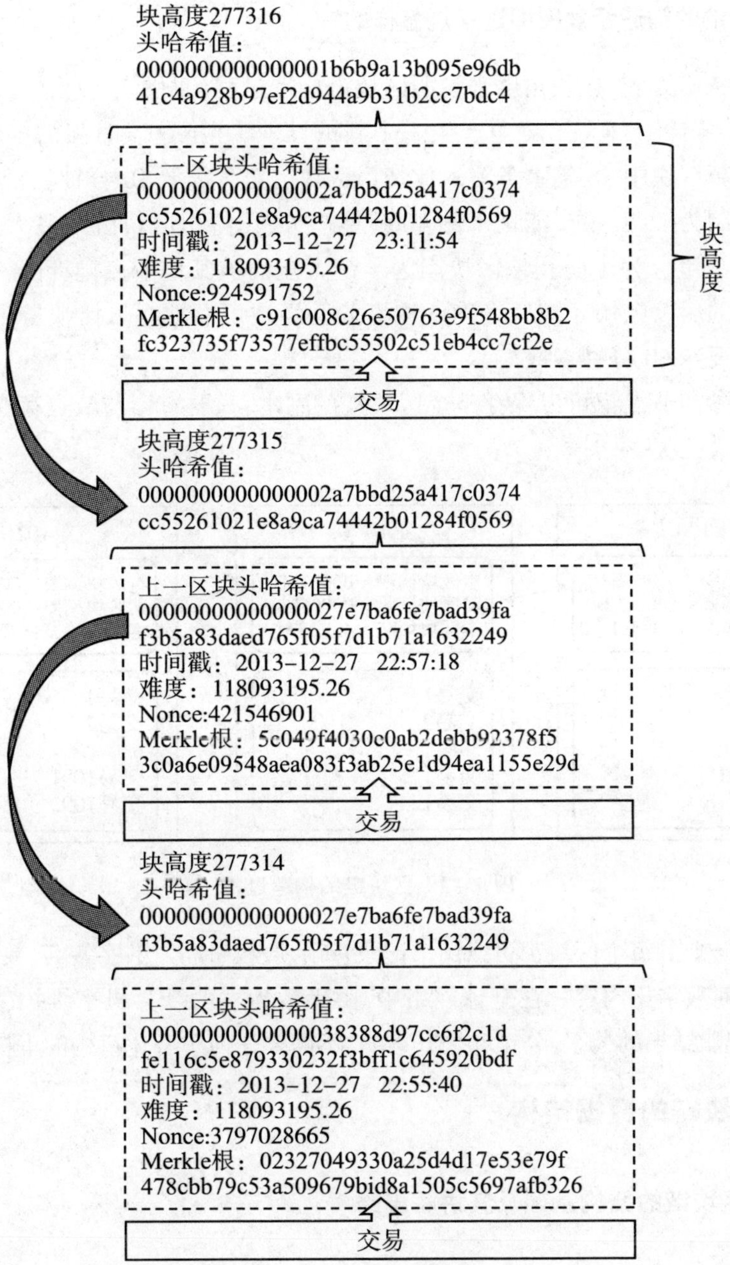
块高度277316
头哈希值：
0000000000000001b6b9a13b095e96db
41c4a928b97ef2d944a9b31b2cc7bdc4
上一区块头哈希值：
0000000000000002a7bbd25a417c0374
cc55261021e8a9ca74442b01284f0569
时间戳：2013-12-27　23:11:54
难度：118093195.26
Nonce:924591752
Merkle根：c91c008c26e50763e9f548bb8b2
fc323735f73577effbc55502c51eb4cc7cf2e
块高度
交易
块高度277315
头哈希值：
0000000000000002a7bbd25a417c0374
cc55261021e8a9ca74442b01284f0569
上一区块头哈希值：
00000000000000027e7ba6fe7bad39fa
f3b5a83daed765f05f7d1b71a1632249
时间戳：2013-12-27　22:57:18
难度：118093195.26
Nonce:421546901
Merkle根：5c049f4030c0ab2debb92378f5
3c0a6e09548aea083f3ab25e1d94ea1155e29d
交易
块高度277314
头哈希值：
00000000000000027e7ba6fe7bad39fa
f3b5a83daed765f05f7d1b71a1632249
上一区块头哈希值：
00000000000000038388d97cc6f2c1d
fe116c5e879330232f3bff1c645920bdf
时间戳：2013-12-27　22:55:40
难度：118093195.26
Nonce:3797028665
Merkle根：02327049330a25d4d17e53e79f
478cbb79c53a509679bid8a1505c5697afb326
交易

图 3－2　区块的连接方式

054 区块链的构造示意图即过程是怎样的?

以比特币为例,换一角度来说明区块链构造过程(见图3-3):

每10分钟由“矿工”竞争产生一个新的区块,并把这段时间的多笔事务记录到这个新区块中,一笔事务写入比特币区块链至少需要10分钟。目前每个区块大小限制为1兆,最多能记录约4000笔事务,比特币区块链的最大写入性能约为每秒7笔。为了防止该区块因为子链太短而被其他节点抛弃,需要等待产生6个新的后续区块才能最终确认该事务已经被可靠地写入区块链中,确认可靠写入需要约60分钟。

每个参与节点都可以保存整个区块链的副本,只要有参与节点存在,区块链数据就不会丢失。

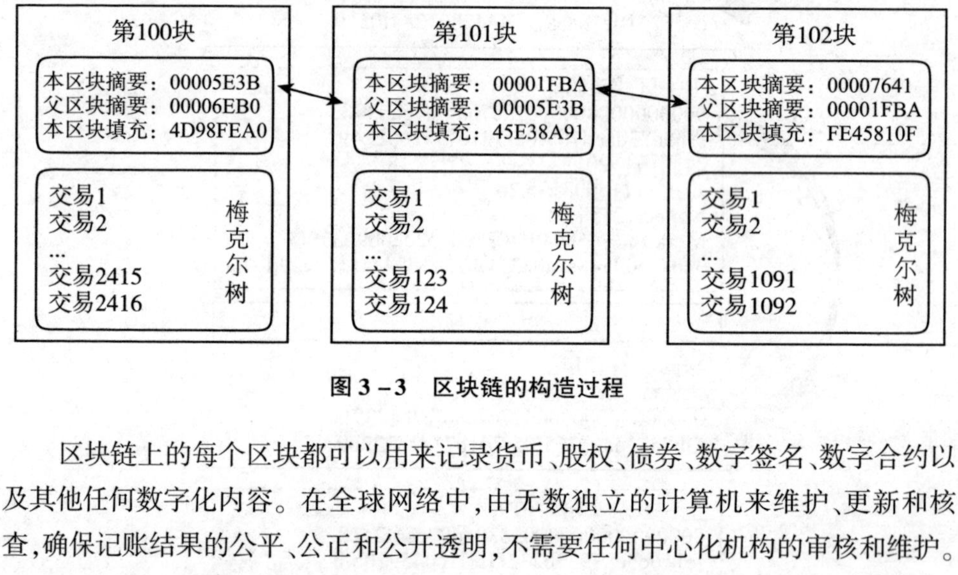

图3-3 区块链的构造过程

区块链上的每个区块都可以用来记录货币、股权、债券、数字签名、数字合约以及其他任何数字化内容。在全球网络中,由无数独立的计算机来维护、更新和核查,确保记账结果的公平、公正和公开透明,不需要任何中心化机构的审核和维护。

3.4 区块链的数据结构

3.4.1 区块链的结构基础及其讲解思路

055 区块链的数据结构基础及本节思路是什么?

首先,区块链的数据结构是在SHA-256支持下实现的;其次,在区块对交易的封装过程中，采用高效的梅克尔树（Merkle Tree）算法，一步一步地将繁杂的信息进行归纳和简化；再次，为了保证区块的顺序链接，需要采用时间戳（time stamp）机制在区块中写入时间参数；最后，为了达成共识机制，并使全网参与的"挖矿"工作顺利进行，系统在 PoW 共识机制下采用了难度目标（Difficulty Target）和随机数（Nonce）两种设计，保证系统在一个可靠的区间内运转（见图3－4）。

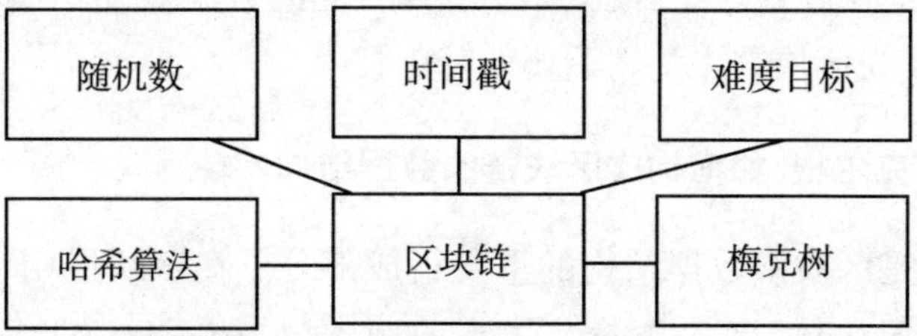

图3－4　区块链数据结构的基础

区块链的数据结构是由一些基础技术形成的元数据组成的，要真正深入了解区块链，需要进入每一个基础技术模块了解其概念和来源。下文将分别对每一模块进行讲解。

本部分涉及哈希值（对其形成的哈希算法，将在"密码机制与算法"模块部分详解），梅克尔根（对其形成的梅克尔树及机制，将在"密码机制与算法"模块部分详解），时间戳、难度目标（难度）。这些数据都储存在区块头之中。

3.4.2　哈希值、梅克尔根等数据及作用

056 什么是哈希值，怎样构成区块链的数据结构？

哈希算法是区块链数据结构中的重要内容之一。哈希算法将任意长度的二进制值映射为固定长度的较小二进制值，这个较小的二进制值称为哈希值。哈希值是一段数据唯一且极其紧凑的数值表示形式，一段明文哪怕只更改一个字母，都将产生不同的哈希值。

换言之，要找到两个不同输入且具有相同哈希值在计算上是不可能的。哈希值就是文件的身份证，不过比身份证还严格，所以数据的哈希值可以检验数据的完整性。

哈希函数的单向、输出数据长度固定等特征使它可以生成消息或者数据，而且哈希算法和哈希值一般用于快速查找和加密算法（在区块链的比特币运用中，使用的是SHA－256算法）。

在区块链技术中，包括文档、图片、视频、音频等原始的任意长度的数据文件经过哈希算法后，便可以压缩成为固定长度的二进制值，即哈希算法本质上是一个数据压缩的过程。另外，数据压缩之后仍可以通过哈希值访问原数据。

哈希算法应用在区块中，既减小了区块存储的数据量，也不影响对数据的链接访问，因此成为区块链中一项重要的基础技术。

057 什么是梅克尔根，如何构成区块链的数据结构？

梅克尔根是区块链数据结构的重要组成部分。在区块链中，每个数据区块包含区块头和区块体，区块头封装了当前版本号、前一区块哈希值、当前区块PoW要求的随机数（Nonce）、时间戳以及梅克尔根信息。区块体包括当前区块经过验证的、区块创建过程中生成的所有交易记录；这些记录就是通过梅克尔树的哈希过程生成唯一的梅克尔根后，并记入了区块头中。

梅克尔根，是指梅克尔树（Merkle Tree）的根，因为梅克尔树在计算的过程中主要用到哈希算法，或称为梅克尔哈希树（Merkle Hash Tree）的根。

3.4.3 难度确认、运行及其作用

058 区块链数据结构中的难度目标与什么有关，作用是什么？

区块头中的难度目标与工作量证明机制（PoW）有关。在区块链中，工作量证明机制是一个可以让每个参与节点参与交易验证的方式，为形成一个多方共同维护并共享同一份记录交易的账本，一个基于零信任基础、去中心化的P2P网络系统。

工作量证明是让任一参与节点花费时间和运算资源来计算一组数学公式的结果，一旦这个结果被计算出来，其他参与节点也可用相关的数学公式去验证这个值是否有效。进行PoW计算的过程也被形象地称作“挖矿”，参与节点被称作“矿工”，其计算过程如为：

每个区块的区块头包含许多固定值，只有随机数（Nonce）值为随机值，因此每个节点进行PoW计算时，通过不断替换这个随机值来让这个区块的区块头哈希值小于一个被设定好的难度目标值（小于这个目标值是为了使每个区块在理

论上可以完成计算）。当最接近难度目标值的哈希值产生后，该“矿工”可以向全网广播，如果同一时间获得超过 51% 节点的认可，意味着该“矿工”完成了一个新区块，可以将其链接到区块链上，其他“矿工”再以这一个区块为父区块进行下一个区块的运算。

059 区块链数据结构中的难度值是什么，作用是什么？

区块链中的难度值，是指节点要运算出低于难度目标值的哈希值，平均花费的时间，即平均要完成一次 PoW 计算所用的时间。如比特币平均每 10 分钟，节点就会成功算出新的区块。当然，这 10 分钟仅是个理论平均值，每个新区块产生的实际时间是不一样的，比如，第 407,068 个区块的实际产生时间是 20 分钟以上，而第 407,062 个区块的实际产生时间只需要 17 秒。

比特币的难度值是可以动态调整的，目前每产生 2016 个区块会调整一次难度值，以每 10 分钟产生一个区块估算，大约每两周会调整一次难度值。难度值的调整是由每个完整节点独立自动发生的，每达到 2016 个区块后，所有节点都会按统一的公式自动调整难度值。这个公式是由最新的第 2016 个区块的花费时长与期望时长比较得出的（期望时长按每个区块 10 分钟计算，总时长为 20,160 分钟，相当于两周）。

根据实际“挖矿”时长与 10 分钟的期望时长的比值，对运算的难度值进行相应调整（或变难或变易）。如果第 2016 个区块中每个区块产生的速率比 10 分钟慢，则说明运算的难度值过大，需要降低难度值；反之，每一个产生的速率比 10 分钟快，则说明运算难度值小，需要增加难度值。通过动态调整难度值，既可以保证不会有大量的区块产生，又保证了交易所需的区块数量。

060 难度目标与新难度值是如何计算的？

新难度值公式的如下：

新难度值 = 旧难度值 ×（20,160 分钟/过去 2016 个区块花费时长）

比特币工作量证明的目标值（Target）的计算公式如下：

目标值 = 最大目标值/难度值

其中，最大目标值为一个恒定值：

= 0x00000000FFFFFFFFFFFFFFFFFFFFFFFFFFFFFFFFFFFFFFFFFFFF

FFFFFFFFFFFF

目标值的大小与难度值成反比。比特币工作量证明的完成,是以“矿工”计算出来的区块哈希值小于目标值且最接近于目标值为判断标准。由于 PoW 具有一定的难度,因此,无法预测哪个运算节点可以最快算出新区块,从而确保了交易验证的公正性。

3.4.4 时间戳、随机数及其作用

061 什么是时间戳,与区块链数据结构的关系是什么?

时间戳(timestamp),能表示一份数据在某个特定时间之前已经存在的、完整的、可验证的数据,其通常是一个字符序列,能够唯一地标识某一刻时间。在区块链中,采用了“unix”时间计数方式,由时间戳服务器为每一个区块加上的时间序列,记录了该区块的产生时间,一般会精确到秒,即记录从 1970 年 1 月 1 日零时到当前区块产生时间的秒的累计数。

时间戳是写入区块头上的,在计算哈希值的过程中会将父区块的时间戳纳入哈希散列,并对前一个时间戳进行“增强”。同时,时间戳的存在使区块上交易信息无法更改,可以作为交易证明的一个很重要的信息。另外,区块一旦被链接上区块链,就会成为全网所有节点的“公共账本”,很难被篡改。

062 什么是随机数,与挖矿的关系是什么?

在整个区块头的数据结构中,大部分是经过哈希算法后的固定值,唯一不是固定值的字段就是随机数(Nonce),它是创建新区块的“钥匙”,以比特币为例来解读其工作原理:

区块头及区块主体构建完成以后,挖矿就可以开始了。比特币挖矿的目标就是找到一个随机数(Nonce),使在这个值下的区块头的 SHA - 256 哈希值输出必须小于设定的难度值,“矿工”通过不停地变更区块头中的随机数(Nonce),并对每次变更后的区块头做双重 SHA - 256 运算,将结果值与当前网络的目标值作对比,如果小于目标值,则工作量证明完成,区块创建成功。这时,该“矿工”需要向全网络广播这一随机数(Nonce),经其他“矿工”验证通过即获得全网络节点的认可,链入区块链成为新的区块,该名“矿工”会取得一定数量的比特

币作为奖赏,其他“矿工”则迅速以该区块为父区块,进行新的计算并试图“挖出”新的区块。

在挖矿过程中,由于每个“矿工”创建的新区块头的时间戳可能不一样,每个“矿工”选择进入本区块的交易集合不一样,区块头中的梅克尔根的值不一样,所以即使很多“矿工”都是从随机数(Nonce)等于0开始累加寻找符合条件的哈希值,他们也还是在不同的位置寻找。挖矿的过程是整个比特币网络所有“矿工”节点计算能力加在一起寻找答案的过程,每个“矿工”都有找到正确答案的机会,不过拥有更高计算性能的“矿工”找到答案的概率要高一些。

3.5　区块链的工作流程与机制

3.5.1　步骤与防止分叉

063 区块链的工作步骤有哪些?

区块链的工作流程主要有(见图3-5):

(1)发送节点将新的数据记录向全网进行广播。

(2)接收节点对收到的数据记录信息进行检验,如记录信息是否合法,通过检验后,数据记录将被纳入一个区块中。

(3)全网所有接收节点对区块执行共识算法,包括工作量证明、权益证明等。

(4)区块通过共识算法过程后被正式纳入区块链中存储,全网节点均表示接受该区块(接受的方法是将该区块的随机哈希值视为最新的区块哈希值),新区块将以该区块链为基础进行延长。

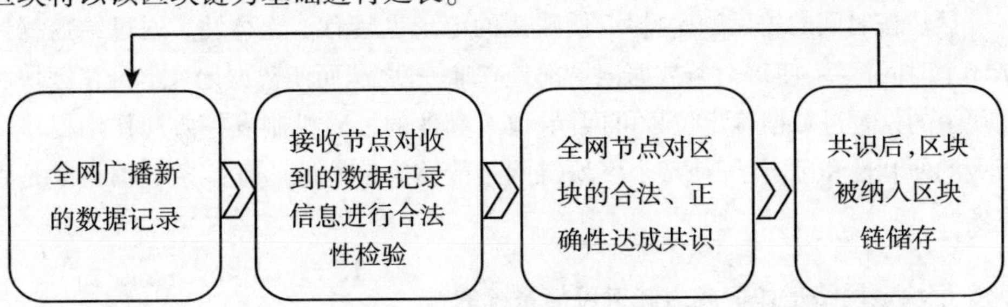

图3-5　区块链的工作流程

064 如何理解全网广播与杜绝分叉问题?

区块链工作流程中,第一步骤提到的"全网广播",实际上不需要让全网所有节点都收到,只要大部分节点收到即可。对于那些没有收到的、丢失的区块,区块链系统是具有容错能力的,如果某个节点没有收到特定区块,当这个节点发现自己缺失区块时,可以提出自己下载区块的请求。

节点始终都将最长的区块链视为正确的链,并持续以此为基础进行验证和延长。但是,会出现两个节点同时广播不同版本新区块的情况,而且其他节点接收到该区块的时间也会存在先后差别,它们将在先收到的区块基础上进行工作,但也会保留另外一个链条,以防后者变成长的链条。

这两条链条该如何选择?这时需要共识算法来进一步运行,当其中一条被证实为较长,那么在另一条分支链条上工作的节点将转换阵营,开始在较长的链条上工作,由此防止了区块链的分叉。

3.5.2 安全、透明与不可篡改的系统机制

065 时间戳在区块链中的重要作用是什么?

在区块链网络中,节点负责把数据记录到数据区块里。为了鼓励节点记账,系统会按照规则随机地对记账的节点进行奖励。那么如何防止有人制造假数据,或者如何避免假数据不被验证通过?于是,具有区块链特点的时间戳发挥作用了。

时间戳把数据区块的内容与数据区块本身联系起来,其重要意义在于其使数据区块形成了新的结构。这个新的结构使各个区块通过时间线有序地连接起来,形成了区块的链条,因此才称为区块链。

区块按时间的先后顺序排列,使账簿的记录也具有了连续性。通过给数据记录印上时间标签,使每一条数据记录都具有唯一性,从而使数据记录本身在区块和区块上的位置进行精确定位且可回溯,也给其他的校验机制发挥协同作用提供了极大的便利性和确定性,使整个区块链网络能够确定性地验证某条数据记录是否真实。

066 区块链网络是如何成为诚实可信系统的?

该问题笔者从三个方面来解读:

(1)区块链网络是公开的,这意味着系统的节点知道过去发生的所有数据记录。链条的各个区块记录(包括新旧区块)由时间戳连接起来使之环环相扣,而且每一个区块在加入之前的区块及其数据的真实性都得以严格保证,所以如果想制造一个假的数据记录,就必须修改过去区块链所有的数据记录。

(2)尽管在挖矿过程中形成了多个链条,但因为最长的那条被诚实的节点所控制,所以想要修改过去的数据记录,首先就要从头构造出一条长度比之前最长的那条还要长的链条,因为有新链条超过原来那个链条的长度后才能制造双重支付的虚假数据。然而随着时间推移,制造新链条的难度和成本都是呈指数级上升的,而且随着链条越来越长,制造其的难度也变得越来越大,成本也就越来越高,所以几乎不可能篡改。

(3)因为去中心化的设置,区块链的各个核心客户端保存了区块链网络的完整数据,因此对区块链网络的攻击很难像对传统的中央处理节点那样有效,一般情况下很难对区块链网络构成重大冲击。

综上所述,区块链网络成为一个公开的、难以攻破的、不可篡改数据记录和制造虚假数据的诚实可信的系统。

067 区块链网络是如何做到安全、透明与不可篡改的?

区块链保证数据安全、不可篡改以及透明性的关键技术包括两个方面:一是数据加密机制;二是共识算法。

在数据加密机制中,一方面,要有一个私钥,私钥是证明个人所有权的关键,比如,要证明某人有权从一个特定钱包消费数字货币需要通过数字签名来实现。另一方面,要使用哈希算法等。哈希算法是密码学里的经典技术,把任意长度的输入通过哈希算法计算,变换成固定长度的由字母和数字组成的输出,具有不可逆性等。

共识算法,是区块链中节点保持区块数据一致、准确的基础,主流共识算法包括工作量证明(PoW)、权益证明(PoS)、委托权益证明(DPoS)等。以工作量证明为例,是节点利用自身计算机硬件为网络做数学计算、进行交易确认和提高安全性的过程,其通过消耗节点算力制造新的区块。其交易支持者("矿工")在电脑上通过运行比特币软件不断计算软件提供的复杂的密码学问题来保证交易的进行。作为对他们服务的奖励,"矿工"可以得到他们确认的交易中所包含的手续费,以及新产生的比特币。

3.6　从 1.0 到 3.0 的演化升级

3.6.1　区块链的进化

068 区块链是如何进化的?

区块链的进化方式是从 1.0 到 2.0 再到 3.0,如今主要有两种不同的划分标准和内涵。

划分方式 1:

区块链 1.0 是以比特币为代表的数字货币应用,其场景包括支付、流通等;区块链 2.0 结合数字货币与智能合约,对金融领域的更广泛场景和流程进行优化的应用;区块链 3.0 则超出金融领域,旨在为各种行业提供去中心化解决方案。

划分方式 2:

区块链 1.0 是可编程的数字货币;区块链 2.0 是可编程的智能合约;区块链 3.0 是可编程的社会治理(见图 3-6)。

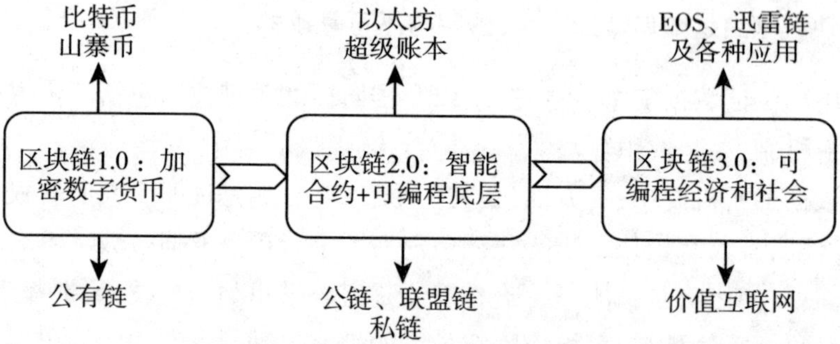

图 3-6　区块链 1.0 到 3.0

两种方式主要在区块链 2.0 的内涵和应用上存在一些差别,第二种划分方式在内容与运用上较第一种划分方式要更广泛,从而也影响到一些区块链 3.0 的内涵和应用。但在两种划分方式下,区块链 1.0 的内涵和应用是相同的。

进言之,区块链技术不仅可用于数字货币。货币范围的应用称为区块链 1.0,主要解决货币和支付手段的去中心化。在比特币创建之初,中本聪就考虑让其具有可编程的特征,从而可以支持多种交易类型。以此为发端,区块链技术的应用范围超越了数字货币,区块链 2.0 可用来注册、确认和转移各种不同类型的资产及合约,如各种金融交易、公共记录、私人记录等,从而更宏观地对整个市场去中心化。

区块链3.0则进一步超越了金融领域,可用于实现全球范围内日趋自动化的物理资源和人力资源分配,促进科学、健康、教育等领域的大规模协作。

3.6.2　区块链1.0

069 区块链1.0的特点主要是什么?

区块链1.0主要是支撑虚拟货币的应用,包括转账、汇款、数字化支付以及加密货币,比特币就是区块链1.0的代表,也是最成功的数字货币。

以比特币为代表的数字货币已经在欧美国家获得相当程度的市场接受度,数字货币与法定货币之间交换的交易平台也应运而生。为人们绘制了一幅理想的蓝图——全球货币的统一,货币的发行不再依赖于各国央行。

区块链1.0的起点很高,但可能是最遥远的,因为要构建这样一个全球的区块链网络,需要所有个人和机构的共同参与才能达成。比特币也被认为是互联网上的黄金,它的储量是有限的,将作为未来数字货币的价值锚定。

070 区块链1.0的实质与运用是什么?

区块链1.0的实质就是可编程的数字货币。

2008年11月中本聪发表论文指出"区块链是指通过去中心化和去信任的方式集体维护一个可靠数据库的技术方案"。区块链1.0的主要应用领域为"加密数字货币",包括货币的发行机制、分配机制、币值调节机制等。

比特币可视为区块链首个在金融支付领域的应用。比特币所产生和使用的区块链,是最早也是目前应用最广泛的公有区块链。

3.6.3　区块链2.0

071 区块链2.0的特点主要是什么?

区块链2.0主要是在金融领域发挥作用,区块链应用于金融领域有天生的绝对优势,因为金融业也是对安全性、稳定性要求极高的行业,如果区块链在金融领域应用得以验证,那么将会在其他行业产生巨大的蝴蝶效应。

区块链2.0以以太坊为代表,意在互联网上搭建操作系统,但它只是提出了一个概念,并没有实现真正的应用,或者说不满足应用要求。

区块链2.0最大的贡献就是通过智能合约彻底地颠覆了传统货币和支付的概念,当前的跨境交易需要依赖可信任的第三方中介,区块链技术可以抛弃第三方角色介入,通过全网信用实现点到点的透明交易,从而降低了操作成本和费用,并且提高了跨境汇款的安全性,加快了交易速度。

072 区块链2.0的另一种划分观点是什么?

区块链2.0是可编程的智能合约。这一划分观念与上一问题的内容有很大不同。在2015年10月召开的“2015首届全球区块链峰会”上,以太坊的创始人维塔利克·布特林(Vitalik Buterin)发表了题为《愿景,第一部分:区块链科技的价值》(Visions, Part 1: The Value of Blockchain Technology)主题演讲,并重新定义了区块链:“区块链就是一个任何人都可以上传程序并使其自己执行的神奇电脑,每个程序所有的当前和过去状态都是公共可见的,强大的密码经济学保证程序能够按照该区块链协议所定义的方式持续执行”。

区块链成为一种“信任的机器”,通过自我限制和安全加密,确保机器能安全可信地自动执行预设的逻辑。

区块链2.0的主要应用领域为智能合约,智能合约能够令各方自动执行操作,结果由软件验证,而非人类扮演中介。

073 区块链2.0作为可编程的智能合约,其应用主要包括什么?

区块链2.0的典型应用包括:

(1)股权、债权合约;(2)证券与金融合约;(3)互助保险合约;(4)权利登记、转让;(5)博彩;(6)防伪;(7)物联网等。

3.6.4 区块链3.0

074 区块链3.0的概念是什么?

区块链3.0可看作可编程的社会治理。在这种情况下没有严格的定义,总体来说有两大类应用:

(1)超越货币、经济、市场的公正性应用。

（2）超越货币、经济、市场的效率和协作。

075 区块链3.0的特点主要是什么？

区块链3.0是价值互联网的内核。区块链能够对每一个互联网中代表价值的信息和字节进行产权确认、计量和存储，从而实现资产在区块链上可被追踪、控制和交易的目的。

价值互联网的核心是由区块链构造一个全球性的分布式记账系统，它不仅能够记录金融业的交易，而且几乎可以记录任何有价值的能以代码形式进行表达的事物，包括对共享汽车的使用权、信号灯的状态、出生和死亡证明、结婚证、教育程度、财务账目、医疗过程、保险理赔、投票以及能源等。

因此，随着区块链技术的发展，其应用能够扩展到任何有需求的领域，包括审计、公证、医疗、投票以及物流等领域，进而到整个社会。

076 区块链3.0的应用主要有哪些？

区块链3.0会超越金融、经济领域，进入公证、智能化等社会各个领域，以墨客（MOAC）及EOS（Enterpise Operation System）为首，满足了复杂的商业应用，包括身份认证、鉴证、公证、仲裁、审计、域名、邮件、签证、投票，司法、行政、健康、物流、电商、人工智能以及去中心化自治组织等领域，应用范围扩大到了整个社会，区块链技术有可能成为“万物互联”最底层的一种协议。实现信息的自证明，不再依靠某个第三人或机构获得信任或建立信用；实现信息的共享，通过解决信任的问题提高整个系统的运作效率。

077 举例说明区块链3.0的一些应用是怎样的？

区块链3.0主要应用在社会治理领域，例如：

（1）供应链自动化管理。客户希望知道所购买商品的供应链信息；消费者希望知道食品的生产、加工、经销、仓储、运输过程以及原材料的来源等；整机集成商希望知道部件的厂商、渠道来源等。采用区块链的方案，可以登记每个商品的出处，提供一个共享的全局账本，追踪所有引起变化的环境。

（2）自动化采购。采购方希望订立一个自动化的供货流程，追踪合约执行过程，并根据指定条件自动完成全额支付、部分支付、补贴、罚款。此过程会涉及多个采购方、供货方、物流、银行等，需要对每一批次商品的供货过程有完整记录。采用区块链的方案,实现多方共同记账、共同监管,实现效率,提高透明度以及抗风险能力。

(3)智能化物联网应用。未来智能设备能够通过智能物联网代替人处理一些日常工作,例如,汽车可以自动订购汽油、预定检修服务或清洗服务;冰箱可以自动化订购商品,甚至空调和冰箱可以谈判如何错峰用电。采用区块链的方案,可以在一个分布式的物联网建立信用机制,利用区块链的记录来监控、管理智能设备,同时利用智能合约来规范智能设备的行为。

(4)产权登记。包括不动产、动产、知识产权、物权、租赁使用权益、商标、执照、许可、各类票据、证书、身份以及名称登记等在内的产权登记,都可以采用区块链技术来登记,以保障公正、防伪、不可篡改以及可审计等。

(5)虚拟资产兑换、转移。在游戏或某些行业,消费者会累积很多虚拟资产(点数、积分、奖励、装备、战力等),消费者希望能方便地将虚拟资产兑换或转移。例如,游戏玩家希望游戏虚拟资产能从一个游戏转移到另一个游戏或者玩家之间能够相互兑换这些虚拟资产。采用区块链的方案,可以实现虚拟资产公开、公正地转移,不受第三方影响,自动到账。

第 4 章　分布式网络(P2P)与分布式账本

4.1　P2P 的概念、问题及事物

4.1.1　类型与概念

078 有哪三种网络模式?

在现实网络模式(系统)中,主要存在三种模式,分别是中心化、分布式与去中心化(见图 4－1)。

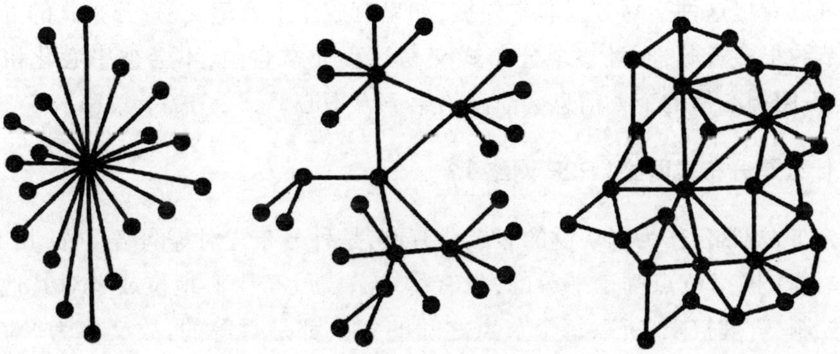

图 4－1　中心化、分布式与去中心化

079 什么是分布式?

很多人认为区块链是去中心化的,其实这种表述不太准确。作为软件系统的网络架构不一定是单中心模式的,还可能是多中心或分布式的(见图 4－2)。

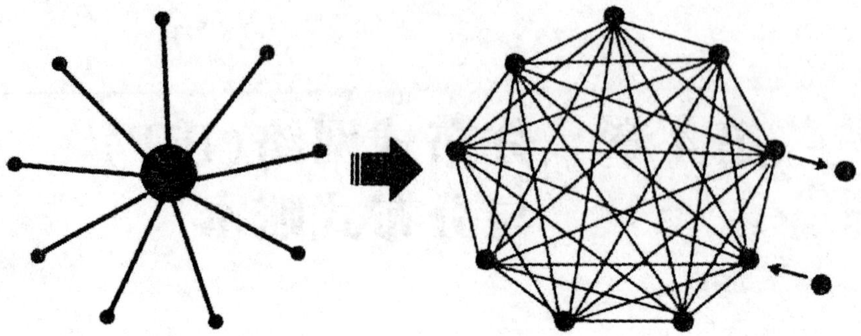

图4－2 中心化与点对点

要理解分布式，先理解中心化。举例说明，你在淘宝买商品的时候，先将钱打给支付宝，然后卖家给你发货。支付宝就是整个淘宝交易过程的中心，如果支付宝因为某种情况“跑路”或不承认你曾经付过钱，那么淘宝交易就无法进行下去。

分布式就是指去掉支付宝这个单一中心。比如，你在网络上看到一个比较好的商品，直接把钱给对方，对方给你发货，那你们之间就完成了一笔分布式交易。可以看出这种交易方式非常便捷，如果有成千上万笔交易，分布式的处理方式会节约很多资源，而且整个分布式交易过程非常自由，不会被中心化机构控制，也不用担心你的个人信息会泄露给第三方中心。

080 什么是分布式网络（P2P网络）？

分布式网络，作为区块链的底层公有链，是种分布式对等网络（Peer to Peer，P2P），每个网络节点都是平等的，没有哪个节点处于中心地位或者对其他节点具有控制、管理权限，所以每个节点之间的关系都是对等的，故又称为“对等网络”（见图4－3）。通常的标准化定义是：网络的参与者共享他们所拥有的一部分硬件资源（处理能力、存储能力、网络连接能力以及打印机等），这些共享资源通过网络提供的服务及内容能被其他对等节点（Peer）直接访问而无须经过中间实体。在此网络中的参与者既是资源、服务和内容的提供者（Server），又是资源、服务和内容的获取者（Client）。

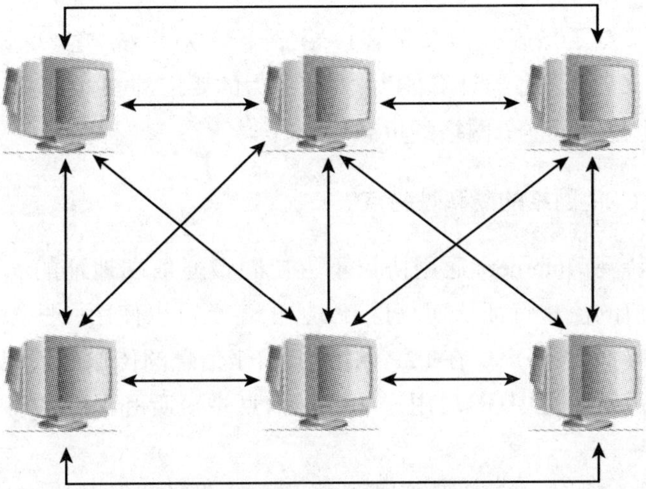

图 4－3　分布式对称网络

分布式网络与中心化的客户端或服务器网络架构不同，它是一种去中心化的网络结构方式，其提高了数据传输的效率，对中心化的网络结构来说具有更高的安全性。

4.1.2　分散化、负载均衡与隐私

081 如何理解 P2P 网络的分散化与负载均衡的特点?

分布式网络(P2P 网络)主要有分散化(非中心化)、可扩展性、健壮性、高性能、保护隐私与负载均衡等特点，其中以分散化和局域均衡为主要内容。

(1)分散化(Decentralization)，即非中心化

网络中的资源和服务分散在所有节点上，信息传输和服务的实现都直接在节点之间进行，无须中间环节和服务器的介入，避免了可能的"瓶颈"。即使是在混合分布式网络中，在查找资源、定位服务或安全检验等环节需要集中式服务器的参与，但主要的信息交换最终仍然在节点之间直接完成。这样就大大降低了对集中式服务器的资源和性能的要求。分散化是(P2P)的基本特点，由此带来了可扩展性、健壮性等方面的优势。

(2)负载均衡

因为每个节点既是服务器又是客户端,降低了对传统“客户/服务器模式”(Client/Server,C/S)服务器计算能力、存储能力的要求,同时因为资源分布在多个节点,更好地实现了整个网络的负载均衡。

082 如何理解P2P网络的隐私性特点?

目前的因特网(Internet)通用协议不支持隐藏通信端地址的功能。但攻击者可以监控用户的流量特征从而获得IP地址,甚至可以使用一些跟踪软件直接从IP地址追踪到个人用户。在P2P网络中,由于信息的传输分散在各节点之间进行而无须经过某个集中环节,用户的隐私信息被窃听和泄露的可能性大大缩小。

此外,目前解决Internet隐私问题主要采用中继转发的技术方法,从而将通信的参与者隐藏在众多的网络实体之中,但在传统的一些匿名通信系统中,实现这一机制依赖于某些中继服务器节点。在P2P中,所有参与者都可以使用中继转发的功能,因而大大提高了匿名通信的灵活性和可靠性,能够为用户提供更好的隐私保护。

4.1.3 高效、健壮与可扩展

083 如何理解P2P网络的可扩展性特点?

在传统的“客户/服务器模式”中,系统能够容纳用户的数量和提供服务的能力主要受服务器资源的限制。为支持互联网上的大量用户,需要在服务器端使用大量高性能的计算机,铺设大带宽的网络,为此机群、簇(cluster)等技术纷纷上阵。在此结构下,集中式服务器之间的同步、协同等处理产生了大量的开销,限制了系统规模的扩展。

而在P2P网络中,随着用户的加入,不仅服务的需求增加了,系统整体的资源和服务能力也在同步扩充,始终能较容易地满足用户的需要。即使在诸如“Napster”等混合型架构中,由于大部分处理直接在节点之间进行,大大减少了对服务器的依赖,因而能够方便地扩展到数百万个用户。

对于纯P2P来说,整个体系是全分布的,不存在“瓶颈”。理论上其可扩展性是无限的。P2P可扩展性这一优点已经在一些应用的实例中得到证明,如

Napster、Gnutella、Freenet 等。

084 如何理解 P2P 网络的高性能特点?

高性能优势是 P2P 网络被广泛关注的一个重要原因。

随着硬件技术的发展,个人计算机的计算和存储能力以及网络带宽等性能依照摩尔定理高速增长。在目前的互联网上,这些普通用户拥有的节点只是以客户机的方式连接到网络中,仅仅作为信息和服务的消费者,游离于互联网的边缘。而且对于这些边际节点的能力来说,存在极大的浪费。

采用 P2P 架构可以有效地利用互联网中散布的大量普通节点,将计算任务或存储资料分布到所有节点上。利用其中闲置的计算能力或存储空间,达到高性能计算和海量存储的目的。这与当前高性能计算机中普遍采用的分布式计算的思想是一致的。

085 如何理解 P2P 网络的健壮性特点?

互联网上随时可能出现异常情况,如网络中断、网络拥塞、节点失效等各种异常事件,都会给系统的稳定性和服务持续性带来影响。在传统的集中式服务模式中,集中式服务器成为整个系统的要害所在,一旦发生异常就会影响到所有用户的使用。

而 P2P 架构则天生具有耐攻击、高容错的优点,因为服务是分散在各个节点之间进行的,所以部分节点或网络遭到破坏对其他部分的影响也很小。而且分布式模型一般在部分节点失效时能够自动调整、整体拓扑,保持其他节点的连通性。事实上,分布式网络通常都是以自组织的方式建立起来的,并允许节点自由地加入和离开;一些 P2P 模型还能够根据网络带宽、节点数、负载等变化不断地作自适应式的调整。

4.2　常见问题与分布式事物

086 P2P 网络中常见的问题有哪些?

(1)通信异常

分布式系统需要在各个节点之间进行通信,因此每次网络通信都会伴随着网络不可用的风险,例如光纤、路由、域名系统(Domain Name System,DNS)等硬件设备不可用。

(2)网络分区

当网络发生异常情况,导致分布式系统中部分节点之间的网络延迟不断增大,最终导致分布式系统中只有部分节点能够正常通信,这种情况称为网络分区,俗称"脑裂"。当出现网络分区时,分布式系统就会出现局部小集群,在极端情况下,这些小集群会独立完成原本需要整个分布式系统才能完成的功能,包括数据的事务处理,这就对分布式一致性提出非常大的挑战。

(3)三态

因为网络的问题,所以分布式系统的每次请求与响应存在特有的"三态"概念,即成功、失败和超时。在绝大多数情况下,网络通信能够接受到成功、失败的响应,但当网络异常时,就会出现超时现象,通常有以下两种情况:请求并没有被成功地发送到接收方,而是在发送过程就发生了丢失现象;该请求成功地被接收方处理后,但在响应反馈给发送方过程中,发生了丢失现象。

087 什么是 P2P 网络的分布式事物?

分布式事物是所有分布式系统都会遇到的问题。一般而言,一个分布式事物可以看作由多个分布式操作序列组成,通常把这一系列分布式操作称为子事物。因此,分布式事物也可以被定义为一种嵌套型的事物,同时也就具备了"ACID"(数据库事务正确执行的四要素,包括原子性、一致性、隔离性以及持久性)的事物特性。但在分布式事物中,各个子系统事物的执行也是分布式的,因此要实现一种能够保证"ACID"特性的分布式事务处理系统就格外复杂了。所以就出现了诸如"CAP 原则"和"BASE 理论"这样的分布式经典理论。

4.3 P2P 的两种架构

4.3.1 分类及性能

088 分布式(P2P)网络的两种架构是什么?

根据点链接方式以及资源定位方式,分布式网络分为两种架构:一种是非结构化的 P2P 网络,另一种是结构化的 P2P 网络(见图 4-4)。

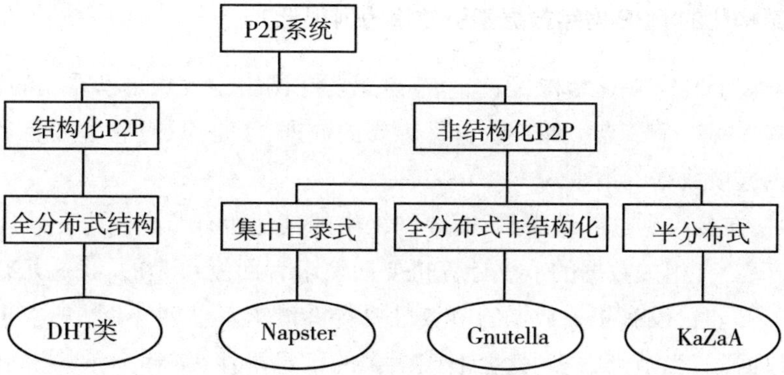

图 4－4　分布式(P2P 系统)网络的分类

089 分布式(P2P)网络两种架构的性能如何?

在实际应用中,每种结构的 P2P 网络都有其优缺点,表 4－1 从可扩展性、可靠性、可维护性、发现算法的效率、复杂查询等方面比较了 4 种 P2P 结构的综合性能。

表 4－1　两类 P2P 网络对应的四种分布式网络性能比较

比较标准 拓扑结构	中心化拓扑	全分布式非结构化拓扑	半分布式拓扑	全分式布结构化拓扑
可扩展性	差	差	中	好
可靠性	差	好	中	好
可维护性	最好	最好	中	好
发现算法效率	最高	中	中	高
复杂咨询	支持	支持	支持	不支持

4.3.2　非结构化的 P2P 网络

090 什么是非结构化的 P2P 网络?

非结构化的 P2P 网络,是指网络系统的各个节点随机地互相链接在一起,没有经过特定设计的层叠网络结构,其特点就是搭建网络容易。另外,因为各节点在网络中的角色是相同的,所以面对诸如大量节点不断加入或退出等网络扰动时,网络本身相对稳定,不会受到影响。但其最大的缺陷就是数据索引的效率低。

091 非结构化的 P2P 网络数据索引效率为何很低?

由于整个网络缺乏结构,当一个节点想要在网络中找到自己需要的数据时,它不知道在哪一个节点上储存着自己想要的数据,于是,只得向尽可能多的节点发送寻找这项数据的请求。

同时,在接收到这一请求后,需要网络中的其他所有节点回应和处理这一请求。换言之,有相关数据的节点计算机要向请求者回复:“是的,我这儿有你想要的数据”。同时,没有相关数据的节点也要告诉请求者:“对不起,我这儿没有你想要的数据”。当节点太多,就会形成巨大的信息潮流,消耗大量的中央处理器(CPU)和带宽资源以满足大量节点之间的数据查询和通信。

特别是当请求者寻找的数据比较流行时,如流行音乐或热播赛事等,由于大量的节点存储有这类数据,这时请求者的数据请求会很快得到回应;但如果请求者寻找的是比较小众的数据,那么请求者的数据请求就可能失败。

4.3.3 结构化的 P2P 网络

092 什么是结构化 P2P 网络?

结构化的 P2P 网络,是指网络节点通过特定的网络拓扑结构链接在一起,通

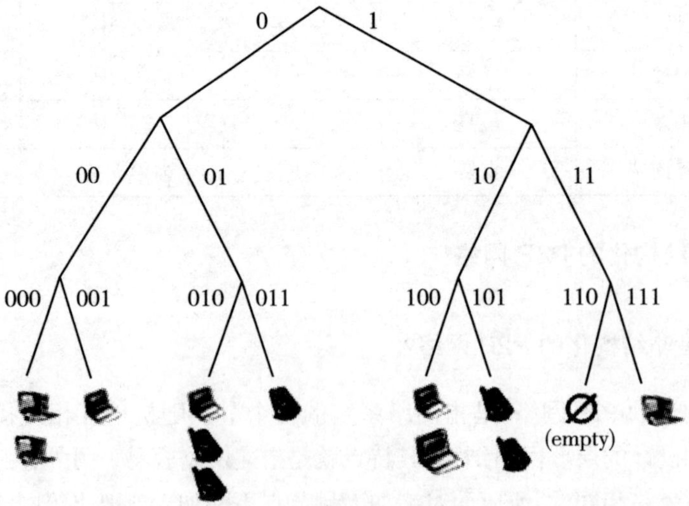

图 4-5 结构化 P2P 网络

过网络协议确保任意节点可以高效地找到所需数据,即使是很少见的数据。目前最常用的结构是分布式哈希表(Distributed Hash Table,DHT)。

图4－5结构化P2P网络采用哈希表的方式来对应资源与存储空间,即对于某一资源“KEY”,首先使用哈希函数计算出这个“KEY”值的索引“index”[Hash(Key)=index],然后把与这个“Key”值对应的数据资源“Value”存储到“index”所对应的存储空间中,这样就建立了(Key－Value)的对应关系。每次想要查找“Key”所对应的“Value”值时,只需要进行哈希运算找到其“index”值并访问对应的存储空间就可以找到所需数据。

093 结构化的P2P网络的优缺点是什么?

优点是能大大提高搜索效率。由于网络中的每节点都保存一份网络节点的哈希表,通过这一表使网络资源与存储节点对应起来。查找某一资源时,先对该资源进行哈希计算,找到唯一对应的索引值(index),然后访问这一索引值对应的节点或存储空间,就能很快找到所需的数据资源,避免网络中的非结构化P2P网络出现大量信息需要被处理,从而提高搜索的成功率。

缺点在于,因为网络中的哈希表建立了资源与存储空间的对应关系,所以网络抗扰动的能力不足。比如,当大量节点经常加入或退出网络时,网络数据与资源的对应关系发生了很大变化,原来哈希表的作用就会大幅降低,效率也随之下降。

4.4 广播机制

094 广播与验证机制有何意义?

广播与验证机制是区块链网络与以往中心化网络的重要区别之一,是产生信任、形成高安全性的基础。其中,两种广播机制分别为交易广播和区块构造广播。

095 交易广播的概念及其作用是什么?

在区块链的分布式网络中,交易广播机制就是每一笔交易需要向全网进行广播,取得全网节点的验证后,才进入区块的构造过程。

交易广播机制的存在,使区块链中的每一项交易置于全网节点的监督之下,交易的每一细节都要受到其他节点的检验,如支付资金的来源是否可以追溯、支付过程是否符合规则、支付的结果是否确定等。一旦经过验证,这笔交易就进入了全网节点的区块内,由全网节点为它的真实性、合规性进行背书,下一项与之相关的衍生交易自然无须中心机构的背书即可信任该项交易,这就是区块链网络信任的基础。换言之,交易广播一方面是下一项交易的源头,也是产生信任机制的第一步;另一方面是区块封装的数据基础,因为"矿工"们要做的是将某一时段内的交易组装为区块并进行计算。

096 区块构造广播的概念及其意义是什么?

区块构造广播即由网络服务机构完成的广播,以比特币为例,即"矿工"们竞争构造区块的结果的广播,是区块链运行的基础流程之一。当"矿工"进行了大量的计算,完成了工作量证明时,需要把自己的运算结果广播到全部网络节点之中,由其他节点根据给定的计算条件,调动算力资源进行验证。当验证通过后,该笔交易即可记录到区块之中,随后也会链接到区块链上。

由于区块的构造是由全网的服务机构("矿工"们)竞争的结果,在接收交易广播的信息并完成本时段内全部交易的封装后,矿工们开始竞争计算哈希值。最快完成计算的"矿工"必须将结果广播出去,并且具备接受全网节点验证的基础条件,实现区块向主区块链的"入链"过程,才能使区块真正构建完成。

4.5 验证机制

4.5.1 概念与验证

097 区块链 P2P 网络的验证机制是什么?

在区块链的分布式网络中,验证机制是指节点对广播的交易信息和区块进行验证的过程。每一项交易需要至少经过51%节点的验证才能取得信任(因为区块链网络没有中心机构对交易信任进行检验和保证),并成为区块封装中的交易组合信息。

098 交易信息的验证机制是怎样的?

对于网络节点来说,接收到交易信息的广播后,最重要的验证是支付资金的来源是否可追溯。验证一般只对源交易的哈希值进行验证,确认源交易的哈希值是可信的,而且存在于之前的区块之中即可,原因如下:

区块数量较大,考虑到交易的时效性和验证的经济性,节点对交易的验证过程并不关注过多的回溯和源交易的细节。但从理论上来讲,只要有时间和资源进行回溯,所有的交易都可回溯至创始区块。

交易信息包括数据格式、交易双方的数字签名等,这些都支付验证的辅助信息。只有通过了验证的交易,被支付方才能真正"取得"支付资金,以便于之后的交易。

099 区块构造的验证机制是什么?

以比特币为例,当最先完成区块封装以及竞争计算的"矿工"把构造结果广播出去以后,其他节点的"矿工"就会停止对本区块的构造,转而验证该区块的计算结果是否成立,每一个节点在将新区块转发到其节点之前,会进行一系列的测试来验证以确保区块的合格与有效。

在这种机制下,只有"矿工"将一段时间内完成的真实交易封装并进行计算竞争,诚实构造的区块才能通过验证,并最终纳入区块链主链之中,"矿工"也由此得到奖励的挖矿费。所以这种验证也是一种保证系统正常运行的激励机制。

如果"矿工"在构造区块过程中有任何弄虚作假(如故意将比特币支付给自己的网络钱包等)的做法,其构造的区块就不能通过验证,会被大多数节点抛弃,也不能链入到主链上。最终浪费了本来可以通过算力竞争构造新区块的机会,同时得不到奖励的挖矿费,而且还付出了增加电费的损失等。

4.5.2　步骤与唯一性

100 区块构造验证的具体步骤是什么?

节点依据一个标准清单对区块进行验证,这些标准存在于比特币核心客户端的"Check Block"函数和"Check Block Head"函数中,包括以下 5 个方面:

(1)区块的数据结构在语法上有效;

(2)区块头的哈希值小于目标难度,确认包含足够的工作量证明;

(3)区块时间戳早于验证时刻未来两个小时,即允许时间错误;

(4)区块大小在长度限制之内;

(5)其他条件。

101 验证如何保证区块链的唯一性?

在区块链的网络中,新区块的验证通过后,“矿工”们就以该区块为父区块进行下一个区块的封装和计算。验证未能通过,该“矿工”的区块被抛弃,如果有其他矿工广播出新的区块,网络重复区块验证过程。如果同时有数个区块被计算出来,并且都可以通过全网的验证,其他“矿工”可以任选一个区块进行新区块的“挖矿”,并广播挖出的新区块,这时候就产生了“多链”现象。

但由于网络节点的随机性,一般在不超过6个新区块的范围内,原来的“多链”就会出现长短不一的情况,此时“马太效应”显现,全网的节点都会选择最长的那条链进行后续的区块构造,其他的短链将被抛弃,为保证主区块链的唯一性。

4.6 分布式账本

4.6.1 概念与特点

102 什么是账本?

账本是个体、团体(如企业)经济活动和利益的记录系统(System of Record, SoR),来源于各类资产的交易(或交换)。

资产的所有权和转移会在业务网络中创造价值,这个过程被称为交易(transaction)。交易通常涉及不同参与方,如买家、卖家和中介等,他们的商业协议和合约记录在账本(ledger)中。比如,一个企业通常使用多个账本来跟踪资产的所有权以及在其各种业务中参与者之间的资产转移。

103 什么是分布式账本?

分布式账本记录网络参与者之间的资产交易或数据交换等活动,是一种在网络成员之间共享、复制和同步的数据库。

网络中的参与者根据共识原则来制约和协商账本记录的更新;没有金融机构、票据交换所等中间第三方仲裁机构的参与。

分布式账本中的每条记录都有一个时间戳和唯一的密码签名,这使得账本成为网络中所有交易的可审计历史记录。

104 区块链分布式账本系统的特点是什么?

(1)存放在互联网的各个节点上,每个节点都有一份完整的备份;

(2)记录着自诞生以来的所有转账交易记录;

(3)账本是分区块存储的,每一块包含一部分交易记录,每一个区块都会记录着前一区块的 ID,形成一个链状结构;

(4)当发起一笔交易时,只需把交易信息广播到 P2P 网络中,交易信息被记录成一个新的区块链接到区块链上,交易即完成。

4.6.2　分布式账本与商业账本的比较

105 传统的商业记账方式是什么?

通过图 4 - 6 可以大致了解传统的记账方式。

区块链去中心化

传统记账方式

银行A

资产类型	对手方	借方余额
人民币	银行B	1000
人民币	银行C	5000
人民币	客户A	-100
人民币	客户B	500

银行B

资产类型	对手方	借方余额
人民币	银行A	-1000
人民币	银行C	500
人民币	客户A	200

银行C

资产类型	对手方	借方余额
人民币	银行A	5000
人民币	银行B	-500
人民币	客户A	300

客户A

资产类型	对手方	借方余额
人民币	银行A	100
人民币	银行B	-200
人民币	银行C	-300

客户B

资产类型	对手方	借方余额
人民币	银行A	-500

图 4 - 6　传统商业记账方式

106 传统商业账本存在的问题有哪些？

目前使用的商业账本，存在许多不足。它们效率低下、成本高、不透明且容易发生欺诈和滥用等，这些问题源于集中化的、基于信任的第三方系统，比如金融机构、票据交换所以及现有制度安排下的其他中介。

这些集中化的、基于信任的账本系统会给交易结算带来瓶颈和障碍，缺乏透明性则很容易发生腐败和欺诈。解决争议、逆转交易或提供交易保险的成本很高，这些风险和不确定性导致错失商机。

此外，每个网络参与者自己系统上的商业账本副本都是不同步的，这会导致基于临时的、错误的数据而制定错误的商业决策。在理想情况下，能够解决账本不同副本之间的差异，但却延误了制定明智决策的时机。

107 分布式账本记账的方式是什么？

通过图4-7可以简单了解分布式账本记账的大致方式。

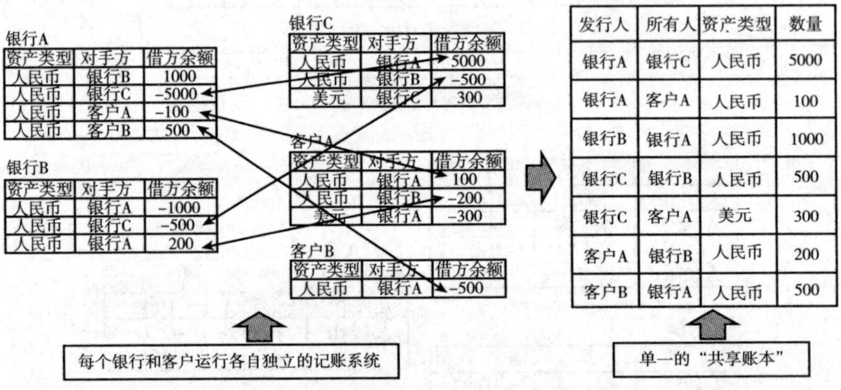

图4-7　区块链的分布式账本记账方式

108 区块链分布式账本的优势是什么？

在传统业务网络中，所有参与者都维护着自己的账本，这些账本之间的重复和差异会导致争议、更长的结算时间；而且因为需要中介，还会导致相关的间接管理成本。通过使用基于区块链的分布式、共享账本，交易在通过共识性验证并写入账本后就不能再更改，这样企业就能节省时间和成本，同时减少风险。

在区块链分布式账本中,区块链共识机制具备提供经过整合、一致的数据集的优势,减少了错误,拥有接近实时的引用数据,而且参与者能够灵活地更改其拥有资产的描述。

因为没有参与成员拥有的共享账本中所含信息的来源,所以区块链技术会提高参与成员之间的交易信息流中的可信度和完整性。

区块链技术的不变性机制降低了审计和合规的成本,增加了透明性;而且在使用区块链技术的业务网络上,合约通过智能、自动化执行得到最终确认,进而企业会获得更高的执行速度、更低的成本和更少的风险,最终使企业构建新的收入流来与客户交互。

109 分布式账本存在的问题和解决思路是什么?

通过图 4 - 8 可以简单了解分布式账本存在的问题和解决方案。

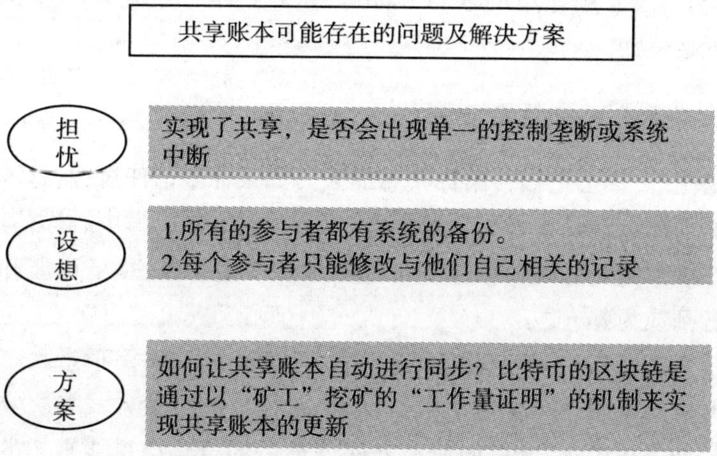

图 4 - 8　分布式账本的问题与解决

4.6.3　应用价值与操作

110 分布式账本的产品应用价值是什么?

分布式中心体的产品应用价值主要有 3 点:

(1)去中心化云端数据存储。整个网络没有集中设立的管理机构,节点间拥有相同的权利和义务，任一节点损坏或者失去都不会影响整个系统的运行。

(2)让信息对称。分布式账本技术可建立一个公开透明的社会信用体系，信息不对称将不复存在。

(3)去欺诈。系统基于公开透明规则，数据内容是公开的，节点之间无法互相欺诈，在系统节点数据交换中任何篡改行为将被系统识别出来。

111 比特币如何采用分布式账本？

(1)所有交易参与方都是匿名的，每一笔交易信息必须公开；

(2)所有人都可以进行记账，每10分钟进行一次账本更新；

(3)每次更新账本时，记账参与者需根据最近10分钟的交易信息向系统提交自己计算出来的最新账本；

(4)系统将把所有上传账本中大多数相同版本的账本视为正确的账本；

(5)所有提交正确账本的参与方都可以参与，唯一获胜者可以获得一笔数额可观的现金奖励。

112 在分布式模式下，交易如何进行？

一般情况下，你会把钱转给你熟悉的人。如果你不信任对方，是不会直接给对方转账的。那么在分布式交易场景中，没有了可靠第三方中心作信用背书，如何相信每个和你做交易的人？你不可能只和熟人做生意，也不可能和市场上所有的交易者都成为熟人。

这种信用难题有一个专有名词进行描述，即拜占庭将军问题。

拜占庭罗马帝国在军事行动中，采取将军投票的决策方式来决定进攻或者撤退。但是如果军中有奸细，如何能够保证最后的投票结果能真实的反映忠诚将军的意愿？区块链技术恰好解决了这个问题。笔者通过网络交易来举例：

装满货物的购物车，A想从B那买东西。

A在网络上说，我是A，并给了B一块钱买了一个虚拟币。

B也在网络上说，我是B，A用一块钱从我这买了一个虚拟币。

此时有一些人在网络上看到了这些消息，就用小本默默记下了“某年某月某日A用一块钱从B那买了一个虚拟币”。如果有一天B否认这笔交易，围观群众就会说：“不对，你于某年某月某日卖给A一个虚拟币”。

到这里你会发现，一个简答的分布式交易模型已经形成。在这个模型中，大家可以互不相识,两个从未见面的陌生人之间可以点对点地进行交易往来,同时一些完全陌生的人会为你们的交易作信用背书。这一个虚拟币可以不停地交易下去,到 C 的手里、D 的手里,每一条交易信息都是一个小区块,把这些区块链接起来,就成了一个非常简化的区块链。当然,真实的区块链比此模型更复杂,细节也会更丰富。

第5章　区块链的分类与应用等问题详解

5.1　分类标准与解密思路

113 区块链有哪些分类?

经归纳,区块链按照不同标准,主要有3种分类(见图5－1):

(1)根据区块链的网络范围,可以划分为公有链、私有链、联盟链;

(2)根据区块链对接类型,可以分为单链、侧链与互联链;

(3)根据区块链部署的现实环境,可分为主链和测试链。

本章将按照3种分类标准分设3节,详细讲解不同区块链的概念、特点、内涵关键、优势、不足、界定争议、应用趋势、局限以及现实限制与问题等。

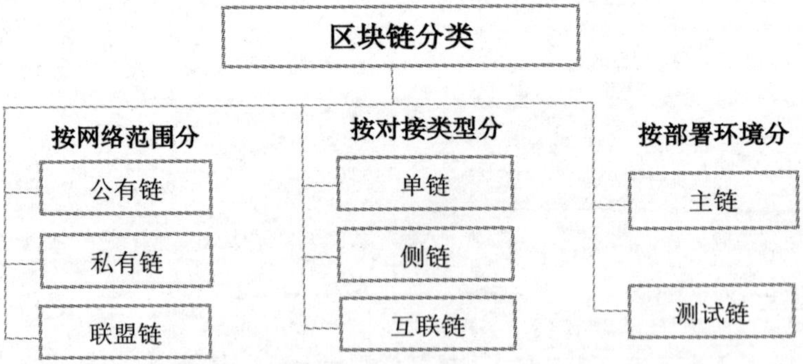

图5－1　区块链的3种不同分类

5.2　公有链、私有链与联盟链

5.2.1　公有链的概念、优势与不足

114 什么是区块链的公有链?

区块链的公有链就是“完全去中心化”的意思。它是指任何人都可读取的、任何人都能发送交易且交易能获得有效确认的、任何人都能参与其共识过程的区块链。而共识过程决定哪个区块可被添加到区块链中并明确当前状态。

公有链系统由于完全没有第三方介入,因此依靠的就是一组事先约定的规则,这个规则要确保每个参与者在不信任的网络环境中能够发起可靠的交易事项。通常来说,凡是需要公众参与的、需要最大限度保证数据公开透明的系统,都适用于公有链,比如数字货币系统、众筹系统、金融交易系统等。

目前最成功、最为人所知和接受的公有链就是比特币。此外,以太坊、超级账本、大多数山寨币以及智能合约等也具备了公有链的大部分特点和应用范围,因此也可以视为公有链。

115 公有链主要有哪些特点?

区块链公有链主要具有以下3个特点:

(1)区块链全部数据都是公开的。作为一本分布式总账,各个节点都会保存区块主链的备份并对其加以确认。对于已经存在于区块链上的区块,其内部封装的交易信息在理论上可以由任何一个节点进行访问,甚至一直追溯到创始区块。所以,尽管所有关联的参与者都隐藏自己的真实身份(这种现象十分普遍),但每个参与者都可以看到所有人的账户余额和其所有的交易活动。这种交易信息公开性,能有效避免信息被恶意篡改。

(2)一般来说,任何拥有足够技术能力的人都可以访问。换言之,只要有一台能够联网的计算机就能够满足访问公有链的条件。这样的区块链才具备成为公有链的条件。

(3)大限度地保证用户与程序开发者之间相互隔离,使用户的各种应用不受开发者的影响。在公有链中,程序开发者无权干涉用户,所以区块链可以保护使用他们开发程序的用户。

116 公有链的不足之处有哪些?

(1)交易保密性不能保证。公有链参与的用户分布广泛,尽管安全性得到了极大的增强,但是对于一些需要保持隐秘的交易,一旦被封装到区块链上,它可以被任一节点访问,虽然节点的具体身份可以保持隐秘,但交易信息却能够被大量节点看到,因此保密性也就丧失了。

(2)交易确认速度慢。因为参与的用户众多,需要大量的用户来形成共识,以便对新区块的构造进行竞争,所以需要采用一些规则(如 PoW、PoS、DPoS 等)来达成共识,使绝大部分节点能够对一段时间内发生的交易进行共同验证和确认,这就需要花费较长的时间,从而降低了交易确认的速度。

另外,在公有链的环境中,节点数量是不固定的,节点在线与否也是无法控制的,甚至节点是不是恶意的也不能保证。在这种情况下,无法知道数据是否被大多数节点写入确认。实际在公有链环境下,这个问题没有很好的解决方案,目前最合适的做法就是通过不断地去相互同步,最终在网络中大多数节点都同步一致的区块数据所形成的链就是被承认的主链,这也被称为最终一致性。

5.2.2 私有链的特点、界定与争议

117 什么是区块链的私有链?

私有链是与公有链相对的一个概念,所谓私有链就是指不对外开放,仅在组织内部使用的系统,其创建及维护权限由一个组织拥有,非组织成员无法访问或仅拥有小规模访问权限的区块链网络。私有链在使用过程中,通常要求注册,即需要提交身份认证并具备一套权限管理体系。

在私有链环境中,节点数量和节点状态通常是可控的,因此在私有链环境中一般不需要通过竞争的方式来筛选区块数据的打包者,可以采用更加节能环保的方式。私有链的价值主要是提供安全、可追溯、不可篡改、自动执行的运算平台,同时防范来自内部和外部对数据安全的攻击,这个在传统的系统中是很难做到的。

私有链的应用场景一般是企业内部,如企业的票据管理、账务审计、供应链管理等。在政府行业中也会有一些应用,比如政府的预算和执行,或者政府的行业统计数据,这个一般来说由政府登记,但公众有权监督。

118 对私有链概念、内涵的界定，业界有哪些争议？

有人可能会有疑问，比特币、以太坊等虽然都是公有链系统，但如果将这些系统搭建在一个不与外网连接的局域网中，这个不就成了私有链了吗？

从网络传播范围来看，只要这个网络一直与外网隔离着，就只能自己使用，只不过由于使用的系统本身并没有任何的身份认证以及权限设置，因此从技术角度来说，这种情况只能算是使用公有链系统的客户端搭建的私有测试网络，比如以太坊就可以用来搭建私有链环境，但通常这种情况可以用来测试公有链系统，当然也可以适用于企业应用。

也有一些观点认为，私有链一般由某个企业或组织拥有，并且由这个企业或组织为私有链上的用户提供信用背书，实际上是一种中心化的存在。但也有人认为私有链其实不是区块链，而是一种分布式账本技术。

总体来说，私有链可以在一定范围内有效地解决传统金融机构的效率、安全和欺诈问题，但它并不会对金融系统的运行规则产生颠覆性作用；而公有链则具备去中心化的力量，将取代传统金融机构的大多数功能，并从根本上改变金融体系的运作方式。

119 私有链主要有哪些特点？

私有链的特点大致可以归纳出以下5点：

(1)交易速度快。私有链一般属于某个组织，因为所有节点属于同一组织，彼此之间已经完全建立了信任，无须复杂的共识机制即可进行交易验证，从而大幅提高交易速度。一个私有链的交易速度要远远高于所有公有区块链的交易速度，甚至可以接近常规数据库的速度。

(2)隐私保障好。私有链往往在局域网使用，这些数据不会公开地被拥有网络连接的其他任何人获得，所以能很好地保护隐私。

(3)信息安全性高。在私有链中，组织可以使用与其他区块链完全不同的数据加密算法，使自己系统内的数据仅能够由本组织各个节点识别和使用，离开了本区块链，其他节点无法识别或使用，这样大大提高了安全性。

(4)交易成本很低甚至为零。由于各个节点属于某一个组织，节点之间信任度很高，不需花费资源来验证交易，即便是需要验证，由于私有链规模小、节点少，所耗费的资源自然就非常少。所以，私有链上可以进行完全免费或者至少说是非常廉价的交易。

(5)有助于保护组织、机构的产品不被破坏。由于私有链的安全性能高,使得银行等金融机构欣然地接受私有链,但他们进入的目的是开发私有链应用以便在产品的开发与应用上获取更多既得利益。

5.2.3 联盟链的特点、关系与运用

120 怎样理解区块链的联盟链?

区块链的联盟链是由多个组织或机构通过联盟形式组建的区块链,联盟参与者之间通过契约或其他形式建立信任和共识机制,构造的区块和链接功能仅限于联盟参与者,访问权限可以对外采取限制性开放。

联盟链是一种需要注册许可的区块链,这种区块链也称为许可链。联盟链仅限于联盟成员参与,区块链上的读写权限、参与记账权限按联盟规则来制定。整个网络由成员机构共同维护,网络接入一般通过成员机构的网关节点接入,共识过程由预先选好的节点控制。

所以,联盟链相当于在某个有限的范围内构造了一种公有链,比如金融机构之间或某一个行业的全体参与者之间;建立联盟链后,联盟的参与者按区块链的共识机制进行交易的验证和确认,不再需要外部的中心化信任机构,可以在一定程度上减少流程损耗,提高交易速度和效率。这类区块链被认为是“部分去中心化”。

联盟链对于处理企业或者机构之间的事务很合适,如交易、结算或清算等企业对企业(B2B)场景。例如,在银行间进行支付、结算、清算的系统就可以采用联盟链的形式将各家银行的网关节点作为记账节点,当网络上有超过2/3的节点确认一个区块,该区块记录的交易将得到全网确认。

但联盟链并不一定要被完全管控,如政务系统的有些数据在可以公开的情况下可以对外公开。另外,由于联盟链一般用在明确的机构之间,因此与私有链一样,节点的数量和状态也是可控的,并且通常也是采用更加节能环保的共识机制。

121 联盟链与公有链、私有链有何关系?

联盟链的存在,往往意味着有一种与公有链不同的区块链规则才能保证联

盟链的内部安全性(对安全和性能的要求也比公有链高)。但是联盟链与公有链之间一般都会留出接口,可以在有限度的权限内访问联盟链。反之亦然,也可以将联盟链通过哈希算法后把最终的梅克尔(Merkle)树根链接到公有链上去,借助公有链的公开与透明机制来保证联盟链的健壮和不可篡改。

就参与规模而言,联盟链是介于公有链和私有链之间的一种区块链,也可以理解为“扩大规模的私有链”或“缩小规模的公有链”。从交易速度来看,联盟链的交易速度快于公有链,但相对于更加封闭、信任程度更高的私有链,联盟链的交易速度就慢得多。

122 联盟链如何在金融集团之间运用?

在全球范围内,著名的联盟链有 R3CEV 平台、Gem Health 网络的超级账本项目(Hyperledger Project)等。

R3CEV 是一家总部位于纽约的区块链创业公司,由其发起的 R3 区块链联盟,至今已吸引了 50 家巨头银行的参与,其中包括富国银行、美国银行、纽约梅隆银行、花旗银行等,中国平安银行于 2017 年 5 月加入 R3 区块链联盟。

基于区块链的金融资产交易只会将金融机构端接入链内,并以联盟链的方式运行,暂时不会将消费端用户上链。区块链在跨境汇款等领域的应用将能大幅提升效率、减少花费时间、降低成本。传统跨境汇款涉及汇出行、汇入行、银行结算系统(如 SWIFT)多方,花费时间长、成本高。

5.2.4 三大链的选择、落地与现实问题

123 三种链的落地趋势如何?

在实际应用中,可以根据所处信任环境的不同选择需要的区块链类型,私有链、联盟链或公有链。相比于公有链,私有链更加快速、成本更低,同时尊重了公司的隐私。相比于中心化数据库,联盟链最大好处就是加密审计和公开身份信息,没人可以篡改数据,就算发生错误也能追踪错误来源。

但是传统机构无法突然转变成一个完全的公有链、联盟链或是实现未来加密世界的重要步骤。所以,联盟链应用或在传统机构中先落地,同时将区块链推广到企业管理和应用中。

124 引入不同区块链主要面临哪些现实问题？[①]

通常把区块链分为公有链、私有链、联盟链 3 种，比特币和以太坊（基本上）都属于公有链范畴。在数字货币之外的场景，尤其是在金融领域中引入区块链技术，将面临很多问题，包括如何引入、引入哪种区块链以及许多权衡决策方面的障碍。

（1）私有链与公有链架构差异大。很多公有链的核心模块，如原生货币、挖矿、PoW 共识等，在私有链环境中是完全不必要的，甚至是有害的。同时，公有链系统中还缺失诸如身份认证、权限管理等在私有链中必要的模块。以太坊创始人维塔利克·布特林也曾坦言，只有 5% 的以太坊程序可被金融领域使用。

（2）私有链和联盟链还很不成熟。目前以比特币和以太坊为代表的公有链相对比较成熟，而私有链和联盟链则远远不够成熟。开源而且好用的联盟链更是不存在。目前全球影响力最大的开源联盟链是 Linux 基金会下面的超级账本项目（Hyperledger Project），目前已有 95 个成员单位。旗下的 Fabric 子项目是以 IBM 捐献出的 Open Blockchain 为主体搭建而成的，目前还处在 0.6 版，到 0.8 将是 Alpha 版，而 0.9 则是 Beta 版，再经过 3 个 RC 版本之后，才会进入相对成熟的 1.0 版。

（3）主流金融机构难以接纳公有链。R3CEV 发布最新研究报告，证明公有区块链不可作为金融机构解决方案。2016 年环球同业银行金融电讯协会（Society for Worldwide Interbank Financial Telecommunications，SWIFT）发布白皮书指出，当前世界主流金融机构无法接纳公有区块链。对于这些金融机构来说，需要的是一个自主可控的系统，而公有链显然做不到。

想要找到或研发出一个成熟稳定的、适合金融领域的联盟链底层系统，还任重而道远。

5.3　主链与测试链

125 什么是区块链的主链？

涵盖两方面的概念：

① 李志琴：《区块链：未来已来，只是尚未流行》，载中国出版传媒：http://www.sohu.com/a/132921169_609552，最后访问日期：2018 年 7 月 28 日。

一方面,区块链系统有些时候会由于种种原因导致分叉,如挖矿的时候临时产生的小分叉等,此时将最长的原始链条称为主链。

另一方面,部署在生产环境中真正的区块链系统。软件在正式发布前会经过很多内部的测试版本用于发现一些可能存在的问题(如系统漏调),直到最后才会发布正式版。区块链的主链就是这个正式版本。

除以上两方面概念之外,主链也可以说是由这个正式版客户端组成的区块链网络,而且只有主链才是会被真正推广使用,各项功能的设计也都是相对最完善的。

126 什么是区块链的测试链?

笔者从两方面进行解释:一是指开发者为了方便大家学习使用而提供的测试用途的区块链网络,如比特币测试链、以太坊测试链等;二是用户自行搭建的测试网络,换言之,并非只有区块链开发者才能提供测试链。

测试链中的功能设计与生产环境中的主链是可以有一些差别的,比如主链中使用工作量证明算法进行挖矿,在测试链中可以更换算法以便更方便地进行测试使用。

5.4 单链、侧链与互联链

127 什么是单链,需要注意什么?

所谓单链,是指能够单独运行的区块链系统,这些区块链系统拥有完备的组件模块并自成一个体系。例如,比特币主链、测试链,莱特币的主链、测试链,以太坊主链、测试链,超级账本项目中 Fabric 搭建的联盟链等。

需要注意的是,单链应用程序的运行需要独立的区块链系统的支撑。对于有些软件系统,如以太坊的众筹系统或者金融担保系统等,这些只能算是智能合约应用,不能算是一个独立的区块链系统。

128 什么是侧链,对照比特币如何理解其关键内涵?

侧链概念主要是由比特币侧链发起的,属于一种区块链系统的跨链技术。随着技术发展,区块链技术从比特币独立出来并在现实中广泛运用,于是出现了越来越多的区块链系统。不过每一种系统都有自己的优势,如何将不同的链结合起来实现优势互补,侧链这种技术就能发挥作用了。

以比特币为例,比特币系统的设计主要是用来实现数字货币加密的,并不适用于其他诸如小额快速支付、金融智能合约等功能;然而比特币在可靠性、去中心化保证等方面具有优势,所以笔者建议可以借用比特币网络的优势去运行其他的区块链系统。比如,可以在比特币的现有区块链之上,建立一个新的区块链系统,增加一些诸如快速支付、智能合约、私密交易、签名覆盖金额等比特币没有的功能,并且能够与比特币的主区块链进行互通互联。目前,依托比特币的侧链的包括:ConsenSys 公司的 BTC Relay 项目、根链(Root Stock)和 BlockStream 公司的元素链等。

需要注意,侧链本身就是一个区块链系统,且不一定要以比特币为参照链,这是一个通用的技术概念,如以太坊可以作为其他链的参照链,也可以以本身作为侧链与其他的链去锚定。所以,区块链系统与侧链系统本身都是一个独立的链系统,两者之间可以按照一定协议进行数据互动,通过这种方式,侧链能起到对主链功能扩展的作用,如很多在主链中不方便实现的功能可以在侧链中实现,而侧链再通过与主链的数据交互增强自己的可靠性。

抛开链、网络这些概念,本质上就是不同的软件之间互相提供接口,增强软件之间的功能互补而已。

129 什么是互联链?

各种区块链系统在不断涌现,有些是公有链,有些是私有链,有些是联盟链;有的实现了数字货币,有的实现了智能合约,有的实现了金融交易平台。这么多功能各异的链,那么这些链系统如果能够彼此互联起来,将是怎样的情况?

与传统软件相比,区块链应用拥有独特的性质,如数据不可篡改性、完整性证明、自动网络共识、智能合约等,从最初的数字货币到未来的区块链可编程社会,这些不仅会改变生活服务方式,还会促进社会治理结构与发展的变革。

从技术角度来讲,区块链系统之间可以彼此互补,每一类系统都有长处和不足,彼此进行功能上的互补甚至可以彼此进行相互验证,可以大大加强系统的可靠性及性能。

具有格局特色的区块链系统在未来相互链接,或成为一种趋势和改写世界的巨大力量。

第二部分

共识机制与算法

第6章　分布式系统的一致性问题

6.1　分布式系统一致性概述

6.1.1　分布式系统一致性的概念与模型

130 什么是分布式系统的一致性问题？

所谓一致性，是指数据要完整、要同步。为较好地解释，这里引入状态机。状态机是个数学模型，包含了有限个状态以及在这些状态之间的转移和运动等行为；状态一般是指某个系统在某一时刻的数据变量，其特点如下：

(1)状态(数据变量)总数是有限的；

(2)任何时刻只处在一种状态中；

(3)在某种条件下，会从一种状态转变到另一种状态。

在一个中心化的系统中(如银行、采购中心、购物中心等)，数据的结果或者状态总是一致而同步的，即便这些系统的服务器不止一台，但都属于同一中心集群，在内部是可以高效一致而同步的。

对于分布式系统则不同，其首要问题就是要如何解决一致性的问题，也就是如何在多个独立的节点之间达成共识，如区块链系统就是分布式的体系。这里所说的一致性，并不是说要保证结果一定正确，所有节点都达成失败状态也是一种一致性。

131 一致性有哪些模型？

(1)强一致性。当更新操作完成之后，任何多个后续进程或者线程的访问都会返回最新的更新过的值。这种是对用户最友好的，用户上一次写什么，下一次就保证能读到什么。但是这种实现对性能的影响较大。

(2)弱一致性。系统并不保证后续进程或者线程的访问都会返回最新的更新过的值。系统在数据写入成功之后,不承诺立即可以读到最新写入的值,也不会具体承诺多久之后可以读到。但会尽可能保证在某个时间级别(如秒级别)之后,可以让数据达到一致性状态。

(3)最终一致性。是弱一致性的特定形式,系统保证在没有后续更新的前提下,系统最终返回上一次更新操作的值。在没有故障发生的前提下,不一致窗口的时间主要受通信延迟、系统负载和复制副本个数的影响。DNS(因特网上作为域名和 IP 地址相互映射的一个分布式数据库)是一个典型的最终一致性系统。

132 最终一致性模型的变种是什么?

(1)因果一致性。如果 A 进程在更新之后向 B 进程通知更新的完成,那么 B 的访问操作将会返回更新的值。如果没有因果关系的 C 进程将会遵循最终一致性的规则。

(2)读己所写一致性。是因果一致性的特定形式,一个进程总可以读到自己更新的数据。

(3)会话一致性。是读己所写一致性的特定形式,进程在访问存储系统同一个会话内,系统保证该进程读己之所写。

(4)单调读一致性。如果一个进程已经读取到一个特定值,那么该进程不会读取到该值以前的任何值。

(5)单调写一致性。系统保证对同一个进程的写操作串行化。

上述最终一致性的不同方式可以进行组合,如单调读一致性和读己之所写一致性就可以组合实现。并且从实践的角度来看,这两者组合读取自己更新的数据和一旦读取到最新的版本不会再读取旧版本,对于此架构上程序的开发来说,会少很多额外的烦恼。

6.1.2 难度、要求与解决

133 分布式系统一致性问题为何很难解决?

在多路处理器和分布式系统中,大量实践表明,一致性问题是非常难解决的，原因主要有：

(1)分布式系统本身可能出故障；

(2)分布式系统之间的通信可能有故障或者有巨大的延迟；

(3)分布式系统中，有些子系统或环节运行很快，有些则很慢，所以导致整个系统运行的速度可能大不相同。

但一致性是设计分布式系统时必须考虑的问题。传统处理一致性问题的方法有两段式提交、令牌环、时间戳等，本书主要讨论与区块链相关的一致性算法和问题。

134 分布式系统，一般希望它具备哪些能力？

对于分布式系统来说，一般希望其具备以下能力：

(1)系统作为一个逻辑整体，不应该返回错误的结果；

(2)只要系统里的大部分机器工作正常，整个系统就能有效运行，这也是分布式系统抵抗单点故障的一个优点；

(3)对于分布式系统来说，总体效能的大小并不取决于个别节点的低效或失效，即木桶原理失效，所以其系统的性能是可以横向扩展的；

(4)系统中的每个节点可以按照自己的时序独立工作，没有统一的时间顺序，即分布式系统必须是异步的。

135 如何技术性地理解或处理分布式系统的一致性？

对于分布式环境相较中心化场景来说，要达成一致性的难度一般都很大。比如节点之间的通信可能是不可靠的、会有延迟以及会有故障等，甚至节点直接宕机等。如要求强一致性，包括不发生任何故障以及所有节点之间的通信没有任何时差，则意味着整个系统性能较弱。

与此同时，在分布式系统的无数个节点之间，如果采用同步的方式来调用，那等于失去了分布式的优点，因为绝对理想一致性的代价通常是很大的。

所以在实践中需要灵活地辩证地应对。比如，某个节点现在断网或宕机了，等恢复后通过其他节点来同步自己的数据便可。只要整个网络中绝大部分的节点都是正常工作的，整个系统总能在未来的某一个时刻达成数据状态的一致性，或者说在某个时刻达到了一致的状态。这就是在一定的约束条件下实现所谓的最终一致性原则。

这一原则的出发点就是基于分布式网络,但在很多时候对一致性的要求并没有那么迫切。

6.2 三个重要定理

6.2.1 FLP定理及意义

136 什么是FLP定理,有何重大意义?

FLP定理是分布式领域中一个非常著名的结果,该结果在专业领域被称为"定理"。该定理来源于费希尔(Fischer)、林奇(Lynch)、帕特森(Patterson)3位作者于1985年发表的一篇论文(该论文曾获得了迪杰斯特拉"Dijkstra"奖),以这3位作者英文名字的首写字母而命名。

FLP定理是指在可靠网络中,存在节点失效(即使只有一个)的最小化异步模型系统中,不存在一个可以解决一致性问题的确定性算法。由于同步通信中的一致性被证明是可以达到的,因此在之前一直有人尝试各种算法解决异步环境的一致性问题。上述3位的尝试终于有了答案,即不要浪费时间去为异步分布式系统设计在任意场景下都能实现共识的算法,在允许节点失效的情况下,纯粹异步系统无法确保一致性在有限时间内完成。

总而言之,FLB定理明确地告诉了后来者们"此路不通"的结果,为他们的研究节省了大量的时间。

137 FLP定理的发现者林奇有何其他贡献?

林奇是一位非常著名的分布式领域的女性科学家,研究遍布分布式的方方面面,对分布式领域有着极其卓越的贡献,其著有《分布式算法》(*Distributed Algorithms*)一书,书中用非常严谨而简洁的逻辑讨论了许多分布式算法。

6.2.2 CAP定理及应用

138 什么是CAP定理?

CAP定理是指在一个分布式系统中,不可能同时满足一致性(Consistency)、可用性(Availability)和分区容错性(Partition-Tolerance)这3个基本需求，只能同时满足其中的 2 个。

一致性：分布式系统中的所有数据备份，在同一时刻是同样的值，并等同于所有节点访问同一份最新的数据副本。

可用性：在有限的时间内，确保每个请求都可以收到确定其是否成功的响应。

分区容忍性：实际中通信产生延时，系统如果不能在时限内达成数据一致性，就意味着发生了分区的情况，必须就当前操作在 C 点和 A 点之间做出选择。

在 1998 年由加利福尼亚州大学伯克利分校的教授埃里克布鲁尔（Eric Brewer）第一次发布该理论（定理），之后的 1999 年，由论文《网络服务一致性、可用性，分在容忍性布鲁尔有想与可行性》（Brewer's Conjecture and the Feasibility of Consistent, Available, Partition-Tolerant Web Services）正式发布，其中总结了埃里克布鲁尔提出的 CAP 理论（定理）。

139 CAP 定理是如何应用的？

通过表格理解 CAP 定理的应用（见表 6－1）。

表 6－1　CAP 定理的应用

选项	解读
放弃 P	如果放弃 P 后想避免出现分区容错问题，简单做法就是将所有的数据（或仅与事物有关系的数据）都放在一个分布式节点中（需要注意的是放弃 P 就代表放弃了系统的扩展性）
放弃 A	放弃 A 后一旦出现网络分区或者其他故障，受影响的服务就需要等待恢复，并在此期间不能对外提供服务
放弃 C	放弃一致性不是完全放弃，而是放弃数据的强一致性，而只保留数据的最终一致性（具体多久能够达到数据一致，取决于系统设计，主要包括数据副本在不同节点之间复制时间的长短）

从设计角度来看，分布式系统不可能同时满足强一致性、可用性、分区容错性 3 个需求。对于分布式系统来说，分区容错是基本属性，因此系统架构师往往把精力放在如何根据业务特点在一致性和可用性上直接寻求平衡。

140 CAP 定理实际应用有什么技巧？

设计分布式数据系统，就是在一致性和可用性之间寻找一个平衡点。对于大多数应用而言,并不需要强一致性,因此牺牲一致性而换取高可用性是目前多数分布式数据库产品的方向。

但并不是完全不管数据的一致性,牺牲一致性只是不再要求关系型数据库中的强一致性,而只要系统能达到最终一致性即可;考虑到客户体验,这个最终一致的时间窗口,要尽可能地对用户透明。也就是说,需要保障用户能感知到一致性。通常来说,可以通过数据的多份异步复制来实现系统的高可用性和数据的最终一致性,用户能感知到一致性的时间窗口则取决于数据复制到一致状态的时间。

6.2.3 BASE 定理

141 什么是 BASE 定理?

BASE 定理是对 CAP 定理的延伸,是由 eBay 架构师提出的。BASE 是对 CAP 中一致性和可用性权衡的结果,其来源于大规模互联网分布式系统的实践总结,是基于 CAP 定理逐步演化而来的,其核心思想是:即使无法做到强一致性(Strong Consistency,CAP 的一致性就是强一致性),但应用可以采用适合的方式达到最终一致性(Eventual Consistency)。Redis 等众多系统构建于这个理论之上。BASE 定理主要包含以下三方面内容:

基本可用(Basically Available)是指分布式系统在出现故障的时候,允许损失部分可用性,即保证核心可用。如电商大促时,为了应对访问量激增,部分用户可能会被引导至降级页面,服务层也可能只提供降级服务。

软状态(Soft State)是指允许系统存在中间状态,而该中间状态不会影响系统的整体可用性。分布式存储中 1 份数据至少会有 3 个副本,允许不同节点间副本同步的延时就是软状态的体现。MySQL Replication 的异步复制便是一种体现。

最终一致性(Eventual Consistency)是指系统中的所有数据副本经过一定时间后,最终能够达到一致的状态。弱一致性和强一致性相反,最终一致性是弱一致性的一种特殊情况。

142 BASE 定理中的"基本可用"须注意什么?

BASE 定理中的"基本可用"是指分布式系统出现不可预知故障的时候,允

许损失部分可用性;但这绝不是等价于系统不可用。以下为两种典型例子:

(1)服务降级:在秒杀抢购等模式中,限制用户的请求比例,保证了系统的稳定性。

(2)响应时间上的损失:在正常情况下,一个搜索引擎需要 0.5 秒响应查询结果,但由于故障(如系统机房断网或者失火),查询结果响应时间增加到 2 秒。

143 BASE 定理中"最终一致性"的其他观点是什么?

BASE 定理中"最终一致性"除本章第一节提到的 5 种变种之外,曾经亚马逊的一位首席技术官发表过一篇对最终一致性详细介绍的文章,他认为最终一致性是一种特殊的弱一致性:

> 系统能够保证在没有其他新的更新操作情况下,数据最终一定能够达到一致的状态,因此所有客户端对系统的数据访问都能够获取到最新值。同时,在没有发生故障的前提下,数据达到一致状态的时间延迟,取决于网络延迟、系统负载和数据复制方案设计等因素。

144 BASE 定理和 ACID 的区别与联系是什么?

ACID 是指数据库管理系统(Database Management System,DBMS)在写入或更新资料的过程中,为保证事务(transaction)是正确可靠的,必须具备原子性(Atomicity,或称不可分割性)、一致性(Consistency)、隔离性(Isolation,又称独立性)和持久性(Durability)。

原子性:一个事务中的所有操作,要么全部完成,要么全部不完成,不会结束在中间某个环节。事务在执行过程中发生错误,会回滚(rollback)到事务开始前的状态,就像这个事务从来没有执行过一样。

一致性:在事务开始之前和事务结束以后,数据库的完整性没有被破坏。这表示写入的资料必须完全符合所有的预设规则,包含资料的精确度、串联性以及后续数据库可以自发性地完成预定工作。

隔离性:数据库允许多个并发事务同时对其数据进行读写和修改,隔离性可以防止多个事务并发执行时由于交叉执行而导致数据的不一致。事务隔离分为不同级别,包括读未提交(read uncommitted)、读提交(read committed)、可重复读(repeatable read)和串行化(serializable)。

持久性:事务处理结束后,对数据的修改是永久性的,即便系统故障也不会丢失。

ACID是传统数据库常用的设计理念,其追求强一致性模型。而BASE定理支持大型分布式系统,并提出通过牺牲强一致性获得高可用性。

第7章　拜占庭将军问题与共识算法的引入

7.1　拜占庭将军问题

7.1.1　概念、实质与条件

145 什么是拜占庭将军问题?

拜占庭将军问题(the Byzantine Generals Problem, or Byzantine Failure)是由莱斯利·兰伯特(Leslie Lamport)等人在1982年提出。

该问题实质上是一个共识问题,核心意思是:军中可能有叛徒,军队保证进攻一致性的同时,又要避免军中叛徒的破坏。由此引申到计算领域,发展成为一种容错理论。随着比特币、区块链的出现和兴起,又重新引起大众的关注。

其非正式描述如下:

> 拜占庭军队要进攻一个强大的敌人,为此派出了10支小分队去包围敌人(这个敌人足以抵御5支拜占庭分队的同时袭击)。基于一些原因,这10支分队不能集合在一起单点突破,必须在分开包围的状态下同时攻击。他们任一1支分队单独进攻都毫无胜算,除非有至少6支分队同时袭击才能攻下敌国。他们分散在敌国的四周,依靠通信兵相互通信来协商进攻意向及进攻时间。困扰这些分队将军的问题是,他们不确定在他们之中是否有叛徒,如果有叛徒则可能擅自变更进攻意向或者进攻时间。在这种状态下,拜占庭将军们能否找到一种分布式协议来让他们能够远程协商,从而赢取战斗。这就是著名的拜占庭将军问题。

146 拜占庭将军问题的实质是什么？

在拜占庭将军问题中，将军们必须有一个预定的方法，使所有忠诚的将军能够达成一致，即使有几个叛徒传递了错误消息，也不会使忠诚的将军作出错误的计划。所以，拜占庭将军问题的实质就是要寻找一个方法，使将军们能在一个有叛徒的非信任环境中建立对战斗计划的共识。

147 拜占庭将军问题隐含的条件和结论是什么？

拜占庭将军问题隐含的条件，即不去考虑通信兵是否会被俘获或无法传达信息等问题。兰伯特已经证明了在消息可能丢失的不可靠信道上试图通过消息传递的方式达成一致性是不可能的。所以在研究拜占庭将军问题的时候，已经假定了信道是没有问题的，并在这个前提下去进行一致性和容错性的相关研究。如果需要考虑信道是有问题的，则涉及了另一个相关问题——两军问题。

拜占庭将军问题已经被证明的结论是：如果背叛的将军超过了将军总数的1/3，达成一致性目标是不可能的。

7.1.2 两军问题

148 两军问题是如何产生的？

拜占庭将军问题和两军问题是不一样的，但很多资料在解读拜占庭将军问题时将两者混淆起来，进而造成了许多误解。这两个问题看起来的确有点相似，但是问题的前提和研究方向都是截然不同的。

图7-1 两军问题

白军驻扎中间，蓝军分设左右两边（见图7-1）。蓝军只有合力进攻才能够打败白军，而且左右蓝军只能派遣通信兵穿过白军阵地才能与对方蓝军协商进攻时间。需要注意的是，蓝军通信兵经过敌人的阵地可能被捕。换言之，两军问题中的信道是不可靠的，并且其中没有叛军之说，这就是两军问题和拜占庭将军问题的根本不同。

所以两军问题的关键在于信道的不可靠;换个角度来说,如果传递消息的信道是可靠的,则两军问题可解。然而并不存在这样一种信道,所以两军问题在经典情境下是不可能有解的。

两军问题对应的现实是:我们日常生活使用的大多数网络通信软件,如支付、聊天、发送邮件等,都会面临两点之间信道传输不可靠的问题。

149 两军问题为什么没有解?

蓝军左向蓝军右派出通信兵,若蓝左军要知道蓝右军是否收到了自己的信息,蓝左军必须要求蓝右军给自己传输一个回执。然而,就算蓝右军已经发出回执,蓝右军也不能确定蓝左军就一定会在这个时间进攻,因为蓝右军发出的回执蓝左军并不一定能够收到。所以,蓝左军必须再给蓝右军发出另一个回执说"我收到了",但是蓝左军也不会知道蓝右军是否收到了这样一个回执,所以蓝左军还会期待一个蓝右军的回执。

总而言之,在这个系统中永远需要一个回执,对于左右蓝军来说,都并不一定能够达成十足的确信。而且通信兵的信息还有可能被篡改。由此可见,经典情形下两军问题是不可解的,因为不存在一个能使蓝军一定胜利的通信协议。

150 两军问题在现实中是怎么解决的?

两军问题是现代通信系统中必须解决的问题,但目前尚不能完全解决,这意味着我们在传输信息时仍然可能出现丢失、监听或篡改的情况。但我们能不能通过一种相对可靠的方式来解决大部分情形? 这就引入了 TCP 协议(可以通俗地归纳为"两军问题与三次握手")。

在 TCP 协议中,A 先向 B 发出一个随机数 x,B 收到 x 以后,发给 A 另一个随机数 y 以及 x+1 作为答复,这样 A 就知道 B 已经收到了,因为要破解随机数 x 可能性并不大;然后 A 再发回 y+1 给 B,这样 B 就知道 A 已经收到了。这样,A 和 B 之间就建立一个可靠的连接,相信对方已经收到并确认了信息。

事实上,A 并不会知道 B 是否收到了 y+1;并且由于信道的不可靠性,x 或者 y 都是可能被截获的,这些问题说明了即使是三次握手也并不能够彻底解决两军问题,只有在现实成本可控的条件下,我们把 TCP 协议当作了两军问题的现实可解方法,即通过有限次数的双方回执来确认消息已经到达,当然,这也是一个不得已的折中方案。

7.1.3 拜占庭将军问题的解决与意义

151 拜占庭将军问题可以用哪些容错学概念表述?

拜占庭将军问题考虑的主要问题在于通信的多方(不仅是双方),存在有故意破坏者或叛徒的情况下,如何保持正确的一致性的问题。其复杂性可以用计算机容错学里的概念来表述:

(1)拜占庭容错。是指有一个节点根本不按照程序和逻辑执行,对它的调用会返回随意或者混乱的结果。要解决这一问题(或故障)需要有同步网络,并且故障节点必须小于1/3;通常只有某些特定领域才会考虑这种情况,并通过高冗余来消除故障。拜占庭容错是最难处理的情况。

(2)崩溃容错。比拜占庭容错多一个限制,即节点总是按照程序逻辑执行,并且结果是正确的,但是不保证消息返回的时间。不能及时返回消息的原因可能是网络中断、节点崩溃后重启或者异步网络中的高延迟等。

(3)遗漏容错。比崩溃容错多一个限制,即一定要“非健忘”。“非健忘”是指这个节点在崩溃之前能把状态完整地保存在持久存储器上,启动之后可以再次按照之前的状态继续执行和通信。

(4)崩溃停止容错。即一旦发生故障,这个节点就不会再和其他节点有任何交互。这个比遗漏容错多了一个故障发生后要停止响应的要求。

152 解决拜占庭将军问题有什么现实意义?

区块链记账机制面临的问题与拜占庭将军问题很相似。区块链的各个节点会互相传递交易信息,其中有一部分记账节点将交易信息收集起来,定期生成包含交易信息的账本。记账节点就是“将军”,会传递错误或者恶意消息的节点就是“叛徒”,节点之间的消息相当于“信使”。

各个节点通过消息传递来更新账本,因此需要提前约定一个统一的算法协议,并保证生成出来的账本满足下面3点要求:

(1)一致性,所有节点看到的账本是一样的;

(2)正确性,账本中不能包含错误的信息;

(3)不可篡改,账本一旦生成,就不能修改。

这个算法协议,在区块链中被称为共识机制,并且区块链能够很好地解决拜占庭将军问题。

7.2　共识算法的引入与目的

7.2.1　思维与激励机制

153 FLP 定理衍生出共识算法的什么思维?

FLP 定理认为,在网络可靠但存在节点失效(即使只有一个)的最小化异步模型系统中,不存在一个可以解决一致性问题的确定性算法。换言之,存在错误的进程并且有可能出现网络分区的情况下,FLP 定理彻底否定了在传统计算机算法体系下提出解决方案的可能性。

但是,有些计算机学者想到了变通的办法,即如果把 FLP 定理的设定条件放宽一点,问题是否有解?他们从社会学和博弈论中得到了启发,从而引入了激励(Incentive)和随机性(Randomness)两种机制。

两种机制都与拜占庭将军问题的解决有关。

154 拜占庭将军问题是如何引入激励机制的?

在拜占庭将军问题中,如何防止叛徒将军出现?于是激励机制发挥作用了。比如,在拜占庭将军问题中对忠诚的将军予以奖励,当背叛的将军发现背叛行为没有任何收益的时候,他们还有背叛的动机吗?

这里又引进了博弈论,即不要把节点(或者说将军)分成公正和恶意(忠诚和背叛)两方,并认为每一个节点的行为是由激励机制决定的。如果激励机制设置得当,考虑到每个节点都有最大化自己利益的倾向,大部分的节点都会遵守规则,并成为公正的节点。

7.2.2　随机性与属性

155 拜占庭将军问题是如何引入随机性的?

在拜占庭将军问题中,需要将军们协调一致地确定统一的下一步计划。在初步解决背叛将军的问题后,问题又来了:在一个去中心化的分布式系统中,将军们的地位都是平等的,那由谁来作出这样的计划(在传统的中心化系统中,由权威性大的将军作决定)? 于是,随机性机制发挥作用了。

一些研究者提出一种设想:是否能在所有将军中,随机地指定一名将军作决定? 这个看似不可能的设想,却为解决拜占庭将军问题"劈"开一条新路径。对应到金融系统里,即决定谁有记账权,由此引出了 PoW 和 PoS 共识协议。具体来说:

(1)根据每个节点(将军)的计算力(Computing Power),谁的计算力强并解开某个谜题,就可以获得记账权(拜占庭将军问题里的指挥权),这是就比特币里用的 PoW 共识协议。

(2)根据每个节点(将军)具有的资源(stake),所用到的资源不能被垄断,谁投入的资源多,谁就可以获得记账权,这就是 PoS 共识协议。

156 共识算法的引入与属性是什么?

根据上两问的考虑,密码先驱们引入了共识算法,试图解决拜占庭将军问题。分布式共识协议具有以下两点属性:

(1)如果所有公正节点达成共识,共识过程终止。

(2)最后达成的共识必须是公正的。

7.2.3 适用范围

157 共识算法在区块链组织中的适用情况如何?

区块链的组织方式包括私有链、联盟链和公有链。

所谓私有链,就是在封闭生态的存储网络中,所有节点都是可信任的,如大型集团内部的多数公司;所谓联盟链,就是在封闭生态的交易网络中,存在对等的不信任节点,如行业内部的分、子公司等;所谓公有链,就是在开放生态的交易网络中,即所有人都可以参与交易,没有任何限制和资格审核。

由于私有链是封闭生态的存储网络,因此使用传统分布式一致性模型应该是最优的选择;基于联盟链的半封闭、半开放特性,使用 DPoS 是最优的选择;而对于公有链,PoW 应该是最优的选择。

158 共识算法的类别及对应的常规性应用有哪些?

常见共识算法常规种类与应用见表 7-1,后面章节解读 PoW、PoS 和 DPoS 算法。

表 7-1　共识算法种类及常规应用一览

共识算法	运用
Paxos	Google Chubby、ZooKeeper
Raft	ETCD
PBFT	Hyperledger Fabric
PoW	比特币、莱特币,以太坊的前沿(Frontier)、家园(Homestead)和大都会(Metropolis)前 3 个阶段
PoS	EER Coin、NXT,以太坊的第 4 个阶段,即宁静(Serenity)
DPoS	BitShare

第 8 章 工作量证明(PoW)算法

8.1 PoW 的概念与要求

159 什么是 PoW？

工作量证明(Proof of Work,PoW),简单理解就是一份证明,用来确认你做过一定量的工作。

比如,如果要证明你是清华大学毕业生,一般只要出具毕业证,对方验证毕业证的真伪便可。假设没有毕业证,就要对你大学的几年过程进行监测,这样做是非常麻烦和烦琐的。所以,监测工作整个过程通常是极为低效的,而通过对工作的结果进行认证来证明完成了相应的工作量,则是一种非常高效的方式。PoW 便是这样一种方式。

PoW 协议(系统或函数)的概念由辛提亚·沃克(Cynthia Dwork)和莫尼·奥尔(Moni Naor)1993 年在学术论文中首次提出;PoW 这个名词,则是在 1999 年马库斯·贾克博森(Markus Jakobsson)和艾瑞·朱尔斯(Ari Juels)的文章中才被真正提出。意思是一种应对拒绝服务攻击和其他服务滥用的经济对策。它要求发起者进行一定量的运算,也就意味着需要消耗计算机的一定时间。

哈希函数(哈希散列)方法是一种工作量证明机制,它是亚当·贝克(Adam Back)在 1997 年发明的,通常用于抵抗邮件的拒绝服务攻击及垃圾邮件网关滥用。在比特币之前,哈希函数方法被用于垃圾邮件的过滤,也被微软用于"Hotmail""Exchange""Outlook"等产品中。

在中本聪创建比特币系统之前,诸如戴伟的 B-money、尼克·萨博的比特金(Bit-Gold),这些比特币的先行者,都是在哈希现金的框架下进行"挖矿"的。另外,还有哈尔·芬尼也曾以哈希函数的 PoW 机制用于比特币之前的加密货币实验。

160 PoW 过程中,哈希函数的特征与性质有何要求?

哈希函数(Hash Function),也称为散列函数;给定一个输入 x,它会算出相应的输出 H(x)。哈希函数的主要特征包括:一是输入 x 可以是任意长度的字符串;二是输出结果,即 H(x)的长度是固定的;三是计算 H(x)的过程是高效的,即对于长度为 n 的字符串 x,计算出 H(x)的时间复杂度应为 O(n)。

对于比特币这种加密系统所使用的哈希函数,它需要另外具备以下的性质:

(1)免碰撞。即不会出现输入 $x \neq y$,但是 $H(x) = H(y)$ 的情况。其实这个特点在理论上并不成立,比如,比特币使用的 SHA-256 算法,会有 2^{256} 种输出,如果我们进行 $2^{256}+1$ 次输入,那么必然会产生一次碰撞;甚至从概率的角度来看,进行每 2^{130} 次输入就会有 99% 的可能发生一次碰撞。不过可以计算一下,假设一台计算机以每秒 10,000 次的速度进行哈希运算,要经过 10^{27} 年才能完成 2^{128} 次哈希计算。甚至可以这么说,即便是人类制造的所有计算机自宇宙诞生开始一直运算到今天,发现碰撞的概率也是极其小的。

(2)隐匿性。对于一个给定的输出结果 H(x),想要逆推出输入 x,在计算上是不可能的。

(3)不存在比穷举更好的方法。可以使哈希结果 H(x)落在特定的范围。

以上特点是比特币的工作量证明系统可以正常运行的基石。

8.2 PoW 的原理

8.2.1 原理解析

161 PoW 的基本原理是什么?

PoW 系统的主要特征是,客户端需要做一定难度的工作才能得出一个结果,验证方却很容易通过结果来检查出客户端是不是做了相应的工作。这种方案的一个核心特征是不对称性。

工作对于请求方是适中的,而对于验证方则是易于验证的;它与验证码不同,验证码的设计出发点是易于被人类解决而不易被计算机解决。

162 结合拜占庭将军问题，如何说明 PoW 的原理？

比特币为例，比特币采用 PoW 机制来解决节点间信息传输的信任问题。正是因为有了 PoW 机制，比特币才能实现其去中心化的特点。

PoW 的原理就是所有记账节点在生成新账本之前，需要先完成一个与记账无关的工作任务。这个任务有两个特点：

(1)具有一定的难度。完成这个任务需要消耗一定的时间，在比特币中则是 10 分钟左右。

(2)结果非常容易验证。记账节点在给出结果之后，其他节点可以很容易地验证该结果的正确性，防止记账节点造假。

比特币系统采用 SHA-256 算法，这个算法可以将任意一串文字转换成长度固定且不会重复的哈希值。比如，blockchain 转换后的哈希值为：

4bfb943cba9fb9926df93f33c17d64b378d56714e8a29c6ba8bdc9690cea8e27

不同的文字，几乎不可能得到相同的哈希值，因此有意地选择文字并生成一个指定的哈希值几乎也是不可能的。

比特币系统利用了 SHA-256 算法的这个特点，在生成新账单以前，所有的记账节点会先明确一个目标值，比如：

00000000000000000000000007d64b378d56714e8a29c6ba8bdc9690cea8e27

生成账单时，节点会根据所有交易信息以及一个随机数，通过 SHA-256 算法得到一个哈希值。如果这个哈希值比目标值小，则工作完成；反之，节点就将随机数加 1，继续计算哈希值，直到比目标值小为止。

按照比特币系统当前的难度，记账节点至少需要计算 10^{15} 次才能得到一个足够小的结果，计算的时间取决于计算机的性能、数量。结果的验证则非常方便，其他节点可以在 1 毫秒(1‰秒)之内验证结果是否正确。

第一个完成工作任务的记账节点，将计算结果发送给全网所有其他节点，其他节点验证通过之后，就会采用这个记账节点生成的账本。

但如果有两个节点同时得到结果，那应该以哪一个为准？对于这个问题，比特币系统采用最大工作量证明的原则，即哪个账本的工作量更大就用哪个账本。

8.2.2 例证解析

163 如何以简单的例子来说明 PoW 的基本原理?

PoW 的原理,举例来说:给定的一个基本字符串,“Hello, world!”,给出的工作量要求是可以在这个字符串后面添加一个叫作“随机值”(Nonce)的整数值,对变更后(添加 nonce)的字符串进行 SHA-256 运算,如果得到的哈希结果(以 16 进制的形式表示)是以“0000”开头的,则验证通过。为了达到这个工作量证明的目标,需要不停地递增“nonce”值,对得到的新字符串进行 SHA-256 运算。按照这个规则,需要经过 4251 次计算才能找到恰好前 4 位为 0 的哈希函数。

```
"Hello,world!0" =>1312af178c253f84028d480a6adc1e25e81caa44c749ec81976192
e2ec934c64
"Hello,world!1" =>e9afc424b79e4f6ab42d99c81156d3a17228d6e1eef4139be78e9
48a9332a7d8
"Hello,world!2" =>ae37343a357a8297591625e7134cbea22f5928be8ca2a32aa475c
f05fd4266b7
…
"Hello,world!4248" =>6e110d98b388e77e9c6f042ac6b497cec46660deef75a55ebc
7cfdf65cc0b965
"Hello,world!4249" =>c004190b822f1669cac8dc37e761cb73652e7832fb81456570
2245cf26ebb9e6
"Hello,world!4250" =>0000c3af42fc31103f1fdc0151fa747ff87349a4714df7cc52ea4
64e12dcd4e9
```

计算出上述结果后,请求方向验证方发出结果,即在“Hello,world!”后面附加上“4250”,可以使 SHA-256 的前 4 位为“0000”,验证方直接应用“Hello,world!4250”进行 SHA-256 计算,发现请求方的计算是正确的,验证得以通过。

164 如何以稍微复杂的例子来进一步说明 PoW 的基本原理?

通过上一问,对 PoW 机制有了一个初步的理解。可能有人会产生误会,即这个证明机制只需要记住“nonce”为“4521”计算能通过验证了?

当然不是,这只是个例,比如,我们输入“Hello, world + 整数值”,整数值取 1 到 1000,即将输入变成一个由 1000 个值组成的数组:“Hello, world! 1”“Hello, world! 2”……“Hello, world! 1000”。然后对数组中的每一个输入依次进行工作量证明,然后找到前导为 4 个 0 的哈希散列。

大概要进行 2^{16} 次尝试(哈希值的伪随机特性使我们可以做概率估算)才能得到 4 个前导 0 的哈希散列。统计一下刚才进行的 1000 次计算的实际结果,会发现:进行计算的平均次数为 66,958 次,十分接近 2^{16}(65,536)。在这个例子中,数学期望的计算次数,就是要求的工作量,重复多次进行的工作量证明会是一个符合统计学规律的概率事件。

统计输入的字符串与对应得到目标结果实际使用的计算次数列表如下:

```
Hello, world!1 => 42153
Hello, world!2 => 2643
Hello, world!3 => 32825
Hello, world!4 => 250
Hello, world!5 => 7300
...
Hello, world!995 => 164819
Hello, world!996 => 178486
Hello, world!997 => 22798
Hello, world!998 => 68868
Hello, world!999 => 46821
```

当然,比特币体系里的工作量证明机制与上述示例类似,但要比它更复杂。

8.3 比特币的 PoW 算法

8.3.1 PoW 函数与区块

165 比特币中的 PoW 是怎样的?

比特币网络中任何一个节点,如果想生成一个新的区块并写入区块链,必须解出比特币网络出的工作量证明的谜题。这道题关键的 3 个要素是工作量证明函数、区块及难度值。

工作量证明函数是这道题的计算方法,区块决定了这道题的输入数据,难度值决定了这道题的所需要的计算量。

166 PoW 函数是什么?

比特币系统中使用的工作量证明正是 SHA－256。

安全散列算法(Secure Hash Algorithm,SHA)是一个密码散列函数家族。这一组函数是由美国国家安全局设计,美国国家标准与技术研究院(National Institute of Standards and Techanlogy,NIST)发布的,主要适用于数字签名标准。SHA－256 就是这个函数家族中的一个,是输出值为 256 位的哈希算法。到目前为止,还没有出现对 SHA－256 算法的有效攻击。

167 PoW 的区块是怎样的?

比特币的区块由区块头及该区块所包含的交易列表组成。区块头的大小为 80 字节,由 4 字节的版本号、32 字节的上一个区块的散列值、32 字节的梅克尔树根哈希(Merkle Root Hash)、4 字节的时间缀(当前时间)、4 字节的当前难度值、4 字节的随机数组成。区块包含的交易列表则附加在区块头后面,其中的第一笔交易是 Coinbase 交易,这是一笔为了让矿工获得奖励及手续费的特殊交易。

区块的大致结构如图 8－1 所示。

图 8－1　比特币区块头的构造示意

拥有 80 字节固定长度的区块头,就是用于比特币工作量证明的输入字符串。因此,为了使区块头能体现区块所包含的所有交易,在区块的构造过程中,需要将该区块要包含的交易列表,通过梅克尔树(Merkle Tree)算法生成梅克尔根(Merkle Root),并以此作为交易列表的摘要存到区块头之中。

8.3.2 难度值、过程与步骤

168 PoW 的难度值是怎样的？

难度值(difficulty)决定了矿工大约需要经过多少次哈希运算才能产生一个合法的区块。比特币的区块大约每 10 分钟生成一个，如果要在不同的全网算力条件下，新区块的产生都基本保持这个速率，难度值必须根据全网算力的变化进行调整(难度值被设定在不论挖矿能力如何，新区块产生速率都保持在 10 分钟一个)。

难度的调整是在每个完整节点中独立自动发生的。每 2016 个区块，所有节点都会按统一的公式自动调整难度，这个公式是由最新 2016 个区块的花费时长与期望时长(期望时长为 20,160 分钟即 2 周，是按每 10 分钟一个区块的产生速率计算出的总时长)比较得出的，根据实际时长与期望时长的比值，进行相应调整(或变难或变易)。换言之，如果区块产生的速率比 10 分钟快则增加难度，比 10 分钟慢则降低难度。

这个公式可以总结为如下形式：

新难度值 = 旧难度值 ×(过去 2016 个区块花费时长/20160 分钟)

工作量证明需要有一个目标值。比特币工作量证明的目标值(target)的计算公式如下：

目标值 = 最大目标值/难度值

其中最大目标值为一个恒定值：

0x00000000FFFFFFFFFFFFFFFFFFFFFFFFFFFFFFFFFFFFFFFFFFFFFFFFFFFFFFFF

目标值的大小与难度值成反比，比特币工作量证明的达成就是"矿工"要求计算出来的区块哈希值必须小于目标值。所以，比特币工作量证明的过程可以简单理解为：通过不停地变换区块头(尝试不同的"nonce"值)作为输入进行 SHA-256 哈希运算，找出一个特定格式哈希值的过程(要求有一定数量的前导 0)，而且要求的前导 0 的个数越多，则代表难度越大。

169 PoW 的过程是怎样的？

比特币"矿工"解工作量证明谜题的步骤(比特币"矿工挖矿"过程)大致

如下：

(1)构建区块。生成 Coinbase 交易,并与其他所有准备打包进区块的交易组成交易列表,通过梅克尔树(Merkle Tree)算法生成梅克尔根(Merkle Root)；

(2)把梅克尔根及其他相关字段组装成区块头,将区块头的 80 字节数据作为工作量证明的输入；

(3)不停地变更区块头中的随机数,即 nonce 的数值,并对每次变更后的区块头做双重 SHA－256 运算,即 SHA－256[SHA 256(Block Header)]。

将结果值与当前网络的目标值做对比,如果小于目标值则解题成功,工作量证明完成。

170 新区块的验证步骤是怎样的?

在工作量证明完成后,会产生新的区块。当新区块在网络中传播时,每个节点在广播到其他节点之前,会进行一系列验证确保该区块是有效的。验证区块有效步骤如下：

(1)区块的数据结构在语法上有效；

(2)区块头的哈希值小于目标难度(确认包含足够的工作量证明)；

(3)区块时间戳早于验证时刻未来 2 个小时(允许时间错误)；

(4)区块大小在长度限制之内；

(5)第一个交易(且只有第一个)是 Coinbase 交易；

(6)验证区块内的交易并确保它们的有效性。

每一个节点对每一个新区块进行独立校验,确保“矿工”无法欺诈。

8.4　PoW 算法的优缺点

171 PoW 有什么优点?

PoW 的优点可归纳为两点：

(1)安全性高,破坏系统需要投入极大的成本,如果想作弊,要有压倒大多数人的算力(51% 攻击)。如果作弊要付出一定成本,作弊者就会谨慎对待。在比特币的 PoW 机制中,由于获得计算结果的概率趋近于所占算力比例,因此在不掌握 51% 以上算力的前提下,“矿工”欺诈的成本要显著高于诚实挖矿,甚至由于概率过低而不可能完成欺诈。

(2)去中心化,将记账权公平地分派到其他节点。“矿工”获得的币的数量,取决于其挖矿贡献的有效工作有多少,也就是说,用于挖矿的矿机的性能越好,所得收益就会越多,这就是根据你的工作量证明来执行币的分配方式。

172 PoW 有什么缺点?

PoW 的缺点可归纳为 3 点:

(1)挖矿造成大量的资源浪费,目前比特币已经吸引了全球大部分算力,其他再用 PoW 共识机制的区块链应用很难获得相同的算力来保障自身的安全。这导致依据算力公平分配奖励的机制演变为对矿机算力的大举投入,从而扭曲了中本聪的设计初衷。

(2)PoW 共识算法算力集中化,慢慢地偏离了原来的去中心化轨道。从比特币扩容之争可以看出,算力高的大型矿池是主人,而持币人没有参与决定的权利,比特币出现很多分叉,即将失去“去中心化”的标签。

(3)网络性能太低,需要等待多个确认,容易产生分叉,区块的确认共识达成的周期较长(需要 10 分钟),现在每秒交易量的上限是 7 笔,不适合商业应用(如“Visa”的平均每秒交易量上万笔,支付宝峰值接近 9 万笔)。

第 9 章　权益证明(PoS)算法

9.1　概念、产生与原理

173 什么是 PoS？

权益证明(Proof of Stake,PoS)机制,是针对工作量证明机制存在的不足而设计出来的一种改进型共识机制。最基本的概念就是选择生成新区块的机会应和权益的大小成比例。权益可以是投入的资金或拥有一定数量的数字货币的所有权,也可以是预先投入的其他资源,即“权益”。与工作量证明机制要求节点不断进行哈希计算来验证交易有效性不同,在工作量证明机制中,只要买了矿机,下载了软件,就可以参与进入。而权益证明机制要求参与者通过计算所持有占总币数的百分比(数量)以及占有币数的时间来决定记账权,并试图解决工作量证明机制中大量资源被浪费的情况。

通过这种机制,节点记账权的获得难度与节点持有的权益成反比,相对于PoW,在一定程度减少了数学运算带来的资源消耗,性能也得到了相应地提升,但依然是基于哈希运算竞争获取记账权的方式,可监管性弱。该共识机制容错性和 PoW 相同。

在现实世界中权益证明机制很普遍,最为熟知的例子就是股票。股票是用来记录股权的证明,股票持有量越多,则拥有更高、更多的投票权和收益权。

174 PoS 是怎样产生的?

QuantumMechanic 在 2011 年 7 月于比特币社区开始推出 PoS 机制概念,刚开始主要是为了弥补工作量证明的一些不足,并不打算将 PoS 机制视为独立共识算法。

2012 年 8 月 1 个化名为“Sunny King”的极客推出了点点币(Peercoin,

PPC),采用PoW机制发行新币,采用PoS机制维护网络安全。首次将PoS机制引入了密码学货币。PoS从诞生之日起,就引起了密码学货币领域的广泛关注。

在PoS机制下,只要持有PPC的人,无论是否熟练都可以挖到数据块,而且不用采用任何的矿池导致出块集中;同时,也只有持有PPC的人,才能够进行"造币"(Minting)挖矿,参与网络安全的维护,从而不会出现利益错位的问题。

PoS机制从根本上解决了工作量证明机制在维护网络安全方面的先天不足,这就是它的重要历史意义。

175 PoS运作的原理大致是怎样的?

PoS运作的机制(算法)大致为:

(1)加入PoS的都是持币人并成为验证者(Validator);

(2)PoS算法在这些验证者里挑一个给予权利生成新的区块,挑选顺序依据持币的多少;

(3)如果在一定时间内没有生成新区块,PoS会挑选下一个验证者,给予生成新区块的权利;

(4)以此类推,以区块链中最长的链为准。

9.2 造币、主链与PoS

9.2.1 币龄与区块的生成

176 PoS机制下币龄的内涵是什么?

PoS机制(算法)正式引入了币龄(Coin age)因素。

2010年中本聪就在BTC设计中提出并使用了币龄这一概念,用于给交易排出优先次序,但这个概念在其安全模式中并没有起到很重要的作用。币龄只是被简单地定义为货币的持有时间段。

在PoS机制中,假设李四从张三那里收到了10个币,并且持有90天,那么李四就收集到了900天的币龄。此外,如果李四使用了从张三收到的这10个币,那么李四从这10个币上积累的币龄就归零了。同样,其创建新区块的能力也就归零了。

为简化币龄的计算,权益证明机制为每个交易引入了时间戳的概念。区块时间戳及交易时间戳相关联的协议得以强化,以便确定对币龄的运算。

177 设计下的区块是怎样生成的?

在 PoS 机制(算法)下,区块被分成两种形式,PoW 区块及 PoS 区块。

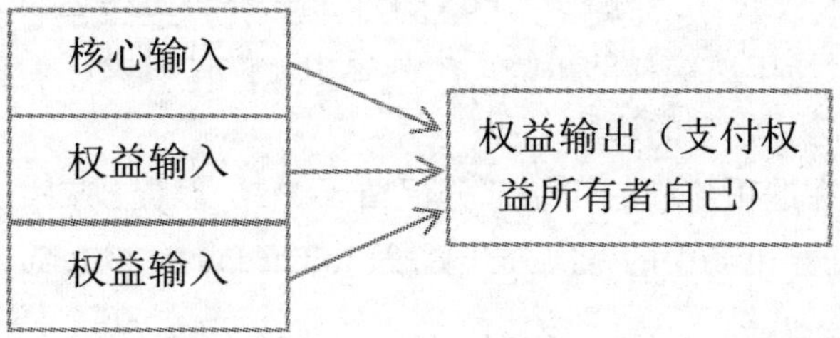

图 9－1　POS 交易(利息币)的结构

在这种新型区块里,PoS 是一种特殊的交易,称利息币(Coinstake),并对应于 BTC 中的特殊交易的币基(Coinbase)(见图 9－1)。在利息币交易中,区块持有人可以消耗他的币龄获得利息,同时获得为网络产生一个区块和用权益证明造币的优先权。

利息币的第一个输入称为核心(kernel),并需要符合某一哈希目标协议。由此 PoS 区块的产生具有随机性,这一过程与 PoW 相似。但有一个重要的区别,PoS 随机哈希(散列)运算是在一个有限制的空间里完成的(1 哈希/未消费钱包的输出 1 秒),而不是像 PoW 那样在无限制的空间里寻找,因此无须消耗大量的能源。

PoS 所要符合的哈希核心目标,而在核心中所消耗的每单元币龄(与比特币的工作量证明不同,比特币的每个节点都有相同的目标值)。因此核心消耗的币龄越多,就越容易符合目标协议。例如,如果李四的钱包里放了 100 个 PPC,而且 1 年都没有动,那么他可能在 2 天内产生一个权益核心(笔者理解为权益证明的区块);同理,如果张三有 200 个 PPC,也放了 1 年没有使用,那么他可能在 1 天内就能产生一个权益核心。

另外,在 PoS 及 PoW 的设计中,哈希目标值都是持续调整的,这与比特币约每两周调整一次不同,其主要目的是避免采矿产出的突然波动。

9.2.2 造币与主链协议

178 基于 PoS 的造币是什么？

在比特币 PoW 产生区块之外，PoS 引入了一种新型的造币过程。PoS 区块将根据在币利交易中所消耗的币龄产生利息币。设计时设定了每币每年将产生 1 分（利息），以避免将来的通胀。

这一机制，在造币流程的初始部分保留了 PoW 以促成初始造币的产生，这个类似于现实证券市场中的首次公开募股（Initial Public Offerings, IPO）。

179 PoS 机制的主链协议是怎样的？

与比特币主链协议中以 PoW 机制中以工作量最高为主链的协议不同，在 PoS 机制下，判断主链的标准已经转化为对消耗币龄的判断。每个区块的交易都会将其消耗的币龄提交给该区块以增加该区块的得分。获得最高消耗币龄的区块将被选中为主链。

这一设计减轻了部分对于 51% 攻击的忧虑，因为在比特币网络中，诚实的节点至少需要占据 51% 的算力才能维护网络的安全。而在 PoS 区块中，要进行 51% 攻击。首先，要控制数量众多的权益（如币的数量和时间），成本可能要高于获得 51% 的算力，这样就提高了攻击的成本。其次，攻击者在攻击网络时，其币龄也会消耗，这将使攻击者阻止交易进入主链的行为变得更加困难，这个类似增加算力的行为，不单是增加分子，也增加在分母上。

9.3 校验签名与防止震荡通膨

9.3.1 校验、签名与节能

180 PoS 的校验机制是什么，如何保护历史数据？

使用消耗币龄总数来决定主链的不足在于其降低了攻击整个区块链历史的成本。即使比特币在保护历史数据方面有较强的机制，但中本聪仍在 2010 年提出了校验机制来保护区块链历史，防止任何可能在校验点之前对区块链的修改。

另外一个忧虑是双重支付的成本也可能降低了，这是因为攻击者可以累积一定量的币龄来迫使区块链重组。为使此系统在商业上具有可操作性，PoS 引入了一个中心校验机制，每天会向全网广播若干次以冻结区块链及结算交易。这种新型的校验机制与比特币的警报系统类似。

除此之外，使用中心化广播校验机制的原因为：抵御一类“拒绝服务”(Denial of Service，DoS)的攻击，在每个节点都接纳一个权益证明区块到本地数据库(区块树)之前，权益核心必须得到验证。

从实用角度考虑，PoS 采用了中央校验机制，其解决方案是修改币龄的计算，设置一个最低币龄。比如，1 个月，低于这一数字将计算为零。然后中央检验机制被用于确保所有节点都认可过去所有大于 1 个月的交易，由于核心要求不低于零的币龄，这样就让允许权益核心得以验证，从而必须使用大于 1 个月的输出。

181 PoS 的区块签名及双重权益协议是怎样的?

在 PoS 机制下，每一个区块都必须由其拥有者签名，以避免同一权益证明受到复制并被攻击者使用。

为了抵御攻击者使用单个 PoS 来产生多个区块及进行“拒绝服务”攻击，PoS 机制在设计上采用了双重权益协议。每个节点都会收集其接触到的(核心、时间戳)配对的所有利息币交易信息。如果一个已接收到的区块包含与其他之前收到的区块中的配对信息(核心、时间戳)是重复的，权益证明会忽略此区块直到后者被孤立(orphaned)。

182 PoS 机制的节能情况如何?

在比特币中，当 PoW 采矿产出趋近于零时，其对矿工的激励作用就会越来越弱。从长远来看，由于矿工失去使用 PoW 方式采矿的兴趣，网络消耗的能量就会降到非常低的水平。除非交易量或交易费用升到相当高的水平，否则比特币网络将难以维持这样的能源消耗。

在 PoS 机制的设计中，即使 PPC 网络中消耗的能源接近于零，其仍被 PoS 机制保护着。假如一种电子密码货币允许 PoW 趋于零，那么这种货币可称为长期节能货币。

9.3.2 震荡、通膨与马太效应

183 PoS 是如何避免市场震荡与防治通膨的?

在 PoS 机制下,将 PoW 的采矿产出率修改为随难度变化,而不是随着区块高度(时间)而调整。当采矿难度升高,PoW 采矿产出率下降。与比特币的分步减半产出相比,PoS 的造币产出曲线相对平滑,以避免市场震荡的人为冲击。

在比特币 PoW 机制中,交易费用的存在将让矿工们相互产生“不合作”的情况;但是在 PoS 的设计里,这种攻击加重了,所以不再给发现区块的矿工奖励交易费,而只在协议层面执行交易费。这样就可以排除矿工们互相不承认对方区块的动机,也成为避免 PoS 造币所产生通胀的措施。

184 PoS 机制如何解决马太效应?

PoS 的铸币是基于账户所拥有的有效数字货币权益,必然会导致“富者越富,穷者越穷”的马太效应。同样,PoW 中也存在这种现象,如越富有的人就有越多的资金,可以购置更多的高性能矿机甚至建立矿池,拥有更强大的算力,也就是说,可以挖到更多的比特币,这也在一定程度上形成“富者越富,穷者越穷”的情况。

PoS 机制为了解决这个问题,设计了一种随机抽签机制,系统中建立了一套透明的算法机制,根据每一个活跃账户的权益数量(这些权益数量对于全网节点来说是公开的、可以查询的),依据算法,其他节点可以预测到哪一个账户将获得产生下一个区块的权限。当这个账户通过哈希计算获得创建下一个区块的权限后,它将收集全网中所有未确认的交易,打包到区块中并填写各种参数,然后将区块向全网广播,等待其他节点确认后链入主链,完成了区块链的延续。

另外,系统中还规定:当持有数字货币达到 90 天时,其产生下一个区块的概率达到最高后,以后即使再增加持有时间也不能增加产生下一个区块的概率。这一规定避免出现通过增加持有权益时间或数量来垄断区链的情形。

9.4 PoS、PoW 的对照与混合

9.4.1 PoS 的优缺点

185 PoS 的优点主要是什么?

(1)在一定程度上缩短了共识达成的时间;

(2)不再需要大量消耗能源挖矿;

(3)PoS 能防作弊,因为如果一名持有 51% 以上股权的人作弊,相当于他坑了自己,因为自己不会“杀死”自己的钱。

186 PoS 的缺点主要有哪些?

(1)还是需要挖矿,本质上没有解决商业应用的痛点。

(2)所有的确认都只是一个概率上的表达,而不是一个确定性的事情,理论上有可能存在其他攻击。例如,以太坊的“The DAO”攻击事件造成以太坊硬分叉,而以太坊由此事件出现,事实上证明了此次硬分叉的失败。

(3)极端的情况下会带来中心化的结果。PoS 机制由股东自己保证安全,工作原理是利益捆绑。在这个模式下,不持有 PoS 的人无法对 PoS 构成威胁。PoS 的安全取决于持有者,和其他任何因素无关。在 PoS 机制里,拥有币和币龄越多、节点越高,就拥有越强的产生新区块的能力。简单来说,拥有越多的币并且拥有的币的币龄越久,获得记账权的概率越大。PoS 虽然解决了工作量证明的能耗问题,但全部节点确认会让区块确认的效率提不起来,且时间越长,也越容易产生马太效应,即持有币越多的人会获得更多的奖励,从而加大贫富差距,最终产生超过 50% 的中心化节点,被动演化为非预期的中心化结果。

9.4.2 PoS 和 PoW 比较与混合

187 PoS 和 PoW 最大的区别是什么?

PoS 机制是有利息的。比如,在比特币系统中,货币是有数量限定的,由于有比特币丢失等问题。从整体上来,比特币是减少的,即比特币是一个通缩的系统。而在 PoS 模式中,由于引入了币龄概念,即每个币每天产生 1 币龄,比如你

持有 200 个币,总共持有了 20 天,那么此时你的币龄就为 4000,这个时候如果你发现了 1 个 PoS 区块,你的币龄就会被清空为 0。你每被清空 365 个币龄,你将会从区块中获得一定的利息。因此,在 PoS 机制下不会产生通缩的情况。

另外,与 PoW 相比,虽然都需要挖矿,但是 PoS 不需要为了生成新区块而大量消耗电力,也在一定程度上缩短了共识达成的时间。

188 在实践中,PoW 和 PoS 的表现有何不同?

PoW 和 PoS 各有优缺点。但看上去似乎是 PoW 的优点更多。流通市值排行榜靠前的币种,大多数都是 PoW。

PoS 有中心化的嫌疑,PoW 虽然能做到充分去中心化,但是存在大量消耗能源的缺点。也许"PoW + PoS"是一种很好的解决方式。但是,区块链社区是不断发展的,技术也是不断更新优化的,更好的解决方式也许又会被推出来。

189 "PoW+PoS"混合机制怎么样?

结合两种挖矿方式的优点,开始有了基于"PoW + PoS"混合共识机制的币。例如 Hcash,以及以太坊(ETH)也正在向"PoW + PoS"混合挖矿转变。

"PoW + PoS"混合机制的优势就是能够将受众群体最大化。在该机制下,持有数字货币的用户与矿工均可以参与到投票中,共同参与该币社区的重大决定,持币者与矿工都可以影响预先编制好的更新,如隔离见证(Seg Wit)、增大区块等。如果这些更新被广泛认可,无须开发者干预,链就会自动分叉以配合更新,而这才是真正的去中心化。

以混合机制来实现广义上的去中心化自治组织的高效运行。通过"PoW + PoS"公平地按持币数量与工作量分配投票权重,实现社区自治。

第 10 章　委托权益证明机制（DPoS 算法）

10.1　DPoS 算法概述

10.1.1　概念、背景与原理

190 DPoS 的概念是什么?

委任权益证明(Delegated Proof of Stake,DPoS)是比特股(BitShares,BTS)最先引入的共识算法。

DPoS(包括比特股、Steemit 以及 EOS)所使用的底层框架是石墨烯框架。石墨烯框架采用委托权益证明共识算法,平均出块速度为 1.5 秒,出块节点(见证人)由持币用户选举投票产生,每个用户的投票权重则按照用户持币占系统总量的比例计算。全网持有代币的人可以通过投票系统来选择区块生产者,一旦当选,任何人都可以参与区块的生产。

比特股首次提出了去中心化自治公司(Decentralized Autonomos Corporations,DACs)的理念。比特股的目的就是用于发布 DACs。这些无人控制的公司发行股份,产生利润,并将利润分配给股东。实现这一切,不需要信任任何人,因为每件事都是被硬编码到软件中的。通俗而言,比特股创造可以盈利的公司(股份制),股东持有这些公司的股份,公司为股东产生回报,无须挖矿。

本质上,所有区块链都是一种由交易驱动的确定性状态机。而共识就是确定性交易顺序达成一致并过滤无效交易的过程。在加密货币技术中,使用共识算法来保证整个区块链网络的安全可靠,著名的共识算法包括比特币网络使用的 PoW,以及 PPC 和 NXT 使用的 PoS 等。

各种不同的共识算法都可以产生等效的交易排序,但是诸如 PoW、PoS 等共识算法都不能解决交易性能问题，尤其是工作量证明算法大量消耗计算所需的电力。而委任权益证明则委托权益证明很好地解决了性能和能耗问题。

通过在多个区块链上长年累月的可靠运行，委托权益证明已经证明其具备了健壮性、安全性和有效性。

191 DPoS产生的背景与原因是什么？

工作量证明和权益证明是目前公有链最常用的共识机制（算法），工作量证明和权益证明在系统的处理能力上不足，主要有两点：一是每个区块的交易容量有限，如比特币的区块大小在1兆左右，大概能够包括2000笔交易；二是区块速度不够快，例如，比特币平均10分钟产出1个区块，以太坊平均15秒产出1个区块。

这样导致了采用工作量证明和权益证明共识机制的公有区块链能够支持的应用场景（DApp）非常受限。究其根源，这是由于去中心化系统本身的特性决定的。根据CAP原则，即一个分布式系统中，一致性（consistency）、可用性（availability）、分区容错性（partition tolerance），三者不可得兼。

针对这个问题，目前有两个典型的解决思路。

比特币、以太坊等的解决思路是，在保持去中心化的前提下，再通过各种链上和链外的技术方案来提升系统的处理能力。典型的链上方案有扩容、分片等，典型的链外技术有闪电网络、雷电网络、Plasma等。

EOS的委托权益证明采用了另外一条解决思路，即牺牲一些去中心化的来达到性能的提升。EOS的委托权益证明源于其底层采用的石墨烯。石墨烯是区块链工具组，由比特股团队Cryptonomex开发，采用C++编写。

192 DPoS机制的基本原理是什么？

不同于PoS机制的加密货币，每个节点都可以创建区块，并按照个人的持股比例获得“利息”。DPoS是由被社区选举的可信账户（受托人，得票数排行前101位）来创建区块。为了成为正式受托人，用户要去社区拉票，获得足够多的用户的信任。用户根据自己持有的加密货币数量占总量的百分比来投票。

DPoS机制类似于股份制公司，普通股民进不了董事会，要投票选举代表（受托人）代他们作决策。

这101个受托人可以理解为101个矿池，而这101个矿池彼此的权利是完全相等的。那些握着加密货币的用户可以随时通过投票更换这些代表(矿池),只要他们提供的算力不稳定,计算机宕机或者试图利用手中的权力作恶,他们将会立刻被愤怒的选民们踢出整个系统,而后备代表可以随时顶上去。

10.1.2　DPoS 算法的逻辑与解决的问题

193 DPoS 机制背后的逻辑是什么?

(1)使权益所有者能够通过投票决定记账人;

(2)最大化权益所有者的红利;

(3)最小化保证网络安全的消耗;

(4)最大化网络的性能;

(5)最小化运行网络的成本。

194 DPoS 机制需要解决哪些问题?

任何共识过程必须回答的问题包括但不限于:

(1)谁应该产生下一个更新区块来应用于数据库?

(2)下一个区块何时应该生产?

(3)什么交易应该包括在该区块中?

(4)协议的变化如何应用?

(5)竞争的交易历史应该如何解决?

目标是找到这些问题的答案,以确保对希望获得对网络控制的攻击者的共识过程是强大的。实际上,获得控制意味着获得单方面审查交易的能力。对于希望利用不同计算机上的数据库状态暂时不一致的攻击者,这个过程也应该是健壮的。

10.2　DPoS 算法运行机制

10.2.1　委托人代表

195 DPoS 是如何选举产生委托人代表的?

在 DPoS 下,利益相关者可以选择任意数量的委托人代表来生成区块。每个账户作为一张选票可以投给一名委托人,最终得票高的前N名委托人被选中担任代表。委托人代表的数量(N)为至少有50%投票利益的相关方认为“已经是充分去中心化”的数量。利益相关者表达自己对委托人数量的意见,是通过对相应人数的投票来体现的,他们投票给别人,也可投票给自己。这一投票过程充分体现了去中心化的特点。

委托人代表选定后,每产生一个区块,该名委托人代表都因提供的服务而得到报酬,报酬支付率的设置是通过委托人代表对支付率的提议进行集体表决而进行的。如果委托人代表产生区块失败,那么他们将得不到报酬,并可能在未来被利益相关者通过投票排除在代表之外。

有效的委托人代表名单产生依照选举结果每个维护周期(1天)更新一次,清单上的授权代表轮流每两秒产生一个区块。如果委托人代表在他的时间段内未能产生区块,则系统不再等待,直接跳过该委托人代表,由下一个委托人代表产生下一个区块。

196 DPoS委托人代表为何不随机从所有用户中产生?

这是因为:

(1)普通用户大部分时间不在线;

(2)攻击者可以使用其权益控制网络,而不经过其他人的认可;

(3)由于没有挖矿,在去中心化网络中生成随机数变得不可能。

197 DPoS委托人代表履行什么样的角色?

(1)委托人代表具有允许生成和广播区块的权威;

(2)生成区块的过程包括收集分布式网络中的交易并使用委托人代表的私钥进行签名;

(3)委托人代表的位置由上一个区块的最后部分随机指定。

198 DPoS如何通过委托人代表抑制外来攻击的?

(1)如果某个委托人代表拒绝签署一个区块,那么他将被解职并失去未来的稳定收入预期;

(2)不诚实的委任人代表只有在明确有其他利益诉求时才会选择放弃区块生成;

(3)委托人代表无法签署无效的交易,因为交易需要所有见证人确认。

10.2.2 修改、重组与费率

199 DPoS 是如何修改系统参数的?

由选举的委托人代表调整系统参数。每个委托人代表都是一个特殊账户的共同签署者,有权发起提议变更系统参数(这个账户被称为创始账户)。调整的系统参数包括交易费用、区块容量、授权代表报酬以及区块时间等,当某一项调整的提议被大多数委托人代表批准后,利益相关者有两周的观察期,期间他们可以投票改选委托人代表或者注销该变更。

这种机制确保委托人代表在技术上没有直接的权力来变动网络参数,所有网络参数的变更最终由利益相关者批准,所以在委托权益证明下,笔者认为,行政权力掌握在用户手中,而不是在委托人代表手中。

200 DPoS 是如何解决区块链重组问题的?

由于所有的委托人代表都是选举出来的,负有很大的责任,否则在下次投票中将会被更换掉;而且每个委托人代表都有专门的时间段来生产区块,所以不太可能存在两个相互竞争的连锁情况。

但是,由于发生网络延还的问题,委托人代表未能及时收到前一个区块,导致多个区块同时产生的情况。此时,下一个委托人代表将只确认他们首先收到的任意区块,从而解决这个问题。

尽管该系统对于自然链重组事件的阻击是很有力的,但是仍有一些潜在的软件错误,如网络中断等。另外,系统可能出现相互冲突的数个历史区块,在这种情形下,系统总是选择有最高委托人代表参与率的区块链,简单有效地解决区块链的冲突问题。

201 DPoS 机制是如何处理交易费率的?

以比特股为例,101 名代表决定了交易费率,如果交易费率是 80%,则表示选举的委托人代表从确认交易中收到的交易费用的 80% 将由代表们持有,剩下的 20% 将会被系统销毁掉。

由于存在销毁机制,一方面系统提供的奖励数字币数量得到了控制,减少了系统供应的数字货币总量;另一方面也保证了系统的交易得以确认,系统得以正常运行。因此,原有数字货币的价值得到了提升,这相当于给原有的数字币持有者进行分红,这一点对于所有的数字币持有者而言都是一件好事。

10.3 DPoS 算法的操作①

10.3.1 准备、正常与分叉

202 理解 DPoS 算法操作,需要首先明白什么?

DPoS 算法分为两部分:选择一组出块人和调度生产。

选择出块(区块)人的过程,确保了利益相关方(stakeholder,也可以理解为持币人)最终能有控制权,因为当网络不能顺利运行时,利益相关方的损失最大。就实际运行中如何达成共识而言,如何选择出块人(指的是前文中的委托人代表)其实几乎没有影响;因此,重点在选好出块人之后如何达成共识。

为了帮助解释这个算法,这里假设 3 个出块人 A、B 和 C。因为需要达成"2/3 +1"的多数共识来解决所有情况,这个简化的模型将假设出块人 C 是打破僵局的那个人(也就是"2/3 +1"里面的那个"1",即胜负手)。在现实世界中,将有 21 个或更多的出块人。像 PoW 一样,一般规则是最长链胜出。任何时候当一个诚实的节点看到一个有效的更长链,它都会从当前链切换到更长的那条链。

在大多数能够想到的网络条件下,DPoS 是如何运行的例子,这些例子应该可以帮助读者理解为什么 DPoS 稳健且难以破坏。

203 DPoS 算法的正常操作是什么?

在正常操作(normal operation)下,出块人轮流每 3 秒出 1 个块。假设没有人错过自己的轮次,那么将会产生最长链。出块人在被调度轮次之外的任何时间段出块都是无效的。换言之,如果没有轮到自己出块,出的任何块都是无效的(见图 10 - 1)。

---

① Danthe Man,"DPOS Consensus Algorithm-The Missing White Paper",https://steemit. com/dpos/@dantheman/dpos-consensus-algorithm-this-missing-white-paper. ,October 20,2017.

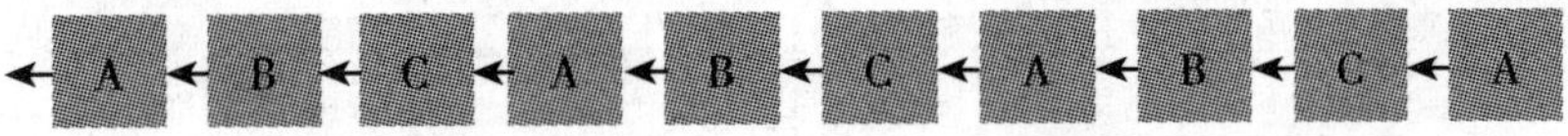

图 10-1　DPoS 算法出区块的正常操作

204 DPoS 算法是如何抑制少数分叉的?

如果出现不超过节点总数 1/3 的恶意或故障节点,那么可能会产生少数分叉(minority fork),或者可以说是小群体分叉。在这种情况下,少数分叉每 9 秒只能产生 1 个块,而多数分叉每 9 秒可以产生 2 个块。因此,诚实的 2/3 多数将永远比少数(的链)更长(见图 10-2)。

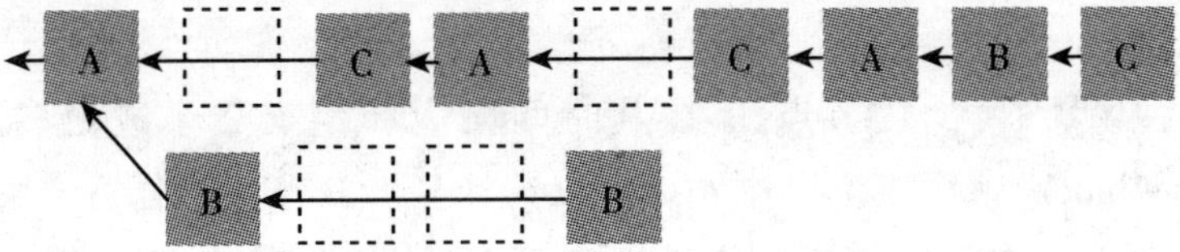

图 10-2　DPoS 算法抑制少数分叉

10.3.2　双重生产、碎片化与不可逆

205 DPoS 算法如何抑制离散少数的双重生产?

DPoS 是这样抑制离散少数的双重生产(double production by disconnected minority)的:

如果有很多“各自为政”的小群体,那么他们可以试图产生无数的分叉,但是因为少数人在出块速度上注定比多数人慢,所以所有小群体的分叉都会比多数人的那条链短(见图 10-3)。

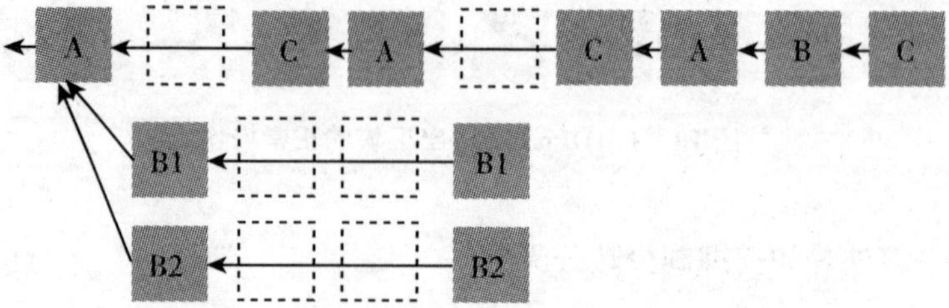

图 10－3　DPoS 算法抑制离散少数的双重生产

206 DPoS 算法如何抑制在线少数的双重生产？

DPoS 是这样处理在线少数的双重生产(double production by connected minority)的：

在这种场景下，少数节点 B 在其时间段内产生了 2 个或更多的竞争块(alternative block)。下 1 个出块人 C 可以选择基于 B 产生的任意 1 块继续往前走。如此一来，C 的这条链就成为最长链，而所有选择 B1 的节点都将切换到最长链。即使少数不良出块人试图广播再多的竞争块也无关紧要，因为它们作为最长链的一部分永远不会超过 1 轮(所有出块人依次出块，转完 1 圈就是 1 轮)(见图 10－4)。

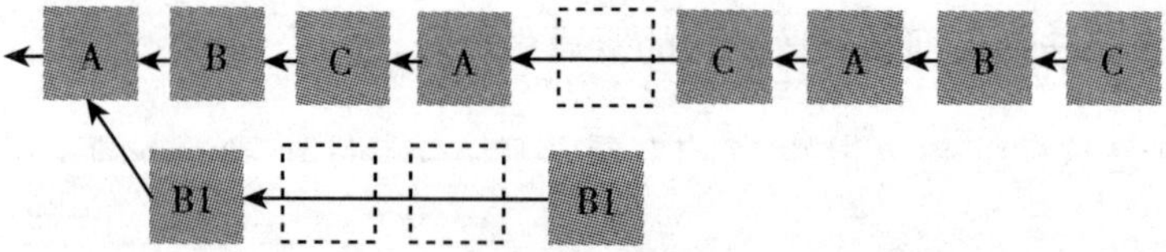

图 10－4　DPoS 算法抑制在线少数的双重生产

207 DPoS 算法是如何解决网络碎片化问题的？

网络完全有可能碎片化(Network Fragmentation)，从而导致没有任何分叉拥有数量上占多数的出块人。在这种情况下，最长链将倒向最大的那个小群体。当网络连通性恢复时，其他较小的小群体会自然切换到最长的那条链(也就是最大小群体的那条链)，继而恢复明确的共识。

如图 10－5 所示，有可能存在这样 3 个分叉，其中 2 个较长的分叉长度相同。在这种情况下,当第 3 个(较小)分叉的出块人重新加入网络时,就会打破平局。出块人总数为奇数,因此不可能长时间保持平局。后文笔者还会谈到出块人混洗(shuffle),它使出块顺序随机化,从而确保即使是出块人数目相同的两个分叉也会以不同的速度增长,最终导致一个分叉胜出。

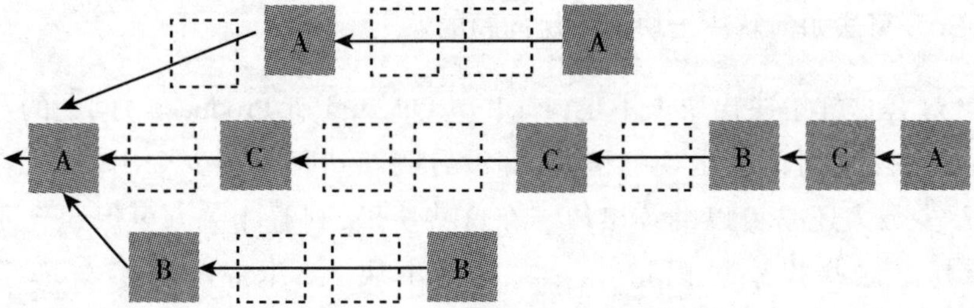

图 10－5　DPos 算法抑制网络碎片化

208 DPoS 算法最后不可逆块是什么?

DPoS 算法最后不可逆块(Last Irreversible Block):

在网络碎片化的情况下,在相当长的一段时间内很有可能有多个分叉都持续不断地增长。从长远来看,最长的链终将获胜,但观察者(observer)需要一种确切的手段,以此来确定 1 个块是否在增长最快的链上。这可以通过判断是否有“2/3 +1”多数出块人的确认来确定。

如图 10－6 所示,区块 B 已被 C 和 A 所确认,即表示有“2/3 +1”多数确认,由此笔者可以推断没有其他链会比这条链更长——如果 2/3 的出块人是诚实的。

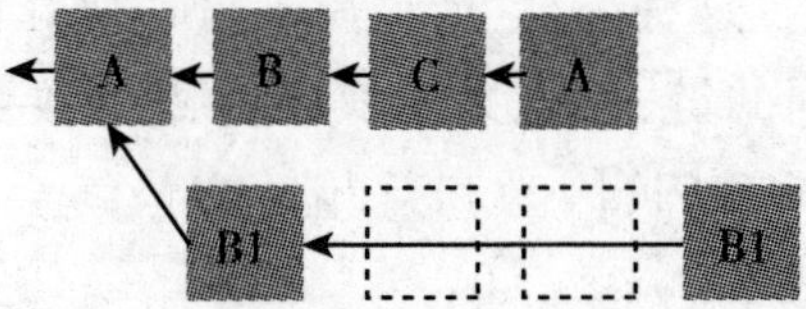

图 10－6　DPoS 算法最后不可逆

值得注意的是,这个“规则”类似于比特币的 6 个块确认。一些聪明人也许可以谋划一系列事件,使 2 个节点的最后不可逆块不同。这种极端的例子要求攻击者能完全控制通信延迟,并且在几分钟内控制 2 次——而不仅是一次。即便确实发生了,最长链胜出的长期规则仍然适用。笔者认为这种攻击的可能性足够接近 0,且经济后果无关紧要,因此不足为虑。

10.3.3 出块人、PoS 与混洗

209 DPoS 算法如何解决出块人不足问题的?

DPoS 是这样解决出块人不足(Lack of Quorum of Producers)问题的:

有一种不太可能会出现的情况,即没有明确到底有多少个出块人,在这种情况下,少数人还是可以继续出块。在这些块里,利益相关方可以包含更改投票的交易。这些投票可以选出一组新的出块人,并将出块参与率恢复到 100%。一旦如此,这条小群体的链最终将超过所有其他出块参与率低于 100% 的链。

在此过程中,所有观察者都知道,在出现一条参与率超过 67% 的链之前,网络都处于不稳定的状态。如果有人选择在此条件下进行交易,那么他将承受与接受不到 6 个确认类似的风险。他们也知道存在这样的小概率事件,即最终的共识(或者说最长链)出现在另一个不同的分叉上。在实际操作中,这种情况仍然要比接受少于 3 个比特币确认要更安全。

210 DPoS 算法如何解决多数出块人出现问题?

DPoS 是这样解决多数出块人出现(Corruption of Majority of Producers)问题的:

如果多数出块人出现问题,那么他们可能产生无限的分叉,每个分叉都以 2/3 多数确认向前推进。这种情况下,最后不可逆块算法蜕变为最长链算法。最长链就是最多人认同的链,而这条链实际将由少数剩下的诚实节点决定。这种行为不会持续很长时间,因为利益相关方最终会投票替换掉这些出块人(见图 10-7)。

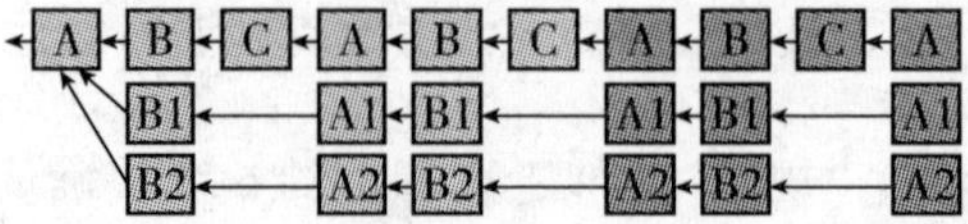

图 10-7 DPoS 算法的多数出块人出现问题

211 DPoS 算法的交易权益证明是什么?

交易权益证明(Transactions as Proof of Stake,TaPoS)。用户为一个交易签名,是基于对区块链状态的一个假设,而这个假设又基于他们对最近几个块的“认识”(Perception)。如果最长链的共识发生改变,则很可能会使签名者之前签名时所依据的假设失效。

就 TaPoS 而言,所有交易都包含最近 1 个块的哈希,如果该块在区块链中不存在,那么这些交易也是无效的。任何在孤儿分叉(Orphaned Fork)上给交易签名的人,最终都会发现该交易无效且无法迁移到主分叉。

这个过程有个附带的好处,它可以抵御试图产生替代链的长程攻击(Long-range Attack)。每次交易时,利益相关方都直接对区块链作出确认。随着时间的推移,所有的块都是由所有利益相关方确认过的,这是一条伪造的链(forged chain)做不到的。

212 DPoS 算法的确定性出块人混洗是什么?

确定性出块人混洗(Deterministic Producer Shuffling)是:

在上述所有案例中,出块人按循环调度出块。实际上,每出 N 个块(N 是出块人数量),出块人集合都会进行 1 次混洗。这种随机性确保了出块人 B 不会总是忽略出块人 A,并且当出现多个出块人数量相同的分叉时,最终会有 1 个分叉胜出。

10.3.4　安全性能与优缺点

213 DPoS 算法的安全性能如何?

在比特股成功运行 3 年,Steem 运行 1 年期间,经历了各种各样的网络条件和软件错误。对于各种状况,委托权益证明都成功应对,并且在维护共识的同时处理了比任何其他区块链更多的交易。

在一个能够想得到的自然网络破坏下,委托权益证明都是健壮的,甚至在面对大部分出块人作弊时,也是安全的。不像其他共识算法,当大多数出块人出现问题时,委托权益证明仍然可以继续工作。在此过程中,社区可以投票替换掉不合格的出块人,直到恢复 100% 参与率。在如此高强度和变化多端的故障条件下,似乎没有其他算法能保持如此健壮。

214 DPoS 算法安全性能如此高的原因是什么?

DPoS 之外的其他共识算法的设计初衷——节点不诚实且网络条件恶劣。这种设计的最终结果就是,网络的性能更差、延迟更高以及更新开销大,并且在 33% 节点出现问题的情况下就会彻底停止正常运转。

DPoS 之所以有这么高的安全性,归根结底在于其选择出块人和验证节点质量的算法。通过赞成投票制(Approval Voting),可以确保即使 1 个人拥有 50% 的有效投票权,也不能独自选择 1 个出块人。委托权益证明的设计初衷在于良好的网络连接,在诚实节点 100% 参与共识的情况下优化性能,这使得委托权益证明有能力在平均只有 1.5 秒的时间内以 99.9% 的确定性确认交易,同时能够以一种优雅和可检测的方式降级(此处的降级非重要的事)。

215 DPoS 算法的优点有哪些?

(1)更快的确认速度。每 1 块的时间为 10 秒,一笔交易(在得到 6 ~ 10 个确认后)大概 1 分钟,一个完整的 101 块的周期大概仅需要 16 分钟。而 PPC 即权益证明机制确认一笔交易大概需要 1 小时,比特币工作量证明机制产生 1 个区块需要 10 分钟,一笔交易完成(6 个区块确认后)需要 1 个小时。

(2)能耗更低。DPoS 机制将节点数量进一步减少到 101 个,在保证网络安全的前提下,整个网络的能耗进一步降低,网络运行成本最低。

(3)更去中心化。对于比特币而言,个人挖矿已经不现实了,比特币的算力都集中在几个大的矿池手里,每个矿池都是中心化的,就像 DPoS 的 1 个受托人,因此 DPoS 机制的加密货币更加去中心化。PoS 机制的加密货币(如未来币)要求用户登录客户端,事实上用户并不会天天开着电脑,因此真正的网络节点是由几个股东所保持的,去中心化程度也不能与 DPoS 机制的加密货币相比。

216 DPoS 算法的缺点有哪些?

(1)投票积极性不高。绝大多数持股人(超过 90%)从未参与投票。因为投票需要时间、精力以及技能,而这恰恰是大多数投资者所缺乏的。如果小规模数字货币持有者的参与程度不高,很有可能导致一些大规模持有者控制委托人代表的选举,他们就会投票选择自己来担任委托人代表,这必然对“去中心化”形成一定的影响。

(2)对于坏节点的处理存在诸多困难。社区选举不能及时有效地阻止一些破坏节点出现,给网络造成安全隐患。

10.4　PoW、PoS 与 DPoS 的对比

10.4.1　PoW、DPoS 在能耗、攻击与治理的对比

217 PoW 与 DPoS 在能源利用方面有何差异?

对于其他共识机制而言,PoW 逻辑简单,容易实现,容错达 50%,其安全有严格的数学论证。但 PoW 最大的问题之一——浪费能源,因为在 PoW 机制下,算力越大,挖到块的概率越大,维护区块链安全的权重越大。

DPoS 共识机制(如比特股,Steem 和 EOS 的应用程序)像传统的基于全球广域网的应用程序一样,应用程序开发人员提供程序运行需要的资源(包括带宽、计算力以及存储容量等),不是由用户提供。所以不需要用户为区块链上的操作支付费用,这意味着用户可以创建免费的区块链应用程序,新用户无须经历烦琐的加密数字货币购买流程就可直接使用区块链上的应用程序。

可以免费使用的区块链平台,自然会得到更多的关注,当有了足够的用户规模,开发者和企业可以创建对应的盈利模式。

218 PoW 与 DPoS 在预防"拒绝服务"攻击上有何差异?

以太坊和比特币都曾经遭受过"拒绝服务"攻击,如在以太坊中,有时 7 个节点的哈希算力就达到了整个网络的 90%,清除这 7 个节点就能轻松摧毁以太坊。

而基于石墨烯底层的 DPoS 机制的 Steem 和比特股则运行良好,安全健壮性很高。

219 PoW 与 DPoS 在治理能力方面有何差异?

在 PoW 的共识机制下,矿工、矿池、股权池、Casper staker、基金会、完全节点以及交易所都想占主导,而那些个人持币者却没有发言权。比如,以太币和比特币现金这些分叉,都是基金会和矿池组织双方的博弈结果,而个人持币者无

参与决策权。这样的治理算法则会导致“特别委员会”的治理模式,它们是否取得了共识以及完成达成共识的步骤,对于个人持币者而言,都是模糊不清的。

另外,比特币和以太坊将来还会面临分叉的问题,或许未来存在一种方法,能把矿工、股东、矿池、基金、完全节点、交易所以及商标持有人聚到一起取得共识,然后强制他们遵守这个统一的治理架构;然而,现在还没有这种方案。

在 DPoS 模式下,治理的成本与共识过程是一致的,每个人都能知道治理的政策是什么,也知道他们该怎么参与。治理的结构是清晰的,所有股东都有发言权。不会有“意外分叉”,因为区块链很清楚新的硬分叉路径,旧的节点共识会通知他们“关停”,除非他们升级了。

在通常情况下,DPoS 不会经历任何分叉,因为区块生产者是合作生产区块的而不是竞争生产。如果有区块分叉,共识将自动切换到最长的链条。具有更多生产者的区块链长度将比具有较少生产者的区块链更快增长。此外,没有区块生产者能同时在 2 个区块链分叉上生产块,如果 1 个区块生产者被发现有此行为,就可能被投票出局。

10.4.2 PoW 与 DPoS 的共识、去中心化等的对比

220 PoW 与 DPoS 在共识周期长短上有何差异?

日常的商业运用,如脸书(Facebook)、优步(Uber)以及交易所等,每天需要向数千万活跃用户提供服务,每秒平均需处理的事件高达数十万条。而在工作量证明机制下的共识达成的周期较长,比特币每秒只能最多交易 7 笔交易,以太坊是每秒 13 笔左右,这样的交易量无法取代现有的商业应用。这是 PoW 机制最大的问题之一。

基于石墨烯底层的 DPoS 机制通过已运行 3 年的比特股和运行 1 年的 Steem 已证明可以达到 1.5 秒的平均确认速度和有限条件下实测 3300 笔的数据交换;而使用 DPoS 机制的 EOS 将通过并行链的方式,最高将可以达到每秒数百万笔,并且并行本地链甚至可以达到毫秒级的确认速度。

221 PoW 与 DPoS 在“去中心化”上有何区别?

很多人质疑 DPoS 的去中心化不够明显,尤其是与比特币系统所有人可参

与生产区块的去中心化相差甚远。

实际上,比特币的确允许所有人参与挖矿,而且不超过 10 个“矿池”几乎垄断了哈希算力(90% 以上),以太坊也存在这类问题。普通人不加入“矿池”很难对结果产生影响,“矿池”拥有者通常需要卖出比特币以维持电力费用,比特币拥有者与生产者是两个团体,有些时候会出现不相关利益。

而 EOS 的 DPoS 通过持股或代币成为利益相关者,采用“同意投票”(Approval Voting)机制使拥有 50% 股份的人也不能独立选出委托人,使小股东也有机会通过投票来表达自己的意愿,且生产者与持有者是利益相关的;但是,如果生产者损害利益,可能被投票投出。

所以,在去中心化和发展的互相平衡上,DPoS 相比 PoW 是一种进步。

222 PoW 与 DPoS 共同存在的问题是什么?

共识机制是区块链的核心技术,现在各种区块链共识机制的选择被认为是迄今为止相对最优的选择;对于区块链数字资产的应用来说,现在源于真实世界或金融的资产越来越多,这对交易的最终确认有很高的要求。DPoS 和 PoW 这 2 种区块链共识机制都存在一个问题,即没有所谓的“最终确认”:

当获得 1 个区块确认时,只能代表交易有 99% 的可能性受到区块链的认可,当获得 2 个确认时;信心值会增加到 99.9%;当获得 6 个确认时,信心值可能会提升到 99.99%。所有的确认都只是一个概率上的表达,而不是一个确定性的事情,理论上存在发生其他攻击的可能。

当未来区块链技术越来越多被应用于现实,将会不断地改进或者需要有不同的共识机制以切合实际的需要。

10.4.3　PoW、PoS 与 DPoS 的对比

223 PoW、PoS 与 DPoS 对应的区块链技术层级各是什么?

一般情况下归纳为:区块链技术 1.0 是 PoW 共识机制、加密算法、数字签名的结合,代表是比特币系统;2.0 是在 1.0 基础上增加智能合约,代表为以太坊系统,共识机制从 PoW 转向 PoS;3.0 是在 2.0 基础上更加接近商业化应用,代表为 EOS 系统,共识机制为 DPoS(见表 10-1)。

表10-1　区块链技术升级对应的共识算法

算法类别	区块链技术	代表案例
PoW	区块链1.0技术	比特币
PoS	区块链2.0技术	以太坊
DPoS	区块链3.0技术	商业化应用"EOS"

224 PoW、PoS与DPoS有何不同，前景如何？

关于这3种共识机制，有人这样认为：PoW机制类似于按劳分配；PoS机制，持有股票就有对应的权利，持有越多权利越大；委托权益证明机制类似于董事会，董事会成员（权益委托人）数量有限，由大家选举产生，被选中的董事会成员可以行使权利。

从机制设计上来看，工作量证明机制更加强调去中心、对等，而委托权益证明则有一个明显的中心，通过带来部分中心得到效率的提升。哪一种机制更好，有待时间的验证，PoW已经运行了近10年，电力耗费已经非常严重；DPoS的出现，有可能让记账这件事情更有经济效率，从而支撑起更多大规模的协作体系。

第三部分

加密机制与算法

第11章 区块链密码算法：概述与哈希算法

11.1 密码算法概述及本部分思路

11.1.1 密码算法及其相关概念

225 密码算法的概念是什么？

密码算法是用于加密和解密的数学函数，密码算法是密码协议的基础。现行的密码算法主要包括序列密码、分组密码、公钥密码以及哈希（散列）函数等，用于保证信息的安全，提供鉴别、完整性、抗抵赖等服务。

假设通过网络发送消息P（通常是明文数据包），使用密码算法隐藏P的内容并将P转化成密文C，这个转化过程就叫作加密。得到与明文P相对应的密文C得依靠一个附加的参数K，称为密钥。密文C的接收方为恢复明文需要另一个密钥K－1完成反方向的运算，这个反向的过程称为解密。

本部分讲解思路为：设置五章内容来详细讲解区块链所涉及的密码算法，主要包括哈希算法、梅克尔哈希算法、公开密钥算法、椭圆曲线算法与编码解码算法。这些有关密码学的讨论、证明和陈述，完全基于计算机冯·诺依曼体系结构，主要讨论区块链里用到的典型加密算法以及编码方式等，不涉量子计算相关的领域。

226 密码算法所涉及的相关概念有哪些？

涉及密码学的相关概念主要有：

（1）发送者和接收者。假设发送者想发送消息给接收者，且想安全地发送信息，即确信偷听者不能阅读发送的消息。

(2)消息和加密。消息被称为明文,用某种方法伪装消息以隐藏它的内容的过程称为加密,加密的消息称为密文,而把密文转变为明文的过程称为解密。

(3)鉴别、完整性和抗抵赖。除了提供机密性之外,密码学通常有其他的作用:一是鉴别,即消息的接收者应该能够确认消息的来源,并且入侵者不可能伪装成他人;二是完整性检验,即消息的接收者应该能够验证消息在传送过程中有没有被修改,并且入侵者不可能用假消息代替合法消息;三是抗抵赖,即发送者事后不可能虚假地否认他自己发送的消息。

(4)算法和密钥(密码算法也称为密码)是用于加密和解密的数学函数,如哈希算法、梅克树算法、椭圆曲线算法以及公开密钥算法等。

11.1.2 密码算法区块链应用概述

227 为何说密码算法是区块链的重中之重?

由于区块链技术之上所承载的一切应用所涉及的各种各样的价值,不需要太多的知识,普通人就能理解密码保护有多重要。这些价值包括货币、股票、信任、数字资产、版权以及交易信息等,几乎涉及社会、团体和个人活动、运行的方方面面。

区块链系统包含了计算机科学、计算机P2P网络、算法、数据库、分布式系统、计算机密码学等过去20多年的成果,其中的计算机密码算法可谓重中之重。

密码算法在区块链中的应用范围非常广泛,而且有些应用极富创意且非常巧妙,比如,比特币一开始通过公钥生成钱包地址的做法,如今看起来似乎已经很简单了,但在刚接触时,还是令人感到惊叹。

笔者先简单介绍四个具体的运用场景,包括价值转移保卫、账户地址生成、完整性证明以及零知识证明等。

228 什么是区块链密码算法之价值转移保卫?

笔者不展开对价值转移本身经济意义的论述,仅就实现方式而言,因为这是公开密钥算法的一个重要应用。无论什么区块链系统,包括比特币、以太坊以及超级账本等,想在一个分布式公网上发送一笔诸如数字货币、证券以及资产所有权等代表价值的数据必须解决两个基本问题:

(1)证明这笔数据确实来自发出者,不是篡改或者伪装的;

(2)确保只有接收者才能解码这笔携带价值的数据。

以上两点要求可以通过公开密钥算法完美地解决。发送者不但使用了自己的私钥签名(相当于盖了自己的公章),还使用了接收者的公钥进行了一段段关键信息的加密,只有接收者使用自己的私钥才能解密这个公钥,因此能保证不被别人截获;即使被人截获,对方也没有对应的私钥来解码。另外,在这个互动的过程中,接收者也使用了发送者公开的公钥进行身份验证以确保不出现差错。

229 什么是区块链密码算法的账户地址生成?

即对公开密钥算法的巧妙使用,先生成一对密钥,即私钥和公钥。由于公钥是可以公开的,因此可以作为自己对外的一个账号;又由于公钥必须和对应的私钥匹配才能通过验证,因此这种方式生成的地址,先天就具备可验证性。

230 什么是区块链密码算法之完整性证明?

简单而言,是指在区块链节点同步区块数据的时候,通过构建交易的哈希树来验证数据是否具备一致性。而这个重要且被广泛运用的领域,需要涉及哈希算法,该算法将在后面章节详细解读。

231 什么是区块链密码算法之零知识证明?

要想证明自己具备对区块链上某笔交易的所有权,通常的办法是提交自己的密码,看能不能解锁匹配。但如此一来,密码就会被泄露出去,与此同时,相关的交易内容也可能公开化,隐私无法保护。

在这样的情况之下,密码算法将发挥巨大作用,即只要解码一段与交易内容相关但是又不泄露真正交易内容的编码,如果能够解码成功,就能证明你有所有权了。

11.2　区块链中的哈希算法

232 哈希算法在区块链中的运用简况如何,为何非常重要?

哈希算法贯穿了区块链系统的方方面面,起到非常重要的作用,有人将其比喻成区块链的骨架(见图 11－1):

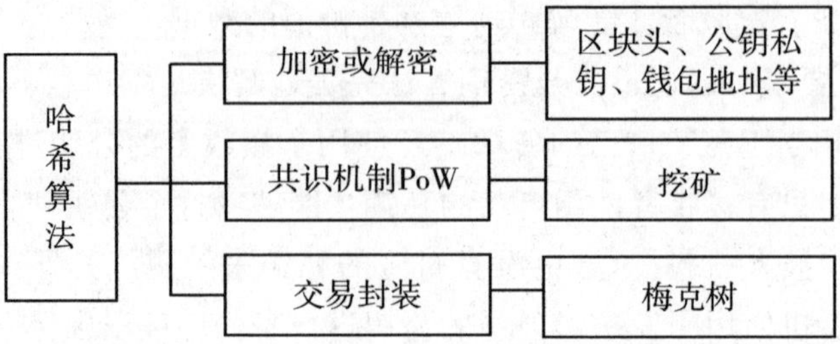

图 11-1 哈希算法在区块链中的主要应用

哈希算法广泛应用于区块链工作量证明中，在每个具有创新性的区块链项目中均有各自不同的实现，该算法属于区块链中比较核心和基础的技术。如区块链共识机制的“挖矿”(如比特币)过程，使用的是哈希值难度匹配，就是一个不断进行哈希计算的过程，用得到的哈希值去碰撞目标值，达到目标要求后碰撞成功，从而获得创建新区块的机会。另外，以太坊中的挖矿计算也使用了哈希算法，其中的梅克尔-帕特里夏树就是一棵哈希树。

在区块对全网交易的封装过程中，也采用了哈希算法，把大量的复杂交易信息进行一次又一次的哈希计算，两两分层进行合并，最终得到一个包含区块内全部交易信息的哈希值。在数字币的支付过程中，支付方与接收方的钱包之间的通信采用的是公钥与私钥机制，也多次用到哈希算法，即公钥虽然公开发送，但不能够逆向解码，私钥自己掌握，从两个方面保证了系统和传输数据的安全。如比特币使用哈希算法通过公钥计算出了钱包地址、区块头以及交易事务的哈希值，梅克尔树结构更像一棵哈希树。

另外，其他的区块链系统也会多少使用到各种哈希算法。

11.3 哈希算法的概念、种类与挑战

11.3.1 哈希算法的概念与特点

233 哈希算法的概念是什么？

哈希算法即散列函数，或称为哈希函数(属于一类数学函数)，是一种单向密码体制，即它是一个从明文到密文的不可逆的映射，只有加密过程，没有解密过程。同时，哈希函数可以将任意长度的输入经过变化以后得到固定长度的输

出。哈希函数的这种单向特征和输出数据长度固定的特征使它可以生成消息或者数据。

具体而言,哈希算法将任意长度的二进制值映射为固定长度的较小二进制值,这个小的二进制值称为哈希值(散列值)。哈希值是一段数据的唯一且极其紧凑的数值表示形式。散列的一段明文哪怕只更改了该段落中的一个字母,随后的哈希都将产生不同的值。要找到散列为同一个值的两个不同输入,在计算上是不可能的,所以数据的哈希值可以检验数据的完整性。

以哈希函数为基础构造的哈希算法,在现代密码学中扮演着重要的角色,常用于实现数据的完整性和实体认证,同时也构成了多种密码体制和协议的安全保障。

另外,所谓哈希表是根据设定的哈希函数 H(key)和处理冲突方法将一组关键字映象到一个有限的地址区间上,并以关键字在地址区间中的象作为记录在表中的存储位置,这种表称为哈希表或散列表,所得存储位置称为哈希地址或散列地址。基于线性数据结构的哈希表与表格和队列等相比,哈希表无疑是查找速度比较快的一种。

所谓哈希,即通过将单向数学函数(有时称为"哈希算法")应用到任意数量的数据所得到的固定大小的结果。如果输入数据中有变化,则哈希也会发生变化。哈希可用于许多操作,包括身份验证、数字签名等。其也称为"消息摘要"。

234 哈希算法的特征是什么?

一个优秀的哈希函数将能实现:

(1)正向高效:给定明文和哈希算法,在有限时间内利用有限资源计算出哈希值,即计算哈希值的过程是高效的。

(2)逆向困难:给定(若干)哈希值,在有限时间内很难(基本不可能)逆推出明文。

(3)输入敏感:即便原始输入信息只有少数修改,产生的哈希值也要看起来有很大不同。

(4)冲突避免:很难找到两段内容不同的明文,使它们的哈希值一致(发生冲突)。即对于任意两个不同的数据块,其哈希值相同的可能性极小;对于 1 个给定的数据块,找到和它哈希值相同的数据块极为困难。

综上所述，用哈希算法可以将任意长度的一段字符串计算成一个固定长度的值(哈希值)，这个计算是单向的、不可逆的，即计算出的结果，是无法再通过某种算法还原出原始数据的。同时，哪怕输入数据(字串符)发生微小的变化，即使是改变一个标点符号，重新计算后的哈希值都会与之前的不一样。所以，哈希值有如人的身份证号码一样，可以判断数据的完整性，并适合于所有有关身份验证的场景。

235 哈希算法有什么显著的性能？

一般来说，哈希算法都是算力敏感型，意味着计算资源是“瓶颈”，主频越高的 CPU 进行哈希的速度也越快。

但是，也有一些哈希算法不是算力敏感型的，例如 Scrypt，需要大量的内存资源，节点不能通过简单地增加 CPU 来实现哈希性能的提升。

236 什么是哈希算法的数字摘要？

数字摘要是对数字内容进行哈希运算并获取唯一的摘要值来指代原始数字内容。数字摘要是为了解决确保内容没被篡改过的问题，即利用哈希函数的抗碰撞性特点。

数字摘要是哈希算法最重要的一个用途。在网络上下载软件或文件时，往往会同时提供一个数字摘要值，用户下载下来的原始文件可以自行进行计算，并同所提供的摘要值进行比对，以确保内容没有被修改过。

11.3.2 哈希算法概念的碰撞与安全

237 什么是哈希算法的碰撞与安全性？

碰撞是与哈希算法(函数)相关的重要概念，体现着哈希算法的安全性。如果两个输入串(消息)的哈希函数的值(哈希值)一样，则称这两个串是一个碰撞(Collision)。既然是把任意长度的字符串变成固定长度的字符串，所以必有一个输出串对应无穷多个输入串，碰撞是必然存在的。

换言之，随意找到一组碰撞是有可能的，只要穷举即可。因为哈希(散列)算法得到的哈希(指纹)位数是有限的，比如，信息摘要算法第 5 版(Message Digest Algorithm 5，MD5)指纹字长为 128 位，意味着只要穷举 21，282，128 次，就肯定能得到一组碰撞。当然,这个时间代价是难以想象的,而更重要的是,仅找到一组碰撞并没有什么实际意义。

但是,这并不意味着哈希算法就不能用了,因为凡事都要考虑代价。现代哈希算法存在的理由是,它的不可逆性能在较大概率上得到实现,换言之,发现碰撞的概率很小,这种碰撞能被利用的概率更小。

哈希算法的安全性,是指在包括时间、空间、资金等现有计算资源下,找到一组碰撞是不可行的。一个优良的哈希函数 f 应当满足以下三个条件:

(1)对于任意 y,寻找 x,使 f(x) = y,在计算上是不可行的。

(2)给定 x1 ∈ A,找 x2 ∈ B,使 f(x1) = f(x2),在计算上是不可能的,这也就是弱无碰撞性。

(3)寻找 x1、x2,使 f(x1) = f(x2),在计算上也是不可行的,这也就是强无碰撞性。

这样就称为安全保密的哈希函数,除了枚举之外不可能有别的更快的方法。如第三条,根据生日定理,要找到这样的 x1、x2,理论上需要大约 $2^{(n/2)}$ 的枚举次数。

因为前两条哈希函数太弱,所以几乎所有哈希函数的破解都是指破坏上面的第三条性质,即找到一组碰撞。在密码学上还有一个概念称为理论破解,指的是提出一个算法,可以用低于理论值的枚举次数找到碰撞。

11.3.3　哈希算法的常用语流行种类

238 哈希算法常用种类有哪些,性能如何?

常用的哈希算法种类包括 MD4、MD5、SHA-1 和 SHA-2。

MD4(按照 RFC 1320 的定义)是麻省理工学院的罗纳德 · L. 里维斯特(Ronald L. Rivest)在 1990 年设计的,MD 是 Message Digest 的缩写。其输出为 128 位,MD4 已证明不够安全。

MD5(按照 RFC 1321 的定义)是罗纳德 · L. 里维斯特于 1991 年对 MD4 的改进版本。它对输入仍以 512 位分组,其输出是 128 位。MD5 比 MD4 复杂,并且计算速度要慢一点,更安全一些。MD5 已被证明不具备强抗碰撞性。

SHA 家族的算法,由美国国家安全局所设计,并由美国国家标准与技术研究院发布,是美国的政府标准,其分别是:

SHA－0：1993年发布，当时称作安全散列标准(Secure Hash Standard)，发布之后很快就被美国国家安全局撤回，是SHA－1的前身。

SHA－1：1995年发布，SHA－1在许多安全协议中被广泛使用，包括安全传输层协议(Transport Layer Security，TLS)和安全套接层(Secure Sockets Layer，SSL)、PGP、安全外壳协议(Secure Shell Protocol，SSH)、多用途网际邮件扩充协议(Multipurpose Internet Mail Extension，MIME)和因特网协议安全性(Internet Protocal Security，IPsec)，曾被视为是MD5(更早之前被广为使用的散列函数)的后继者。但SHA－1的安全性在2000年以后已经不被大多数的加密场景所接受。2017年荷兰密码学研究小组(Centrum Wiskunde & lnformatica，CWI)和谷歌正式宣布攻破了SHA－1。

SHA－2：2001年发布，包括SHA－224、SHA－256、SHA－384、SHA－512、SHA－512/224、SHA－512/256。虽然至今尚未出现对SHA－2的有效攻击，而且它的算法跟SHA－1基本上相似，因此有些人开始发展其他替代的散列算法。

SHA－3：2015年正式发布，SHA－3并不是要取代SHA－2，因为SHA－2目前并没有出现明显的弱点。由于出现对MD5的成功破解，以及出现对SHA－0和SHA－1理论上的破解方法，美国国家标准与技术研究院感觉需要一个与之前算法不同的可替换的加密散列算法，也就是现在的SHA－3。

RACE原始完整性校验消息摘要-160(RACE Integrity Primitives Evaluation Message Digest 160)RIPEMD-160是一个160位加密哈希函数。它旨在替代128位哈希函数，包括MD4、MD5和RIPEMD-128。

除以上算法，哈希算法还有很多种，比如在负载均衡领域常用的一致性哈希算法，目的只是将服务器地址快速地计算出摘要值，而不是为了加密；所以，其是只求速度不讲秘密特性的。

就目前来说，最流行的哈希算法主要包括MD5、SHA－1和SHA－2，它们最重要的一点区别就是强抗碰撞性。

11.3.4 主要哈希算法的对比与挑战

239 主要哈希算法的特点如何？

各类哈希函数的特点对比(见表11－1)：

表 11－1　主要哈希算法特点的对比

算法		输出值位数(位)	内部数据位数(位)	数据块大小(位)	最大信息容量	运算方式	安全性(位)
SHA－0		160	160	512	$2^{64}-1$	与,异或,矩阵,32 位求模,或	<80
SHA－1		160	160	512	$2^{64}-1$		<80
SHA－2	SHA－224	224	256	512	$2^{64}-1$	与,异或,矩阵,32 位求模,或	112
	SHA－256	256					128
	SHA－384	384	512	1024	$2^{128}-1$	与,异或,矩阵,64 位求模,或	192
	SHA－512	512					256
	SHA－512/224	224					112
	SHA－512/256	256					128
SHA－3	SHA3－224	224	1600	1152	无限制	与,异或,矩阵,非	112
	SHA3－256	256		1088			128
SHA－3	SHA3－384	384	1600	832	无限制	与,异或,矩阵,非	192
	SHA3－512	512		576			256
	SHAKE128	d(随机)		1344			Min(d/2,28)
	SHAKE256	d(随机)		1088			Min(d/2,28)
MD5		128	128	512	无限制	与,异或,矩阵,32 位求模,或	<64

240 哈希算法中的 MD 系列和 SHA-1 的安全性受到什么挑战?

在 2004 年 8 月 17 日美国加利福尼亚州圣巴巴拉召开的国际密码学会议中,山东大学王小云教授首次宣布了她及她的研究小组对 MD 系列算法的破译结果,2005 年 2 月宣布破解 SHA－1 密码。

2017 年 2 月 23 日谷歌宣布实现了 SHA－1 的碰撞,将会在 90 天内公开算法。之前实现暴力破解需要 12,000,000 个图形处理器(Graphics Processing

Unit,GPU)运算一年,现在需要 110 个 GPU 运算一年,破解效率大为提高。SHA-1 的安全性一直广受质疑,此次破解对于广泛使用 SHA-1 算法的协议如生存时间值(Time To Live,TTL)、SSL 以及 SSH 都有影响。谷歌和微软已经在 2016 年停止了支持 SHA-1 的网站安全证书。

换言之,他们找到了哈希函数的碰撞,两个相同的文件可以产生同一个指纹,哈希算法的安全性受到了挑战。

11.4 哈希算法的常规应用

11.4.1 密码学上哈希算法的安全条件与优势

241 哈希算法在密码学上的安全性保障,需要满足哪些条件?

(1)抗冲突性。哈希抗冲突是指不同的输入不能产生相同的输出。但是,抗冲突并不是说不会有冲突,只不过找到有冲突的两个输入的代价很大,在现实中几乎没法承受。

(2)正向确定。无论在同一个哈希函数中解析多少次,输入同一个 A 总是能得到相同的输出 h(A)。

(3)信息隐藏,即抗原像攻击。对一个给定的哈希输出结果 h(A),想要逆推出输入 A,在计算上是不可行的。在密码学上,比如敌对双方,一方即便是获取了另一方无线电波(公开信道),取得了传送的哈希信息,也不可能逆向解码并还原传送的原文内容。

(4)可隐匿性。如果有人希望哈希函数的输出是一个特定的值(意味有人事先知道了哈希函数的输出结果),只要输入的部分足够随机,在足够合理的时间内都不可能破解,这一特征主要是为了对付仿制与伪造。

(5)高效运算:计算哈希值的过程是高效的。

(6)敏感性,即细微变化影响。任何输入端的细微变化都会对哈希函数的输出结果产生剧烈的影响。

242 哈希算法为何能在信息安全方面广泛运用?

在数据文件的各类查找中,如顺序查找、折半查找、分块查找和树表查找等,由于记录在结构中的位置是相对随机的,因此查找需要进行一系列与关键字的比较,而且查找次数与记录规模有关,随着存储数据的增多,算法的效率会越来越低。

但是,哈希算法恰恰解决了这一问题,它在记录存储位置与其关键字之间建立了一个确定的对应关系,即一个数据对应了一个地址。这样查找的时候就能直接通过该地址找到这个数据对应的内容,而不需要进行多次比较。

由于哈希算法能够把一个不固定长的输入(关键字)转换成一个固定长的输出(地址位数是固定的),并且关键字和地址之间的映射是唯一的,关键字极小的改动也能计算出完全不同的地址,因此哈希算法被广泛地应用于信息安全方面。

243 哈希算法主要应用于哪些信息安全方面?

哈希算法具有快速定位和不可逆运算等特点,在信息检索、电子签名和密码学领域中有广泛的应用:

(1)文件校验

比较常用的校验算法有奇偶校验和循环冗余校验(Cyclic Redundancy Check,CRC)校验,这 2 种校验并没有对抗数据篡改的能力,它们一定程度上能检测并纠正传输数据中的信道误码,但不能防止对数据的恶意破坏。

MD5 算法的数字指纹特性使它成为眼下应用最广泛的一种文件完整性校验(Checksum)算法,不少 Unix 系统有提供计算 MD5 完整性校验的命令。

(2)数字签名

因为非对称算法的运算速度较慢,所以在数字签名协议中,单向散列函数扮演了一个重要的角色。对数字摘要的哈希值进行数字签名,在统计上与对文件本身进行数字签名是等效的,并且这种协议还有其他的长处。

(3)鉴权协议

鉴权协议又被称为"挑战—认证"模式:在传输信道是可被侦听,但不可被篡改,这是一种简单而安全的方法。

11.4.2　数字签名与文件校验

244 哈希算法如何进行文件校验?

人们常常利用安全单向散列函数(哈希算法或哈希函数)来产生消息摘要,

哈希函数能对任意长度的输入消息输出一个固定长度的哈希值(散列值),这个哈希值被称为消息摘要,也可以形象地比喻为文件的指纹。

在消息摘要算法 MD4 或 MD5 和 SHA 中,首先要根据关键字(消息内容)提取一个随机长度的信息(可以直接利用关键字,也可以先对其进行折叠、平方取中等运算),然后对信息进行补位(在后面填充一个 1 和无数个 0),使信息的字节长度是 32 的倍数,经过一系列补位和附加值处理后,最后会产生一个 128 位(或 160 位)的消息摘要。

如果修改了原文件的任何一个值,再利用 MD5 算法计算消息摘要时,就会发现两个消息摘要几乎不可能相同,这样就能很大程度上保证信息在传输过程中没有被篡改过。

245 哈希算法如何进行数字签名?

数字签名是用于确认发送者身份和消息完整性的一个加密的消息摘要,最常见的实现方法是组合公钥密码体制和单向安全散列函数算法。

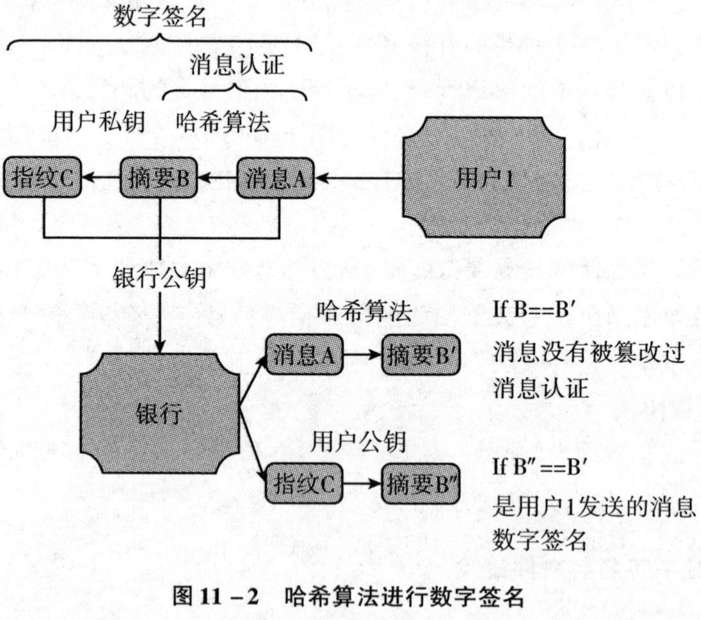

图 11－2　哈希算法进行数字签名

发送者将待发送的消息 A 作为输入,利用哈希算法输出一个消息摘要 B,然后用自己的私钥加密这个摘要并得到 C,最后将消息 A 和加密过的摘要 C 一同发送给接受者。接受者收到消息后,首先用发送者的公钥解密 C,得到 B_2,再把收到的消息 A 作为一个输入,利用哈希算法输出消息摘要 B_1,比较 B_1 和 B_2 是否相同,从而对发送者进行身份验证。网银使用的 USB Key 就是利用了这个原理(见图 11 – 2):

由于公钥数字签名算法,如 RSA、决策支持系统(Decision Support System,DSS)等运算比较复杂,加密和解密过程比较慢,若不利用哈希算法得出信息摘要,而直接加密和解密消息本身,就会在消息的加密和解密上浪费许多内存和时间。哈希算法使数字签名的应用更加广泛,使 USB Key 或 IC 卡中的微处理器对摘要进行加密变得更加容易,数字签名的过程一般在 1 秒钟内即可完成。

11.4.3　数据结构管理中的哈希算法

246 哈希算法在管理数据结构中是怎样应用的?

在用到哈希算法进行管理的数据结构中,对抗碰撞不太重视,但对速度比较重视,也就是只要保证哈希值均匀分布就可以。比如,哈希映射(Hashmap),哈希值(hash key)存在的目的是加速键值的查找,哈希值(hash key)的作用是为了将元素适当地放在各个桶里,对于抗碰撞的要求没有那么高。

换言之,哈希算法得出来的值,只要保证 Valve 大致均匀的放在不同的桶里就可以了。但整个算法的 Set 性能,直接与哈希值产生的速度有关,所以这时候的哈希值的产生速度就尤为重要,以 JDK 中的"String. HashCode"方法为例:

```
public int hashCode() {
    int h=hash;
    //hash default value: θ
    if (h== θ && value.length> θ ) {
        //value:char storage
        char val[]=value;
        for (int i= θ ; i<value.length;i++) {
            h=31*h=val[i];
        }
        hash=h;
    }
    return h;
}
```

这是一个很简洁的乘加迭代运算,在不少的哈希算法中,使用的是"异或 + 加法"进行迭代,速度和前者差不多。

11.4.4 P2P、DHT 网络的哈希算法

247 哈希算法基于 P2P 下载和 DHT 网络中有何应用?

分布式哈希表(Distributed Hash Table,DHT)是一种分布式存储方法。在不需要服务器的情况下,每个客户端负责一个小范围的路由,并负责存储一小部分数据,从而实现整个分布式哈希表网络的寻址和存储。分布式哈希表网络中的每个文件在存储时都会先提取关键字,再通过哈希算法计算出一个唯一的地址,然后将文件存入该地址中,构成一个哈希表。当用户需要下载文件时,系统就会根据用户输入的文件信息(如文件名),利用哈希算法得到对应的地址,在哈希表中查找该文件。文件发生了一点改动,也会计算出完全不同的哈希值,这样在一定程度上保证了用户查找的准确性。

在电骡(eMule)和比特彗星(BitComet)等基于分布式网络的下载软件中,哈希算法起到了很大的作用,如电螺的下载积分制度等。

此外,哈希算法还广泛应用在操作系统的登录认证上,如在 Unix 系统中用户的密码是以 MD5(或其他类似的算法)经哈希运算后存储在文件系统中。当用户登录的时候,系统把用户输入的密码进行 MD5 哈希运算,然后再去和保存在文件系统中的 MD5 值进行比较,进而确定输入的密码是否正确。通过这样的步骤,系统在并不知道用户密码的明码的情况下就可以确定用户登录系统的合法性,从而避免用户的密码被具有系统管理员权限的用户知道。

11.5 SHA -256 算法

11.5.1 SHA -256 算法概念与哈希运算步骤

248 SHA-256 算法概念是什么?

在比特币区块链系统中使用了两个密码学的哈希函数,一个是 SHA -256,另一个是 RIPEMD160。SHA -256 算法广泛地应用于比特币及其他区块链应用中,用于挖矿、公钥和私钥加密等过程;RIPEMD160 主要用于生成比特币地址。

SHA -256 是构造区块链的主要哈希函数。无论是区块头信息还是交易数据,都使用这个哈希函数去计算相关数据的哈希值,以保证数据的完整性。同

时,在比特币系统中,基于寻找给定前缀的 SHA-256 哈希值,设计了工作量证明共识机制;SHA-256 也被用于构造比特币地址,即用来识别不同的用户。

SHA-256 算法,又称 SHA-256 函数(哈希函数或散列函数),是 SHA-2 算法簇中的一种算法。SHA-256 具有密码哈希函数的一般特性,对于长度小于 2^{64} 位的消息,SHA-256 会产生一个 256 位的消息摘要。

SHA-256 所在的簇,即 SHA-2 属于安全哈希算法(Secure Hash Algorithm,SHA)家族中的一类算法簇,主要包括 SHA-224、SHA-256、SHA-384、SHA-512、SHA-512/224 以及 SHA-512/256 算法;是 2001 年由美国国家安全局设计,由美国国家标准与技术研究院发布的、注重安全性和加密性的新一代哈希算法。

在美国标准与技术研究院公布的美国联邦信息处理标准 180-2(Federal Information Processing Standard 180-2,FIPS 180-2)中,包括 SHA-1、SHA-256、SHA-384、SHA-512 4 种安全哈希算法。这 4 种算法都是迭代的、单向的哈希函数,可以用于处理信息并产生精简的信息摘要,因为这些算法对信息的任何改变都将产生不同的信息摘要,所以可以用来验证信息的完整性。哈希算法被广泛地运用于数据签名、信息认证的产生及验证等方面。

249 SHA-256 算法的哈希运算流程是什么?

SHA-256 算法与 SHA-1、SHA-384、SHA-512 的哈希算法一样,先是对原始信息进行填补和分块,然后进行数据计算,使原始信息的细微变动也能够在信息摘要中反映出来。在数据计算过程中,通过不断地进行逻辑运算与移位运算等方式,确保结果不可逆推以及算法结果唯一,使数据的加密特性得到保障。具备了这两个方面特征后,SHA-256 等安全哈希算法成为区块链技术最为适用的加密算法。

实际上,SHA-256 是一个 MD(Merkle-Damgard)结构的迭代哈希函数。因此,可以将 SHA-256 的哈希(散列)计算过程分为两个阶段:消息的预处理和主循环阶段。在消息的预处理阶段,主要完成消息的填充和扩展填充,将所有输入的原始消息转换为 n 个 512 比特的消息块,之后对每个消息块利用 SHA-256 压缩函数进行处理。SHA-256 的计算流程如图 11-3 所示。

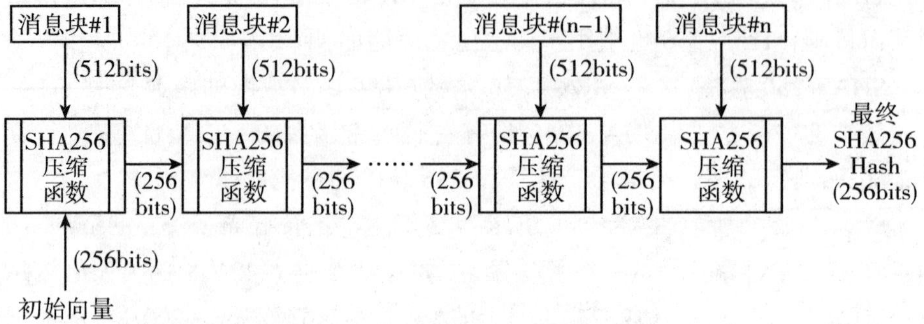

图 11-3　SHA-256 算法计算过程①

在消息的主循环阶段，计算流程是一个迭代计算的过程，当最后 1 个消息块（第 n 块）处理完毕以后，最终的输出值就是所输入的原始消息的 SHA-256 值。

11.5.2　SHA-256 算法的预处理

250 何为 SHA-256 算法的预处理过程？

SHA-256 能够对一则长度为 l 的消息 M 产生散列值，$0 \leq l < 2^{64}$。在该算法中，使用了一个由 64 个 32-bit 单元构成的消息表（message schedule），8 个 32bit 的工作变量，8 个 32-bit 字长组成的中间散列值。最终生成 256-bit 的消息摘要。消息表记作 $W_0, W_1 \cdots W_{63}$，8 个工作变量记作 $\boldsymbol{a}, \boldsymbol{b}, \boldsymbol{c}, \boldsymbol{d}, \boldsymbol{e}, \boldsymbol{f}, \boldsymbol{g}$ 和 $\boldsymbol{h}$ 中间散列值记作 $H_0{}^{(i)}, H_1{}^{(i)} \cdots H_7{}^{(i)}$。$H^{(0)}$ 要用固定的数值来初始化，运算过程中不断被每个消息分组处理完成后的中间散列值 $H^{(i)}$ 代替，最终被最后 $H^{(i)}$ 代替，SHA-256 也使用了 2 个临时变量 $T1$ 和 $T2$。

SHA-256 的预处理：

a. 按照规则填充消息 M；

b. 将填充后的消息分成 N 个 512-bit 的分组 $M^{(1)}, M^{(2)} \cdots M^{(N)}$；

c. 用 16 进制数初始化 8 个工作变量 $H^{(0)}$；

$H_0{}^{(0)} = 0x\ 6a09e667$

$H_1{}^{(0)} = 0x\ bb67ae85$

① 邹均、张海宁、唐屹、李磊等：《区块链技术指南》，机械工业出版社 2016 年版，第 38～39 页。

$H_2^{(0)}$ = 0x 3c6ef372

$H_3^{(0)}$ = 0x a54ff53a

$H_4^{(0)}$ = 0x 510e527f

$H_5^{(0)}$ = 0x 9b05688c

$H_6^{(0)}$ = 0x 1f83d9ab

$H_7^{(0)}$ = 0x 5be0cd19

11.5.3　SHA-256 算法的哈希过程

251 SHA-256 算法的哈希过程是怎样的?

SHA-256 算法用于对长度为 L 的信息 M 进行哈希计算,其中 0≤L。哈希计算过程中包括:(1)64 个 32 位字的信息表;(2)8 个工作变量,每个都为 32 位;(3)哈希值为 8 个 32 位字。SHA-256 算法的最终结果是一个 256 位的信息摘要。

SHA-256 用函数和常量来计算散列值,"+"均指 $\bmod 2^{32}$ 的加法。预处理完成后,将每一个消息分组分成 16 个 32-bit 的子分组,再按以下规则变换成 64 个 32-bit 的子分组,组成一个有 64 个 32-bit 单元的消息表,按次序依次进行处理。

For $i=1$ to N(N 为消息填充后的消息块数);

1. 计算产生 64 个消息表$\{W_0 \cdots W_{63}\}$:

For $t=0$ to 63:

{

$W_t = M_t^{(i)} \qquad 0 \leqslant t \leqslant 15$

$W_t = \delta_1(W_{t-2}) + W_{t-7} + \delta_0(W_{t-15}) + W_{t-16} \qquad 16 \leqslant t \leqslant 63$

}

压缩函数 $\delta_1(X)$、$\delta_0(X)$ 为:

$\delta_0(X) = ROTR^7(X) \oplus ROTR^{18}(X) \oplus SHR^3(X)$

$\delta_1(X) = ROTR^{17}(X) \oplus ROTR^{19}(X) \oplus SHR^{10}(X)$

2. 以第 $i-1$ 圈的散列值初始化 8 个工程变量 $\boldsymbol{a,b,c,d,e,f,g}$ 和 $\boldsymbol{h}$:

$a = H_0^{(i-1)} \qquad b = H_1^{(i-1)}$

$c = H_2^{(i-1)} \qquad d = H_3^{(i-1)}$

$e = H_4^{(i-1)}$　　　　$f = H_5^{(i-1)}$

$g = H_6^{(i-1)}$　　　　$h = H_7^{(i-1)}$

3. For $t = 0$ to 63：

{

$T_1 = h + \sum_1(e) + Ch(e,f,g) + K_t + W_t$

$T_2 = \sum_0(a) + Maj(a,b,c)$

$h = g$

$g = f$

$f = e$

$e = d + T_1$

$d = c$

$c = b$

$b = a$

$a = T_1 + T_2$

}

4. 计算第 i 圈的中间散列值 $H^{(i)}$：

$H_0^{(i)} = a + H_0^{(i-1)}$　　　　$H_1^{(i)} = b + H_1^{(i-1)}$

$H_2^{(i)} = c + H_2^{(i-1)}$　　　　$H_3^{(i)} = d + H_3^{(i-1)}$

$H_4^{(i)} = e + H_4^{(i-1)}$　　　　$H_5^{(i)} = f + H_5^{(i-1)}$

$H_6^{(i)} = g + H_6^{(i-1)}$　　　　$H_7^{(i)} = h + H_7^{(i-1)}$

压缩函数 $Ch(X,Y,Z)$、$Maj(X,Y,Z)$、$\sum_0(X)$、$\sum_1(X)$

$Ch(X,Y,Z) = (X \wedge Y) \oplus (-X \wedge Y)$

$Maj(X,Y,Z) = (X \wedge Y) \oplus (X \wedge Z) \oplus (Y \wedge Z)$

$\sum_0(X) = ROTR^2(X) \oplus ROTR^{13}(X) \oplus ROTR^{22}(X)$

$\sum_1(X) = ROTR^6(X) \oplus ROTR^{11}(X) \oplus ROTR^{25}(X)$

随机数 $K_0 \cdots K_{63}$ 取自前64个素数立方根小数部分的前32位。

经过 N 圈循环之后，消息 M 最终的256-bit的消息摘要是8个工作变量中数据的级联：

$H_0^{(N)} || H_1^{(N)} || H_2^{(N)} || H_3^{(N)} || H_4^{(N)} || H_5^{(N)} || H_6^{(N)} || H_7^{(N)}$

上述结果，是经SHA-256计算得出的256位的信息摘要。

11.6　哈希指针与区块链的防篡改

11.6.1　哈希指针与区块的链接

252 哈希指针是什么?

哈希指针是一种数据结构,指示某些信息存储在何处,笔者将这个指针与这些信息的密码学哈希值存储在一起(见图 11-4)。哈希指针不仅是一种检索信息的方法,同时它也是一种检查信息是否被修改过的方法。

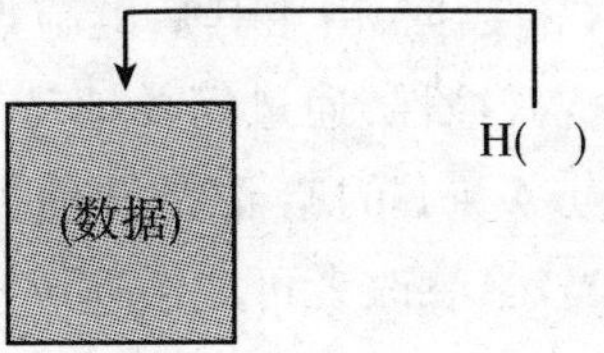

图 11-4　哈希指针

253 哈希指针是如何连接区块链的?

区块链可以看作一类使用哈希指针的链表(见图 11-5)。这个链表链接一系列的区块,每个区块包含数据以及指向表中前一个区块的指针。区块链中,前一个区块指针由哈希指针所替换,因此每个区块不仅告诉前一个区块的位置,也提供一个哈希值去验证这个区块所包含的数据是否发生改变。

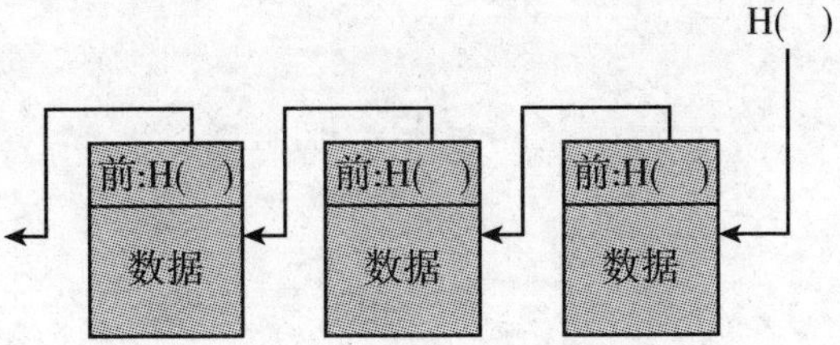

图 11-5　哈希指针链表即区块链

11.6.2 哈希指针的防篡改

254 哈希指针是如何防止区块链数据被篡改的?

假如某个交易系统是由区块链所构造,其目的是防篡改。在这个交易系统中,基于区块链的交易节点链表被用来存储数据,链表节点通过哈希指针链接,新节点追加在交易链表的尾部。同时,交易链表的首个哈希指针所指向的首个节点内容不可改变。若交易链表中的某个节点的数据被篡改,则系统能够检测出来。

假如某人改变了节点 A 的数据,由于其后继节点 A +1 存储了节点 A 的哈希值,基于密码哈希函数的抗碰撞性,通过简单地计算节点 A 的数据的哈希值,就能发现计算出的值与节点 A +1 的哈希指针值不一致,于是可以断定节点 A +1或 A 的信息被篡改。当然,篡改者可能会连续地改变前一个节点的哈希值来掩盖不同,但这个策略在处理交易链表的首个节点时将会失败。

一旦将链表头部的哈希指针存储在不能改变的地方,攻击者将不可能改变任何节点而不被发觉。因此,篡改者想在交易链表中的任意位置改变数据,为保持一致性,篡改者必须向表头方向修改所有的哈希指针,最终由于不能改变交易链表头部而失败。另外,只需单个哈希指针,基本上就能保证整个链表哈希值的一致性,从而达到防篡改的目的。

第12章　梅克尔哈希算法

12.1　梅克尔树概述

12.1.1　梅克尔树的概念、特点和形式

255 梅克尔树的概念是什么?

梅克尔树(Merkle Tree)是数据结构中所说的一种树,大都称为梅克尔哈希树(Merkle Hash Tree),这是因为它所构造的梅克尔树的所有节点都是哈希值。

从一般意义上来讲,梅克尔树是哈希大量聚集数据块的一种方式,它依赖于将这些数据块分裂成较小单位的数据块。每一个小单位数据块仅包含几个数据块,然后取每个小单位数据块再次进行哈希计算,重复同样的过程,直至剩余的哈希总数变为1,也就是梅克尔哈希根,图中的“ROOT Hash(A,B)”便是哈希根(见图12-1)。

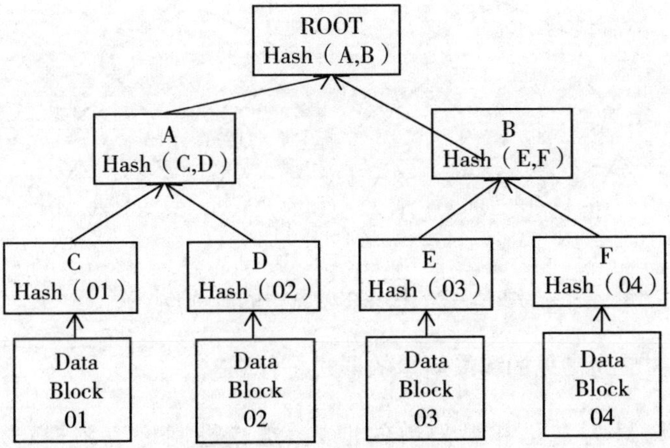

图12-1　梅克尔哈希树

梅克尔哈希树基于哈希值的二叉树或多叉树,其叶子节点上的值通常为数据块的哈希值而非叶子节点上的值,是将该节点的所有子节点的组合结果的哈希值。如图 12－1 中的梅克尔哈希树所示,节点 B 的值必须通过节点 E、F 上的值计算而得到。叶子节点 E、F 分别存储数据块 03 和 04 的哈希值,而非叶子节点 B 存储的是其子节点 E、F 的组合哈希值,这类非叶子节点的哈希值被称作路径哈希值,而叶子节点的哈希值是实际数据的哈希值。

256 梅克尔树具有哪些特点?

(1)它是一种树,可以是二叉树,也可以多叉树,无论是几叉树,它都具有树结构的所有特点;

(2)梅克尔树的叶子节点上的 Value 自主设定,梅克尔树会将数据的哈希值作为叶子节点的值;

(3)非叶子节点的 Value 是根据它下面所有叶子的节点值,按照一定的算法计算得出的。如梅克尔树的非叶子节点 Value 的计算方法是将该节点的所有子节点进行组合,然后对组合结果进行哈希计算所得出的哈希 Value。

(见图 12－2)就是一个梅克尔树形状,则节点 11 的哈希 Value 必须是通过节点 23、24 上的如果它是梅克尔哈希树的 Value 计算而得到。

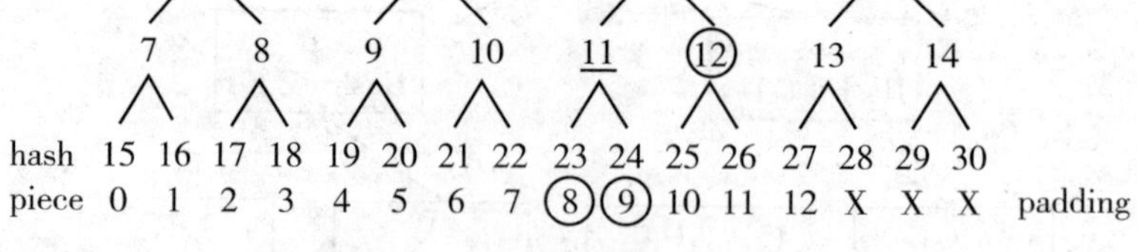

图 12－2 梅克尔哈希树的简易形状

257 梅克尔树最为常见的和最简单的形式是什么?

梅克尔树最为常见和最简单的形式,是二进制梅克尔树(Binary Merkle Tree),其中一存储空间(bucket)单位的数据块总是包含了两个相邻的块或哈希,它的描述都属于二进制梅克尔树(见图12－1、图12－2)。

12.1.2 梅克尔树的提出与研究

258 梅克尔树的提出与研究现状如何?

1989年著名的密码学家梅克尔提出了梅克尔树的思想。在梅克尔树的认证方法中,关键是梅克尔树的构造以及认证路径节点值的计算,一些学者针对提高梅克尔树的遍历(Traversal)速度,即提高叶子节点认证路径的查找效率,提出了一些梅克尔树遍历算法的改进方案。

2003年迈克尔·希德沃(Michael Szydlo)采用仅计算目前最紧迫需要计算的节点哈希值的方法来减少一次性存储的节点哈希函数值,同时该方法减少了哈希函数值的计算量。

2004年迈克尔·希德沃(Michael Szydlo)采用尽量减少冗余哈希函数值的计算思路,更进一步的对梅克尔树的遍历算法进行了改进。

2005年格伦·努克尔斯(Glen Nuckolls)提出了混合树的思想,降低了梅克尔树中认证路径对树高的依赖,在该方法中,认证路径不再完全是可信树中从叶子节点到根节点的路径上的节点的兄弟节点。

2006年W.埃里克·霍尔(W. Eric Hall)提出平行认证树的思想,该方法是借助外部设备以实现对多个叶子节点同时进行认证,缩短了叶子节点的认证时间,但是该方法对外部设备的要求较高,需要大量的成本投入。

此外,在提高梅克尔树的签名数量方面,约翰内斯·布克曼(Johannes Buchmann)提出了"CMSS"方案,该方法增加了签名的数量,但是密钥产生的效率仍然低下。

之后,约翰内斯·布克曼又提出了新一代时空大数据平台或系统(Great Map Spacetime System,GMSS)的思想,使签名的数量进一步增加。虽然对梅克尔树已经有了一些研究成果,但是如何进一步提高梅克尔树认证的效率仍然有待进一步研究。

12.2 梅克尔树与哈希列表的关系

259 哈希列表是怎么校验数据的?

哈希列表(Hash List),也称哈希表或散列表。在分布式网络中,同时从多个机器上下载数据用于传输,但是很多机器可能是不稳定或者不可信的。为了校验数据的完整性,更好的办法是把大的文件分割成小的数据块。因为,如果小块数据在传输过程中损坏了,那么只要重新下载这 1 块数据即可,不用重新下载整个文件。

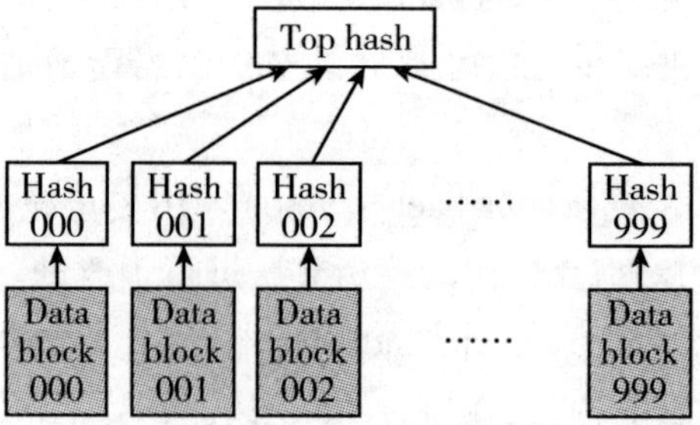

图 12-3 哈希列表的校验操作

怎么确定小的数据块没有损坏? 只需要为每个数据块进行哈希计算即可。BT 下载时,在下载到真正数据之前,会先下载一个哈希列表。但是,怎么确定这个哈希列表是正确的? 这需要把每个小块数据的哈希值拼到一起,然后对这个长字符串再进行一次哈希计算,于是得到哈希列表的根哈希(见图 12-3)。

如此,再下载数据时,首先从可信的数据源得到正确的根哈希,就可以用它来校验哈希列表了,然后通过校验后的哈希列表校验数据块。

260 梅克尔树与哈希列表是怎样的关系?

梅克尔可以看成是对哈希列表的广泛化,即哈希列表可以看作一种特殊的梅克尔树(树高为 2 的多叉梅克尔树)。

梅克尔树在最底层和哈希列表一样,可以把数据分成小的数据块,有相应的哈希和它相对应。往上走,并不是直接去运算根哈希,而是把相邻的两个哈希合并成一个字符串,然后运算这个字符串的哈希,这样每两个哈希就得到一个子哈希。如果最底层的哈希总数是单数,最后必然出现一个单数哈希,这种情况就直接对它进行哈希运算,也能得到它的子哈希。

于是往上推,依然是一样的方式,可以得到数目更少的新一级哈希,最终必然形成一棵倒挂的树,到了树根的这个位置,这一代就剩下一个根哈希了,并把它叫作梅克尔根(Merkle Root)。

在从分布式网络下载之前,先从可信的源获得文件的梅克尔树树根。一旦获得了树根,就可以从其他不可信的源获取梅克尔树。通过可信的树根来检查接收到的梅克尔树。如果梅克尔树是损坏的或者虚假的,就从其他源获得另一个梅克尔树,直到获得一个与梅克尔树根匹配的梅克尔树。

261 梅克尔树与哈希列表主要有什么不同?

梅克尔树与哈希列表的主要区别是,可以直接下载并立即验证梅克尔树的一个分支。因为可以将文件切分成小的数据块,这样如果有一块数据损坏,仅重新下载这个数据块即可。

如果文件非常大,那么梅克尔树与哈希列表也都很大,但是梅克尔树可以一次下载一个分支,然后立即验证这个分支,如果分支验证通过,就可以下载数据了。而哈希列表只有下载整个列表后才能验证。

12.3 梅克尔树在区块链中作用

262 为什么要使用梅克尔树?

目前,在计算机领域,梅克尔树大多用来进行比对以及验证处理。在处理比对或验证的应用场景中,特别是在分布式环境下进行比对或验证时,梅克尔树会大大减少数据的传输量以及计算的复杂度。

如图12-2所示,假如15、16……30是一个个数据块的哈希值,把这些数据从A传输到B,数据传输到B后,想验证传输到B上数据的有效性,即验证数据是否在传输过程中发生变化,只需要验证A和B上所构造的梅克尔树根节点值是否一致即可。如果一致,表示数据是有效的,传输过程中没有发生改变。假如在传输过程中,24对应的数据被人篡改,通过梅克尔树很容易定位找到,因为此时,节点0、2、5、11、24对应的哈希值都发生了变化,定位的时间复杂度为“O [log(n)]”。

263 梅克尔树与区块链的关系是什么？

梅克尔树是区块链的基本组成部分，参见区块与梅克尔树的关系图（见图12－4）：

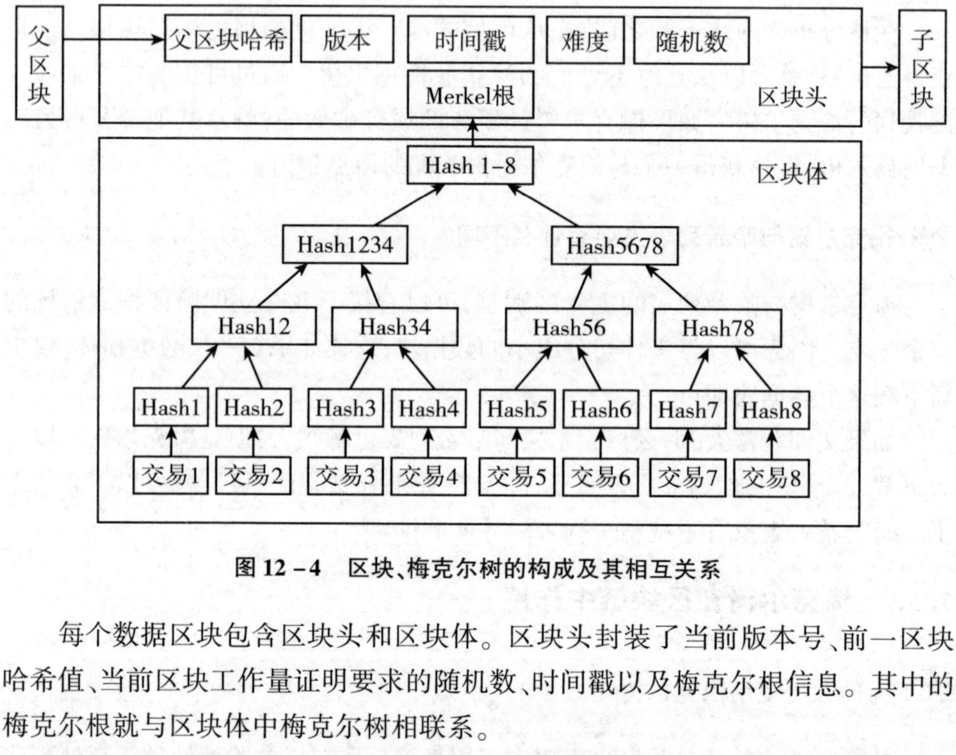

图12－4　区块、梅克尔树的构成及其相互关系

每个数据区块包含区块头和区块体。区块头封装了当前版本号、前一区块哈希值、当前区块工作量证明要求的随机数、时间戳以及梅克尔根信息。其中的梅克尔根就与区块体中梅克尔树相联系。

区块体则包括当前区块经过验证的、区块创建过程中生成的所有交易记录。这些记录就是通过梅克尔树的哈希过程生成唯一的梅克尔根后，记入到了区块头之中。

264 梅克尔树在区块链中有什么作用？

从理论上来说，没有梅克尔树的区块链当然也是可能的，只需创建直接包含每一笔交易的巨大区块头（Block Header）就可以实现，但这样做无疑会带来可扩展性方面的挑战。从长远发展来看，最后可能只有那些最强大的计算机才可以运行这些无须受信的区块链。

比如，以太坊节点上建立并运行的所有计算机、笔记本、智能手机以及由 Slock. it 生产的物联网设备等运用，都是因为有了梅克尔树才得以实现。

12.4　梅克尔的证明、运用与局限性

12.4.1　梅克尔的证明

265 什么是梅克尔的证明？

在区块链中的梅克尔树是二叉树，用于存储交易信息。每个交易两两配对，构成梅克尔树的叶子节点，进而生成整个梅克尔树。

梅克尔树使用户可以通过从区块头得到的梅克尔树根和别的用户所提供的中间哈希值列表去验证某个交易是否包含在区块中。提供中间哈希值的用户并不需要是可信的，因为伪造区块头的代价很高，而中间哈希值如果是伪造的则会导致验证失败。

利用一个节点出发到达梅克尔树根所经过的路径上存储的哈希值，可以构造一个梅克尔证明，验证范围可以是单个哈希值这样的少量数据，也可以是验证可能扩至无限规模的大量数据。

为了证明区块中存在某个特定的交易，一个节点只需要计算“log2(N)”个 32 字节的哈希值，形成一条从特定交易到树根的认证路径或者梅克尔路径即可。随着交易数量的急剧增加，这样的计算量就显得异常重要，因为相对于交易数量的增加，以基底为 2 的交易数量的对数增长会缓慢许多。这使得比特币节点能够高效地产生一条 10 个或者 12 个哈希值(320～384 字节)的路径，以此来证明在一个巨量字节大小的区块中上千交易中的某笔交易的存在。

266 如何进行梅克尔证明(验证)？

梅克尔证明通过举例来说明其路径与步骤[①](见图 12－5)，一个节点能够通过生成一条仅有 4 个 32 字节哈希值长度(总 128 字节)的梅克尔路径来证明区

① 高航、俞可劢、王毛路编著：《区块链与新经济：数字货币 2.0 时代》，电子工业出版社 2016 年版，第 147 页。

块中存在一笔交易 K。该路径有 4 个哈希值(图中的 H_L、H_{IJ}、H_{MNOP} 和 $H_{ABCDEFGH}$)。由这 4 个哈希值产生的认证路径,再通过计算另外 4 对哈希值(H_{KL}、H_{IJKL}、$H_{IJKLMNOP}$和梅克尔树根),任何节点都能证明 H_K 包含在梅克尔根之中。

验证的步骤如下:

(1)准备阶段:得到梅克尔认证路径,即图中的 H_L、H_{IJ}、H_{MNOP}和 $H_{ABCDEFGH}$;

(2)计算阶段:H_K(待验证的节点)和认证路径中的 H_L 通过计算可以得到 H_{KL},再由 H_{KL}和认证路径中的 H_{IJ}可以得到 H_{IJKL}。

以此类推可以得到根,只要比较根的大小,就可以知道 H_K 是否在这个区块中。

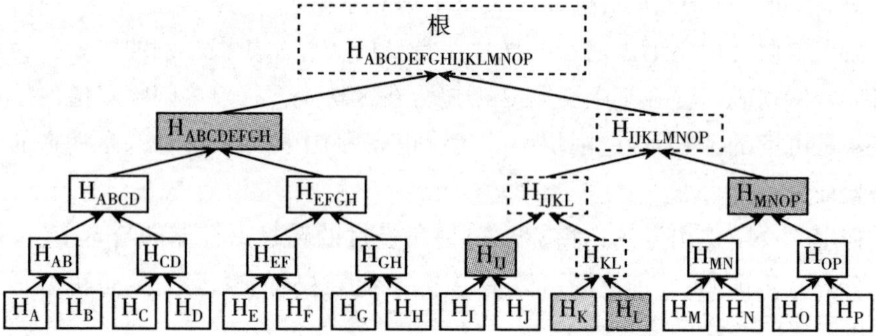

图 12-5 梅克尔哈希树及其证明途径①

267 比特币系统的梅克尔证明是什么?

2009 年中本聪发明比特币时,在比特币区块链中使用了梅克尔证明,为了将交易存储在每一个区块中。

这样的好处为:一个“轻客户端”(light client)可以仅下载链的区块头,而不需要下载每一笔交易以及每一个区块(包含庞大的数据)。这正是中本聪所描述的“简化支付验证”(Simplified Payment Verification, SPV)的概念。每个区块中包含 5 项内容,数据块大小仅为 80 字节,这 5 项内容为:

(1)区块头的哈希值;

① 高航、俞可劢、王毛路编著:《区块链与新经济:数字货币 2.0 时代》,电子工业出版社 2016 年版,第 147 页。

(2)该区块交易的梅克尔树根的哈希；

(3)时间戳；

(4)挖矿难度值；

(5)工作量证明随机数。

如果 1 个轻客户端希望确定 1 笔交易的状态，它可以简单地要求 1 个梅克尔证明，显示出 1 个在梅克尔树特定的交易(其根是在主链上的区块头)。

12.4.2　梅克尔的服务机制与局限

268 梅克尔树区块链钱包的服务机制是什么？

以比特币为例，比特币钱包服务是用梅克尔树的机制来做“百分百准备金证明”。证明的主要过程是构建梅克尔树，当构建完该树，且根节点的余额与公布的储蓄地址余额相同，便可 100% 储备(见图 12－6)。其中单个客户可看到的情况见图 12－7。

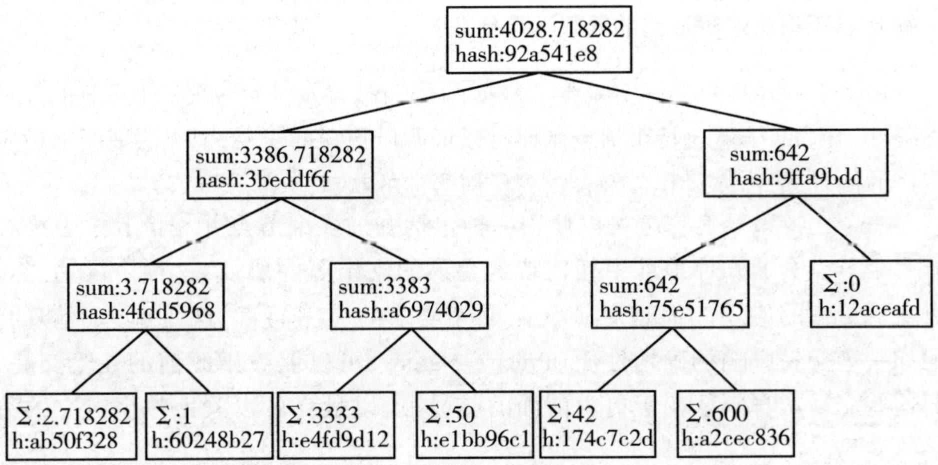

图 12－6　构建的树结构①

① 币付宝官方：《100% 准备金证明》，载币付宝官方博客：http://blog.bifubao.com/2014/03/16/proof－of－reserves/.，最后访问日期：2018 年 7 月 28 日。

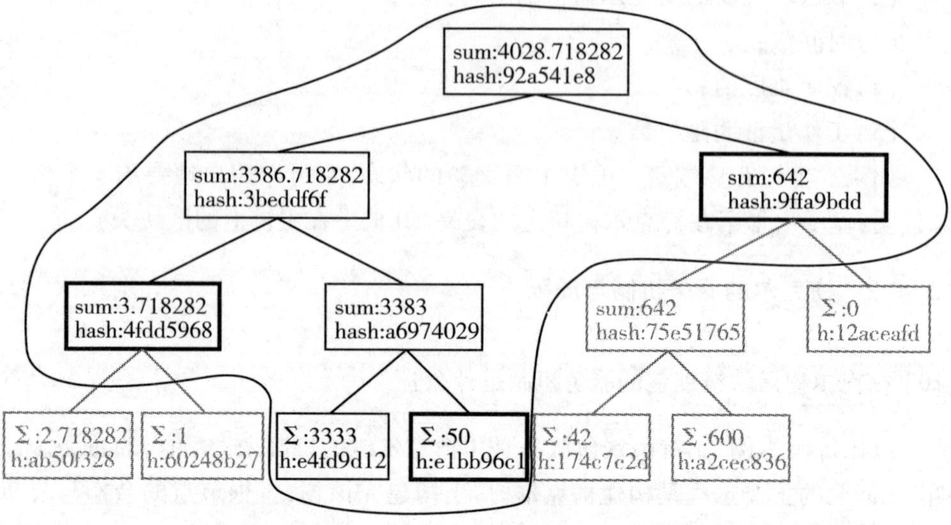

图 12－7　单个用户看到的结构①

269 比特币梅克尔树证明的局限性是什么？

比特币的轻客户端确实减少了数据的传输量以及计算的复杂度，但也存在局限性。比如，虽然比特币梅克尔树可以证明所包含的交易，但无法证明如数字资产的持有、名称注册和金融合约等任何当前的状态。

一个比特币轻客户端可以使用一种包括查询多个节点并相信其中至少会有一个节点会通知你地址中任何特定交易的支出等的协议，这种协议功能可以实现更多的应用。但是对于其他更为复杂的应用而言，这是远远不够的。比如一笔交易影响的确切性质（Precise Nature）可以取决于此前的几笔交易，而这些交易本身则依赖于更为前面的交易，所以最终可以验证整个链上的每一笔交易。

① 币付宝官方：《100% 准备金证明》，载币付宝官方博客：http://blog.bifubao.com/2014/03/16/proof－of－reserves/.，最后访问日期：2018 年 7 月 28 日。

12.5　梅克尔树的升级与梅克尔·帕特里夏树

12.5.1　梅克尔树的升级

270 以太坊的梅克尔树是如何升级的？

以太坊的每一个区块头，并非只包含一棵梅克尔树，而是包含了三棵梅克尔树，分别对应了交易(Transactions)、收据(Receipts，基本上它是展示每一笔交易影响的数据条)和状态(State)三种对象。(见图12-8)。

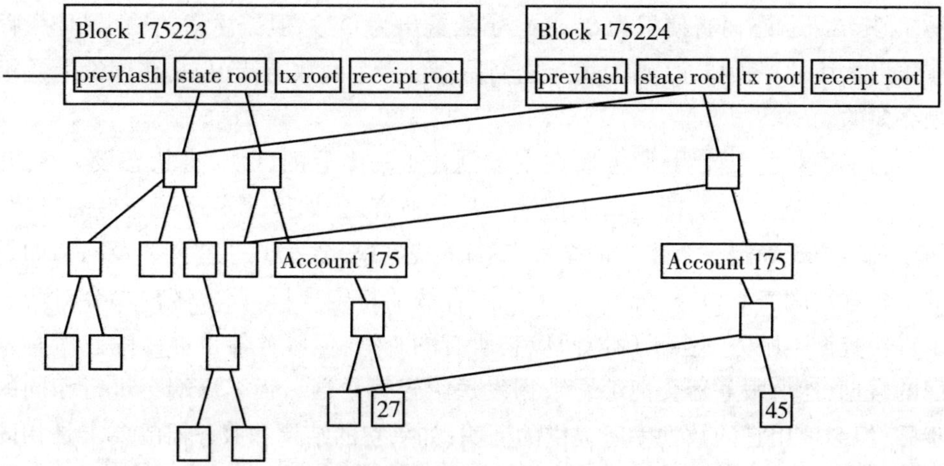

图12-8　以太坊的梅克尔树①

这使一个非常先进的轻客户端协议成为可能，它允许轻客户端轻松地进行并核实以下类型的查询答案：

第一种：这笔交易被包含在特定区块中了吗？

第二种：告诉我这个地址在过去30天中，发出X类型事件的所有实例(例如，一个众筹合约完成了它的目标)。

第三种：目前我的账户余额是多少？

---

① Vitalik Buterin，"Merkling in Ethereum"，https://blog.ethereum.org/2015/11/15/merkling-in-ethereum/，January 15，2015.

第四种:这个账户是否存在?

第五种:假装在这个合约中运行这笔交易,它的输出是什么?

其中,第一种是由交易树(Transaction Tree)处理;第二种是由收据树(Receipt Tree)处理;第三种、第四种与第五种则都是由状态树(State Tree)负责处理。

计算前四种查询任务是简单的,服务器只需通过简单的计算便能找到相关对象,获取梅克尔分支,并通过分支来回复轻客户端。第五种查询任务的计算方式就比较复杂了,其需要构建被称为梅克尔状态转变的证明(Merkle State Transition Proof)。

从本质上来讲,这样的证明也就是在说"如果你在根 S 的状态树上运行交易 T,其结果状态树将使根为 S',log 为 L,输出为 O"。但需注意,"输出"作为存在于以太坊的一种概念,因为每一笔交易都是一个函数的调用,它在理论上并不是必要的。

为了推断这个证明,服务器在本地创建了一个假的区块,将状态设为 S,并假装是一个轻客户端,同时请求这笔交易。换言之,如果请求这笔交易的过程,需要轻客户端确定一个账户的余额,这个轻客户端会发出一个余额疑问。如果这个轻客户端需要检查存储在一个特定合约的特定项目,该轻客户端会对此发出针对查询。服务器会正确地回应它所有的查询,但服务器也会跟踪它所有发回的数据,然后服务器会把综合数据发送给轻客户端。轻客户端会进行相同的步骤,但会使用它的数据库所提供的证明;如果它的结果和服务器的要求是相同的,那客户端就接受证明。

12.5.2 梅克尔·帕特里夏树

271 以太坊的梅克尔 · 帕特里夏树是什么?

一般来说,最为常用的也是最简单的一种梅克尔树是二进制梅克尔树。但以太坊所使用的梅克尔树则更为复杂,被称为梅克尔 · 帕特里夏树(Merkle Patricia Tree)。

二进制梅克尔树本质上是一系列前后相连的数据块,对于验证清单格式的信息而言,它是非常好的数据结构。而对于交易树来说,它们也是不错的,因为一旦树建立了,它就会永远存在。

对于状态树来说,情况会更为复杂。以太坊中的状态树基本上包含了一个键值映射,其中的键是地址,同时还有各种值,包括账户的声明、余额、随机数、代码以及每一个账户的存储等;其中,储存本身就是一棵树。但是,不同于交易历史记录,状态树也需要经常更新,因为账户余额和账户的随机数经常会变。更重要的是,新的账户会频繁地插入,存储的键也会经常被插入或被删除。这样的数据结构设计可以在一次插入、更新编辑或者删除操作之后,快速地计算出新的树根,无须重新计算整棵树。此外,它还有两个非常好的次要特性:

一是树的深度是有限制的,即使考虑攻击者会故意制造一些交易使这棵树尽可能的深,但是执行拒绝服务攻击会使更新变得极其缓慢。

二是树的根只取决于数据,和其中的更新顺序无关;换个顺序进行更新,甚至重新从头计算树,并不会改变根。

简单地说,梅克尔·帕特里夏树就是可以同时实现上述所有特性的一种梅克尔哈希算法。

第13章 区块链密码算法：公开密钥算法

13.1 公开密钥算法

13.1.1 对称与非对称两种算法及关系

272 什么是对称加密算法?

对称加密算法是较早应用的技术比较成熟的加密算法。

在对称加密算法中,数据发信方将明文(原始数据)和加密密钥经过特殊加密算法处理后,使其变成复杂的加密密文发送出去。收信方收到密文后,若想解读原文,则需要使用加密用过的密钥及相同算法的逆算法对密文进行解密,才能使其恢复成可读明文。

在对称加密算法中,使用的密钥只有一个,发收信双方都使用这个密钥对数据进行加密和解密,这就要求解密方事先必须知道加密密钥。

在计算机专网系统中广泛使用的对称加密算法有数据加密标准(Data Encryption Standard, DES)和国际数据加密算法(International Data Encryption Algorithm, IDEA)等。美国国家标准局倡导的高级加密标准(Advanced Encryption Standard, AES)即将作为新标准取代数据加密标准。

273 什么是非对称加密算法?

非对称加密算法需要两个密钥:公开密钥(public-key)和私有密钥(private-key)。公开密钥与私有密钥是一对,如果用公开密钥对数据进行加密,只有用对应的私有密钥才能解密;如果用私有密钥对数据进行加密,那么只有用对应的公开密钥才能解密。因为加密和解密使用的是两个不同的密钥,所以这种算法叫作非对称加密算法,也可称为公开密钥算法。

1976 年威特菲尔德·迪菲(Whitfield Diffie)和马丁·霍尔曼(Martin Hellman)发表了《密码学的新方向》(New Direction in Cryptography)文章,提出了非对称密码体制即公开密钥密码体制的概念,开创了密码学研究的新方向。

公开密钥算法的代表算法包括:RSA、ElGamal、椭圆曲线系列算法。一般适用于签名场景或密钥协商,不适于大量数据的加密和解密。

274 对称与非对称两种加密算法的特点是什么?

对称加密算法的特点是算法公开、计算量小、加密速度快以及加密效率高。

不足之处在于:一是交易双方都使用同样钥匙,安全性得不到保证;二是每对用户每次使用对称加密算法时,都需要使用其他人不知道的唯一钥匙,这会使得发收信双方所拥有的钥匙数量呈几何级数增长,密钥管理成为用户的负担。

对称加密算法在分布式网络系统(如区块链系统)上使用较为困难,主要是因为密钥管理困难,使用成本较高。而与公开密钥加密算法相比,对称加密算法能够提供加密和认证却缺乏了签名功能,其使用范围有所缩小。

非对称密码体制的特点在于算法十分复杂、加密解密速度没有对称加密解密快。

对称密码体制中只有一种密钥,并且是非公开的,如果要解密就得让对方知道密钥。所以保证其安全性就是保证密钥的安全,而非对称密钥体制有两种密钥,其中一个是公开的,这样就可以不需要像对称密码那样传输对方的密钥,因此其安全性就凸显出来。

275 非对称加密算法与对称加密算法的区别是什么?

主要区别为两点:

一是用于消息解密的密钥值与用于消息加密的密钥值不同。二是非对称加密算法比对称加密算法慢数千倍,但在保护通信安全方面,非对称加密算法却具有对称密码难以企及的优势。

13. 1. 2　公开密钥算法体系

276 什么是公钥私钥体系?

公钥私钥体系,即现代加密算法的典型组件,包括加解密算法、公钥以及私钥。

根据公钥和私钥是否相同,算法可以分为对称加密和非对称加密。两种模式适用于不同的需求,恰好形成互补关系,很多时候也可以组合使用,形成组合机制。这里主要来讲非对称加密(公开密钥算法)的体系。

加密过程中,通过加密算法和公钥对明文进行加密,获得密文;解密过程中,通过解密算法和私钥对密文进行解密,获得明文(见图 13 -1)。

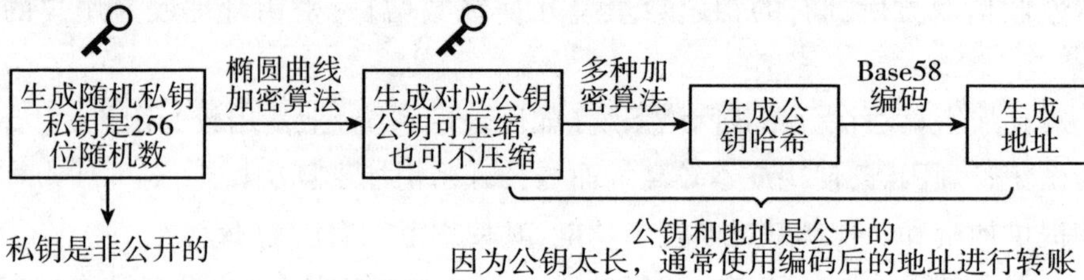

图 13 -1　公开密钥算法中公钥与私钥的关系

277 什么是公钥和私钥?

所谓私钥,如自己银行卡的密码,可以自己设置。以比特币为例,私钥是 32 个字节组成的数组,由 256 个 0 或者 1 随机组成,识别性较差。

也可以这样理解:私钥的本质是一个复杂数学问题的解,当有人向公开地址发送比特币时,其实是在向全网所有比特币客户端发出了一道数学题,而这道题目的正确解,就是你的私钥,因为那道题是用你的私钥生成的且不可逆向解密的,所以只有你能回答出答案。所以在区块链的相关应用中,需要保存好自己的私钥,就像保管你银行卡的密码一样重要。

所谓公钥,就是对外公开的密钥。在区块链体系(如比特币)中,公钥由私钥通过椭圆曲线生成,变换后是一个 65 个字节的数组,一般是通过 16 进制处理后显示。早期比特币开发者不知道可以压缩公钥,压缩后公钥只有 33 个字节数组。

278 公钥私钥比特币运用中涉及的地址与钱包是什么?

地址是由公钥产生的,相当于银行卡卡号。公钥经过多种加密算法转换成公钥哈希,公钥哈希经过 Base58 编码生成地址。因为公钥太长,在交易中公钥通常不显示,只显示两个地址之间的转账。

钱包有如你的银行卡,银行卡能显示转账明细和资产,但实际上钱是存在银行里的,它相当于只是保存了卡号和密码。同样,区块链资产是保存在区块链系统中的,钱包只是保管了私钥,并将公钥地址显示出来,以便互相交易。

13.1.3 公开密钥算法原理

279 公开密钥算法的工作原理是什么?

简单归纳为如下 5 个步骤:

(1)甲要向乙发送信息,甲和乙都要产生一对用于加密和解密的公钥和私钥。

(2)甲的私钥保密,甲的公钥告诉乙;乙的私钥保密,乙的公钥告诉甲。

(3)甲要给乙发送信息时,甲用乙的公钥加密信息,因为甲知道乙的公钥。

(4)甲在用乙的公钥加密消息后,将这个消息发给乙。

(5)甲收到这个消息后,乙用自己的私钥解密甲的消息;其他所有收到这个信息的人都无法解密,因为只有乙才有乙的私钥。

由于公钥是可以公开的,用户只要保管好自己的私钥即可,因此加密密钥的分发将变得十分简单。同时,由于每个用户的私钥是唯一的,其他用户除了可以通过信息发送者的公钥来验证信息的来源是否真实,还可以通过数字签名确保发送者无法否认曾发送过该信息。

非对称加密的缺点是加密和解密速度要远远慢于对称加密,在某些极端情况下,甚至比对称加密慢上 1000 倍。

13.2 RSA 算法

13.2.1 RSA 算法概述

280 什么是 RSA 算法?

RSA 算法是一种公开公钥密码体制,也叫 RSA 公钥加密算法,是 1977 年由罗纳德·L. 李维斯特(Ronald L. Rivest)、阿迪·萨莫尔(Adi Shamir)和伦纳德·阿德曼(Leonard Adleman)一起提出的。1987年7月首次在美国公布,该算法的名称是他们3人姓氏开头字母的合成。

RSA算法是目前最有影响力和最常用的公钥加密算法,是第一个能同时用于加密和数字签名的算法,也易于理解和操作。RSA是被研究得最广泛的公钥算法,从提出到现今的30多年里,经历了各种攻击的考验,逐渐为人们接受,截至2017年被普遍认为是最优秀的公钥方案之一。

这种算法非常可靠,密钥越长,它就越难破解。根据已经披露的文献,目前被破解的最长RSA密钥是768个二进制位。换言之,长度超过768位的密钥,还无法破解(至少没人公开宣布)。因此可以认为,1024位的RSA密钥基本安全。已被国际标准化组织(International Organization for Standardization,ISO)推荐为公钥数据加密标准。

281 什么是公开密钥密码体制?

所谓的公开密钥密码体制就是使用不同的加密密钥与解密密钥,是一种由已知加密密钥推导出解密密钥在计算上是不可行的密码体制。

在公开密钥密码体制中,加密密钥(公开密钥)是公开信息,而解密密钥(秘密密钥)是需要保密的。加密算法和解密算法也都是公开的。虽然解密密钥是由公开密钥决定的,但却不能根据加密密钥计算出解密密钥。

282 RSA算法的原理是什么?

基于公开密钥密码体制这种理论产生的RSA算法,它通常是先生成一对RSA密钥:一个是保密密钥,由用户保存;另一个是公开密钥,可对外公开,甚至可在网络服务器中注册。为提高保密强度,RSA密钥至少为500位长,一般推荐使用1024位,这就使加密的计算量很大。

为减少计算量,在传送信息时,常采用传统加密方法与公开密钥加密方法相结合的方式,即信息采用改进的DES或IDEA对话密钥加密,然后使用RSA密钥加密对话密钥和信息摘要。对方收到信息后,用不同的密钥解密并核对信息摘要。

RSA算法基于一个十分简单的数论事实:将两个大质数相乘十分容易,但是想要对其乘积进行因式分解却极其困难,因此可以将乘积公开作为加密密钥。

283 RSA 算法的缺点是什么?

(1)产生密钥很麻烦,受到素数产生技术的限制,因而难以做到一次一密。

(2)RSA 的安全性依赖于大数的因子分解,但并没有从理论上证明破译 RSA 的难度与大数分解难度等价。

(3)由于 RSA 的分组长度太大,为保证安全性,n 至少也要 600 位以上,使运算代价很高,尤其是速度较慢,较对称密码算法慢几个数量级;且随着大数分解技术的发展,这个长度还在增加,不利于数据格式的标准化。

13.2.2　RSA 算法必备的数学知识

284 RSA 算法需要具备哪些数学知识?

RSA 加密算法中,用到素数、互质数、指数运算、模运算、同余、欧拉函数与模反元素等数学概念与知识。

285 什么是素数与互质数?

素数又称质数,指在一个大于 1 的自然数中,除了 1 和此整数自身外,不能被其他自然数整除的数。

互质数即互质,又称互素。若 N 个整数的最大公因子是 1,则称这 N 个整数互质。常见的互质数判断方法主要有以下几种:

(1)两个不同的质数一定是互质数。例如,2 与 7、13 与 19。

(2)一个质数,另一个不为它的倍数,这两个数为互质数。例如,3 与 10、5 与 26。

(3)相邻的两个自然数是互质数。如 15 与 16。

(4)相邻的两个奇数是互质数。如 49 与 51。

(5)较大数是质数的两个数是互质数。如 97 与 88。

(6)小数是质数,大数不是小数的倍数的两个数是互质数。如 7 和 16。

(7)2 和任何奇数是互质数。如 2 和 87。

(8)1 不是质数也不是合数,它和任何一个自然数在一起都是互质数。如 1 和 9908。

(9)辗转相除法。

286 什么是指数运算与模运算?

指数运算又称乘方计算,计算结果称为幂。n^m 指将 n 自乘 m 次。把 n^m 看作乘方的结果,叫作“n 的 m 次幂”或“n 的 m 次方”。其中,n 称为底数,m 称为指数。

模运算即求余运算。模是 Mod 的音译。和模运算紧密相关的一个概念是同余。数学上,当两个整数除以同一个正整数,若得相同余数,则二整数同余。

两个整数 a,b,若它们除以正整数 m 所得的余数相等,则称 a,b 对于模 m 同余,记作“$a \equiv b \pmod m$”;读作“a 同余于 b 模 m”或者“a 与 b 关于模 m 同余”。例如:$26 \equiv 14 \pmod{12}$,26 与 14 的余数为 a。

287 什么是同余?

所谓同余,就是给定一个正整数 m,如果两个整数 a 和 b 满足 a - b 能被 m 整除,即“$(a - b) \bmod m = 0$”,那么就称整数 a 与 b 对模 m 同余,记作“$a \equiv b \pmod m$”,同时可成立“$a \bmod m = b$”。

288 什么是欧拉函数?

欧拉函数,就是任意给定正整数 n,计算在小于等于 n 的正整数之中,有多少个与 n 构成互质关系。计算这个值的方法就叫作欧拉函数,以“$\varphi(n)$”表示。

例如,在 1 到 8 之中,与 8 形成互质关系的是 1、3、5、7,所以 $\varphi(n) = 4$。

在 RSA 算法中,需要明白欧拉函数对以下定理成立:

如果 n 可以分解成两个互质的整数之积,即 $n = p \times q$,则有 $\varphi(n) = \varphi(pq) = \varphi(p)\varphi(q)$;根据“大数是质数的两个数一定是互质数”可以知道:一个数如果是质数,则小于它的所有正整数与它都是互质数;所以如果一个数 p 是质数,则有 $\varphi(p) = p - 1$。

由上易得,若知道一个数 n 可以分解为两个 * * 质数 * * p 和 q 的乘积,则有 $\varphi(n) = (p - 1)(q - 1)$。

289 什么是模反元素?

所谓模反元素,就是如果两个正整数 a 和 n 互质,那么一定可以找到整数 b,使 ab - 1 被 n 整除,或者说 ab 被 n 除的余数是 1。

比如,3 和 11 互质,那么 3 的模反元素就是 4,因为“(3 ×4) - 1”可以被 11 整除。显然,模反元素不止一个,4 加减 11 的整数倍都是 3 的模反元素{…, -18, -7,4,15,26,…},即如果 b 是 a 的模反元素,则“b + kn”都是 a 的模反元素。

13.2.3 RSA 算法操作的主要环节

290 RSA 算法参数与加解密的特点是什么?

RSA 算法是一种非对称密码算法,所谓非对称,是指该算法需要一对密钥,使用其中一个加密,则需要用另一个才能解密。

RSA 的算法涉及 3 个参数:n、e1、e2。其中,n 是两个大质数 p、q 的积,n 的二进制表示时所占用的位数,就是所谓的密钥长度。

e1 和 e2 是一对相关的值,e1 可以任意取,但要求 e1 与(p - 1) × (q - 1)互质;再选择 e2,要求(e2 × e1) ≡1[mod(p - 1) × (q - 1)]。(n,e1),(n,e2)就是密钥对,其中(n,e1)为公钥,(n,e2)为私钥。

RSA 加密的解密的算法完全相同,设 A 为明文,B 为密文,则“A ≡ B^e2 (mod n)”“B ≡ A^e1(mod n)”(公钥加密体制中,一般用公钥加密,私钥解密)。

e1 和 e2 可以互换使用,即“A ≡ B^e1(mod n)”“B ≡ A^e2(mod n)”。

291 RSA 算法中的公钥与密钥是怎样产生的?

假设 Alice 想要通过一个不可靠的媒体接收 Bob 的一条私人讯息。A 可以用以下的方式来产生一个公钥和一个私钥:

随意选择两个大的质数 p 和 q,p 不等于 q,计算“N = pq”;根据欧拉函数,求得“r = (p - 1)(q - 1)”;选择一个小于 r 的整数 e,求得 e 关于模 r 的模反元素,命名为 d(模反元素存在,当且仅当 e 与 r 互质);将 p 和 q 的记录销毁。

(N,e)是公钥,(N,d)是私钥。Alice 将她的公钥(N,e)传给 Bob,而将她的私钥(N,d)藏起来。

292 RSA 算法密钥生成环节需要注意什么?

(1)要使用概率算法来验证随机产生的大的整数是否为质数,这样的算法比较快而且可以消除掉大多数非质数。假如有一个数通过了这个测试,那么要使用一个精确的测试来保证它的确是一个质数。

(2)p和q要满足一定的要求,首先它们不能太靠近,此外“p-1”或“q-1”的因子不能太小,否则N也可以被很快分解。

(3)寻找质数的算法不能给攻击者任何信息,这些质数是怎样找到的,尤其产生随机数的软件必须非常好。随机和不可预测这两个要求并不相同。一个随机过程可能可以产生一个不相关的数的系列,但假如有人能够预测出(或部分地预测出)这个系列,那么它就已经不可靠了。比如,有一些非常好的随机数算法,但它们都已经被发表,不能被使用,因为假如一个攻击者可以猜出p和q一半的位,那么他们就已经可以轻而易举地推算出另一半。

(4)密钥d必须足够大。1990年有人证明假如p大于q而小于2q(这是一个很经常的情况),那么从N和e可以很有效地推算出d;此外“e=2”永远不应该被使用。

293 RSA算法密钥分配环节需要注意什么?

对于RSA而言,分配公钥的过程是非常重要的。分配公钥的过程必须能够抵挡一个从中取代的攻击。

假设C交给B一个公钥,使B相信这是A的公钥,并且C可以截下A和B之间的信息传递,那么C可以将C自己的公钥传给B,B以为这是A的公钥。C可以将所有B传递给A的消息截下来,将这个消息用C自己的密钥解密,读这个消息,然后将这个消息再用A的公钥加密后传给A。

理论上A和B都不会发现C在偷听他们的消息。今天人们一般用数字认证来防止这样的攻击。

294 如何图解RSA算法中的加密解密过程?

RSA算法中的加密解密过程见图13-2。

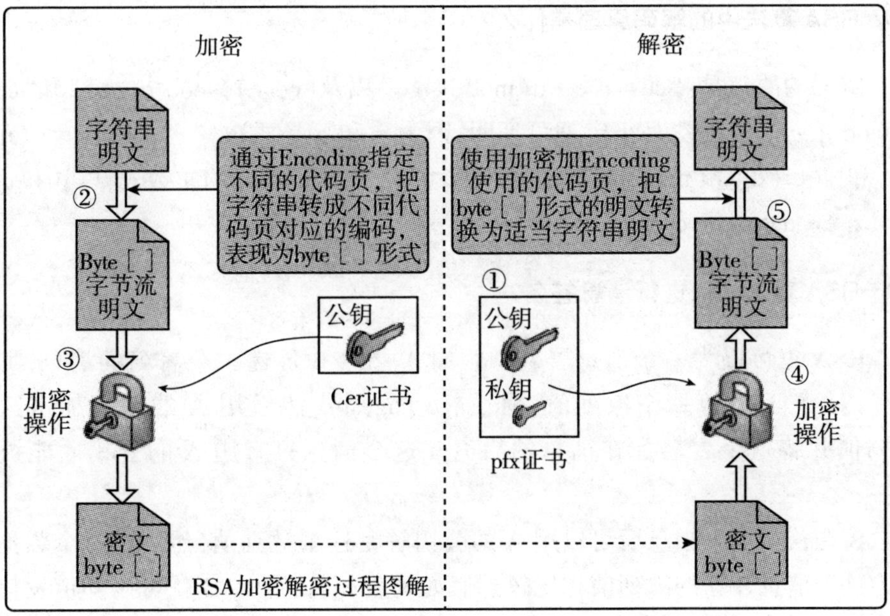

图 13 - 2　RSA 算法中的加密与解密过程

295 RSA 算法中的消息加密是怎样操作的?

假设 B 想给 A 发送一个消息 m,B 知道 A 产生的 N 和 e。B 使用起先与 A 约好的格式将 m 转换为一个小于 N 的整数 n,比如 B 可以将每一个字转换为这个字的统一码(Unicode),然后将这些数字连在一起组成一个数字。假如 B 的信息非常长,B 可以将这个信息分为几段,然后将每一段转换为 n。用下面这个公式 B 可以将 n 加密为 c:"ne≡c(mod N)"。计算 c 并不复杂。B 算出 c 后就可以将它传递给 A。

296 RSA 算法中的消息解密是怎样操作的?

A 得到 B 的消息 c 后就可以利用 A 的密钥 d 来解码,A 可以用以下这个公式来将 c 转换为 n:"cd≡n(mod N)"。得到 n 后,A 可以将原来的信息 m 重新复原。

297 RSA 算法中的解码原理是什么?

解码的原理是:“cd≡n e · d(mod N)”。以及“ed≡1(mod p-1)”和“ed≡1(mod q-1)”(由费马小定理可证明,因为 p 和 q 是质数)。“n e · d≡n(mod p)”和“n e · d≡n(mod q)”。这说明(因为 p 和 q 是不同的质数,所以 p 和 q 互质)“n e · d≡n(mod pq)”。

298 RSA 算法如何进行消息签名?

RSA 也可以为一个消息署名。假如 A 想给 B 传递一个署名的消息,那么 A 可以给消息计算一个散列值(Message Digest),然后用 A 的密钥加密这个散列值并将这个署名加在消息的后面。这个消息只有用 A 的公钥才能被解密。

B 在获得这个消息后可以用 A 的公钥解密这个散列值,然后将这个数据与 B 为这个消息计算的散列值相比较。假如两者相符,那么 B 就可以知道发信人持有 A 的密钥,以及这个消息在传播路径上没有被篡改过。

13.2.4 RSA 算法的编程实现

299 RSA 算法的编程如何实现?

下面使用 Java 来实现加密和解密的过程。具体代码如下:

```
0
[java]
<span style="font-size:14px;">package security.rsa;

public class RSA{

    /**
     *加密、解密算法
     *@param key公钥或密钥
     *@param message数据
     *@return
     */
    public static long rsa(int baseNum, int key, long message){
        if(baseNum<1||key<1){
            return  θ L;
        }
        //加密或者解密之后的数据
        long rsaMessage= θ L;

        //加密核心算法
        rsaMessage=Math.round(Math.pow(message, key))%baseNum;
        return rsaMessage;
    }



    public static void main(String[] args){
        //基数
        int baseNum=3*11;
        //公钥
        int keyE=3;
        //密钥
        int KeyD=7;
        //未加密的数据
        long msg=24L;
        //加密后的数据
        long encodeMsg=rsa(baseNum, keyE, msg);
//解密后的数据
        long decodeMsg=rsa(baseNum, keyD, encodeMsg);

        System.out.println("加密前:"+msg);
        System.out.println("加密后:"+encodeMsg);
        System.out.println("解密后:"+decondeMsg);

    }
    </span>

}
```

RSA 算法结果：

加密前为 24，加密后为 30，解密后为 24。

第14章　区块链加密算法：椭圆曲线算法

14.1　椭圆曲线加密算法概念与级别比较

300 什么是椭圆曲线加密算法?

椭圆曲线加密算法(Elliptic Curve Cryptography,ECC)是在有限域内、在椭圆曲线的代数结构的基础上对公钥进行加密的一种算法。该算法最早是由美国华盛顿大学的数学教授尼尔·科布利茨(Neal Koblitz)和普林斯顿大学教授维克多·S. 米勒(Victor S. Miller)在1985年开始独立使用,在2004~2005年得以广泛应用。

公钥的加密过程一般都是通过解出难度较高的数学问题来实现,早期的公钥系统常用的加密方法是把一个很大的整数分解成两个或多个大素数的方式;而椭圆曲线加密算法采用的是"点乘"运算,即沿着椭圆曲线对一个点进行连续相加。与其他加密算法相比,椭圆曲线加密算法能够用更小的密钥实现相同的安全性,降低了数据储存和传输的需求。比如,一个256位的椭圆曲线加密密钥,能够提供的安全性与一个3072位的RSA密钥一样。

基于其特点,这种算法常用于加密、数字签名以及伪随机码生成器等方面。椭圆曲线加密算法是比特币采用的一种加密算法,目的在于确保只能由正确的拥有者来支付资金。

301 什么是SECP256K1算法?

SECP256K1算法是椭圆曲线加密算法的一种,是由私钥产生公钥过程中的另一个基本算法。在比特币运作过程中,它在交易数据的加密与解密方面也具备非常基础的作用,与SHA-256算法一起构成了整个比特币加密数字货币体系的基础算法。

在 SECP256K1 的名称中,SEC 表示“Standards for Effcient Cryptography”的缩写,P 表示其定义域是有限域(质数域),256 表示定义域的位数,K 表示参数与 Koblitz 曲线有关(另一种是采用随机种子,用 R 表示),1 表示序数。

在比特币中,中本聪为何要选择这一算法,原因是:

(1)采用 SECP256K1 算法所产生的比特币地址数量极大,难以被采取碰撞的方法破解,在保证计算速度的前提下提供了足够的安全性。比如用 SECP256K1 所计算出可用的比特币地址超过 2160 个,而按此方法计算出地球上全部的沙子全数量不超过 270 粒,银河系内的星星数量不超过 235 颗。

(2)这种算法的参数固定,避免了采用随机种子法容易被安插后门的风险。

14.2　椭圆曲线加密算法的特点、优势与运用

302 椭圆曲线加密算法与其他密钥及其安全级别比较的情况如何?

RSA 密钥长度随着保密级别提高,增加很快。同一安全级别所对应的不同密钥长度(见表 14-1)。

表 14-1　同一安全级别不同密钥的长度对比

保密级别	对称密钥长度(bit)	RSA 密钥长度(bit)	ECC 密钥长度(bit)	保密年限
80	80	1024	160	2010
112	112	2048	224	2030
128	128	3072	256	2040
192	192	7680	384	2080
256	256	15,360	512	2120

303 椭圆曲线参数集的不同类型的情况如何?

基于有限质数 Fp 的椭圆曲线加密算法,根据其椭圆曲线所选参数的不同,一共有 8 类,各类的特性见表 14-2。其中 SECP256K1 就是比特币系统选用椭圆曲线加密算法的参数集。

表 14-2　椭圆曲线不同参数集对应的类型

参数集	密研强度(位)	定义域位数(位)	相当于 RSA 或 DSA 加密算法强度(位)	Koblitz 曲线(k)或随机种子(r)
SECP192K1	96	192	1536	K
SECP192K1	96	192	1536	r
SECP224K1	112	224	2048	K
SECP224K1	112	224	2048	r
SECP256K1	128	256	3072	K
SECP256K1	128	256	3072	r
SECP384K1	192	384	7680	r
SECP512K1	256	512	15,360	r

304 椭圆曲线加密算法与 RSA 算法相比有哪些优势?

与经典的 RSA 算法对比,椭圆曲线密码算法的竞争力优势主要有四个方面:

(1)计算量小,处理速度快。椭圆曲线加密算法在处理密钥时比 RSA 算法更快。

(2)存储空间小。因为在提供相同加密强度的情况下,椭圆曲线加密算法使用的密钥比 RSA 算法更少,所以它占用的存储空间更小,这在加密的 IC 卡应用中有特别的意义。

(3)带宽要求低。对字长超过 64 位的消息进行加密和解密时,椭圆曲线加密算法和 RSA 算法对带宽的要求大致是相同的。但对字长小于 64 位的短消息加解密时椭圆曲线加密算法对带宽的要求却比 RSA 算法对带宽要求低很多。

(4)安全性能更高。椭圆曲线加密算法与 RSA 算法相比,其抗击性具有绝对优势。160 位的椭圆曲线加密算法与 1024 位的 RSA 算法强度相同,210 位的椭圆曲线加密算法与 2048 位的 RSA 算法强度相同。

正是由于椭圆曲线加密算法算法本身具有的技术优势,在移动和无线领域有着广阔的应用空间。

305 椭圆曲线加密算法的应用有哪些?

椭圆曲线加密算法的应用研究主要集中在以下五点:

(1)优化点乘运算的速度。在公钥密钥体制中,公钥和私钥都是由选取的素数点乘得到的,椭圆曲线上取得的素数的点乘时间是影响椭圆曲线算法的最主要因素。因此,如何优化点乘的时间是目前研究的一个热点。

(2)椭圆曲线参数的快速选取。在确定一条椭圆曲线后,还要在这条曲线上选取合适的基点 G,以及点 A 和点 B 的坐标。为此,如何快速有效地选取合适的参数也是研究的一个方向。

(3)椭圆曲线密码系统的实现。如何利用椭圆曲线加密密钥短、占用空间小的优点在计算能力弱的环境(如加密 IC 卡)下实现加密功能,是目前学术界,特别是商界在积极考虑的问题。

(4)如何设计提高硬件椭圆曲线加密算法的运行效率。如何有效地设计硬件模块实现椭圆曲线加密算法,以及如何提高硬件椭圆曲线加密算法的运行效率是硬件应用的一个重要研究方向。

(5)如何制定椭圆曲线加密算法的标准。目前,椭圆曲线加密算法还没有像 RSA 算法一样应用广泛,原因是还没有制定出椭圆曲线加密算法的相关标准。

14.3　椭圆曲线加密算法的数学原理

14.3.1　椭圆曲线加密算法的加法

306 椭圆曲线加密算法的数学定义是什么?

设 p 是一个大于 3 的素数,在有限域 Fp 上的椭圆曲线“y2 = x3 + ax + b”由一个基于同余式“y2 = x3 + ax + bmodp”的解集“(x,y) ∈ Fp × Fp”和一个无穷远点的特定点 O 组成,这里“a,b ∈ Fp”是满足“4a3 + 27b2 ≠ 0modp”的常数。

图 14 – 1 显示了其中一种实际的椭圆曲线:

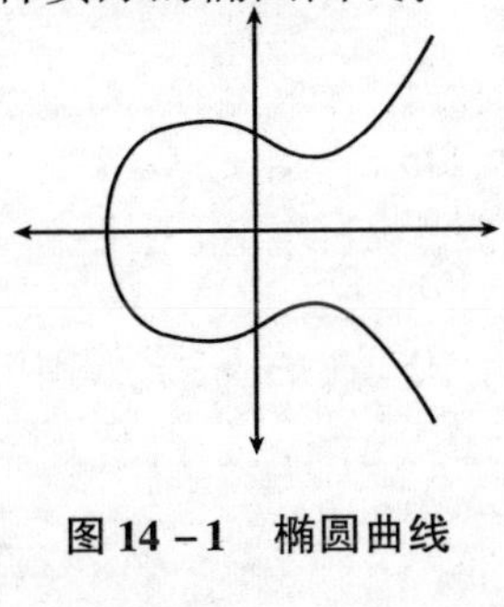

图 14 – 1　椭圆曲线

对椭圆曲线上的点,笔者可以定义一种形式的加法:如果椭圆曲线上的 3 个点位于同一直线上,那么它们的和为 O(无穷远点)。

307 如何用几何方式解释椭圆曲线上的加法法则?

根据上面的定义导出椭圆曲线上的加法运算法则如下:

当 P≒Q 时(见图 14-2):

当 P=Q 时(见图 14-3):

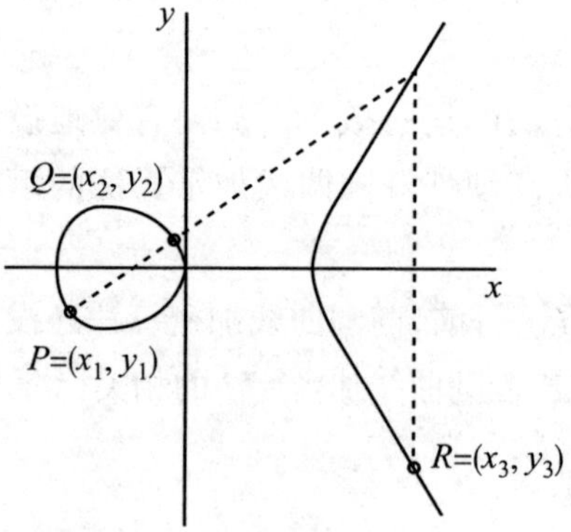

(a) Addition: $P+Q=R$.

图 14-2 椭圆曲线加法(P≠Q)

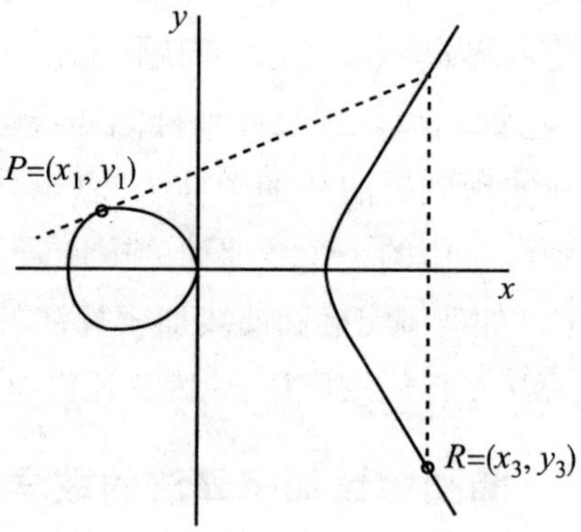

(b) Doubling: $P+P=R$.

图 14-3 椭圆曲线加法(P=Q)

随着两个点越来越接近,过这两点的直线最终变成了曲线的切线。

308 如何用数学方式解释椭圆曲线上的加法法则?

上一问用几何的形式解释了椭圆曲线上的加法法则,下面是数学表达式。设"P1=(x1,y1)"与"P2=(x2,y2)"为椭圆曲线上的两个点,加减法运算如下:

(1) -O=O

(2) -P1=(x1,-y1)

(3) O+P1=P1

(4) 若 P2=-P1,则 P1+P2=O

(5) 若 P2≠-P1,则 P1+P2=(x3,y3),其中 x3=m2-x1-x2,-y3=m(x3-x1)+y1

$$m = \begin{cases} \dfrac{y_2 - y_1}{x_2 - x_1}, x_2 \neq x_1 \\ \dfrac{3x_1^2 + a}{2y_1}, x_2 = x_1 \end{cases}$$

14.3.2　椭圆曲线加密算法离散对数问题

309 如何理解椭圆曲线上点群的离散对数问题?

给定椭圆曲线上的点 P 和点 Q,寻找数 k,使“kP = Q”,其中 k 称为 Q 基于 P 的离散对数。

在等式“kP = P + P + … + P = Q”中,已知 k 和点 P,求点 Q 比较容易,反之已知点 Q 和点 P,求 k 却是相当困难的,这个问题称为椭圆曲线上点群的离散对数问题。椭圆曲线密码体制正是基于这个困难问题设计的。在实际应用中,k 作为私钥,而 Q 作为公钥。

310 如何计算“kP=P+P+…+P=Q”?

用这种形式表示时,计算 kP 似乎需要 k 次加法运算。如果 k 有 n 个二进制位,那么算法的时间复杂度将为 O(2n)。但存在一些更快的算法。

其中一种是加倍(double)与相加(add)算法。其计算的原理可以用一个例子来解释。

取“n = 151”,它的二进制表示形式为 100,101,112。这一二进制表示形式可以转换为一系列 2 的幂之和(取 k 的每个二进制位上的数字,并用它乘以一个 2 的幂)。

用“加倍与相加”算法可以将 k 这样写:

(1)取 P

(2)加倍,得到 2P

(3)2P 与 P 相加(得到“21P + 20P”)

(4)加倍 2P,得到 22P

(5)与前一结果相加(得到“22P + 21P + 20P”)

(6)加倍 22P,得到 23P

(7)对 23P 不做任何操作

(8)加倍 23P,得到 24P

(9)与前一结果相加(得到“24P + 22P + 21P + 20P”)

(10)……

最后,计算 151P 只需 7 次加倍运算和 4 次相加运算。

14.4 密码学中的椭圆曲线加密算法

311 如何理解椭圆曲线的加密法则?

椭圆曲线上点的坐标是实数的(也就是说前面讲到的椭圆曲线是定义在实数域上的),实数是连续的,导致了曲线的连续。而有限域上的曲线是离散的点,才适合用加密。

下面,笔者给出 1 个有限域 Fp,这个域只有有限个元素(见图 14-4)。

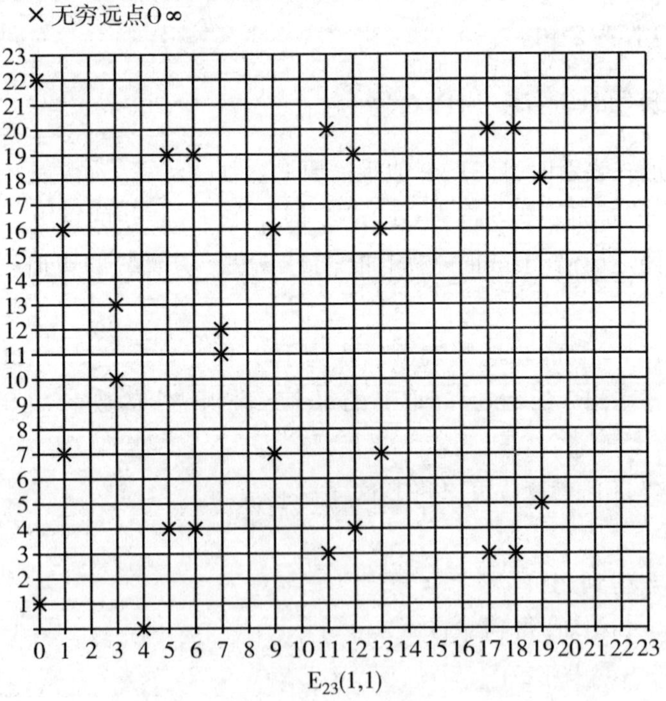

图 14-4 椭圆曲线的加密法则

Fp 中只有 p(p 为素数)个元素 0,1,2……p - 2,p - 1。

Fp 的加法(a + b)法则是“a + b ≡ c(mod p)”;即“(a + c) ÷ p”的余数和“c ÷ p”的余数相同。

Fp 的乘法(a × b)法则是“a × b ≡ c(mod p)”。

Fp 的除法(a ÷ b)法则是“a/b ≡ c(mod p)”;即“a × b - 1 ≡ c(mod p)”;“b - 1”也是一个 0 到“p - 1”之间的整数,但满足“b × b - 1 ≡ 1(mod p)”;具体求法可以参考初等数论。

Fp 的单位元是 1,零元是 0。同时,并不是所有的椭圆曲线都适合加密。“y2 = x3 + ax + b”是一类可以用来加密的椭圆曲线,也是最为简单的一类。下面笔者就把“y2 = x3 + ax + b”这条曲线定义在 Fp 上:选择两个满足下列条件的小于 p(p 为素数)的非负整数 a、b,“4a3 + 27b2 ≠ 0(mod p)”,则满足“y2 = x3 + ax + b(mod p)”方程的所有点(x,y),再加上无穷远点 O∞,构成一条椭圆曲线。其中 x,y 属于 0 到“p - 1”间的整数,并将这条椭圆曲线记为 Ep(a,b)。

来看一下“y2 = x3 + x + 1(mod 23)”的图像。椭圆曲线在不同的数域中会呈现出不同的样子,但其本质仍是一条椭圆曲线。Fp 上的椭圆曲线同样有加法,但已经不能做出几何意义的解释。但是,加法法则和实数域上的差不多。

(1)无穷远点 O∞ 是零元,有“O∞ + O∞ = O∞”“O∞ + P = P”。

(2)P(x,y)的负元是(x, - y),有“P + (- P) = O∞”。

(3)P(x1,y1),Q(x2,y2)和 R(x3,y3)有如下关系:

x3 ≡ k2 - x1 - x2(mod p)

y3 ≡ k(x1 - x3) - y1(mod p)

其中,若 P = Q,则“k = (3x2 + a)/2y1”;若 P ≠ Q,则“k = (y2 - y1)/(x2 - x1)”。

312 什么是椭圆曲线上点的阶?

如果椭圆曲线上一点 P,存在最小的正整数 n,使数乘“nP = O∞”,则将 n 称为 P 的阶,若 n 不存在,可以说 P 是无限阶的。

事实上,在有限域上定义的椭圆曲线上所有的点的阶 n 都是存在的。

14.5 椭圆曲线加密算法的简单加密和解密

313 椭圆曲线算法采用了什么难题?

公开密钥算法总是要基于一个数学上的难题,比如RSA算法的依据为:给定两个素数p、q很容易相乘得到n,而对n进行因式分解却相对困难。那么,椭圆曲线上有什么样的难题?

考虑如下等式:

"K = kG",其中K,G为Ep(a,b)上的点,k为小于n(n是点G的阶)的整数。

不难发现,给定k和G,根据加法法则,计算K很容易;但给定K和G,计算k就很困难了。

这就是椭圆曲线加密算法采用的难题。把点G称为基点(Base Point),k(k < n,n为基点G的阶)称为私有密钥,k称为公开密钥。

314 如何描述椭圆曲线加密通信的过程?

这里描述一个利用椭圆曲线进行加密通信的过程(见图14-5):

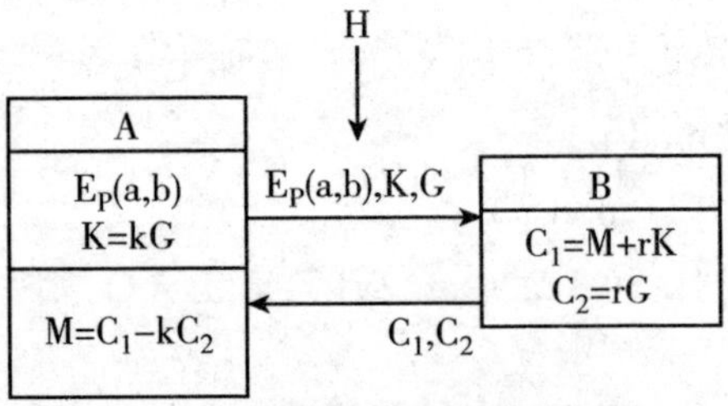

图14-5 椭圆曲线的加密通信

(1)A选定一条椭圆曲线Ep(a,b),并取椭圆曲线上一点,作为基点G。

(2)A选择一个私有密钥k,并生成公开密钥"K = kG"。

(3)A将Ep(a,b)和点K,G传给B。

(4)B接到信息后,将待传输的明文编码到Ep(a,b)上一点M(编码方法很多),并产生一个随机整数r(r < n)。

(5)B计算点"C1 = M + rK""C2 = rG"。

(6)B 将 C1、C2 传给 A。

(7)A 接到信息后,计算"C1 - kC2",结果就是点 M。因为"C1 - kC2 = M + rK - k(rG) = M + rK - r(kG) = M",再对点 M 进行解码就可以得到明文。

在这个加密通信中,如果有 1 个偷窥者 H,H 只能看到 Ep(a,b)、K、G、C1、C2,而通过 K、G 求 k 或通过 C2、G 求 r 都是相对困难的。因此,H 无法得到 A、B 间传送的明文信息。

在密码学中,描述一条 Fp 上的椭圆曲线,常用到 6 个参量:T = (p,a,b,G,n,h),p、a、b 用来确定一条椭圆曲线,G 为基点,n 为点 G 的阶,h 是椭圆曲线上所有点的个数 m 与 n 相除的整数部分。

这几个参量取值的选择,直接影响了加密的安全性。参量值一般要求满足以下几个条件:

(1)p 当然越大越安全,但随之计算速度会变慢,200 位左右可以满足一般安全要求;

(2)$p \neq n \times h$;

(3)$pt \neq 1 (\bmod n), 1 \leqslant t < 20$;

(4)$4a3 + 27b2 \neq 0 (\bmod p)$;

(5)n 为素数;

(6)$h \leqslant 4$。

第15章　区块链密码算法：编码和解码算法

15.1　编码和解码算法的概念与美国标准信息交换代码对照表

315 什么是编码和解码算法？

编码是信息从一种形式或格式转换为另一种形式的过程，也称为计算机编程语言的代码，简称编码。用预先规定的方法将文字、数字或其他对象编成数码，或将信息、数据转换成规定的电脉冲信号。编码在电子计算机、电视、遥控和通讯等方面广泛使用。解码是编码的逆过程。

计算机存储和处理的都是二进制数据，为了实现简洁的目标，实际上使用最多的是二进制的一个变种进制，即十六进制。

十六进制(Hexadecimal)是计算机中数据的一种表示方法。同我们日常生活中的表示法不一样，它由0~9和A~F组成，字母不区分大小写。与十进制的对应关系是：0~9对应0~9；A~F对应10~15；N进制的数可以用0~(N-1)的数表示，超过9的用字母A~F。

人们很难记住十六进制的数据，但十六进制编码的文本字符串就相对好记好读一些。

316 什么是美国标准信息交换代码，美国标准信息交换代码码表是什么？

美国标准信息交换代码(American Standard Code for Information Interchange，ASCII)是基于拉丁字母的一套电脑编码系统，主要用于显示现代英语和其他西欧语言。它是现今最通用的单字节编码系统，并等同于国际标准化组织(ISO)和国际电工委员会(IEC)制定的标准(IOS/IEC646)。

美国标准信息交换代码代表的是一个7位字符代码，每一位代表一个独特的字符。根据"ISO 8859 - 1"和"Microsoft © Windows Latin - 1"增加的字符,可以找到 8 位 256 个字符,这些字符在某些程序(如 Microsoft Word)中可用。表 15 - 1 是 ASCII 码表的一部分。

表 15 - 1　ASCII 码表(部分)①

ASCII control characters(character code 0 - 31)

The first 32 characters in the ASCII-table are unprintable control

Codes and are used to control peripherals such as printers.

DEC	OCT	HEX	BIN	Symbol	HTML Number	HTML Name	Description
0	000	00	00000000	NUL	&#000;		Null char
1	001	01	00000001	SOH	&#001;		Start of Heading
2	002	02	00000010	STX	&#002;		Start of Text
3	003	03	00000011	ETX	&#003;		End of Text
4	004	04	00000100	EOT	&#004;		End of Transmission
5	005	05	00000101	ENQ	&#005;		Enquiry
6	006	06	00000110	ACK	&#006;		Acknowledgment
7	007	07	00000111	BEL	&#007;		Bell
8	010	08	00001000	BS	&#008;		Back Space
9	011	09	00001001	HT			Horizontal Tab
10	012	0A	00001010	LF
	Line Feed
11	013	0B	00001011	VT	&#011;		Vertical Tab
12	014	0C	00001100	FF			Form Feed
13	015	0D	00001101	CR
	Carriage Return
14	016	0E	00001110	SO	&#014;		Shift Out/X - On
15	017	0F	00001111	SI	&#015;		Shift In/X - Off
16	020	10	00010000	DLE	&#016;		Data Line Escape
17	021	11	00010001	DC1	&#017;		Device Control 1(oft. XON)

① 数据来源:https://www.ascii-code.com/。

续表

DEC	OCT	HEX	BIN	Symbol	HTML Number	HTML Name	Description
18	022	12	00010010	DC2	&#018;		Device Control 2
19	023	13	00010011	DC3	&#019;		Device Control 3(oft. XON)
20	024	14	00010100	DC4	&#020;		Device Control 4 Negative
21	025	15	00010101	NAK	&#021;		Acknowledgement
22	026	16	00010110	SYN	&#022;		Synchronous Idle
23	027	17	00010111	ETB	&#023;		End of Transmit Block

15.2 Base64 编码

15.2.1 Base64 编码的概念与原理

317 什么是 Base64 编码?

Base64 是网络上最常见的用于传输 8 比特字节代码的编码方式之一,Base64 就是一种基于 64 个可打印字符来表示二进制数据的表示方法。

Base64 编码可用于在超文本传输协议(Hyper Text Transfer Protocol, HTTP)环境下传递较长的标识信息。例如,在 Java 持久化系统的对象关系映射框架(Hibernate)中,就采用了 Base64 来将 1 个较长的唯一标识符(一般为 128 比特的通知唯一识别码)编码为 1 个字符串,用作 HTTP 表单和“HTTP GET URL”中的参数。在其他应用程序中,也常常需要把二进制数据编码为适合放在统一资源定位符(包括隐藏表单域)中的形式。此时,采用 Base64 编码具有不可读性,即所编码的数据不会被人用肉眼直接看到。

318 Base64 编码产生的原因?

由于有些网络传送渠道并不支持所有的字节,例如,传统的邮件只支持可见字符的传送,像美国标准信息交换代码的控制字符就不能通过邮件传送,其用途就受到了很大的限制;图片二进制流的每个字节不可能全部是可见字符,因此也传送不了。

最好的方法是在不改变传统协议的情况下，做一种扩展方案来支持二进制文件的传送，将不可打印的字符用可打印字符表示出来，于是 Base64 编码应运而生了。

319 Base64 编码的原理是什么？

根据 Base64 的索引（见表 15－2），字符选用了“A～Z、a～z、0～9、+、/”64 个可打印字符。数值代表字符的索引，这个是标准 Base64 协议规定的，不能更改。64 个字符用 6 个比特位就可以全部表示，1 个字节有 8 个比特位，剩下两个比特就浪费掉了，这样就不得不牺牲一部分空间。这里需要明白的是 1 个 Base64 字符是 8 个比特，但有效部分只有右边的 6 个比特，左边两个永远是 0。

表 15－2　Base64 的索引

索引	对应字符	索引	对应字符	索引	对应字符	索引	对应字符
0	A	17	R	34	i	51	z
1	B	18	S	35	j	52	0
2	C	19	T	36	k	53	1
3	D	20	U	37	l	54	2
4	E	21	V	38	m	55	3
5	F	22	W	39	n	56	4
6	G	23	X	40	o	57	5
7	H	24	Y	41	p	58	6
8	I	25	Z	42	q	59	7
9	J	26	a	43	r	60	8
10	K	27	b	44	s	61	9
11	L	28	c	45	t	62	+
12	M	29	d	46	u	63	/
13	N	30	e	47	v		
14	O	31	f	48	w		
15	P	32	g	49	x		
16	Q	33	h	50	y		

那么,怎么用 6 个有效比特来表示传统字符的 8 个比特？8 和 6 的最小公倍数是 24,也就是说 3 个传统字节可以由 4 个 Base64 字符来表示,保证有效位数是一样的,这样就多了 1/3 的字节数来弥补 Base64 只有 6 个有效比特的不足。当然,也可以用 2 个 Base64 字符表示一个传统字符,但是采用最小公倍数方案是减少浪费的。

15. 2. 2　Base64 操作与实现

320 如何结合“Man”字的 Base64 编码来理解其原理？

Base64 编码的原理如表 15 – 3 所示。“Man”是 3 个字符,一共 24 个有效比特,只好用 4 个 Base64 字符来凑齐 24 个有效位。对应于 Base64,6 个有效位转化成相应的索引值,再对应 Base64 字符表查出“Man”对应的 Base64 字符是“TWFU”。

但需注意,要转换成 Base64 的最小单位(3 个字节),对于一个字符串而言,每次都是 3 个字节,3 个字节的转换对应的是 Base64 的 4 个字节。

表 15 – 3　“Man”字 Base64 编码

文本	M								a								n							
ASCII 编码	77								97								110							
二进制位	0	1	0	0	1	1	0	1	0	1	1	0	0	0	0	1	0	1	1	0	1	1	1	0
索引	19						22						5						46					
Base64 编码	T						W						F						u					

321 如何以例子来完整理解 Base64 编码？

以“Iamashabi”为例,完整演示 Base64 的编码过程,如下:

可以分成 3 个字节一组的形式,下方就是对应的 Base64 编码,4 个字符一组。

Iam　　ash　　abi.

SWFt　YXNo　YWJp　　Lg = =

转换到最后发现不够 3 个字节该怎么办？可以用 2 个 Base64 来表示 1 个字符或用 3 个 Base64 表示 2 个字符,(见表 15 – 4)的 A 对应的第 2 个 Base64 的二进制位只有 2 个,把后边的 4 个补 0 即可。所以 A 对应的 Base64 字符就是“QQ”。

由于 Base64 原则上字符的最小单位是 4 个字符为一组,那这才 2 个字符怎么办？可以在后边补 2 个“ = ”。但是,不用“ = ”也不耽误解码,之所以用“ = ”,可能是考虑到多段编码后的 Base64 字符串拼起来也不会引起混淆。

如表 15 – 4 所示 Base64 字符串只可能最后出现 1 个或 2 个“ = ”,中间不可能出现“ = ”。

表 15 – 4　Base64 的编码演示

文本(1 Byte)	A																							
二进制位	0	1	0	0	0	0	0	1																
二进制位(补 0)	0	1	0	0	0	0	0	1	0	0	0	0												
Base64 编码	Q						Q						=						=					
文本(2 Byte)	B								C															
二进制位	0	1	0	0	0	0	1	0	0	1	0	0	0	0	1	1								
二进制位(补 0)	0	1	0	0	0	0	1	0	0	1	0	0	0	0	1	1	0	0						
Base64 编码	Q						K						M						=					

322 Base64 编程如何实现？

编码：

```
byte[] bytes = Encoding. Default. GetBytes(“要转换的字符串”);
Convert. ToBase64String(bytes);
```

解码：

```
byte[] outputb = Convert. FromBase64String(“ztKwrsTj”);
string orgStr = Encoding. Default. GetString(outputb);
```

15. 3　Base58 编码

15. 3. 1　Base58 的概念与编码表

323 什么是 Base58 编码？

Base58 和 Base64 都是二进制转可视字符串的算法,主要用来转换大整数值。区别在于,转换出来的字符串除去了几个看起来会产生歧义的字符,如 0(零),O(o 大写字母),I(i 大写的字母),l(L 的小写字母)和几个影响双击选择的字符,如"/"与"+"。

结果字符包括 9 个数字,24 个大写字母和 25 个小写字母,一共 58 个。但是在不同的应用实现中 Base58 最后查询的字母表可能不同,所以没有具体的标准。

324 Base58 编码表是什么?

Base58 编码表:

```
123456789ABCDEFGHJSLMNPQRSTUVWXYZabcdefghijkmnopqrstuvwxyz
```

不同应用使用的编码表内容是一样的,但是顺序可能不一样,比如:

(1)比特币地址:

```
123456789ABCDEFGHJKLMNPQRSTUVWXYZabcdefghijkmnopqrstuvwxyz
```

(2)瑞波币(Ripple)地址:

```
rpshnaf39wBUDNEGHJKLM4PQRST7VWXYZ2bcdeCg65jkm8oFqi1tuvAxyz
```

(3)门罗币(Monero)地址:

```
123456789ABCDEFGHJKLMNPQRSTUVWXYZabcdefghijkmnopqrstuvwxyz
```

(4)雅虎网络相册(Flickr)的短统一资源定位符:

```
123456789abcdefghijkmnopqrstuvwxyzABCDEFGHJKLMNPQRSTUVWXYZ
```

15.3.2 Base58 的编码与解码表

325 Base58 是如何进行编码的?

Base58 的输入是 1 个(0,256)的值的流,输出结果是 1 个(0,58)的值的流。然后将每个值去查字母表,得出一个可视字符串。转换过程实际上就是一个 256 进制的值转换为 1 个 58 进制的值。

进制转换过程如下(下面为代码描述 256 进制转换为 58 进制过程,Base58

编码需要将 58 进制流查表得到对应的字符流):

```
# 将input 256进制流转换为output 58进制流
for carry in input:
    for(outputPos, outputNum)in output.reverse():
        carry+=outputNum*256
        output[outputPos]=carry%58
        carry/=58
    #output流处理完毕, carry依然有值, 则继续向output前部插入
    while carry!= θ :
        output.insertFront(carry%58)
        carry/=58
```

在实现的时候,开头的 0 需要经特殊处理,因为 0 转换后依然是 0,所以可以将输入流开头的 0 直接填充到结果之前。

326 Base58 是如何进行解码的?

逆转换过程,即先将输入字符串转换为 58 进制的流,然后将 58 进制的流转换为 256 进制的流,下面为代码描述 58 进制转换为 256 进制的过程:

```
# 将input 58进制流转换为output 256进制流
for carry in input:
    for(outputPos, outputNum)in output.reverse():
        carry+=outputNum*58
        output[outputPos]=carry%256
        carry/=256
    #output流处理完毕, carry依然有值, 则继续向output前部插入
    while carry!= θ :
        output.insertFront(carry%256)
        carry/=256
```

在实现的时候,开头的 0 需要经特殊处理,因为 0 转换后依然是 0,所以可以将输入流开头的 0 直接填充到结果之前。

15.4　Base58Check

327 什么是 Base58Check?

在二进制数据输入过程中,为了保护数据的安全,防止数据传输的错误,通常会添加一个校验码,通过校验码的配合可以发现数据是否被破坏或者是否在发送时输入错误。Base58Check 是在 Base58 加上校验码。这个加入校验码的 Base58Check 也可被当成是 Base58 的改进版本。

比特币之所以加入 Base58Check，主要为了解决 Base58 导出的字符串没有校验机制的问题；因此在传播过程中，使用了 Base58Check 算法。

328 Base58Check 的编码、校码方式是什么？

Base58Check 的编码方式为：进行编码前，在待编码的内容字符加入一个字节的版本信息，版本信息可以自行约定。比如，比特币的地址采用了“0x00”作为版本信息，然后再加入待编码内容字符串的哈希值，通常只要取得哈希值中的 4 个字节即可，加到一起后再整体进行 Base58 编码。在比特币地址的生成过程中，将版本字节放在了头部，而将 4 个字节的哈希值放在了尾部，然后进行编码生成。

经过整体编码后的数据如果在传输过程中发生了篡改或发生了损坏，接收方在得到数据后，会对原始数据进行同样的校验码计算，并且和接收到的结果中的校验码进行比较。由于哈希算法具有先天的检测数据完整性的能力，只要原始数据有任何更改，计算出的哈希值都会发生变更，因此只要校验码不一致就说明数据非法。

财经法治

BLOCKCHAIN

PRACTICAL DECODING 730 QUESTIONS

区块链实用解码730问

下册 从1.0到3.0

王骥 编著

法律出版社
LAW PRESS·CHINA

目　　录

下　　册

第四部分　区块链1.0:从比特币到数字货币

第六部分 区块链3.0:可编程的经济与社会

问答目录

第四部分

区块链1.0:从比特币到数字货币

第 16 章　区块链 1.0 数字货币概述、安全与监管

16.1　区块链 1.0 概述

329 加密数字货币的概念是什么？

区块链 1.0 被普遍定义为可编程货币，即与转账、汇款和数字化支付相关的密码学货币应用。

加密货币源自英文"Cryptography Currency"，直译为密码学货币。是随着 2008 年 10 月 31 日发表的具有划时代意义的论文《比特币：对布式电子货币系统》（Bitcoin：A Peer-to-Peer Electronic Cash System）即比特币（Bitcoin）白皮书，和 2009 年 1 月 3 日比特币网络正式上线走进人们视野的。

加密数字货币具有去中心化、共识主动性参与机制等特点。加密数字货币尚没有统一定义，反洗钱金融行动特别工作组（Financial Action Task Force on Money Laundering，FATF）认为数字货币是一种价值的加密数据表现形式，通过数据交易并发挥交易媒介、记账单位及价值存储的功能，但它并不是任何国家和地区的法定货币，也没有政府当局为它提供担保，只能通过使用者间的协议来发挥上述功能。

通常所说的加密数字资产，基本上是指比特币这一类的加密数字货币。当然，在比特币之后，又出现了许多采用区块链技术的加密数字货币，确保消费者的利益和安全得到充分的保障。加密数字货币与电子货币不同，电子货币是将法定货币数字化后以支撑法定货币的电子化交易。

加密数字货币经过这几年的发展，现在已经形成了一个不小的市场，而且在市场上被大众所接受的币种也趋于稳定的状态，如今最出名的加密数字货币有比特币（Bitcoin）、以太币（Ethereum）、瑞波币（Ripple）、门罗币（Monero）、达世

币(Dash)、斯蒂姆币(Steem)以及"Augur"等。

本章节将依次对主要的加密数字货币进行讲解。

16.1.1 技术堆栈与行业问题概要

330 数字货币的技术堆栈是什么?

以比特币为例,从技术角度来讲有三层,即区块链、协议和货币(见表 16-1)。

表 16-1 数字货币的技术堆栈

顶层	货币本身	各种各样的数字货币,如狗狗币、以太币、点点币等
中间层	协议	区块链上进行资金转账的软件系统
基础层	区块链 底层技术	区块链是去中心化的、公开透明的交易记录总账——其数据库由所有网络节点共享,由矿工更新,由全民监督,但没有人真正拥有和控制这个数据库

对于所有加密货币来说,区块链、协议、货币这三个层次是一种通用结构。每种币都代表一种货币、一种协议、对应的区块链。当然也可以共用区块链。

331 数字货币解决了哪两个行业的问题?

数字货币需要解决拜占庭将军问题和双花问题,这是两大行业性与应用性的根本问题(见表 16-2)。

表 16-2 数字货币解决的两个行业性问题

拜占庭 将军问题	战场上多个将军并不信任彼此,但需要某种沟通协调机制。区块链每个账户都被网络上各个节点查看和验证,并不需要托管到一个中心化的机构,使用者不需要担心是否应相信交易对手,只要相信区块链网络即可,这就解决了拜占庭将军问题
双花问题	在区块链技术出现之前,数字货币和数字资产具有无限可复制性,如果没有一个中心化的媒介,我们没办法确认一笔资产是否已经被花掉,所以需要可信赖的第三方机构,比如银行、支付宝等

区块链通过将点对点文件分享技术和公钥加密技术相结合,创造出了新式数字货币,从而解决双花问题。货币的拥有权由公共总账来记录,并由加密协议

和挖矿社区来确认。因为用户不需要相信交易另一方或者中心化机构，相信区块链协议下的软件系统即可。

16.1.2　运作、应用与接受度

332 数字货币一般怎么样运作？

数字货币一般由三部分构成，即地址、私钥、钱包软件。

所谓地址，是指别人能够把比特币发给你的地方；

所谓私钥，是指加密学的密钥，可以把比特币经过私钥加密发送给别人（相当于 1 个保险箱的钥匙）；

所谓钱包软件，是指运行在你电脑上的操作私钥管理比特币的软件。

333 举例说明，区块链 1.0 货币的现实运用是怎么样的？

美国出现了“Bitpay”“Coinbase”这些成熟的比特币支付方案提供商。但目前，商户面临传统支付、比特币支付两套系统独立运行的问题，影响用户体验，Intuit 通过 PayByCoin 模块在传统支付上集成了 Bitpay、Coinbase 支付；在国内，如果支付宝、微信能切入，能极大地促进数字货币的普及率。

上述两个领域还有前景：对传统支付的升级改造；对国际汇款的颠覆（传统国际汇款交易费最高达 7% ~30%）。

334 如今全球对数字货币接受态度是怎样的？

除少数国家明令禁止外，大部分国家采取了兼容并包的态度，随着时间的推移，越来越多国家的“中央银行”开始认可数字货币以及背后的区块链技术。

关于此问所涉及监管政策等问题，本章最后一节将详细讲解。

16.2　数字货币与法币的关系

335 数字货币与法币的核心区别是什么？

法币是由政府（中心机构）发行，在有些国家，是可以任意滥发法币的，比如，津巴布韦的滥发货币。日常生活中，大部分的人并不关心法币的来源，一般认为法币是自己凭劳动赚来的；实际上，它只是国家以信用背书印出来的纸，它

本身不具有多少价值。政府以不具有多少价值的东西,最后换取了有价值的劳动,从中获得巨大的利益,这靠的就是所谓的"法偿性和强制性"。

而数字货币以数学和程序的形式并且以去中心化的方式发行,有固定的币总量和独特的发行方式。这也正是一些政府指责数字货币的关键理由,它认为,数字货币不具有"法偿性和强制性"和货币属性,所以,不能算货币,更不能以其计价。

336 什么是法币的"法偿性和强制性",与数字货币有何不同?

所谓法偿性,可以这样通俗地理解,通过国家法律保障某种货币的偿付性质,比如,我国是这样定义人民币的法偿性:中国的法定货币是人民币;以人民币支付中国境内的一切公共的和私人的债务,任何单位和个人不得拒收。

这种法偿性通过国家法律的保障,就自然衍生出"强制性"了,即由政府以法律的形式强制使用,也因此叫作法定货币(以下简称法币)。

而数字货币没有强迫任何人使用,使用者出于自愿。另外,也可这样理解:数字货币是人人都可以发行的货币,让其他人相信你发行的货币具有交换价值,就能让货币进入流通;当然,你发行的货币还有可能因为得不到信任而价值归零(后半句表明了,现实中不是人人均可发币的,那肯定是有条件和门槛的,例如,比特币的成功)。当然,现实中也有这种可能,使用诱骗或强迫等手段使其他人使用你发行的货币。

337 为何一些政府会限制,甚至打压数字货币?

主要有两大原因:

一是数字货币还存在人们传统价值观的影响,一方面,一些实用性技术还需突破;另一方面,人为因素利用这些数字货币谋取利益或暴利,从而发生损害他人利益等事件。

二是加密数字货币直接触犯了政府的铸币权,触及了政府利益。

338 区块链 1.0 数字货币和法币的关系是什么?

目前,比特币等数字货币的交易是用法币结算的,与法币也不是替代关系。价格波动性是数字货币未被广泛使用的一个因素,所以出现了和美元锚定的瑞波币(Ripple);Bitpay、Coinbase 提供了法币、比特币实时转换的解决方案。

16.3　数字钱包与资产安全

16.3.1　私钥丢失或被盗

339 数字钱包私钥丢失了，该怎么办？

这是数字钱包安全性的一个常见问题。目前，数字货币一旦私钥丢失就无法找回，而且普通用户没有很好的保护私钥的能力，这也是比特币目前未被主流接纳的原因。

这个问题 Circle 等公司正在试图解决，给用户提供备份保存解决方案。

私钥的这个特性也有较大优势，去中心化的方式相比中心化，会减少黑客攻击中心化机构带来的安全问题，比如，苹果、Facebook、支付宝这些顶级公司都曾被黑客入侵。

340 数字钱包私钥被盗的情景有哪些，该如何防范或解决？

实践中，归纳出 3 种情形（见表 16－3）。

表 16－3　数字钱包私钥被盗情景与防范

情形	描述	防范和注意
情形 1	某用户发现自己的钱包被盗，原因是该用户为了“多重保护”自己的资产，将钱包私钥及密码告诉家人，导致资产丢失	请将助记词、私钥等信息保存在安全的、不易被他人查看的地方
情形 2	用户试图将数字资产从某钱包内导入 SafeWallet（某区块链应用的数字钱包），显示转账成功后，用户打开 SafeWallet，发现价值资产并没有到账。在 SafeWallet 工作人员的帮助下，该用户发现，通过上一个钱包转账时曾复制私钥到剪贴板，也就是这一操作导致用户的资产在短时间内被转移	不要复制粘贴私钥、助记词等信息，极易发生被盗情况
情形 3	用户将私钥通过手机微信发送至电脑微信进行备份，导致资产被盗	对于私钥、助记词，强烈建议使用物理方式保存，例如写在纸上并保存在安全的地方，然后删除物理以外的所有记录

16.3.2 密码泄露与助记词被盗

341 在数字钱包密码泄露情形下,如何防范资产被盗?

某用户的钱包密码储存在手机中后被朋友看见。在资产还没有被转移的情况下,工作人员指导用户将所有资产转移至新的钱包,并要求用户及时备份以保证资产安全。

防范与注意:在创建钱包后请一定记得备份,并将助记词、私钥等信息保存在安全的地方。

342 在数字钱包、助记词被盗情景中,该如何防范或解决?

某用户在使用其他钱包时出现闪退情况。他在该交流群内反映了自己的问题后,一位自称是"管理员"的人单独与他联系,声称需要他提交助记词以解决问题。等到用户提交助记词后发现资产丢失,才意识到自己被骗了。

防范与注意:不要轻易提供助记词、私钥等信息给任何人。

343 进入其他网站后,数字资产被盗,该如何防范?

某用户曾经通过谷歌搜索进入某 PC 钱包的钓鱼网站,导入自己的密钥库(keystore,用来保存密钥的,比如公钥和私钥),第 1 次输入密码时提示错误,于是他又输入了一遍,终于成功进入页面。然而,第 2 天,当用户进入该钱包真正的官网后,发现自己的资产全部被盗。他在查看转账记录时发现资产是在昨天输入密码提示错误后 10 分钟内被转移的。

防范与注意:一定要认清官方网址标识,或保存官网书签,确保自己进入正确的网站。

16.4 数字货币的全球监管

16.4.1 全球监管概况与重点

344 数字货币监管概况是怎样的?

当前,各国对数字货币的监管差异很大,其中,美国、中国、韩国、日本和欧盟作为全球数字货币大潮的中坚力量，任意一方或几方在监管方面的改变，对于整个市场来说具有举足轻重的影响。而 2018 年是迄今变数非常大的一年。

当然，了解各国政府，特别是主要经济体或重要国家对数字加密货币监管所持的态度也具有十分重要的意义。

综合目前市场的消息，美国政府正准备建立全民监管数字货币交易所。那么可以猜想，美国政府接下来很可能出台相关的监管政策，对于数字货币交易所进行全方位的监管。未来，不只是美国，日本、韩国、澳大利亚、印度等国家政府都对数字货币交易所加强监管。随着数字货币被更多人所认知关注，数字货币交易所将会迎来全面严监管时期。

纵观整个世界趋势，可以从国际货币基金组织（International Monetary Fund，IMF）的态度发现端倪。2018 年 2 月国际货币基金组织主席拉加德表示，数字货币在不远的将来会由政府监管。拉加德在接受采访时称："这是不可避免的。这显然是一个需要国际监管和适当监督的领域。"拉加德表示，国际货币基金组织正积极努力防止数字货币被用于洗钱和资助恐怖主义。

但是从整体来说，尽管多国政府已经在其声明中表示正在评估数字货币的未来潜力，除避免洗钱和为恐怖组织提供资金的意愿外，几乎没有任何实质性的定论。目前普遍的看法是，在未来一段时间，对数字货币执行更加严格的监管。

345 当前数字货币监管的重点是什么？

从各国的政策与举动来看，强调隐私类的加密货币将会被重点监管。

在全面加强对数字货币监管的国家中，隐私类数字货币将会是各国政府重点监控的对象，比如门罗币（Monero）、达世币（Dash）和 Zcash。

2018 年 3 月 17 日此前遭受黑客攻击的日本加密货币交易所（Coincheck）宣布，将停止处理三种致力于隐私性的加密货币，包括门罗币（Monero）、达世币（Dash）和 Zcash。据报道，这三种加密货币将由日本加密货币交易所以固定价格从客户手中回购。据《日本时报》报道，此举可能是应日本金融局（Financial Services Agency，FSA）提出的交易所安全性改善要求。

日前，虚拟化技术安全公司 Bromium 发布了一份研究报告，指出：每年网络犯罪洗钱规模达到 800 ~ 2000 亿美元。报告发现，虚拟货币现在是网络犯罪分子用于洗钱的主要工具，并且门罗币正在超过比特币，成为犯罪分子最喜欢的加密货币，因为这种加密货币具有更好的隐私性。

16.4.2 币种下线规则与未来趋势

346 全球火币交易平台下线币种全球征求意见的规则是什么?

日前,币全球专业站发布公告,就火币交易平台(以下简称HADAX)和Pro平台的定位、HADAX到Pro的转板规则、HADAX和Pro的下线币种规则征求用户建议,其公布火币Pro与HADAX下线币种规则为:

(1)项目团队解散;(2)项目方面临重大法律问题;(3)由于战略调整和发展需要,项目运营团队主动要求下线;(4)严重的技术或安全问题没有及时得到解决;(5)流动性严重不足,持续30个交易日日均交易额低于0.1MUSD或连续5个交易日均交易量低于1000USD;(6)连续5个交易日出现零成交;(7)信息披露出现重大偏差;(8)突然出现分叉;(9)不满足继续交易的其他事项;(10)火币全球专业站和HADAX会对决定下线的项目提前5天发出下线公告,用户有30天的期限从平台将相应资产提现。

项目从HADAX到Pro转板规则为:(1)日均交易量和交易人数在HADAX上排名前5;(2)项目经审核,根据SMARTChain评分,符合Pro的创新区或主区标准;(3)转板每月进行1次。

347 币种下线规则出台的意义和各类币种未来趋势是什么?

美国Bittrex交易所宣布将在2018年3月30日前下架82个缺乏流通性的币种。另外,币全球专业站发布公告,征求火币下线规则等。除了火币,比特币中国、OKCoin也会有相应的措施。随着各国政府对加密数字货币的态度逐渐明确,各大加密数字货币交易所也都会发布类似的管理措施。

关于交易所下线币种的规则,这个对于加密数字货币市场来说,实际是有积极意义的,它从某种程度上来说确实有利于驱逐劣质币种,净化加密数字货币市场,保证市场健康发展。

2018年有关各方一致认为,加密数字货币将面临更加严格、更大力度的监管态势。甚至有人认为,2018年99%的加密数字货币将死去,这个说法虽然有点极端,但其实也说出了当前数字货币市场的乱象。

可以预见,随着各国政府对加密数字货币的全面监管,政策落地的国家或地区以及落地方式将会推动虚拟货币价格上涨。从长期来看,避免庞氏骗局及其他诈骗手段有利于市场的健康发展；但同时，这也意味在一些国家或地区进行交易，有关数字货币的价格在未来一段时间可能有所下降。当然，对于那些没有真正应用价值的区块链首次币发行(Initial Coin Offering，ICO)项目发行的垃圾代币，其下场就是下线，最终被市场抛弃。

16.4.3 美国、欧盟的政策

348 美国对数字货币监管的政策情况是怎样的？

美国证券交易委员会(the U. S. Securities and Exchange Commission，SEC)表示："美国证券交易委员会的责任是保护投资者，维护公平、有序、高效的市场环境，为资本形成提供便利。"SEC的主要职能一直是核实企业发布的声明，并确保证券机构，如经纪商、交易商和交易所，公平、诚实地对待投资者。

截至目前，SEC尚未批准任何持有数字虚拟货币的交易产品，如交易型开放式指数基金(Exchange Traded Funds，ETF)等，或用于上市或交易的与数字虚拟货币有关的任何其他资产；也没有注册任何用于交易的数字货币。

2018年3月美国国会在新近发布的《2018年联合经济报告》中，将2017年称为"加密货币之年"。同时，该报告中有一个完整章节提到了加密货币和区块链。这是区块链技术第一次在年度出版物中以如此重要的方式被提及。据悉，该报告出自国会的联合经济委员会，吸引了众议院和参议院诸多成员的注意。

《2018年联合经济报告》的作者建议，立法者和公众尽快熟悉加密货币和底层区块链技术，因为其在将来会有广泛应用。报告提到：决策者、监管者和创业者应该通力合作，确保开发者能够尽快部署这类新的区块链技术，同时保护美国民众免受欺诈、盗窃和滥用的困扰，另外还应遵守相应的法律法规。

在这之前，2017年12月美国商品期货交易委员会(U. S. Commodity Futures Trading Commission，CFTC)表示，"美国商品期货交易委员会的职责是营造开放、透明、竞争且具有金融稳定性的市场环境。通过避免系统性风险，期货交易委员会希望为市场使用者及其资金、消费者和公众提供保护，避免涉及衍生品和其他产品的欺诈、操纵和恣意妄为对其造成损害"。

CFTC认定比特币属于大宗商品，并在声明中表示其监管对象包括洲际贸易中涉及比特币的欺诈、操纵等行为，以及与比特币直接挂钩的大宗商品期货交易。

2018 年 1 月 19 日 CFTC 发布声明,对两起加密数字货币欺诈案例提起公诉。面对数不胜数的旁氏骗局,此类监管的出现恰逢其时。

另外,美国国内收入署(Internal Revenue Service,IRS)出于税收考虑,IRS 将比特币和其他加密数字货币认定为财产而非货币,并出台了相应规定。尽管部分交易所可以正常出具 1099 报税表格,个人仍须针对比特币及其他加密数字货币的盈利部分缴纳相应税款。加密数字货币交易带来的长期和短期资本盈利或损失都须按要求进行申报。

349 美国 Bittrex 交易下架的 82 个缺乏流通性的币种有哪些?

2018 年 3 月初美国 Bittrex 交易所宣布,将在 2018 年 3 月 30 日前下架 82 个缺乏流通性的币种,其中,属于钱包的币种详单如下:

8BIT、ADC、AM、AMS、APEX*、ARB、BITS*、BITZ*、BLC、BOB、BSTY、BTA、CCN、CRBIT*、CRYPT*、DAR、DGC、DRACO、DTC、FC2、FRK、FSC2*、GEMZ、GHC、GP、GRT、HKG、HYPER*、HZ、J、KR*、LXC*、MAX、MEC、METAL、MND、MTR*、MZC、NAUT、NET、NEU*、NTRN、OC*、ORB、PRIME*、PXI、ROOT*、SCOT、SCRT*、SFR*、SLG、SLING*、SOON、SPRTS、SSD*、STEPS*、STV、SWING、TES、TIT、TRI、TRK、U*、UFO、UNIQ*、UNIT、UNO、UTC、VIOR*、VIRAL*、VPN、WARP*、XAUR、XBB、XC、XCO、XDQ*、XPY*、XQN、XSEED*、XTC、YBC*。

同时,Bittrex 交易所还表示,下架这些币种是为了确保用户交易的币种符合上市标准并且可以正常运行钱包和区块链。并且一旦下架,将无法恢复相关币种,用户须在 2018 年 3 月 30 日之前完成提现。

350 欧盟对数字货币监管的政策情况是怎样的?

2018 年 3 月 12 日欧洲银行管理局(European Banking Authority,EBA)主席已表示反对对加密货币行业的过度监管,并警告称,这可能会限制金融创新。在概述 EBA 在金融科技行业监管方面的立场时,安德里亚·恩瑞亚(Andrea Enria)表示,监管机构需要保持一种"衡量的方法"。并宣布在 2018 年 3 月中旬,EBA 将发布一个路线图,该路线图定义了为期 2 年的一系列优先事项。

但是,2018 年 2 月 26 日据 CNBC 报道,欧盟金融服务专员瓦尔迪斯·东布罗夫斯基斯(Valdis Dombrovskis)称,如果来自加密数字货币行业的风险无法在全球层面上得到处理，那么欧盟准备单独对其进行监管。

早前，德国和法国表示，虽然加密数字货币带来了新的机会，但同时也给投资者带来了重大风险，使其容易在毫无保护的情况下受到金融犯罪行为的侵害。不过欧盟的政策制定者们担心，如果他们对这个行业中的创新活动（尤其是来自区块链技术的创新，这种技术是加密数字货币基础）实施打击行动如果过于猛烈，则可能会令欧盟面临工作岗位流失到其他地区的风险，从而令其增长前景受损等。

16.4.4　中国、韩国、日本与其他国家的政策

351 中国对数字货币监管的政策情况是怎样的？

如今，中国并不反对加密货币这种技术。中国人民银行已经开始测试自己的数字加密货币，在成为首个发行数字货币的大型“中央银行”路上又前进了一大步。为避免比特币和虚拟货币泛滥，中国希望能够对数字交易实行全面监管。

同时，要求金融机构和第三方支付机构不可接受、使用或出售虚拟货币。尽管虚拟货币的用途是合法的，中国人民银行仍要求各交易所在相应监管机构进行登记，同时建议其密切跟踪市场情况。有消息称，中国人民银行已经向涉及虚拟货币业务的银行提出了警告。

如今，中国出台了一系列限制加密数字货币交易的措施。自 2017 年 9 月 4 日起，禁止首次代币发行众筹，也就是新款虚拟货币的首次公开发售；另外，中国还向各家地区交易所下发通知，叫停加密数字货币交易，并出台相应措施打击比特币挖矿行为。

上述措施很可能改变比特币挖矿的行业形态，并提高有关成本。比特币价格便宜、地处芯片制造厂、低廉的劳动力成本等因素在最初阶段吸引了大批矿工涌入中国，但现在，他们可能不得不另谋出路了。

政府希望下架那些提供用户登录入口的加密数字货币在线平台，或具有类似交易所服务功能的手机应用程序。中国人民银行、中华人民共和国工业和信息化部和中华人民共和国国家互联网信息办公室共同开展了针对加密数字货币的限制行动。

比特币和替代数字货币依然可以在海外交易市场进行交易；中国境内有关交易活动进行地点已经调整至中国香港特别行政区。

352 韩国对数字货币监管的政策情况是怎样的?

2017 年 1 月 11 日韩国司法部确认了一项叫停所有加密数字货币交易的计划。然而韩国总统办公室很快发布了一份声明,表示该政策尚未通过最终批准。

2018 年 1 月底韩国金融监督委员会负责人表示:“(政府)正在考虑关闭本地所有虚拟货币交易平台,或者是禁止那些人进行违法交易。”然而韩国银行(韩国中央银行)行长李柱烈(Lee Ju-yeol)在一次新闻发布会上表示:“加密数字货币不是合法货币,目前的使用情况也与货币有所不同。”

据 2018 年 2 月 21 日的消息:韩国金融监管机构负责人已经确认,政府将支持数字货币交易,同时鼓励银行促进与数字货币交易的交易合作,有效消除任何传言禁令的担忧。而大约 2018 年 1 月底,韩国监管机构刚刚宣布限制匿名账户在数字货币市场进行交易。

但是,据 2018 年 3 月 1 日的消息显示,韩国也在考虑利用各种措施对数字加密货币交易进行监管。虽然,韩国金融监管局在 2018 年 2 月曾表示,政府将支持“正常的”加密数字货币交易。

353 日本对数字货币监管的政策情况是怎样的?

从全球来看,日本在加密数字货币监管上走到了最前沿,政府开始与交易所共同开展监管工作而非彻底关停。2017 年 4 月起,比特币支付已经成为合法的支付方式,目前日本有超过 4500 家商户接受比特币支付。

2017 年 4 月 1 日日本政府金融厅颁布了一项新法律,允许使用数字货币进行支付。《虚拟货币法》对虚拟货币进行了定义和描述,并对比特币有关情况加以澄清:比特币是一种资产,可以用于支付。然而,该项法律并未将比特币认定为合法货币。

经过数月的激烈讨论,最终该项法律认为比特币交易违反了《反洗钱法》和“了解你的客户”(Know-your-customer,KYC)等相关规定,而比特币也因此被归入预付款工具类目下。2017 年 9 月 29 日日本政府金融厅向 11 家公司发放了首批数字货币交易许可证。

354 其他国家对数字货币监管的政策情况是怎样的?

除上述国家、经济体等关于加密数字货币的政策之外,全球各国都在推行相关的政策和制度。截至 2018 年 4 月，其他国家的政策大致如下：

以色列官方在最新纳税条目中将数字货币定义为需纳税资产。加密数字货币的利润，将以 20% ~25% 的税率缴纳资本利得税，而与商业盈利相关的个人采矿，或是数字货币交易将会按照 17% 税率缴纳增值税和资产增值税。2018 年 1 月底，以色列官方还发布过另一个草案通告，其中表示，政府可能会向 ICO 进行征税，预计他们将会对 ICO 融资额度设定一个阈值，一旦触发，就会进行征税。

俄罗斯政府准备发布对“数字金融资产法”草案的评估结果，其中详细说明，只要加密货币兑换俄罗斯法定货币卢布或其他法币超过 60 万卢布（约合 9600 美元），就必须遵循货币兑换方面的监管法规。

澳大利亚对加密货币交易所开启监管，加密货币交换所 DCE 实体现在必须向交易报告和分析中心（Australian Transaction Reports and Analysis Centre，AUSTRAC）注册。法案要求他们履行反洗钱和反恐融资合规和报告义务。该法立即生效，过渡期将延至 2018 年 5 月 14 日，以便 DCE 实体有时间适应法规的这种变化。该法案将有助于将加密货币用于洗钱和恐怖主义等非法目的的最小化。

新加坡金融管理局（Monetary Authority of Singapore，MAS）正在评估是否需要对数字加密货币交易进行额外的监管，以保护投资者利益等。

第 17 章　比特币的内涵、运行机制与原理①

17.1　比特币的内涵与产生缘由

17.1.1　比特币的概念、缘由与使命

355 比特币是什么?

比特币(Bitcoin,BTC)始创于2008年中本聪(Satoshi Nakamoto)在"密码朋克"社区中的论文——《比特币:一种点对点的电子现金系统》,并由其于2009年1月设计的一种总量恒定为2100万的数字货币。该货币能够让用户在一个去中心化的、点对点的网络中完成支付,其独特的地方在于不需要一个中央的清算中心或者金融机构对交易进行清算。用户只需要互联网连接以及比特币软件就可以向另外一个公开的账户或地址进行支付操作。如向地球另一端转账比特币,就像发送电子邮件一样简单、低成本、无任何限制,比特币因此被用于跨境贸易、支付、汇款等领域。

实际上,比特币就是一种点对点(P2P)形式的数字代码。比特币不依靠特定货币机构发行,它依据特定算法,通过大量的计算产生,比特币使用整个P2P网络中众多节点构成的分布式数据库来确认并记录所有的交易行为。P2P的去中心化特性与算法本身可以确保无法通过大量制造比特币来人为操控币值。

比特币自诞生以来,比特币作为一种前所未有的新型货币,经历了无数的市场考验和技术攻击,始终屹立不倒。现在,比特币已成长为一个在全球有数百万

---

① 说明,本章近一半内容参考或来源于对中本聪的《比特币白皮书:一种点对点的电子现金系统》的解读。

用户，数万商家接受付款，市值最高达百亿美元的货币系统。比特币由于广阔的前景和巨大的遐想空间，自 2009 年诞生后价格持续上涨，2011 年币价达到 1 美元，2013 年最高达到 1200 美元，超过 1 盎司黄金价格，有“数字黄金”的美称（截至 2018 年 8 月 10 日当天收市价为 6320 美元，曾在 2018 年 7 月 24 日达到 8507 美元）。

比特币相关企业也吸引了来自上百家著名风险投资基金、公司、个人近 10 亿美元的风险股权投资，其中不乏传统金融巨头，例如，Visa、纳斯达克、花旗、万事达卡（MasterCard）、高盛、美国国际数据集团（International Data Group，IDG）资本、李嘉诚旗下风投公司等。亦有部分风投资金直接购买了比特币，例如，硅谷最知名的投资人之一——提姆曦 · 德瑞普（Tim Draper）——特斯拉的领投人。

互联网打破了信息传播的地域和国家界线，信息自由极大地促进了人类经济、政治、文化的发展，比特币将进一步打破基于国家界线的金融和价值传播障碍，对全球产生深远的影响。

356 比特币产生的缘由，中本聪是怎样描述的？

为了全面、完整地理解比特币原理与机制，以及对区块链的产生追根溯源，所以，本章有必要对中本聪比特币的设计缘由以及运行机制予以归纳表述。按照中本聪的白皮书的介绍，比特币产生的缘由是：

互联网上的贸易，几乎都需要借助金融机构作为可信赖第三方来处理电子支付信息。虽然这类系统在绝大多数情况下都运作良好，但是这类系统仍然内生性地受制于“基于信用的模式”（Trust Based Model）的弱点。

这是无法实现完全不可逆交易的，因为金融机构总是不可避免地会出面协调争端。而金融中介的存在，也会增加交易成本，并且限制了实际可行的最小交易规模，也限制了日常的小额支付交易。并且，潜在的损失还在于，很多商品和服务本身是无法退货的，如果缺乏不可逆的支付手段，则互联网贸易就会大大受限。

因为有潜在退款的可能，就需要交易双方拥有信任。而商家也必须提防自己的客户，因此会向客户索取完全不必要的个人信息。而在实际的商业行为中，一定比例的欺诈性客户也被认为是不可避免的，相关损失视作销售费用处理。而在使用物理现金的情况下，这些销售费用和支付问题上的不确定性却是可以避免的,因为此时没有第三方信用中介存在。

所以,非常需要这样一种电子支付系统,它基于密码学原理而不基于信用,使任何达成一致的双方,能够直接进行支付,从而不需要第三方中介的参与。杜绝回滚(Reverse)支付交易的可能,这就可以保护特定的卖家免于欺诈;而对于想要保护买家的人来说,在此环境下设立通常的第三方担保机制也可以说是轻松愉快的。

由此,将提出一种通过点对点分布式的时间戳服务器来生成依照时间前后排列并加以记录的电子交易证明,从而解决双重支付问题。只要诚实节点所控制的计算能力的总和大于有合作关系的(Cooperating)攻击者的计算能力的总和,该系统就是安全的。

357 比特币的最高使命是什么?

人类社会的进化,从根本上来说,不是靠权力,而是靠科技。

第一次工业革命,蒸汽机改变了世界,生产力大爆发,人类从物质匮乏的羁绊中解脱。

第二次工业革命,电的发明点亮了历史,世界成为一个整体。

第三次工业革命,科技改变了世界,统治地球的传统权力轴心开始动摇。而比特币就是科技与互联网精神的杰出产品,比特币意在消除自工业革命以来就笼罩在人类经济史上的"紧箍咒"——法币滥发。

这一点也可以从比特币创世区块的永远不能更改的留言中看出。2009年1月3日中本聪启动比特币区块链,并在创世区块中留言:"首相第二次对处于崩溃边缘的银行进行紧急救助(The Times 03/Jan/2009 Chancellor on brink of second bailout for banks)。"

这句话是泰晤士报当天的头版文章标题,留言既是对区块链建立时间的说明,也是对法币滥发的讽刺。

17.1.2 开发、开源与独特

358 比特币软件是怎样开发出来的?

分为理论与实践两方面情况。

理论方面:中本聪在2008年写了一篇论文,设计了一种数字货币,这个文章讲述了这种数字货币的原理和算法。

实践方面：2009 年有人根据中本聪的文章组织了一个开源项目，由全球的程序员免费参与，完成了比特币核心算法和软件的开发。中本聪参与该项目，并通过挖矿挖到了第一个数据块，得到 50 个比特币。

359 什么是开源？

开源意味着这个软件的所有源代码都是公开的，一个懂代码的程序员，可以拿到这个软件的所有源代码，并读懂它的逻辑；也可以拿到这些源代码，编译出可以运行的软件；也可以对这些源代码进行修改后，编译出新的软件。所以，才出现了众多的山寨币。

比特币的核心软件是开源的，意味着这个软件没有任何秘密，这个软件的内部实现逻辑，这个软件是否有漏洞、是否藏有木马，或者存有后门，大家也都清楚。

比特币的一些外围软件，也被叫作第三方应用，特别是一些商业企业开发的软件，但它们不是开源的。比如，一个比特币的交易网站，只不过是根据比特币的特点跟比特币软件对接，它并不是一个经开发的软件。

360 比特币软件会不会被人控制？

虽然比特币软件是一个开源的软件，它的源代码和实现都是公开的，但从目前反馈来看，未能发现该软件源代码里面有任何木马和后门，说明这个软件目前是没有被人控制的。

正因为这个软件是开源的，所以后续软件的演进和升级，其源代码都是对外公开的。对于软件本身来说，这种开源软件不太可能被植入木马和后门。

反言之，正因为软件本身是开源的，很容易被人拿到，稍加修改就变成一个新的软件，而这个新的软件可能被植入木马和后门，所以我们要从正规渠道获取比特币软件。

361 比特币为何是不可复制的？

在日常的网络世界中，任何图文都可以被复制无数份，同样，推理到数字货币，也完全可以复制一份给对方，这就是著名的双花问题（Double-spending）。这导致在数字世界里的货币必须用中心化方式来管理，比如由银行的中心服务器来管理你的钱。

然而,比特币解决了这一问题。例如,你只有一个比特币时,你给了别人一个比特币,你就没有比特币了,如果你试图再付给别人一个比特币,周围的节点会检查到你实际上没有比特币了,并拒绝传播你这笔非法支付。所以,比特币的神奇之处在于,第一次在数字世界创造了一种不可复制又不是中心化的东西。由此,比特币和电子化的法币是完全不同的东西,比特币是首次出现的真正的数字货币。网上的法币(支付宝或网银)并不是真正的数字货币,你在网银中的钱,只是现实中钞票的映射,根在现实中,而比特币的根在数字世界中。

《比特币世界生存指南(进阶)》一书说:"轮子、下水道、抽水马桶、齿轮、发动机、复印机、互联网、移动电话、传感器、社交软件等,都是发明,没出现的时候,没有人会觉得这世界少了什么,可它们一旦出现、一旦被发明,人们就开始用起来,一旦有些人开始用起来,这世界就不再可能缺这些东西,甚至人们会感觉没有了它们就寸步难行。"

由此,根据上述比特币的特性,我们说比特币是个不可逆的发明。什么叫不可逆的发明?就是它没有的时候也没什么,可它一旦出现,这个世界就无法回到没有它的状态。

362 中本聪因比特币被提名 2016 年诺贝尔经济学奖,是怎么回事?

2015 年年底加利福尼亚州大学洛杉矶分校金融学教授巴格万·乔里(Bhagwan Chowdhry)发微博表示,他已经提名比特币的发明者——中本聪(Satoshi Nakamoto),为 2016 年诺贝尔奖经济学家的候选人。随后他在赫芬顿邮报上阐述了他的想法。

乔里教授很详细地讲述了背后的原因,尽管他承认没有任何人知道谁是中本聪,也没有人能够联系到他。但是,他说:"我强烈建议把此奖项颁发给中本聪。比特币的发明——数字货币——简直可以说是革命性的。"他又说,一旦他开始思考什么思想是"有巨大的破坏性影响"时,比特币发明者的名字"一下子跳入我的脑海中,而我再也无法把这个想法从我的脑海中驱逐出去"。

他还说:"中本聪的贡献不仅会彻底改变我们对金钱的思考方式,很可能会颠覆央行在货币政策方面所扮演的角色,并且将会破坏如西联这样高成本汇款的服务,彻底消除如 Visa、MasterCard 和 Paypal 收取 2% ~4% 中间人交易税的行为,消除费事且昂贵的公证和中介服务,事实上它将彻底改变法律合约的方式。”

选择 2016 年诺贝尔奖候选人的过程从 2016 年 9 月开始，保密的提名表格将会发送给大约 3000 名精心挑选的个人，包括来自世界各地大学的教授。

17.2　双花、交易与时间戳

17.2.1　双花与解决

363 常规货币是如何解决双重支付（双花）的？

在日常互联网中，任何一件图文都可以被复制无数份，每一份复制的图文都与原图文几乎一样，你将难以辨别谁是原件，谁是复印件。同样，如果我有一个电子货币，依照这一原理，我可以复制一份来支付，这就是双重支付的问题，即双花问题。这一问题怎么解决？

在常规货币（日常看到的纸币、硬币等）中，每一个货币都是由造币厂发行的，而且要设置一个防伪技术，如果有人制造了假币，就要用国家机器来制止这些行为。

而对于电子货币来说，则需要进入一个类似造币厂的权威中心，每一笔交易都有经过中心的权威确认。对于两笔同时发起的支付行为来说，权威中心按照时间顺序来处理两笔交付，就不会存在重复支付的问题了。

364 针对双花、比特币的运作模式，中本聪的结论是什么？

笔者在此提出一种不需要信用中介的电子支付系统。笔者讨论了通常电子货币的电子签名原理，虽然这种系统为所有权提供了强有力的控制，但不足以防止双重支付。

为了解决这个问题，提出了一种采用工作量证明机制的点对点网络来记录交易的公开信息，只要诚实的节点能够控制绝大多数中央处理器（Central Process Unit，CPU）的计算能力，就能使攻击者在事实上难以改变交易记录。该网络的强健之处在于它结构上的简洁性。节点之间的工作大部分是彼此独立的，只需要很少的协同。每个节点不需要明确自己的身份，由于交易信息的流动路径并无任何要求，所以尽最大努力传播即可。节点可以随时离开网络，而且想重新加入网络也非常容易，补充接收离开期间的工作量证明链条即可。

节点通过自己的 CPU 计算力进行投票,表决他们对有效区块的确认,他们通过不断延长有效区块链来表达自己的确认,并通过拒绝在无效的块之后延长区块表示拒绝。本框架包含了一个 P2P 电子货币系统所需要的全部规则和激励措施。

365 比特币是如何解决双重支付的?

对于一个去中心化的分布式软件来说,为了确保不存在双重支付,需要对比特币做要求(见表 17 - 1)。

表 17 - 1 比特币:解决双重支付的三大要求

要求	具体内容
所有交易全网公开	历史交易全网公开,每个账号里面有多少比特币,并不是由一个数据来表示,而是根据历史交易得出来。而这个历史交易链是经过全网公认的,才能保证不被造假
需要有时间戳,所有交易有先后顺序	所有交易按照先后顺序加上时间戳,前一笔交易成功后,整个交易链被公认后,下一笔交易是基于上一笔交易生成的,整个交易就是一个交易链,这样才能保证不被双重支付
需要额外的资源对交易进行确认	交易的确认,需要有一些强有力的资源来支持,这就引入了一个工作量证明,全网 50% 以上的算力证明了某次交易的有效性,如果有人想篡改之前达成的交易,就变得困难重重,这些就是下文要讲到的挖矿,而全网的这些算力,其实就类似一个权威中心,由这些算力对交易进行确认,只不过它不是一个中心,而是由很多机器,通过竞争,对这些交易进行的确认

17.2.2 交易与时间戳

366 比特币是如何进行交易的?

笔者定义,一枚电子货币(an electronic coin)是这样的一串数字签名:每一位所有者通过对前一次交易和下一位拥有者的公钥(public key)签署一个随机散列的数字签名,并将这个签名附加在这枚电子货币的末尾,电子货币就发送给了下一位所有者。而收款人通过对签名进行检验,就能够验证该链条的所有者(见图 17 - 1)。

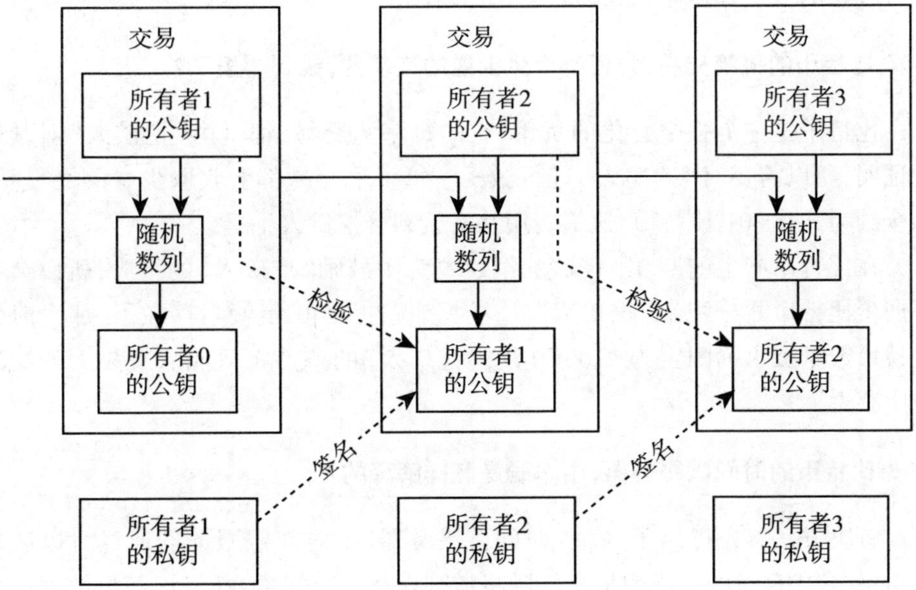

图 17－1　比特币的交易方式

该过程的问题在于,收款人将难以检验之前的某位所有者是否对这枚电子货币进行了双重支付。通常的解决方案是,引入信得过的第三方权威,或者类似于造币厂(mint)的机构,来对每一笔交易进行检验,以防止双重支付。在每一笔交易结束后,这枚电子货币就要被造币厂回收,而造币厂将发行一枚新的电子货币;而只有造币厂直接发行的电子货币,才算作有效,这样就能够防止双重支付。可是该解决方案的问题在于,整个货币系统的命运完全依赖于运作造币厂的公司,因为每一笔交易都要经过该造币厂的确认,而该造币厂就好比是一家银行。

需要收款人有某种方法,确保之前的所有者没有对更早发生的交易实施签名。从逻辑上看,为了达到目的,实际上需要关注的只是于本交易之前发生的交易,而不需要关注这笔交易发生之后是否会有双重支付的尝试。为了确保某一次交易是不存在的,唯一的方法就是获悉之前发生过的所有交易。在造币厂模型里面,造币厂获悉所有的交易,并且决定了交易完成的先后顺序。如果想要在电子系统中排除第三方中介机构,那么交易信息就应当被公开宣布,需要整个系统内的所有参与者都有唯一公认的历史交易序列。收款人需要确保在交易期间绝大多数的节点都认同该交易是首次出现的。

367 比特币的每笔交易，为何都产生少量的交易费，钱到哪里了？

比特币是一个去中心化的货币，它的每一笔交易，都是由“挖矿人”对其进行证明，所以需要对“挖矿人”进行激励。每一笔交易都会收取少量的交易费，如今约为 0.00001 比特币，这笔费用其实就到了挖矿人手里。

在比特币产生前期，由于交易比较少，为了鼓励“挖矿人”的行为，所以会额外产生比特币并分配给“挖矿人”。这种情况在 2040 年就不存在了，那个时候比特币数量被永远固定为 2100 万枚，“挖矿人”的酬劳将只能从交易人的交易费中获得。

368 比特币的时间戳服务器，中本聪是怎样解释的？

解决方案首先提出了一个“时间戳服务器”。时间戳服务器通过对以区块(block)形式存在的一组数据实施随机散列而加上时间戳，并将该随机散列进行广播，就像在新闻或世界性新闻组网络(Usenet)发帖一样。显然，该时间戳能够证实特定数据于某特定时间是存在的，因为只有在该时刻存在了才能获取相应的随机散列值。每个时间戳应当将前一个时间戳纳入其随机散列值中，每一个随后的时间戳都对之前的一个时间戳进行增强(reinforcing)，这样就形成了一个链条(chain)(见图 17－2)。

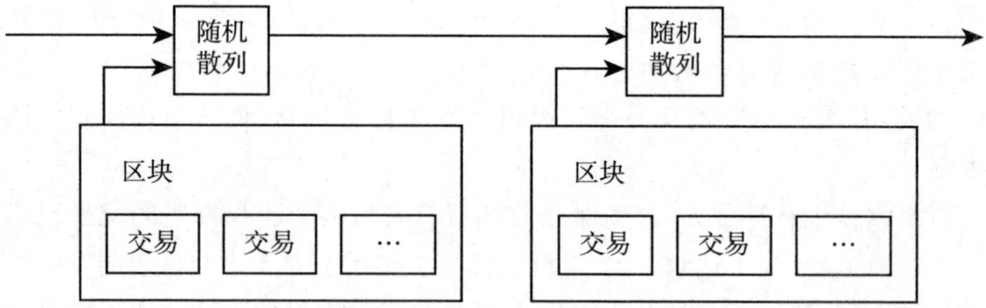

图 17－2　比特币时间戳机制下的区块链条

17.3　比特币矿池、矿机与挖矿

17.3.1　挖矿原理、操作与激励

369 比特币为何存在挖矿?

在比特币节点互相连接时,会从对方处获取自己没有的交易。但由于比特币是长期积累天量的交易,两个节点逐条对照,你缺了哪些交易,我缺了哪些交易,是非常困难的事情。

为解决这一难题,中本聪发明了区块链(Blockchain)这一重要技术。节点借助区块(block)来同步交易,保证了所有节点数据的统一性,并通过竞争区块打包权(也就是挖矿)的方式,保证了区块链的唯一性。

370 什么是比特币的“挖矿”和“矿工”?

在比特币点对点网络中,节点大量进行哈希计算,需要计算机设备并消耗大量电力,这个过程在本质上和挖金矿很相似,比如通过挖矿设备,消耗能源换取矿产等。比特币总量恒定,产生方式也和黄金很相似。

人们形象地将比特币抢打包权的过程称为挖矿(mine),将抢打包权的比特币节点称为矿工(miner)。

371 比特币工作量证明,中本聪是怎样描述的?

为了在点对点的基础上构建一组分散化的时间戳服务器,仅像报纸或世界性新闻网络组一样工作是不够的,还需要一个类似于亚当·柏克(Adam Back)提出的哈希现金(HashCash)。在进行随机散列运算时,工作量证明机制引入了对某 1 个特定值的扫描工作,如 SHA-256 一下,随机散列值以 1 个或多个 0 开始。随着 0 的数目上升,找到这个解所需要的工作量将呈指数增长,而对结果进行检验则仅需要一次随机散列运算。

在区块中补增 1 个随机数(Nonce),这个随机数要使该给定区块的随机散列值出现了所需的那么多个 0。通过反复尝试找到这个随机数,直到找到为止,这样就构建了一个工作量证明机制。只要该 CPU 耗费的工作量能够满足该工作量证明机制,除非是重新完成相当的工作量,否则该区块的信息就不可

更改。

由于之后的区块是链接在该区块之后的,所以想要更改该区块中的信息,就还需要重新完成之后所有区块的全部工作量(见图 17-3)。

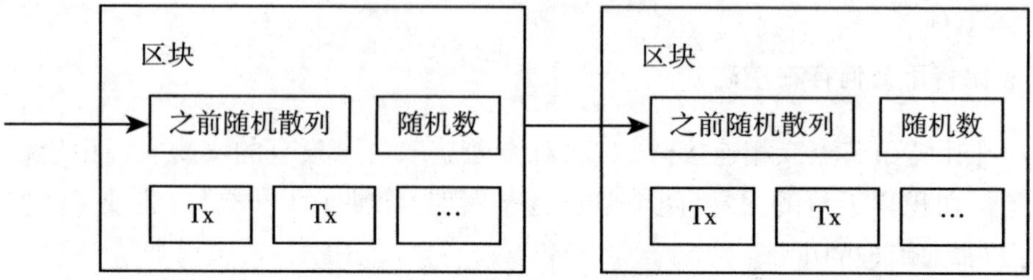

图 17-3 比特币区块链之间的链接

同时,该工作量证明机制还解决了在集体投票表决时谁是大多数的问题。如果决定大多数的方式是基于 IP 地址,即一个 IP 地址一票,那么如果有人拥有分配大量 IP 地址的权力,则该机制就被破坏了。而工作量证明机制的本质则是一 CPU 一票。"大多数"的决定表达为最长的链,因为最长的链包含了最大的工作量。

如果大多数的 CPU 为诚实节点控制,那么诚实的链条将以最快的速度延长,并超越其他的竞争链条。如果想要对已出现的区块进行修改,攻击者必须重新完成该区块的工作量外加该区块之后所有区块的工作量,并最终赶上和超越诚实节点的工作量。笔者将在下文证明,一个较慢的攻击者试图赶上随后的区块,那么其成功概率将呈指数化递减。

另一个问题是,当硬件的运算速度高速增长,节点参与网络的程度则会有所起伏。为了解决这个问题,工作量证明的难度(the Proof-of-Work Difficulty)将采用移动平均目标的方法来确定,即令难度指向每小时生成区块的速度为某一个预定的平均数。如果区块生成的速度过快,那么难度就会提高。

372 比特币是如何挖矿的?

一段时间内的比特币交易,打成的一个包称为区块,比特币全网平均每 10 分钟产生一个区块,每一个区块都链接到上一个区块,依次相连形成区块链。

以区块为单位同步交易数据:区块从 1 开始编号,因此节点 A 连接节点 B 后,只要检查双方的区块编号高度,就能方便地同步交易数据。例如,节点 A 自己的区块高度是 200，发现节点 B 的区块高度是 210，则只要向 B 请求同步 201 ~ 210 这 10 个区块即可。

打包区块的奖励：为保证有节点打包比特币交易，比特币规则规定：打包交易的节点将获得比特币作为酬劳。

对区块打包权的竞争：节点打包交易只需要消耗很低成本的网络和计算资源，打包奖励的存在，使有大量节点想打包交易。为保证区块链的唯一性，比特币规则规定：节点使用"竞争方式"争夺交易打包权。比特币交易节点，使用"竞争方式"争夺交易挖矿权，在实现中，就是计算机做哈希（SHA - 256）运算。

获胜节点打包交易并广播：一旦有某个节点扔出符合系统规则的硬币结果。例如，区块 379543 的哈希值：

0000000000000000008bdeb575056584429ea4be876ea7ca4ce70262d3edb8c8b

就会立即将这段时间搜集到的交易打包成一个区块，将"竞争方式"的结果、区块序号 379543、上一区块关系等附加信息广播出去，其他节点一旦收到区块 379543 并验证无误，就会停止"竞争"，即抢这一区块，转而在这一区块的基础上开始"竞争方式"抢下一个序号为 379544 的区块。

373 比特币的激励机制，中本聪的思维是什么？

约定如此：每个区块的第一笔交易进行特殊化处理，该交易产生 1 枚由该区块创造者拥有的新的电子货币。这样就强化了节点支持该网络的激励，并在没有中央集权机构发行货币的情况下，提供了一种将电子货币分配到流通领域的一种方法。这种将一定数量新货币持续增添到货币系统中的方法，非常类似于耗费资源去挖掘金矿并将黄金注入流通领域。此时，CPU 的时间和电力消耗就是消耗的资源。

另外一个激励来源于交易费（transaction fees）。如果某笔交易的输出值小于输入值，那么差额就是交易费，该交易费将被增加到该区块的激励中。只要既定数量的电子货币已经进入流通领域，那么激励机制就可以逐渐完全依靠交易费，货币系统也能够免于通货膨胀。

激励系统也有助于鼓励节点保持诚实。如果有一个贪婪的攻击者能够调集比所有诚实节点加起来还要多的 CPU 计算力，那么他就面临一个选择：要么将其用于诚实工作产生新的电子货币，要么将其用于进行二次支付攻击。与此同时，他就会发现，按照规则行事，诚实工作是更有利可图的。因为该等规则使他能够拥有更多的电子货币，而不是破坏这个系统使其自身财富的有效性受损。

374 比特币挖矿区块的奖励来自哪两个部分？

为保证节点之间的比特币交易，比特币规则规定：挖矿（打包）交易的节点将获得比特币作为酬劳。

奖励的一部分来自交易创建者支付的交易手续费，即每 KB 交易大小 100 ~ 1000 聪的手续费。

另一部分来自初始 2100 万个比特币的分发，最开始的奖励是每个区块 50 个比特币，之后每经过 21 万个区块（约 4 年时间）奖励将减半一次，直到 2140 年左右，区块奖励不足 1 聪为止，此时区块奖励总和为 2100 万个比特币，这就是比特币 2100 万个总量的来源，准确地说是 20, 999. 9999769000 万个。

2140 年之后，打包奖励将只来自交易创建者支付的交易手续费。

17.3.2 挖矿的意义、缺陷与冲突

375 比特币挖矿的意义是什么？

比特币由于其代码开源，因此出现了数以千计的抄袭者、竞争者和改进者。通常将只是简单抄袭模仿比特币的币称为山寨币，在比特币基础上加入一定新特性的币称为竞争币，有的币在比特币基础上加入智能合约等其他功能模块，并自称“二代币”。这些数以千计的币尝试了所有能想象地到的初始币分发模式，例如，将初始币平均分发给每个冰岛人的冰岛币（Aurcoin），将初始币分发给 73 个众筹参与人的未来币（Nextcoin），由开发者控制并缓慢分发大部分初始币的瑞波币（XRP）等。

对于比特币系统来说，消耗大量资源挖矿的最大意义在于：公平地分发 2100 万个初始比特币，就像消耗资源挖黄金一样，消耗资源挖比特币是唯一公平的分发初始比特币的方式。

比特币反对者指责挖矿消耗了大量资源，支持者则举例黄金挖矿也是白白消耗了大量资源去做无意义的挖洞。但所有这些分发初始币的方式，其公平性都远弱于花钱获取初始比特币的模式，而公平性又是一个货币系统最核心的问题；因此，比特币挖矿虽然消耗了大量资源，但和消耗资源挖金矿一样是合理的

经济行为。

376 矿工和比特币用户存在什么利益冲突?

在目前的挖矿方式下,比特币网络的使用人(比特币用户)和维护人("矿工")是两个不同的群体,不同的群体必然存在不同的利益,不同的利益将导致难以调和的冲突。

比如,在是否提高区块 1MB 上限(以此提高比特币处理交易的数量)的争议中,"矿工"和比特币用户就出现了明显的分歧。用户和部分比特币核心开发者倾向比特币改进方案 101(Bitcoin Improvement Proposal,BIP),希望快速提高比特币区块大小。即先提升到 8MB,之后每两年上限加倍,直至每一区块达到 8GB 的上限。

但是,大区块将增加矿池的网络和服务器成本,并导致孤立块率上升,给矿池带来损失,因此矿池则倾向于放慢提高区块大小的速度,并最终通过算力投票选择了 BIP100 方案(先提升到 8MB,"矿工"之后可通过算力投票改变,但不超过 32MB)。

更让用户困扰的是,除非绝大部分用户一致同意改变目前的挖矿方式,即抛弃目前的"矿工",否则,如果拥有是否将全网升级到某个新版本决定权的负责维护区块链的"矿工"强硬拒绝,即使用户再希望使用新版本,也无可奈何。

377 矿工对比特币网络攻击的风险是什么?

以 2015 年 8 月初的情况来说明这一问题。当时,比特币的全球用户约为 500 万,总市值约 220 亿元人民币,全网 435P 算力的矿机价值约 9 亿元人民币。换言之,当时使用 4.5 亿元的矿机即可对市值 220 亿元的比特币网络发起 51% 攻击。如果通过租用矿机或算力,通过矿池免手续费控制算力等方式,51% 攻击的成本还会更低。除 51% 攻击之外,矿工还可能通过"拒绝服务(不打包任何交易) + 分叉攻击(一旦有正常的打包交易区块,就将其分叉)"的方法,让比特币的任何交易都无法确认。

更麻烦的是,随着比特币初始区块奖励的不断减半,矿机总值占比特币市值的比例必将越来越少,2015 年 8 月的比例为 4%,再经历 5 次减半后比例可能只剩 1‰,也就是说,攻击者完全可以先做空比特币,然后用比特币市值万分之 5 的矿机攻击比特币网络,造成市场恐慌和比特币价格下降后,并从中获利。这是不同群体不同的利益必然导致的难以调和的冲突。

378 矿工挖矿消耗的资源有多巨大？

虽说金矿挖矿也消耗了巨量的资源，但比特币作为全新的互联网货币，为什么要和挖金矿这种几千年前的古老行业比谁更差呢？而且比特币工作量证明机制挖矿消耗了大量的电力等资源，所以一直被环保人士所指责。

由于"矿工"所消耗的矿机和电力资源并不是凭空变出的，而是由全体比特币用户买单，比特币挖矿作为一个类似黄金挖矿的工业生产行业，长期利润必将趋近社会平均利润；因此，矿工必须将挖到的绝大部分比特币在交易市场上卖出，以支付购买矿机和电费成本，这对比特币市场资金造成了严重的"吸血效应"。

具体来说，"矿工"将从比特币市场资金每天"抽血"540 万元（每天产生的新币是 25 币/区块 × 6 区块/小时 × 24 小时 = 3600 个 × 1500 元/个 = 540 万元），每月 1.62 亿元，每年 19.44 亿元。"矿工"还会在币价较高时借币提前卖出以赚取未来的电费，这虽然有益于平抑市场的过度泡沫，但同时也对比特币用户和币价上涨造成了沉重的负担。

17.3.3 矿池、设备与演化

379 比特币挖矿设备是如何演化的？

最早的"矿工"使用 CPU 进行挖矿，挖矿速度在 M 级别，即"1M = 1000K = 10^6 = 每秒 100 万次哈希运算"。

后来，使用显卡矿机。显卡有数百个计算核心（流处理器），因此速度相当于数百个 CPU，挖矿速度在百 M 级别。由于 ATI 和 NVIDIA 显卡的架构不同，同档次 A 卡流处理器数量远超过 N 卡，因此 A 卡在挖矿上有巨大优势，专业矿工往往用 H61B 等有 6 个 PCI-E 插槽的主板，插上 5 ~ 6 张 ATI 7850 等高端显卡，组成矿机群挖矿。

再后来，使用集成电路矿机（为矿机使用专门设计的，只能作挖矿哈希运算的芯片），因此在挖矿速度和功耗上较 CPU 和显卡这样的通用计算设备有很大的优势，代价则是除了挖矿和作电暖器以外什么都做不了。

2013 年起比特币的价格飙升，上百万台 ASIC 矿机的大量部署，使比特币全网算力目前已达到惊人的435P(1P＝1000T)。

380 什么是矿池,及其矿池的演化?

由于有数以万计的矿工竞争打包权,单个“矿工”抢得打包权的概率非常小,产出非常不稳定。为稳定挖矿产出,矿工往往选择加入矿池挖矿,矿池将大量矿工的算力整合在一起,在全网总算力中占据一定的份额,由此得到较稳定的挖矿产出,矿池在收取2%～4%矿池手续费后,将产出按矿工算力分配给“矿工”。这就好比一个人买彩票很难中奖,于是矿池把很多人组织在一起“买彩票”,中奖了再按出资额分配给大家。

随着矿池的发展,还出现了像莱比特这样的自动切换矿池,俗称机枪池。机枪池会在各种山寨币收益高时切换到山寨币挖矿,以此将矿工的收入提高5%～10%。

381 挖矿为何需要消耗大量资源,挖矿的算法是否存在预先设定?

比特币为什么要挖矿,其实就是为交易的确认制造一定的难度,使其产生一定的工作量,从而使伪造变得困难。就像钞票要花费大量精力进行防伪一样。

而这个挖矿所预置的算法,其实并不像有些人想象中那样,以为是在2100万个比特币里面放了2100道谜语,挖矿者每解开一道谜语,就可以得到一笔奖励,然而开发团队其实早就知道谜语的答案了。

有上述这类想法的人,其实是一些完全没有IT知识的人的想法。实际上,挖矿所需要消耗的资源,其实就是一种哈希现金(SHA－256)的算法。这个算法,需要进行穷举,所以需要很多算力才能成功计算出答案。对于这种算法而言,没有人提前知道答案,它都是机器,用穷举法,一个一个数字进行穷举,最后产生符合的随机数。

在比特币交易中,其实需要一些相对恒定的时间来计算出一个数据块,所以当挖矿机越多的时候,系统会自动调整哈希现金算法的难度,使计算保证在一定时间内计算出数据块,不会太快,也不会太慢。

17.4 网络运行、简化与防范攻击

382 比特币的网络,中本聪是怎样解释的?

运行比特币网络的步骤如下:

(1)新的交易向全网进行广播;

(2)每一个节点都将收到的交易信息纳入一个区块中;

(3)每一个节点都尝试在自己的区块中找到一个具有足够难度的工作量证明;

(4)当一个节点找到了一个工作量证明,它就向全网进行广播;

(5)当且仅当包含在该区块中的所有交易都是有效的且之前未存在过的,其他节点才认同该区块的有效性;

(6)其他节点表示他们接受该区块,而表示接受的方法是,在跟随该区块的末尾制造新的区块以延长该链条,而将被接受区块的随机散列值视为先于新区快的随机散列值。

节点始终都将最长的链条视为正确的链条,并持续工作和延长它。如果有两个节点同时广播不同版本的新区块,那么其他节点在接收到该区块的时间上将存在先后差别。当发生此情形,他们将在率先收到的区块的基础上进行工作,但也会保留另外一个链条,以防后者变成最长的链条。该僵局(tie)的打破要等到下一个工作量证明被发现,而其中的一条链条被证实为较长的一条,那么在另一条分支链条上工作的节点将转换阵营,开始在较长的链条上工作。

所谓"新的交易要广播",实际上不需要抵达全部节点。只要交易信息能够抵达足够多的节点,那么他们将很快被整合进一个区块中。而区块的广播对被丢弃的信息是具有容错能力的。如果一个节点没有收到某特定区块,那么该节点将会发现自己缺失了某个区块,也就可以提出自己下载该区块的请求。

383 比特币是如何通过梅克尔树与哈希运算回收硬盘空间的?

如果最近的交易已经被纳入了足够多的区块之中,那么就可以丢弃该交易之前的数据,回收硬盘空间。为了同时确保不损害区块的随机散列值,交易信息被随机散列时,被构建成一种梅克尔树(Merkle Tree)的形态,使只有根(root)被纳入了区块的随机散列值。通过将该树(tree)的分支拔除(stubbing)的方法,老

区块就能被压缩。而内部的随机散列值是不必保存的(见图 17－4)。

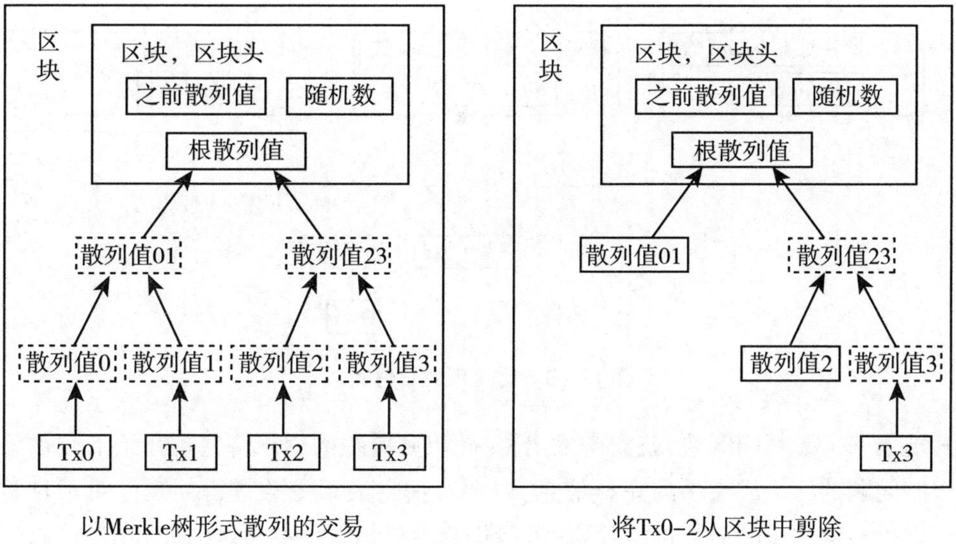

图 17－4　梅克尔哈希树

不含交易信息的区块头(Block Header)大小仅有 80 字节。如果我们设定区块生成的速率为每 10 分钟一个,那么每一年产生的数据位 4.2MB(80 BYTES×6×24×365 = 4.2MB)。2008 年 PC 系统通常的内存容量为 2GB,按照摩尔定律的预言,即使将全部的区块头存储于内存之中都不是问题。

384 比特币是如何简化支付确认与防范攻击的?

在不运行完整网络节点的情况下,也能够对支付进行检验。一个用户需要保留最长的工作量证明链条的区块头的拷贝,它可以不断地向网络发起询问,直到它确信自己拥有最长的链条,并能够通过梅克尔的分支,加上时间戳,一并纳入区块的那次交易。节点想要自行检验该交易的有效性原本是不可能的,但通过追溯到链条的某个位置,它就能看到某个节点曾经接受过它,并且于其后追加的区块也进一步证明全网曾经接受了它(见图 17－5)。

当发生此情形,只要诚实的节点控制了网络,检验机制就是可靠的。但是,当全网被一个计算力占优的攻击者攻击时,将变得较为脆弱。因为网络节点能够自行确认交易的有效性,只要攻击者能够持续地保持计算力优势,简化的机制会被攻击者焊接的(fabricated)交易欺骗。那么一个可行的策略就是,只要他们

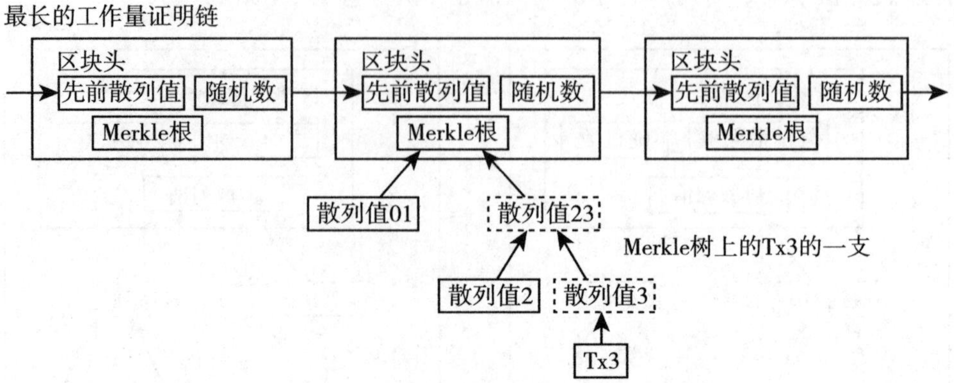

图 17-5　比特币的支付确认

发现了一个无效的区块,就立刻发出警报,收到警报的用户将立刻开始下载被警告有问题的区块或交易的完整信息,以便对信息的不一致进行判定。对于日常会发生大量收付的商业机构而言,可能仍会希望运行他们自己的完整节点,以保持较大的独立完全性和检验快速性(见图 17-6)。

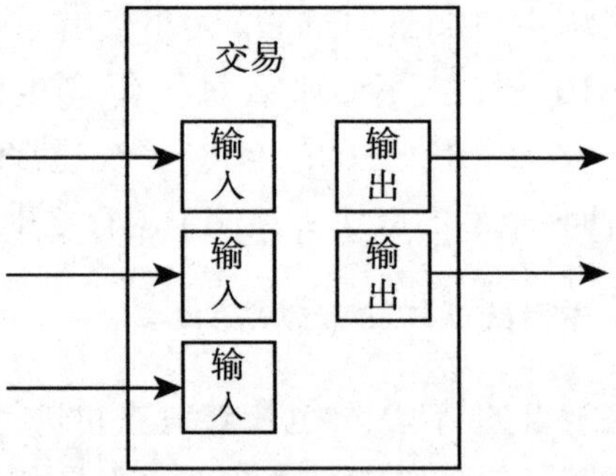

图 17-6　比特币交易的输入与输出

17.5　价值、隐私与计算

17.5.1　价值分割与隐私保护

385 比特币价值的组合与分割是什么?

虽然可以逐一对电子货币进行处理,但是对于每一枚电子货币单独发起一次交易将是一种笨拙的办法。为了使价值易于组合与分割,交易被设计为可以纳入多个输入和输出。一般而言,某次价值较大的前次交易构成的单一输入,或者由某几个价值较小的前次交易共同构成的并行输入,但是输出最多只有两个:一个用于支付,另一个用于找零(如有)。

需要指出的是,当一笔交易依赖于之前的多笔交易时,这些交易又各自依赖于多笔交易,但这并不存在任何问题。因为这个工作机制并不需要展开检验之前发生的所有交易历史。

386 比特币运行是如何保护隐私,中本聪的解释是什么?

比特币的隐私保护模型见图 17 - 7。

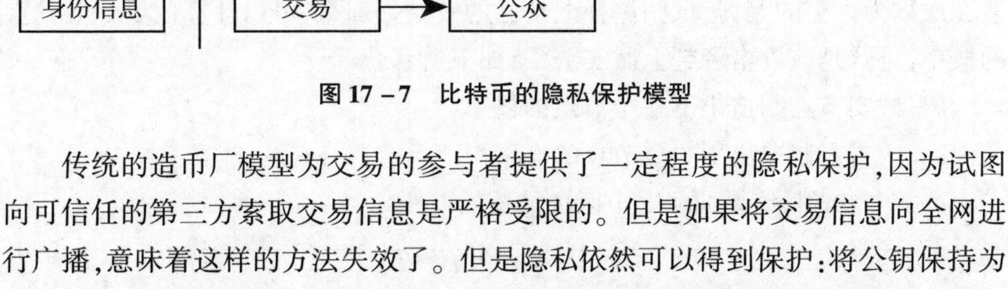

图 17 - 7　比特币的隐私保护模型

传统的造币厂模型为交易的参与者提供了一定程度的隐私保护,因为试图向可信任的第三方索取交易信息是严格受限的。但是如果将交易信息向全网进行广播,意味着这样的方法失效了。但是隐私依然可以得到保护:将公钥保持为匿名。公众得知的信息仅是由某个人将一定数量的货币发送给了另外一个人,但是难以将该交易同特定的人联系在一起,换言之,公众难以确信这些人究竟是谁。这同股票交易所发布的信息是类似的，股票交易发生的时间、交易量是记录在案且可供查询的，但是交易双方的身份信息却不予透露。

作为额外的预防措施，使用者可以让每次交易都生成一个新的地址，以确保这些交易不被追溯到一个共同的所有者。但是由于并行输入的存在，一定程度上的追溯还是不可避免的，因为并行输入表明这些货币属于同一个所有者。此时的风险在于，如果某个人的某一个公钥被确认属于他，那么就可以追溯出此人的其他很多交易。

17.5.2 攻击与计算

387 有关比特币的计算，中本聪是怎样描述的？

设想如下场景：一个攻击者试图以比诚实节点产生链条更快的速度制造替代性区块链。即便它达到了这一目的，但是整个系统也并非就此完全受制于攻击者的独断意志，例如，凭空创造价值，或者掠夺本不属于攻击者的货币。这是因为节点将不会接受无效的交易，而诚实的节点永远不会接受一个包含了无效信息的区块。一个攻击者能做的，最多是更改他自己的交易信息，并试图拿回他刚刚付给别人的钱。

诚实链条和攻击者链条之间的竞赛，可以用二叉树随机漫步（Binomial Random Walk）来描述。成功事件定义为诚实链条延长了一个区块，使其“领先性+1”，而失败事件则是攻击者的链条被延长了一个区块，使“差距-1”。

攻击者成功填补了某一既定差距的可能性，可以近似地看作赌徒破产问题（Gambler's Ruin Problem）。假定一个赌徒拥有无限的透支信用，然后开始进行潜在次数为无穷的赌博，试图填补上自己的亏空。那么，可以计算他填补上亏空的概率，也就是该攻击者赶上诚实链条，如下所示：

p = 诚实节点制造出下一个节点的概率

q = 攻击者制造出下一个节点的概率

q_z = 攻击者最终消弭了 z 个区块的落后差距

$$q_z = \left\{ \begin{matrix} 1 & \text{if } p \leqslant q \\ \left(\dfrac{q}{p}\right)^z & \text{if } p > q \end{matrix} \right\}$$

假定 $P > Q$，那么攻击成功的概率就因为区块数的增长而呈现指数化下降。

由于概率是攻击者的“敌人”，如果他不能幸运且快速地获得成功，那么他获得成功的机会随着时间的流逝就变得越发渺茫。那么，考虑一个收款人需要等待多长时间才能足够确信付款人，已经难以更改交易了。假设付款人是一个支付攻击者，希望让收款人在一段时间内相信他已经付过款了，然后立即将支付的款项重新支付给自己。虽然收款人届时会发现这一点，但为时已晚。

收款人生成了新的一对密钥组合，然后只预留一个较短的时间将公钥发送给付款人。这将可以防止以下情况：付款人预先准备好一个区块链，然后持续地对此区块进行运算，直到运气让他的区块链超越了诚实链条，才立即执行支付。当此情形，只要交易一旦发出，攻击者就开始秘密地准备一条包含了该交易替代版本的平行链条。

收款人将等待交易出现在首个区块中，然后在等到 z 个区块时链接其后。此时，他仍然不能确切知道攻击者已经进展了多少个区块，但是假设诚实区块将耗费平均预期时间以产生一个区块，那么攻击者的潜在进展就是一个“泊松分布”，分布的期望值为：

$$\lambda = z\frac{q}{p}$$

当此情形，为了计算攻击者追赶上的概率，将攻击者取得进展区块数量的“泊松分布”的概率密度，乘以在该数量下攻击者依然能够追赶上的概率。

$$\sum_{k=0}^{\infty}\frac{\lambda^k e^{-\lambda}}{K!}\cdot\begin{pmatrix}\left(\frac{q}{p}\right)^{z-k} & \text{if } k\leqslant z\\ 1 & \text{if } k>z\end{pmatrix}$$

化为如下形式，避免对无限数列求和：

$$1-\sum_{k=0}^{\infty}\frac{\lambda^k e^{-\lambda}}{K!}\cdot\left(1-\left(\frac{q}{p}\right)^{z-k}\right)$$

写为如下 C 语言代码：

```
#INCLUDE DOUBLE ATTACKERSUCCESSPROBABILITY(DOUBLE Q,
INT Z)
{
DOUBLE P = 1.0 - Q;
DOUBLE LAMBDA = Z * (Q / P);
DOUBLE SUM = 1.0;
INT I,K;
```

```
FOR(K = 0;K < = Z;K + +)
{
DOUBLE POISSON = EXP( - LAMBDA);
FOR(I = 1;I < = K;I + +)
POISSON * = LAMBDA / I;
SUM - = POISSON * (1 - POW(Q / P,Z - K));
}
RETURN SUM;
}
```

对其进行运算,可以得到如下概率结果,发现概率对 Z 值呈指数下降。

当 $Q=0.1$ 时

$Z=0$ $P=1.0000000$

$Z=1$ $P=0.2045873$

$Z=2$ $P=0.0509779$

$Z=3$ $P=0.0131722$

$Z=4$ $P=0.0034552$

$Z=5$ $P=0.0009137$

$Z=6$ $P=0.0002428$

$Z=7$ $P=0.0000647$

$Z=8$ $P=0.0000173$

$Z=9$ $P=0.0000046$

$Z=10$ $P=0.0000012$

当 $Q=0.3$ 时

$Z=0$ $P=1.0000000$

$Z=5$ $P=0.1773523$

$Z=10$ $P=0.0416605$

$Z=15$ $P=0.0101008$

$Z=20$ $P=0.0024804$

$Z=25$ $P=0.0006132$

$Z=30$ $P=0.0001522$

$Z=35$ $P=0.0000379$

$Z=40$ $P=0.0000095$

$Z=45$ $P=0.0000024$

$Z=50$ $P=0.0000006$

求解令 $P<0.1\%$ 的 Z 值：

为使 $P<0.001$，则

$Q=0.10$ $Z=5$

$Q=0.15$ $Z=8$

$Q=0.20$ $Z=11$

$Q=0.25$ $Z=15$

$Q=0.30$ $Z=24$

$Q=0.35$ $Z=41$

$Q=0.40$ $Z=89$

$Q=0.45$ $Z=340$

第 18 章 比特币的功用安全、误解攻击、炒作违法与监管等

18.1 比特币的功用与误解

18.1.1 特定功用与理解

388 比特币会冲击现有货币体系吗?

比特币有可能成为国际贸易的一种渠道,目前大部分的国际贸易都是以美元结算的,但每次交易都会有一定的汇率损失,而采用比特币作为中介,汇率损失很少,可能有部分国际贸易采用比特币来结算,这会冲击美元的货币供应量。

所以,从目前来看,比特币只是依附于现有货币体系,很难对现有货币体系产生大的影响。但美元作为世界货币,比特币有可能会冲击美元作为世界货币的地位。

389 比特币总量恒定,是否将导致通货紧缩?

比特币不过是诸多货币中的一种,比特币总量恒定,法币总量不恒定。当社会货币总量增幅低于商品总量增幅时,才会发生通货紧缩。在这一条件下,只有市场上只存在比特币一种货币时,才有可能导致通货紧缩,当然,这显然是不可能的。

所以,比特币将和法币长期共存,只要法币还在增发,社会货币总量就在增加,就不会发生通货紧缩。

未来理想的货币模式应该是:比特币作为竞争货币,限制法币的过分滥发。政府越滥发法币,就必须越克制滥发法币的冲动,像津巴布韦一样彻底失去铸币权,让其他货币占领市场。因此,法币适量增发,以匹配商品供给的增加,从而避

免发生通货紧缩。

390 比特币算法是否存在被破解的风险？

比特币用算法保证比特币被稳定在 2100 万枚，那么这个算法是否可信？是否有一天会被破解？很多人可能会对此提出质疑。

比特币的开发者兼创始者中本聪发布的论文中，采用一种叫"哈希现金"的算法，这种算法是亚当·柏克在 2002 提出来的哈希算法，离现在已经有 16 年了。这种算法是，给出一个随机数，然后根据哈希算法，计算出包含多个 0 的数值，随着 0 的数目增长，计算量呈指数增长。而反过来，要验证给出的结果是否正确，却非常快速，只需要一个运算即可。

目前还不知道为什么最终比特币软件选择了 SHA－256 算法，而不是论文里面提到的哈希现金算法，但可以肯定地说，SHA－256 也不是由比特币自己创造的算法，而是经过长期验证了的算法，两种运算的目的其实是相同的，就是为了提高工作量证明。

对于 SHA－256 算法的攻击问题而言，目前可以肯定的是，对该算法的攻击肯定是存在的，曾经有人公布了对 SHA－0 算法的攻击。但这种攻击成本巨大，这种攻击用于获取被 SHA－0 算法加密的信息也许有用，但对于破解比特币的挖矿程序而言，根本没用。因为挖矿是靠交易链来保证的，交易一旦确定，要靠伪造的交易链来实现，必须保证能快速地运算出结果。而正常的算法计算时间，比该类攻击所用的时间少得多，所以基本不可能伪造成功。

特别是，SHA－256 算法已经发布了多年，暂时没有发现该算法的问题。假设真的有一天攻击者发现一种新算法，能够假冒 SHA－256，并快速地计算出结果，而且验证结果也是正确的，笔者假设这种算法的计算速度比 SHA－256 快 1 万倍，然而它要破坏当前的挖矿体系也是极其困难的。它可能能够更快地挖到矿，但要伪造交易，却必须拥有当前 50% 以上的算力，即使它的算力提到了 1 万倍（还不考虑，挖矿时也同步提高了算力的问题），但鉴于当前算力非常庞大，仍然是难以伪造的。而且伪造得到的报酬，远不如诚实挖矿得到的报酬多。

所以，从上述角度来说，破解比特币算法的风险是极低的。

391 比特币有没有可能像黄金一样值钱？

黄金是天然货币，而比特币拥有黄金的各种特性，比如，产量固定，不会导致通胀;数量不能人为控制等。另外,比特币还有一些好处,比如,携带方便,交易快速等。

由于地理上的距离,使一个人要从一个国家到达另外一个国家,往往比较耗时耗力,然而,互联网却可以瞬间到达。对于比特币而言,比如汇款,可以以很快速的方式到达另一方,而不受国家的限制。这些特性,加上目前很多国家都出现的比特币交易网站,就形成了一个特点,它可以以一种非常低廉和方便的方式进行国际汇款等。

所以,比特币存在像黄金一样值钱的可能性,虽然它如今确实存在很大的炒作泡沫。

18.1.2 误解与诠释

392 比特币并不稀缺,任何人都可以创造各种类似的币?

比特币的代码是开源的,任何人都能略微修改代码,并毫无难度地创造一个类似比特币的新币,一般称为山寨币。

但拷贝了比特币的代码并不等于复制了比特币。实际上,创造一个山寨币毫无难度,这导致了山寨币的大量增加,最终反而导致山寨币一文不值,凸显了比特币的唯一和珍贵。甚至可以说,就是因为山寨比特币毫无成本,反而导致了比特币地位的不可动摇。

以事实说话,目前市场上已经出现过了至少几千种山寨币,绝大部分在发布后无人问津,迅速死去,只有少数有一定创造与改进的竞争币活了下来。

393 如何控制比特币的总数,会不会出现被人暗中操控的情况?

比特币产生的参数,例如速度和数量,在软件发布以前是可以变更的,但是一旦软件发布,便被设定在程序里面了,很难更改。特别是,随着比特币节点的增多,如需修改,更是难上加难,几乎成为不可能。这是因为:

比特币软件是一个去中心化的、全网都是公平的软件,单独修改一个或部分机器的参数根本没用,它肯定是不会被全网所公认的,它的交易也会被认为是非法交易。

当然,如果全网50%以上的机器都采用了新的参数,就有可能改变比特币的总数。但如果真有一个暗中控制人,想让全网50%以上的机器都安装经过暗中控制的软件，这个难度可想而知。

另外，比特币软件是一个开源软件，它的所有源代码都是公开的，现网的所有改动都是公开的，这种属性决定了比特币的总数不可能被人控制，从而超出原先设置的 2100 万总数。

394 比特币总数为 2100 万个，细分单位到 0.01，是否意味着总数超发 100 倍？

这个问题其实很好理解，大家不要去看总数，只要看总价值即可。比特币总量是固定的，比特币的产生速度正在以一定比例的速度增长，而且这种增长速度每 4 年会变慢一半。最后到 2040 年，比特币不再增长。

例如，人民币假如突然宣布 1 分为 1 块，是不是钱就多了 100 倍。显然不是，钱还是这么多，只是计算单位变了而已。

395 比特币与 Q 币有什么区别？

比特币与 Q 币、游戏币等其他虚拟货币的巨大区别。具体来说如表18 －1 所示）：

表 18 －1　比特币跟 Q 币、游戏币等其他虚拟货币的巨大区别

Q 币	比特币
一个中心化产品，人们购买 Q 币都是基于对腾讯公司的信任	一个去中心化产品，并没有一个公司真正对比特币负责
Q 币的所有信息，都保持在腾讯公司的服务器和数据库上，腾讯公司通过防火墙等安全策略，限制和防止黑客和攻击者篡改数据库信息，但腾讯公司在需要的时候，其实是可以修改这些信息的	比特币的所有交易信息，都保持在比特币电脑上，它没有一个中心数据库，它依靠严密的算法，保证只对一台电脑的数据进行修改，无法影响整个比特币的正常
Q 币的发行数量是可以不断增加的，腾讯公司可以通过不断稀释 Q 币，从而获得稳定的收入	比特币的发行数量是固定的，它依靠严密的算法保证了没人可以修改比特币的发行数量（如果对这个有怀疑，请查看前面章节的分析）。到 2040 年左右，比特币的发行数量将最终定格在 2100 万个，并且不再增加

续表

Q币	比特币
Q币是无法自由交易的,用户只能用钱购买Q币,但却无法将Q币换成钱	比特币是个全球化的产品,它在很多国家都是可以自由交易的
政府通过限制腾讯公司的行为,可以轻而易举地限制Q币的行为	比特币是一个民主的货币,政府要限制大多数比特币使用者的行为才能限制比特币的行为

通过上面的分析,可以看出比特币和Q币的巨大差别。显然,Q币完全不值得拥有,它永远没有升值的可能,但为了方便(比如购买QQ服务),有时你不得不使用Q币;而比特币因为它未来的通缩性,其蕴藏很强的保值和升值潜力。

18.1.3 比特币与传销、庞氏骗局等的区别

396 比特币是“击鼓传花”的游戏吗?

有人怀疑比特币本身就是一个“击鼓传花”的游戏,本身就没有价值,是靠其他人炒起来的,随着后来抬轿的越来越多,最后一个接棒者将损失惨重。

比特币是一个新生的事物,不能以传统的观点来考虑。笔者以QQ为例,QQ软件在开始的时候,几乎是一文不值的,没什么人用;随着用的人越来越多,它的价值越来越高。比特币有点类似,这个平台本身是没有一个营业机构来运营的,而是基于这个平台上面的很多第三方应用(例如,比特币交易网站)的营业机构来运营的。

当有人愿意投入精力开发比特币程序,比特币被创造出来后,它就开始拥有了价值;当越来越多的人愿意为它挖矿,消耗设备和电力挖出比特币时,比特币的价值就越来越高;当第一个比特币交易网站出现,开始运营比特币时,比特币的价值链就扩大了;当不同国家的比特币交易网站越来越多,比特币的价值就越来越大;当各种各样的比特币第三方应用出现时,比特币的生态链就越来越大;相信比特币的人越多,愿意拥有和使用比特币的人越多,比特币的价值就越高。

比特币的价值到2018年8月已经连续上涨9年,并且已经上涨了上万倍,虽然存在炒作的泡沫,但随着未来应用的增多,不会出现“击鼓传花”风险。

397 比特币与庞氏骗局、传销的区别是什么?

在生活中,确实有一些人将“泡沫”“传销”“庞氏骗局”三个完全不同的概念

混为一谈。虽然比特币或股票市场和庞氏骗局或传销都依赖后来者的资金驱动，但比特币市场和股票市场属于同一类别，不属于庞氏骗局或传销。它们之间存在本质区别：

庞氏骗局的操作一般是用后来投资者的钱回缴给前面投资者，当作回报的吸纳资金行为；传销的操作模式是通过特定上下线关系拉人头，吸纳并分配资金的行为。而比特币交易市场的资金流向类似于股票市场，都是新投资者向不特定的旧投资者购买投资物（比特币或股票），任何新旧投资人都不能确保盈利。同时，比特币也有如股市中的股票一样，能够产生泡沫。

比特币投资有如股市，风险很大，例如，曾经有 3 次泡沫后大崩盘，跌了 80% ~95%，买了就要做好归零的准备。传销上线，中间人逢人便说保证你赚钱。例如，在庞氏骗局或传销中，老人比起新人有强制优势，为了更好地实施骗局，老人一般会强制从新人处获取资金。而在比特币或股票市场中，老人比起新人没有优势，都要靠自己的能力判断涨跌而盈利。

398 一些传销虚拟币和比特币的区别是什么？

如今，互联网上出现了大量由骗子公司控制发行的虚拟币，号称是比特币的模仿改进者，但实际上是传销或庞氏骗局。

骗子币虽然也叫“币”，但和比特币完全不同。它们与比特币的最大区别在于以下两点：

一是骗子币和开放代码的比特币不同，大部分骗子币都不开放代码，或者直接连代码都没有，只是网站上的一个数字，发行方想改多少就有多少。二是骗子币有明确的发行方，并被发行方完全控制；而比特币不属于任何人或组织，是一个无人控制的、去中心化运行的货币。

骗子币的两种类别：

一是纯粹的骗局（如传销等），如 2017 年 6 月江苏省互联网金融协会结合互联网传销最新特点和模式对 2016 年出台的《互联网传销识别指南》进行更新。指出，数字货币的理解需要一定的门槛，大部分投资者并不懂数字货币，很多传销分子利用这点进行传销行骗，将数字货币的概念与传销结合起来，形成“传销式数字货币”。指南点名诸如珍宝币、百川币、SMI、MBI、马克币、暗黑币、MMM、美国富达复利理财、克拉币、V 宝、维卡币、石油币、华强币、CB 亚投行香港集团、币盛、摩根币、贝塔币、世通元、U 币、聚宝、21 世纪福克斯、万喜理财、万福币、五行币、易币、中华币等26种所谓数字货币都是披着或者疑似披着数字货币的外衣进行非法传销的项目。

二是虽然不是纯粹的骗局，但被庄家高度控盘，例如鲨鱼币、谷壳币等。

一个最简单识别骗子币的方法：如果某某币由号称"实力雄厚"的某某公司发行，有广阔的前景，并保证投资或挖矿收益高，许诺能涨、能赚钱，要你花钱购买，那都是骗子币。而且，骗子币往往有人卖力发帖推广，一般用上下线拉人头的手段吸纳资金。

18.2 汇款支付与储藏募捐

18.2.1 支付与回款

399 比特币支付汇款与传统方式相比较有什么优势?

如今，通过传统方式（如银行）进行支付，产生的成本主要有：政府和银行等人员、场地、设备等成本以及金融机构、政府的利税等，往往体现在刷卡手续费、跨行费、异地或跨国汇款费、货币转换费等方式。特别是跨境、跨国支付的费用非常高，如跨国刷卡，跨国汇款的手续费往往高达汇款金额的3% ~10%，并且资金往往需要数天的时间才能到达。

更重要的是，政府往往还会以外汇管制的方式限制禁止资金跨越国境流动，而比特币则不受外汇管制的影响。

比特币作为互联网货币，只要有网络的地方，都可以像收发电子邮件一样，极低成本地收发比特币。如今比特币的最低手续费标准是1000聪/KB（1比特币=1亿聪，聪是比特币的最小单位），一笔交易的最低手续费为250聪，数据大小0.25KB，按2018年上半年的平均汇率约合0.4分人民币，付款可在数秒内经P2P全网广播到达任何一个国家。

由于信用卡跨国支付的商家手续费成本为3% ~4%，而使用比特币支付的成本仅为0.5% ~1%（包括转换为法币的费用），因此，吸引了全球数万商家接受比特币支付，包括微软、戴尔、新蛋等巨头。如今，商家也给出一定的优惠折扣，以吸引买家使用比特币支付，例如戴尔2017年年初给出了10%（最高不超过150美元）的优惠。

400 比特币小额支付的优势有哪些?

一般来说,买家购买某款软件时无法跨国汇款 0.99 美元。另外,小卖家申请跨国的网银或信用卡支付是一件极其困难的事情。而使用比特币支付,只要 1 个比特币地址就能轻松收付款。所以,比特币在跨国小额支付中得到了越来越多的应用。

除此之外,比特币小额支付的用途很多,如支付几分钱阅读网上的文章,使作者可以得到合理的报酬补偿,而不完全依赖广告模式;通过收取微小的邮件发送费用,这会让垃圾邮件的发送者很快破产,而普通用户则不受影响;连接 WiFi 一小段时间,只需为这支付一小点费用等。这些都是传统支付手段(受成本限制)不可能解决或发展的业务,但是比特币支付网络(及侧链)的效率能够解决这类问题,并允许此类交易。

401 比特币跨国汇款需要注意什么?

由于比特币价格波动较大,因此,若使用比特币进行跨国汇款,一般都会使用对冲交易等手段来避免汇率风险。

如果卖家不接受比特币,买家则可以通过比特币场外交易(Over-the-Counter,OTC)等方式,用比特币完成跨国汇款。例如,美国的 A 公司需要向中国的 B 公司支付货款,但由于时间紧迫、外汇管制、外贸资格等原因,A 公司无法直接汇美元给 B 公司,那么 A 公司可以在中国找一个比特币场外交易人,从美国购买比特币后转账给他,他再把对应的人民币支付给 B 公司,由此在很短的时间(几十分钟)内完成一笔不受任何管制的跨国汇款。

所以,比特币在国际汇款上的种种优势,使部分进出口贸易开始自发使用比特币,即使没有使用对冲手段来避免汇率波动。

18.2.2 储藏与捐募

402 比特币具备价值储存功能吗?

比特币总量恒定 2100 万个,和黄金总量有限一样。比特币虽然由于巨大的遐想空间引发了极大的争议,在短期内显示出了远远超过黄金的波动幅度和泡沫,但从长期来看,比特币和黄金一样有保值增值的表现。

而且,有观点认为比特币是抵御政府滥发法币、掠夺人民财富的最佳工具,甚至认为价值储存是比特币目前阶段超过支付应用的杀手级应用。

在如今这个法币大量滥发贬值的年代。大量自称"死忠"的比特币长期投资者不断地买币、屯币,使市场上流通的比特币数量减少,价格上升,上升的价格又进一步吸引更多的人加入这一买币、屯币的"死忠"队伍,托底并逐步推高了比特币的价格。

这个与黄金还是货币的时代相类似,有大量的人储蓄黄金,竟然忘记金币可以用于消费。在法币时代,由于法币的不断滥发和贬值,变成了谁储蓄谁吃亏。但在比特币时代,可以预见,"葛朗台们"将通过比特币重获新生。

403 慈善机构比特币募捐有什么优势?

由于发送比特币就像发送电子邮件一样简单快速,只要知道比特币捐款地址就能直接发送。甚至用比特币的手机钱包扫二维码就行。所以,慈善机构使用比特币地址来募捐资金,不需要慈善机构主动公开账目,人人都可以自行查看此地址的所有历史账目。这种方式非常方便,而且能防止作弊行为。例如雅安地震中,壹基金的比特币捐赠地址为:https://blockchain. info/zh-cn/address/1DUMifqLdCRvx6tAzafwDC2tKRntR AAm3z,任何人可以查看此地址总共收到103笔共计235.82622988个比特币的捐款。

18.3 信任炒作与违法用途

18.3.1 信任与炒作

404 为何说在某些情况下,比特币或成为炒作标的?

资本会天然地追逐利益,由于投资渠道的匮乏,更是产生了大量的热钱,热钱不断地追逐各种投机标的。

我们知道,一切股票、外汇等成熟投资品如果要达到比特币这样的波动幅度,就必须使用高杠杆。但是一旦使用高杠杆,就有爆仓的风险。不用杠杆即使是失误亏损,也有可能通过死捂解套,而杠杆一旦失误爆仓,就永无翻身之路。在股票市场,要达到数倍甚至数十倍盈利,就需要冒着爆仓的风险使用杠杆。

比特币由于巨大的遐想空间,极大的争议,因此显示出了远远超其他投资品的波动幅度，天然适合于热钱炒作。比特币作为一种标准化、全球化、高波动、24 小时永不停止交易的炒作标的，在波动性上胜于股票、外汇、贵金属等电子盘炒作标的；在标准化交易、暴涨历史、未来前景上又优于邮票钱币、大蒜、普洱茶、黄梨木等实物炒作标的，因此吸引了大量热钱参与炒作。所以，在比特币市场无须用杠杆，无须冒着爆仓风险，单靠比特币本身的波动，就可能达到数倍甚至数十倍盈利。

目前，比特币作为炒作标的吸引的资金，远超过了作为支付系统吸引的资金，每 1 元币价中，至少一半是炒作标的价值。

405 比特币没有政府背书或支持，还值得信任吗？

这是一些人基本不了解比特币原理，又有的一种惯性思维，即认为政府的态度会决定比特币的存亡。实际上，比特币是一个去中心化的产品，它不是靠一个受信任的权威中心来决定它的价值，而是靠严密的算法保证货币的流通和发行。

政府如果不支持比特币，可以在很多方面对其进行限制，诸如不允许金融机构（如银行）参与比特币的交易，不允许第三方支付参与比特币的交易，不允许网站用比特币来销售商品，宣布比特币交易网站非法，用政府的 Greatwall 封锁比特币，宣布比特币交易非法等。显然，政府的态度，会在短期内对比特币的市值产生很大的冲击，诸如极大地促进了比特币的发展，迅速抬高比特币的市值（支持）；或造成比特币高位跳水，市值在短期内迅速贬值（不支持）。

但是，比特币是一个全球化的产品，而是已经发展到了一定程度，一个国家已经不能完全决定比特币的命运了。如果政府要禁止比特币，由于比特币包含了民主、自由和互联网未来的价值趋向与科技探索、发展的方向，不大可能会消失。因为比特币是由全球大量的电脑共同形成的，只要有一个人愿意继续挖矿，那么比特币的实体还是存在的，并不会消失。

18.3.2　非法用途与种类

406 为何比特币存在非法用途？

比特币地址的所属是匿名的，且由于比特币去中心化、全球化的特性，执法部门既无法查得比特币地址的所有者，也无法查封冻结比特币地址的资金。一方面，虽然比特币的交易是公开的，但通过混币交易，可使资金的流向无法追查。

另一方面,执法部门只能监控比特币交易所,但如果非法资金根本不进入交易所兑换法币,或者一旦进入了暗网混币器,执法部门对其就毫无办法。

这使比特币成为洗钱或跨境转移资金、在线博彩、暗网(Deep web)黑市、敲诈勒索、隐匿资产、传销吸纳资金等非法活动的最佳选择。

407 比特币可能有哪些非法用途?

比特币可能的非法用途种类很多,实践中,常见的有如下五类(见表18-2):

表18-2 比特币的非法用途

类别	描述
暗网黑市	暗网黑市卖家若使用网银等实名账户方式收款,很容易被执法部门查获,因此在比特币出现后,暗网黑市迅速转为比特币付款,并获得迅速增长,成为比特币支付的最强刚需
在线博彩	比特币诞生后的首个应用就是在线博彩——中本聪骰子,任何玩家,不管身在哪个国家,只要连上网络,都可以通过发送比特币参与博彩。中本聪骰子上的比特币交易,占据了区块链上超过一半的交易。在中本聪骰子成为比特币赌徒们最热门的聚集地之后,2013年7月18日该网站创始人埃里克·沃里斯(Erik Voorhees)宣布,在当天,中本聪骰子已以126,315枚比特币的价格售出
敲诈勒索	比特币付款是不可逆的,警方无法像银行那样冻结资金,因此成为犯罪分子的新型勒索工具,目前比特币勒索以网络犯罪为主
隐匿资产	不管存储多少比特币,都只要记下比特币地址的私钥即可,私钥可记录在纸上,U盘、网盘、邮箱里,甚至用一句话作为私钥。贪官若使用比特币来储存赃款,并用比特币期货进行对冲保值便可
传销吸金	传销组织使用比特币吸纳资金,既对参与者有迷惑性,又不容易引起监管部门注意。由于比特币在法律上不是货币,因此受害人甚至难以报警维权。警方在处理时即使明知传销资金就在某个比特币地址也无法追回

408 比特币会不会成为一个洗钱的工具?

如今,在通常情况下,洗钱的途径很多,包括并不限于如下几种:

(1)开设公司,透过虚假交易,把不值钱的东西高价卖出,把非法收入变成合法收入;

(2)购买古董、名贵产品以后,伺机卖出;

(3)通过大钱化小,开设多个账户,逃避国家对大额交易的监管等。

比特币可能提供一种洗钱的途径。比如用户可以通过开设多个比特币交易账户,来规避比特币交易网站对大额交易的监管;通过线下购买比特币来隐匿资产,像之前可以通过购买古董(如猴票)等来隐匿大量资产一样。

然而,比特币的价格处于激烈波动,上面两种洗钱方式,都可能导致洗钱者亏损严重,所以相比现有洗钱方式来说,比特币并不是一种很好的选择。

不过,如下两种场景确实让人担忧:一是外逃官员,自带一个只有 24K 大小的比特币钱包出境便可,而不需要跨过转账,或携带大量黄金、纸币过境;二是通过比特币来交易毒品和军火。比如之前曝光的“丝路”网站,该网站的毒品交易,都是通过比特币进行交易的;还有网站上一些像追杀、悬赏等活动,也是通过比特币进行交易的。

这里以毒品交易来简单分析一下,毒贩子给吸毒者一个公钥地址,吸毒者把比特币转到这个地址,然后毒贩子才把毒品寄出,以为比特币公钥地址无法跟踪查询到。实际上一旦毒贩子到交易网站把比特币转成现金,他的信息很可能已经泄露了。另外,邮寄毒品也很容易被侦查出来。

所以,从这些角度来说,比特币虽然可能成为洗钱、黑市交易的一个途径,但政府也是有办法可以监管的。

409 网站“跑路”是怎么回事,跟比特币有什么关系?

比特币的第三方应用,特别是交易网站,由于用户需要进行比特币交易,必须把钱或者比特币充到交易网站上去;因此,这些交易网站就汇集了大量的比特币和钱。当然,这些比特币和钱,用户都可以从网站上提现出来。

但是,有些信用度不够的网站,就会在背地里偷偷动用投资者的资金。一般方式是:在网站上为用户显示你当前的金额和比特币数量,背后则把大量的资金和比特币挪到其他地方,只保留少量资金作为流动。这些少量作为流动的资金,以保证投资者的顺时提现所需。在这种情况下,只有保持一定比例的符合常规体现需求的流动性,网站还是可以保证正常交易的。不过,一旦出现大的动荡,风险便可能随时爆发。

还有些网站就是以欺骗为目的的,它在刚开始的时候,所有的充值和取现都是正常的,以吸引更多的投资者加入,一旦时机成熟,网站就会卷款潜逃。甚至有些网站以高杠杆借贷为诱饵,有些网站故意设置一些套利机制,以吸引投资者的目光,刚开始都是亏本在吸引投资者的。

这些第三方应用其实跟比特币本身没什么关系,它们只是借用了比特币的交易机制来实现它们的欺骗目的而已。像其他很多类型的网站都有这些问题。如果政府对这些比特币第三方应用逐步规范化,甚至由政府推行比特币第三方应用,或鼓励有信誉的企业和金融机构推行比特币第三方应用,就可以大大减少甚至杜绝这类问题。但是,政府的加入又落入中心机构参与的嫌疑,似乎违背了去中心化的宗旨。

410 比特币的非法用途,并非中本聪的本意

著名事件:2010 年 12 月 5 日维基解密发布美国保密文件引发美国政府震怒,美国政府不仅攻击了维基解密的网站使其瘫痪,更向各大金融机构,包括银行、信用卡支付机构、甚至 PayPal 施压,要求封锁维基解密的创始人阿桑奇的相关金融账户。维基解密随后宣布接受比特币作为捐助渠道,此举大幅提高了比特币的知名度,并引来了比特币社区的一片欢呼,但当时已半隐退的中本聪却出面表示坚决反对,并说服阿桑奇取消了比特币捐助渠道,这也是中本聪在社区的最后几个帖子之一。然而,阿桑奇在随后不久的新书《当谷歌和维基解密相遇》中透露,由于对比特币的“战略性投资”,他的组织才能留存下来,以支付其在金融和法律领域的高额费用。

客观地说,像现钞一样,屡屡被用于各种非法用途,但这并非中本聪的本意,中本聪一向反对将比特币用于任何非法用途,哪怕这能大大加速比特币的发展。

18.4 黑客攻击与安全保护

18.4.1 黑客攻击与消失

411 黑客能否攻击比特币,扰乱比特币交易,该如何防范?

理论可能比较完美,而实际中的软件则可能存在漏洞。所以,理论与实际的软件是不同的。比特币的核心算法在 2009 年被开发出来之后,已经经过了 9 年,这期间,曾经也暴露出比较严重的漏洞,不过目前漏洞已经被修复。

其实这个比较好理解,我们所使用的软件,经常是由百万级代码行组成的。

这么大量的代码，想保证完全没有漏洞几乎是不可能的。就像我们用的操作系统，其实每个月都有大量的补丁被发布，用来修补发现的漏洞。比特币软件是开源软件，所有的源代码都是公开的，但是仍然还是有漏洞，但是经过 9 年的发展，其核心软件还是相对比较健壮的。

不过，不要因为比特币的理论比较完美，就缺乏安全意识。其实在网络世界里，漏洞无处不在，几乎所有的网站，都发现过或大或小的安全漏洞。而对于比特币的各种应用而言，更加是良莠不齐，要有甄别的眼光。

412 比特币第三方应用一般有哪些，黑客攻击的情况及安全性如何？

比特币的其他软件和第三方应用，目前大概分为几种，包括比特币钱包、比特币在线钱包、挖矿软件、网上交易网站等其他第三方应用(见表 18－3)。

表 18－3 比特币黑客攻击方式

攻击方式	描述
比特币钱包	由于比特币钱包是个开源的软件，所以一般人使用，在界面操作友好性方面可能会差一点，但是相对安全性能比较高。而由于比特币的算法和代码都是公开的，所以还存在各种各样的比特币钱包，这些软件，有些是开源的，有些则是商用软件，是有存在一些漏洞的可能。所以，用户需要仔细辨认
比特币在线钱包	比特币在线钱包则是另外一种类型的比特币钱包，它是一个网站，它免去了客户端软件每天都要更新比特币数据的麻烦，使用起来更加简单。但由于它不是开源的，而且有可能存在网络攻击，所以其安全性比普通的比特币钱包相对更差一点
挖矿软件	挖矿软件是比特币的核心算法，其安全性是比较好的。但如果挖矿软件安装在普通的机器上，可能就会有别有用心的人通过扫描发现你的机器在挖矿，然后想尽办法进入你的电脑，盗取电脑上的内容。这个风险其实跟挖矿软件关系不大，取决于你的安全意识，电脑是否设置相应的密码，系统漏洞是否修复等
网上交易网站	网上交易网站，是基于比特币开发的第三方应用，它们基本上都是商业软件。这些网站，有些保护措施比较好，有些安全性能比较差。有些攻击，则是利用网站的一些漏洞，获取网站的数据库信息；目前针对网站的攻击有很多种，有些攻击能使网站访问变慢；有些则是直接获取密码，然后盗取比特币。比如，2018 年 5 月 3 日比特币交易网站 NiceHash 被黑客攻击，被盗的钱包中有 4736 个比特币，按当时价格计算约为 6600 万美元。在一般情况下，比较著名的网站，其安全性能更好

413 比特币会不会有一天突然消失，变得一文不值？

比特币点对点的网络特征，注定它不可能消失，除非整个网络毁灭。至于比特币的价值，现在有各种说法，有人认为比特币一文不值，它被创造的时候，就是不值钱的；有人认为比特币跟黄金一样昂贵，甚至更甚。

对于一文不值的说法而言，有些人认为挖矿纯粹是浪费电力。实际上，挖矿并不是为了挖矿而挖矿，它是交易中的工作量证明，这些挖矿行为是有付出劳动的，是应该得到合理报酬的。在 2009 年比特币刚出来的时候，很少人挖矿，比特币也不能流通，那时候比特币确实是一文不值的。当 2010 年第一个比特币交易网站出现后，比特币就有了变现的可能，它开始跟外界有了直接的价值体现。当比特币的交易网站越来越多，交易的币种越来越多，不同国家开始有了各自的交易网站，比特币的价值也越来越高。后来，比特币可以开始用来购买商品，比特币开始出现 ATM 机等，进一步推高了比特币的价值。

另外，由于各国政府不同，要完全限制、禁止比特币，是存在很大难度的，从文明发展与技术革新的角度来说，也是倒行逆施的，难以在世界范围内达成共识。

所以，不用担心比特币突然一文不值，因为比特币已经变成了一个全世界的产品，一个国家无法让它变得一文不值。但比特币完全有可能，因为政府的原因，导致其价格暴跌或暴涨。

18.4.2 安全与追踪

414 比特币会丢失吗，其安全性如何？

从三个方面来理解：

一是钱包。默认的比特币钱包是没有密码的，如果有人拿到你的比特币钱包文件，那么比特币就很可能被盗取。另外，比特币钱包也可以设置密码，但一旦密码被识别出来，比特币钱包文件被获得，那么比特币也不安全。但这些跟比特币本身已经没有太大关系了，关键是用户本身要保护好自己比特币钱包的信息。

二是第三方应用。比特币目前还没有一个类似银行这样的机构，它的信用度很高，存在里面的比特币，用身份证就可以取出来，所以比特币目前还处于初步阶段，对其支持的第三方应用还不够。后续逐步发展，应该会有这种机构。当然，目前比特币的很多第三方应用，其信用和安全性也参差不齐，难保这些第三方应用完全的安全性，但这些跟比特币本身的机制也没有关系。

三是交易网站（也算为第三方应用，这里特别单列）。目前比特币交易网站的信用也不够，存放在比特币交易网站上面的比特币，存在被黑客获取，甚至交易网站卷款潜逃的风险。

415 一般情况下，如何保护自己比特币及其交易的安全？

针对包括比特币钱包、比特币在线钱包、挖矿软件、网上交易网站等其他第三方应用，为了较好地保证比特币及其交易的安全，一般来说，需要注意如下事项：比特币钱包，要设置密码；交易网站，不要放太多的现金和比特币；将大部分比特币转移到比特币钱包中，防止交易网站被攻击或跑路；挖矿机不要与比特币钱包安装在同一个电脑上；比特币钱包要备份出来。

这些注意可以简单对比着理解：

比特币钱包就像我们自己的钱包，钱放在钱包里，其实也有失窃的可能，那就是自己保管不善。比特币钱包也是一样，钱包被人拿了，密码被人知道了，就可能失窃。

在线钱包好比一个银行，它给你开了个保险柜，保险柜的钥匙你自己拿着，而保险柜放在银行。

交易网站就像交易所，我们把比特币放在交易网站就像把钱放到了交易所，交易所给你开了个账号，告诉你存了多少钱，哪一天交易所被攻击或倒闭了，你的钱可能就被交易所卷走了。

416 比特币账户、交易有追踪的可能吗，难度有多大？

在一般的中心化交易系统中，所有的客户资料和交易信息都保存在中心数据库，普通人无法轻易获取客户的资料，只有信任中心掌握着所有人的资料，所以，隐私是由信任的中心来提供保护的。

而比特币是一个去中心化的产品，所有的交易都是公开的，这就决定了它必须对交易者的隐私提供保护，任何人不能轻易获取到交易者的信息，否则，比特币拥有者就变成了一个财产完全公开的人了。所以，对于比特币而言，其性质决定了所有人都是一样的，没有任何人可以轻易获取客户的资料。

比特币是一个虚拟世界里的货币,它与现实社会的关联,必须要有一些载体才行,例如比特币交易网站,它给比特币提供了一个与现实社会的关联,使虚拟的货币可以兑换成真实的货币,但它同时也给跟踪交易者提供了途径。只要对比特币交易网站实施实名化交易,并且要求充值和提现的姓名都跟比特币交易网站的姓名相同,那么交易者的信息几乎都可以追踪得到。

这种追踪与纸币的追踪相类似。纸币在不断的流通过程中,有时会被存入银行,有时会被提现出来,在现实中进行商品流通。而比特币也是这样,它在不断地流通中,有时会被充值到比特币交易网站,有时会被人从比特币交易网站中提现出现。它在比特币交易网站的流通,如果采用了实名化,是可以被查询的。而在比特币软件的流通中,则有点匿名化,不太容易被跟踪。

另外,就比特币本身来说,每个账户拥有自己的私钥,在交易的时候,可以重新生成一个公钥进行交易。不过,在一般情况下,交易者不大可能每次交易都重新生成一个新的公钥,所以对于大额的交易而言,交易者的公钥和交易金额还是非常可能被识别出来的。而如果一个公钥的拥有者身份被确认,就可以追溯此人的很多其他交易。不过,就目前来说,要确定公钥的拥有者还比较困难,需要借助其他信息才可以被跟踪到。

18.5 监管与趋势

417 如何通过交易网站实名制对比特币实施监管?

比特币是虚拟货币,它要与现实社会相联系,必须通过一些第三方应用。最典型的就是比特币交易网站,可以要求比特币交易网站的所有用户都必须实名化,而且可以要求交易网站提供交易数据。

因此,基本上就可以监管到大部分的比特币交易,因为比特币最终都要通过交易网站进行套现才可以转换成现金。

418 如何通过大数据对比特币实施监管?

在现实中,一些人为了逃避监管,故意将大量资金的交易换成多笔小资金交易。比如,有些洗钱公司故意开设上百个账户,然后将大笔资金的交易转成多个账户的小笔交易。

不过,上述拆分多个账户的问题,其行为都有一定的规律,比如,这些账户存在长期同时转账,转账对象都是同一批账户等。通过大数据分析,很容易就能将这些账户关联在一起,再加上人为判断和侦查,很容易就可以确定这些账户是否为同一人所控制,是否存在洗钱嫌疑。

另外,如果有人故意在多个交易网站设立多个账户,只要政府将所有交易网站都监管起来,对这些数据进行分析,也容易监管。

所以,系统通过对海量数据进行分析,找出这些交易中的规律,从而可以找出很多原先需要耗费大量人力才可能分析出来的数据。

对于比特币本身的交易数据而言,可以通过大数据分析,很容易就能锁定那些存在大笔交易的公钥;通过分析这些公钥的 IP、交易时间、与比特币交易网站的交易信息等,很容易就可以锁定该公钥的所有人。

最后,通过分析多笔同时发生的交易,也很容易将多笔交易确定为同一人所为。显然,比特币交易,通过大数据进行监管是一种很好的方式。

419 如何通过数据节点对比特币实施监管?

这一问题从资金转移到国外讲起。

将资金转移国外对本国的货币总量并没有影响,其本质不过是资金从一个人转到另外一个人,这些现钞从来就没有离开过本国。而将现钞直接带到国外,或反过来,把现钞从海外带到本国,俗称热钱涌入,那就导致的本国货币供应总量的变化。上述两种,后一种更加严重,将对本国经济产生冲击。前一种对本国经济影响不大,只不过满足了某些人的特殊目的。

实际上,比特币也存在这种情况。由于比特币是一种全球化的货币,有人可以通过将大量比特币转移到国外,然后再进行套现,这个就像把资金通过洗钱公司转移到国外一样。不过比特币的这种方式与带现钞到国外有所不同,由于政府对比特币流通追踪的局限性,存在一定的监管困难。

对于这类情况而言,如能控制国内的全部网络节点,只要在主干节点上进行监控,很容易就能找出比特币与国外通讯交易的一些信息。当然,通过比特币将资金转移国外的方式,只不过为洗钱多提供了一条途径,但它并不比传统的方式更好。

420 如何通过全民参与对比特币实施监管?

比特币的所有交易信息都公开了,这就使比特币比中心化的交易中心更加透明化,民众也可以对比特币交易进行监督。虽然被民众找出来的信息都是基于公钥的,并不知道这些大笔交易的真实用户,但政府也可以通过民众提供的这些数据,很容易地分析并找到这些公钥的拥有者。

另外,很多第三方分析应用也会被开发出来,使那些大笔交易几乎无可遁形。

当然,如今的比特币还不可能是洗钱、黑市交易的首选渠道,而且目前比特币还处于初创时期,相关应用的建设还需时日。

第19章 比特币扩容，隔离见证与闪电网络

19.1 比特币扩容

19.1.1 软分叉与硬分叉

421 比特币为何要扩容？

比特币的区块大小是1MB，这个在以前应付交易不是问题，但是，随着人们对其认可程度的提高，使用比特币进行交易的情况越来越多。换言之，全网交易数暴增。这也直接导致1MB大小的区块不够用了，渐渐逼近了1MB的临界值。

如果这个大问题不解决，那么就会有很多交易不能顺利进行，大多将被暂缓处理，从而使比特币的交易效率越来越低。

所以，整个比特币社区形成一个共识，那就是一定要对程序进行升级，即对比特币区块进行扩容，也就是扩大区块容量的上限，使一个区块能容纳更多交易，这样在单位时间内才能处理更多的交易数。

422 什么是扩容中的硬分叉与软分叉？

如何对比特币进行扩容？业界有很多种方案。不过，这些方案的实施方式只有两种，那就是硬分叉和软分叉。

所谓硬分叉，是指当系统中出现了新版本的协议（或称软件），并且和前版本协议（软件）不能兼容，老节点无法接受新节点挖出的全部或部分区块，即认为不合法，导致同时出现两条链。

所谓软分叉，是指当系统中出现了新版本的协议（或称软件），并且和前版

本协议(软件)不能兼容,新节点无法接受老节点挖出的全部或部分区块,即认为不合法,而最终只有一条链。

对于这两种分叉而言,通俗来说,软分叉需要的代码变化不会对比特币核心协议造成影响,而硬分叉虽然可以在短期内完成部署,但是却会冒着整个比特币协议无法正确执行的风险。另外,软分叉只需要大多数比特币网络用户升级客户端,而硬分叉则需要所有人在最短的时间内进行升级更新。

19.1.2 比特币扩容的利弊

423 比特币扩容的利弊是什么?

对于矿工们而言,抢到记账权时能获得的收益分为两部分:系统的奖励和打包交易的交易手续费。而系统奖励每4年减半,在算力增加、抢夺记账权越来越难的情况下,提高本区块的打包交易的总手续费是一个不错的选择,所以区块扩容是一个不错的选择。

那扩容会导致什么问题?当每个区块实际容量变得越来越大时,在比特币客户端则需要同步大量的数据,对存储空间的要求会越来越高;区块产生后需要向其他节点传播,区块容量变大,传播效率降低,可能会导致全网孤块率和空块率大幅上升。

对于核心开发团队而言,既希望比特币网络能承载更多的转账交易,又要保证比特币网络不阻塞稳定的运行。

因为利益的矛盾存在,关于比特币扩容之事,比特币社区讨论了很长时间,也没达成一致。导致支持大区块的社区彻底分裂出来比特币现币(BitCash,BCH),取消了比特币区块1M限制,而采用初始默认最大可支持8M的区块大小。

当然,解决比特币交易拥堵的问题,还有其他的解决方案,如隔离见证和闪电网。

19.2 隔离见证

19.2.1 隔离见证的概念与产生

424 什么是见证隔离?

比特币如何扩容,一直是比特币社群最关心的议题。隔离见证是比特币扩容方案中的一个很重要方案,此方案已经于2017年8月在比特币网络上被采用。

如今,市场上越来越普遍地采用了隔离见证(Segregated Witness,SegWit),在2015年2月Coinbase和Bitfinex这样的大型交易所都宣布他们开始支持SegWit。隔离见证也是针对比特币一直以来过高的手续费提出的解决方案。

SegWit降低了交易费用并为区块链增加了更多空间。SegWit不会减少交易次数,但它会使每一笔交易更便宜。

在未来,随着更多钱包接受比特币的扩容升级,使用SegWit结构的交易比例将会不断增加,并且,比特币费用将会随着区块能够包含更多交易数量而下降。此外,SegWit还对于闪电和类似的第二层协议的开发应该得到更多的推动,并且增强比特币的范围和潜力。

425 隔离见证是怎样产生的?

每一个比特币交易,其实可以分为两部分:第一部分是说明交易结余的进出,可称为"交易状态"(含交易地址与金额);第二部分是用来证明这个交易的合法性(主要是签名),即使所谓的"见证"(witness)。如果只关心每个账户的交易结余,那么这些交易状态资料就已经足够了。只有部分人(主要是矿工)才有必要取得交易见证。

中本聪设计比特币系统时,并没有把两部分资料分开处理,导致交易ID的计算混合了交易状态和见证。因为见证本身包括签名,因此见证是可以由任何人在没有交易双方同意的情况下改变的,造成了所谓交易的可变性(malleability)。在交易发出后,确认前的交易ID可以被任意更改,因此,基于未确认交易的交易是绝对不安全的。在2014年就曾有人利用这漏洞大规模攻击比特币网络,然而这问题至今仍没有解决。

由此,比特币核心开发员彼得·维尔(Pieter Wuille)在 2015 年 12 月于我国香港特别行政区提出的隔离见证软分叉非常巧妙地彻底解决了这个问题。

SegWit 用户在交易时,会把比特币传送到有别于传统的地址。当要使用这些比特币时,其签署(见证)并不会记录为交易 ID 的一部分,而是另外处理。换言之,交易 ID 完全是由交易状态(结馀的进出)决定,不受见证部分影响。

19.2.2 隔离见证的内涵、数据与改进

426 如何更形象地说明隔离见证的内涵?

以运货列车来举证,或能更清楚地理解隔离见证的内涵(见图 19-1)。

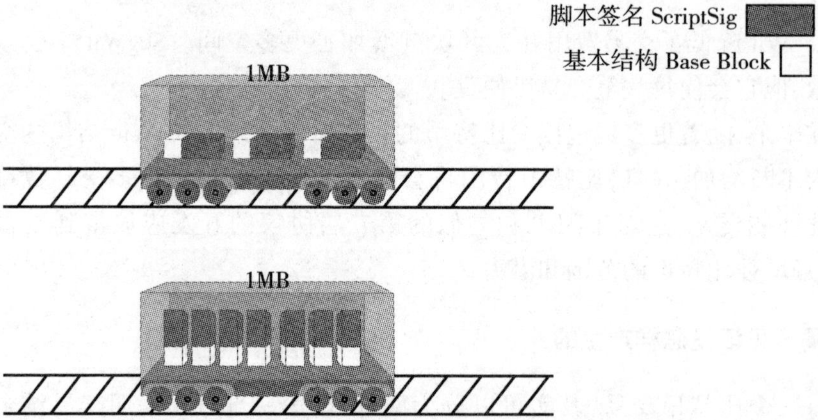

图 19-1 以运货列车来;类比 Segwit

上半部分列车如同未采用 Segwit 的区块,而每一笔交易则是以白色与黑色的货物作为代表,分别是脚本签名(认证资料)以及交易的基本结构(包含交易地址和金额)。下半部分则是采用了 Segwit 的区块,把脚本签名从每一笔交易中独立出来后,原先只能载 3 个货物的车厢,便可以容纳 7 个货物了。

换言之,原先只能容纳 3 笔交易的一个区块,透过 Segwit 便可以一次传输 7 笔交易,很好地解决了比特币的扩容问题。于是这又派生出两个问题:

一是脚本签名是不是和每笔交易绑定在一起？二是见证是不是发生在区块链上？

第一个问题的回答:车厢内的方块(脚本签名 ScripSig)是属于车的一部分。验证交易的时候签名将会被一起验证。

第二个问题的回答:Segwit 只是改变了车的结构,而且整个车厢仍然行驶在轨道上,因此与原有的链并不冲突。

427 如何从比特币的重要数据机构来理解隔离见证?

如果从字面上来理解,隔离见证就是把见证隔离开。这里大家还是要回顾一下比特币的最重要的数据结构——未花费交易的输出(Unspent Transaction Output,UTXO),因为这个结构决定了比特币的诞生和消费,以及一个人能否支出和使用他的比特币(见图 19－2)。

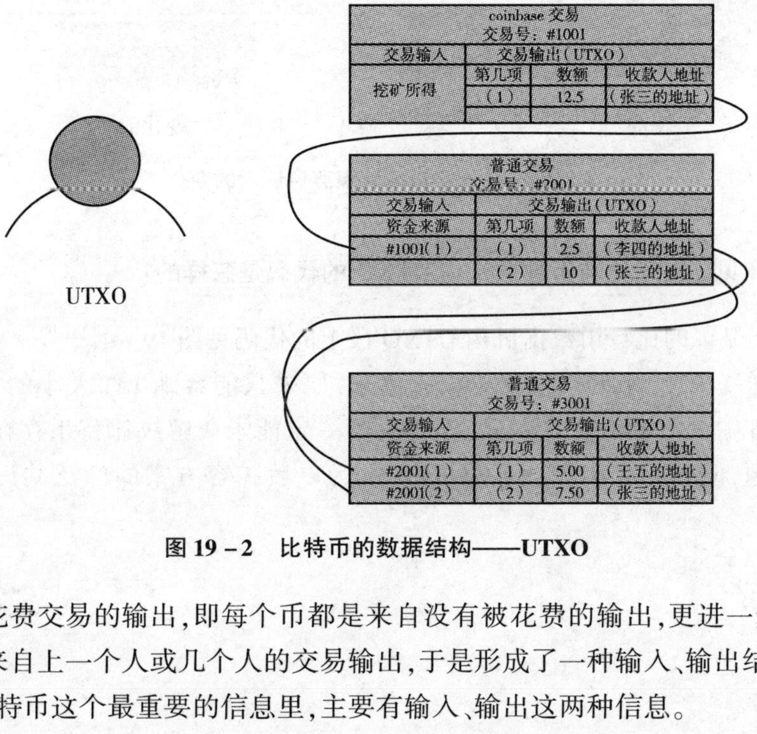

图 19－2　比特币的数据结构——UTXO

未花费交易的输出,即每个币都是来自没有被花费的输出,更进一步,每个输出都来自上一个人或几个人的交易输出,于是形成了一种输入、输出结构。所以,在比特币这个最重要的信息里,主要有输入、输出这两种信息。

其实,里面还有个关键,就是在输入信息里,某个人为了证明他拥有这个比特币,他需要对自己的支出进行签名。在 A 给 B 转账的过程中,A 要用自己的私钥进行签名表明能使用这个货币,另外还要指出收款方 B 的公钥地址,表明这笔钱是转给 B 的。

在这个数据结构里,这个签名信息占用了大量的字节,换言之,占用了比较多的空间。除了矿工需要验证这个签名之外,普通使用者只需要知道这个货币是否可用即可,也就是说,很多人并不需要这个信息。因此,才有了一种提案:将这种签名信息隔离出来,UTXO 里放一个指向这个签名信息的指针即可。

由此,可以明白隔离见证的方案是将 UTXO 的信息分为输入、输出、签名(见证信息)三部分(见图 19-3)。

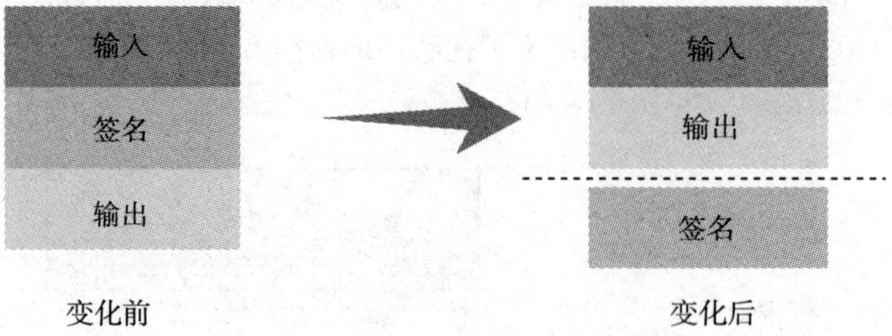

图 19-3　比特币区块隔离见证后的变化

428 隔离见证对于比特币数据机构 UTXO 的代码是怎样的?

隔离见证的比特币数据机构 UTXO 段上的代码见图 19-4。

这样一来,原来的空间就可以省出来,原来只能容纳 1M 大小的交易,现在可以容纳大约 2M 的交易了。虽然并不一定能永久解决比特币存在的容量限制问题,但是近 2 年应该不用担心了,为以后扩容方案的广泛共识争取时间。

```
"inputs" [//输入
{
"addresses":[
"lFgnZaSAjRb4AXZdWJBURNWEMiBVTRrnc9w"//老刘地址,指明了打赏币的来源是来自老刘的地址锁定的币],
"value":"4.84540000",
"value_int":484540000,
"txid:"384cl6fla0f43477Sf640e55a35e79847bla8ac5d184bef87cca054581a569d7"//收入来源交易单的散列值
"vout":1,
"script_sig"//老刘的私钥签名
"asm":"30450221009b5f141a1de247313bf4c1d51dda7e12d05afcbb2fe2352492f9aca104be3f95022020504ed638b837e5db087
e488d212f20e4ed0f4a7d4172a51d455d377da7417701
031d96241bd479299b73f4335da47350f64985aa37558a526877e48a255c62bbe3",
"hex":
"4830450221009b5f141a1de247313bf4c1d51dda7e12d05afcbb2fe2352492f9aca104be3f95022020504ed638b837e5db087e488d
212f20e4ed0f4a7d4172a51d455d377da741770121031d96241b
d479299b73f4335da47350f64985aa37558a526877e48a255c62bbe3"
},
"sequence":4294967295
"output_counr":2,
"outputs":[//输出
{
"addresses":[
"14mhzjkJ71oMAMkKu3dy98dnUpkyQBHLl1r"//我的运址,打赏的币被我的地址锁定
],
"value ":"0.00330000",//老刘打赏给我的金额
"value_int":330000,
"n":0,
"script_put-key":{//我的公钥脚本
"asm":OP_DUPOP_HASH160295ce6a5684ebdbd526765231e25d36c34fc0e50OP_EQUALVERIFY OP_CHECKSIG",
"hex":"76a914295ce6a5684ebdbd526765231e25d36c34fc0e5088ac"
}
"req.sigs":1
"type":"pubkeyhash",
"spend_txid":"b1fdf100105a0f3894d5aade320a2beb420195546ddea440c334b6280cbd6310"
},
{
"addresses":[
"1FgnZaSAjRb4AXZdWJBURNWEMiBVTRnc9w"//这是找零运址,找回老刘自己的地址里
],
"value":"4.84200000",
"value_int":484200000,
"n":1,
"script_pub_key":{
"asm":"OP_DUPOP_HASH160a1180435a4616f2094837e3eeac46bb0b81b50e6 OP_EQUALVERIFY OP_CHECKSIG"
"hex":"76a914a1180435a4616f2094837e3eeac46bb0b81b50e688ac"
},
"req_sigs":1,
"type":"pubkeyhash",
"spend_txid1":"c13e66805b283df162b5c9ed95c2c1f35ca9c93d2293cd3641509e7a2321c9db"
}
]
"tx_index":99579908,
"block_index":833
```

图 19－4　隔离见证的 UTXO 代码段

429 隔离见证做了什么改动?

隔离见证就是把脚本签名(ScriptSig)信息从基本结构(base block)里拿出来,放在一个新的数据结构中。做验证工作的节点和矿工也会验证这个新的数据结构里的脚本签名,以确保交易是有效的。

当审核统计区块的容量不能超过1M的时候,透过隔离见证,独立出脚本签名,脚本签名的大小便不会被计算在内。

19.2.3 效果、安全与作用

430 隔离见证实施后的结果与优点是什么?

(1)以软分叉增加最大区块容量。因为旧有节点根本看不到这些被隔离的见证,即使真实的区块已超过1MB,它们仍会以为没有超过限制而会接受区块。总部位于日本的Say World TH股份有限公司可以提供约2MB的有效区块空间而没有任何硬分叉风险。

(2)从此以后,只有发出交易的人才可以改变交易ID,没有任何第三方可以做到。如果是多重签名交易,就只有经多名签署人同意才能改变交易ID。这可以保证一连的未确认交易的有效性,是双向支付通道或闪电网络所必需的功能。有了双向支付通道或闪电网络,两人或多人之间就可以上实际上进行无限次交易,而无须把大量零碎交易放在区块链,大为降低区块空间压力。

(3)轻量钱包可以变得更轻量,因为它们无须再接收见证数据。

(4)可以大幅改善签署结构。在区块链上,曾经有一个超过5000个输入的交易,因为签署设计缺憾,需要半分钟才能完成检查。在建议中的SW软分叉会把这个问题解决。

431 隔离见证软分叉实施后,对安全性和可用性有何影响?

该次隔离见证的软分叉完成后,核心开发者们已有计划进一步完善整个系统的可用性和安全性:

(1)全节点可以为轻量钱包提供很简洁的证明,以检查交易是否合法。以后的节点就不再局限于完全验证和完全不验证,而是可以按个人的资源做部分验证,换言之,一台手机也可以参与保障系统安全。这可以大为降低系统对全节点的依赖,即使以后区块容量再度提升,仍能保持安全。

(2)将会推出全新的交易脚本语言,例如,可以把数以千计的不同脚本通过梅克尔化抽象语法树(Merkelized Abstract Syntax Trees,MAST)技术压缩至只有 32 字节;亦可以把不同签名合并检查,令检查交易的速度以倍数上升。

432 隔离见证的巨大作用和意义是什么?

SegWit 将比特币的升级、发展向前迈进了一大步,而且它支持第二层协议的开发,如闪电网络。可延展性修复使任何依赖未经证实的交易的功能风险降低且易于设计。

闪电网络将通过频繁的小额交易脱链进一步提升比特币的交易容量,只有在用户准备就绪时才能在比特币区块链上安顿下来。

SegWit 的激活还推动了 MAST(支持更复杂的比特币智能合约),施诺尔(Schnorr)签名(这将促成另一个交易容量提升)和 TumbleBit(匿名顶层网络,一种兼容比特币的新系统,可以让比特币的交易更难以追踪)等其他功能的开发工作。

19.3　闪电网络

19.3.1　闪电网络的产生与核心原理

433 闪电网络是怎样产生的?

中本聪在一开始创造比特币时没有特意限制区块的大小,最大区块可以达到 32MB。然而在比特币诞生之初,使用的人数很少,区块上限过高容易造成计算资源的浪费,于是将区块大小限制在 1MB。

随着比特币价格直线飙升,比特币的用户量也越来越多,交易转账频繁。由于全网每秒 7 笔的交易速度,远低于传统的金融交易系统,同时,等待 6 个区块的可信确认产生约 1 个小时的最终确认时间,开始出现比特币网络拥堵、交易费用上升等问题。

为了解决交易拥堵的问题,区块开启了扩容模式,于是有了隔离见证和闪电网络方案。

另外,比特币的区块链机制自身提供了很好的可信保障,但是很慢。对于大量的小额交易而言,是否真实需要这么高的可信性?于是,基于这一思想,闪电网络模式出现,将大量交易放到比特币区块链之外进行。

434 闪电网络的核心概念有哪两个?

2015 年 2 月智能合同交易平台 Mirror 的 CTO——约瑟夫·庞思(Joseph Poon)写了一篇题为《比特币闪电网络:可扩展的链下即时支付》(The Bitcoin Lightning Network:Scalable Off-Chain Instant Payments)的白皮书。该白皮书提出了这一概念和思想。

其概念、思想的核心主要有两个合同:可撤销的顺序成熟度合同(Recoverable Sequence Maturity Contract)和哈希的带时钟的合同(Hashed Timelock Contract,HTLC)。前者解决了链下交易的确认问题(即将大量交易放到比特币区块链下交易完成),后者保障了任意两个人之间的转账都可以通过一条"支付"通道来完成。整合这两种机制,就可以实现任意两个人之间的交易可以在链下完成了。

在整个交易中,智能合约扮演了中介这一重要角色,而区块链则确保最终的交易结果被确认。

435 什么是闪电网络的 RSMC 机制?

RSMC,即可撤销的顺序成熟度合同,虽然用词很绕,但是原理很简单,其类似于准备金机制。

先假定交易双方之间存在一个"微支付通道"(资金池)。双方都预存一部分资金到"微支付通道"里,之后每次交易,就对交易后的资金分配方案共同进行确认,同时签字作废旧的版本。当需要提现时,将最终交易结果写到区块链网络中,被最终确认。可以看到,只有在提现时才需要通过区块链。

任何一个版本的方案都需要经过双方的签名认证才合法。任何一方在任何时候都可以提出提现,提现需要提供一个双方都签名的资金分配方案,这意味着该方案肯定是某次交易后的结果。在一定时间内,如果另外一方提出证明表明这个方案其实之前被作废了(非最新的交易结果),资金罚没则给质疑成功方。这就确保了没人会拿一个旧的交易结果来提现。

另外,即使双方都确认了某次提现,首先提出提现一方的资金到账时间要晚于对方,这就鼓励大家尽量都在链外完成交易。

436 什么是闪电网络的 HTLC 机制?

HTLC,即哈希的带时钟的合约,这个其实就是限时转账,以解决微支付通道的问题。其实也很简单,即通过智能合约,双方约定转账方先冻结一笔钱并提供一个哈希值,如果在一定时间内有人能提出一个字符串,使它哈希后的值与已知值匹配,这个实际上意味着转账方授权了接收方来提现,这笔钱则转给接收方。

简单地说,约定在一定时间内,有人知道了某个暗语(可以生成匹配的哈希值),就可以拿到这个指定的资金。

进一步举例:甲想转账给丙,丙先发给甲一个哈希值。甲可以先跟乙签订一个合同,如果你在一定时间内能告诉我一个暗语,我就给你多少钱。乙于是跑去和丙签订一个合同,如果你告诉我那个暗语,我就给你多少钱。丙于是告诉乙暗语,拿到乙的钱,乙又从甲拿到钱。最终达到结果是甲转账给丙。因此,甲和丙之间似乎构成了一条完整的虚拟“支付通道”。

HTLC 的机制可以扩展到多个人,大家可以想象一下,想象出来就能理解闪电网络了。

19.3.2　闪电网络的优点、现状与问题

437 闪电网络的优点有哪些?

闪电网络的优点主要有三个方面:

(1)即时支付,闪电网络的支付速度可以达到毫秒级,从而快速地完成支付,其通过区块链智能合约来保障安全,不再为每一次付款提交一次区块链交易,从而提高交易速度。

(2)低手续费,闪电网络是通过链下交易,只需要极低的交易费用,使即时微支付成为可能。

(3)可扩展性好,每秒可以处理数百万笔交易,无须托管就可以完成支付了。

438 闪电网络的现状与重要事件是什么?

如今,闪电网络还处于早期阶段,处于开发与改进之中,还有许多问题有待解决,例如路由、隐私等,大多试例还是实验性的。当然,闪电网络能大大缓解比特币网络高负载和网络拥堵问题,但其去中心化的特性将会削弱。

重要事件有:

2017 年 1 月第一个闪电网络的软件实现,发布了阿尔法(Alpha)版。

2017 年 12 月开发者亚历克斯·博斯沃斯(Alex Bosworth)首次通过闪电网络实现了第一笔真钱购买。

2018 年 3 月中旬闪电实验室(Lightning Labs)正式宣布了 Ind 0.4 – beta 的测试版闪电网络软件。

439 闪电网络面临哪些重要问题?

可以归纳为如下 8 点:

(1)闪电网络提高的交易规模并不是用户的。

(2)如果闪电网络已经存在,人们也不会立刻信任它。信任是靠争取的,而不是被赋予的。

(3)如果闪电网络已经存在了,不会有钱包或者支付工具提供商会在短时间内支持它,这需要一个过程。

(4)闪电网络在大额交易方面有很多问题。闪电网络的工作方式,需要用户和商家锁定你在给定的一段时间内想要交易与比特币同样多的币,这对于小额交易而言,没有问题,但是,如果你想要在每 6 个月内只打开一个交易渠道,事情会让你崩溃。

(5)闪电网络的支付渠道不但没有帮助,而且会导致一定程度的中心化。无论工程师多么努力地构建闪电网络,并尝试使它完全地分散支付渠道的经济实体,它总会迫使闪电网络中心化。对于支付渠道的运行而言,它必须要锁定想当大量的交易金额。

(6)不平衡的支付渠道和锁定大量比特币使闪电网络在经济上面临挑战。闪电网络建立在双向的支付渠道之上。每一个支付渠道是建立在比特币网络之前已经存在的确认的交易之上的。一旦有用户打开支付渠道,他们只能交易他们在新建支付渠道时放入最多的金额。

(7) 在闪电网络里锁定资金意味着用户必须承受市场波动。

(8) 在闪电网络上的用户实际上拥有一个“热钱包”。现在比特币用户的最佳安全实践是，保持他们日常支付的钱在“热钱包”(可以方便连接到网络托管的电脑或者手机上)，而将他们大量剩余的钱安全保存在“冷钱包”或者离线。用户通过使用一些硬件钱包(如 TREZOR、库神冷钱包、Ledger、KeepKey 和 Digital Bitbox 等)，就可以完全地将资金转移到他们的热钱包之中。由于闪电网络将资金锁定在支付渠道里，并且这些资金必须足够多来维持渠道打开时的经济活动，如果你要加入这个网络，那这个软件必须得像“热钱包”那样能够签名，并使交易能够流通在网络。这将为比特币用户带来风险，而之前，用户已经被教育过如何避免这种风险。

总体而言，闪电网络对于小额支付场景有巨大的前景，但是在可能减少比特币网络相当比例的日常交易负荷之前，它仍然面临很多挑战。

第20章　百花齐放的“山寨币”

20.1　莱特币

20.1.1　山寨币与莱特币的产生

440 数字币种成百上千，为何被人们称为“山寨币”？

由于比特币的代码是开源的，所以想要在比特币的基础上作一些调整，并且发布自己的币，是一件极其非常简单的事情。

只需要从代码托管平台GitHub上下载比特币的主干代码，找到对应的地方调整参数，并发布新的代码即可。最后一步，就是起个响亮的币名了。经过重新编译，新币就顺利发明出来了。

在2011年通过这种方式，比特币就有了不下10个“孪生兄弟”。包括解决实名验证问题的域名币（Namecoin）、完全克隆比特币的Ixcoin、I0coin，刚上线没多久就被攻陷的SolidCoin，后来又出了SolidCoin2等，还有GeistGeld、Tenebrix、Gare等。

通过上面的描述，新的加密货币的制造过程，甚至有人调侃说：最难的地方是如何取一个极具竞争力的名字。由此，这就是这些成百上千的新币为何被人们称为“山寨币”的原因。

当然，在这些新币之中，有很多币还是非常有价值的。这章将选取几种最有代表性的新币予以分析。

441 什么是莱特币，是怎样产生的？

比特币运行后，人们发现了一些缺陷：交易速度过慢、系统吞吐量小、算力容易集中、非图灵完备的语言使其缺乏延展性等。莱特币之父——李启威（Charlie Lee），带着改良比特币缺陷的美好愿望打造了莱特币。

2011年10月7日一个网络组织宣布发布了一种新的P2P虚拟货币，名字叫作莱特币（Litecoin，LTC）。莱特币于2011年11月9日上线，可以说是当前最成功的山寨币之一。

所谓莱特币，就是一种点对点的电子加密货币，也是MIT/X11许可下的一个开源软件项目。对其英文名"Litecoin"进行字面理解："lite"代表着轻量级，莱特币背后的含义就是轻量级货币。

对于莱特币而言，币圈有句话或许最能概括其地位，即"比特金，莱特银"（据说是创立者李启威提出的这一说法）。

莱特币受到了比特币（Bitcoin，BTC）的启发，并且在技术上使用相同的实现原理，莱特币的创造和转让基于一种开源的加密协议，不受任何中央机构的管理。莱特币当前可以通过线上交换平台交换法定货币以及比特币等大多数电子货币。

当然，莱特币的发布理念，是为了解决比特币本身的一些弊端而存在，在比特币的基础上做了一些优化和改进，这是非常值得肯定的。与比特币相比，莱特币拥有更快的交易确认时间，更高的网络交易容量和效率。莱特币现在拥有完整的产业链，充分的流动性，足以证明其是成熟、安全、稳定的商用金融系统。

442 莱特币的创始人是谁？

莱特币的创始人——李启威，是一名亚裔美国人，1999年毕业于麻省理工学院，拥有学士和硕士学位，所学专业是电气工程和计算机科学。

除莱特币的创始人，李启威为币圈人所熟知的另一个身份是世界上运营历史最久的比特币交易所BTCC的CEO李启元（Bobby Lee）的亲弟弟。

在李启威眼中，比特币可以看成是数字货币中用于大额支付的黄金。而作为补充，他希望莱特币的创造可以像白银一样用于小额支付。因此，莱特币也被冠以"山寨比特币"的称号。

443 创始人对莱特币价值的四大观点是什么？

关于"莱特银"创造与发展的思考，创始人的思维或思考，实际上是很重要的，这里列出四方面的内容，或许对于有关研发、投资等参与人士而言，有一定的启发。

（1）"莱特是银"的认识

创始人相信比特币会是一个比较好的储蓄货币，就像金子一样，不会贬值，也能够更好地保护财产所有人的权利。莱特币更像是交易货币，简单地说，人们用莱特币像银子一样来买东西。比特币的交易手续费非常昂贵,你不会愿意买一杯咖啡和转 100 万美元付出同样的成本,对于小额交易而言,莱特币可以发挥它的作用。

(2)交换(exchange)的重要性

创始人相信:“加密货币一定要让人人都能很容易得到,因为不可能所有人都能通过挖矿得到加密货币。”比特币的发展为包括莱特币在内的其他数字货币清除了障碍,但是在 2016 年比特币隔离见证受阻,让大家意识到,莱特币应该有所作为,经过多方努力实现了 SW 软分叉升级,实现了莱特币自身的突破。

(3)闪电网络、智能合约和匿名性

创始人认为莱特币未来的技术发展方向是:闪电网络、智能合约和匿名性,这些措施将为莱特币的未来应用发展打下坚实的基础。闪电网络能够降低交易成本,缩短交易时间;智能合约可以推进更多基于莱特币的基层应用;匿名性能够防止加密货币因为历史交易记录影响其使用价值。

(4)对多币种市场的认识

尊重多样化的数字资产生态,不同币种之间不一定都是竞争关系,也不是零和游戏,市场上应该存在多种货币。

20.1.2 莱特币的特点

444 与比特币相比,莱特币的重要特点是什么?

莱特币受比特币的启发,旨在改进比特币(创始人语)。与比特币相比,莱特币具有 3 种显著差异:

(1)出块速度

比特币的出块速度为 10 分钟左右,这样的出块速度虽然会使系统更加安全,但是从效率来说比较低效,因为,如果按照确认 3 个节点的原则,至少需要等 30 分钟左右才能确认交易有效。

而莱特币将出块间隔缩短为 2.5 分钟,是比特币的 1/4,这样可以保证在安全性几乎不下降的前提下,使交易的确认更加迅速。另外,根据相关论文,超过 1 分钟的出块速度不会影响整个系统的安全性。

(2)币(coin)的机制

莱特币的机制与比特币类似,唯一的区别在于,其总量是比特币的 4 倍,与出块速度是比特币的4倍相对应。即莱特币网络预期产出8400万个莱特币,是比特币网络发行货币总量2100万个的4倍。

(3)工作量证明(PoW)机制

莱特币在其工作量证明算法中使用了Scrypt加密算法——由科林·泊西瓦尔(Colin Percival)首次提出,该算法在普通计算机上进行莱特币挖掘,相比于比特币(在ASIC矿机诞生之前)更为容易。也使每一个莱特币被分成100,000,000个更小的单位,通过8位小数来界定。

另外,诸如用信用卡等可撤销的交易,一般不用于购买莱特币。由于莱特币的交易是不可逆的,容易带来了退款风险。

445 与比特币相比,莱特币的PoW机制,有何特别?

莱特币与比特币类似,也是采用分布式记账的工作量证明(PoW)的共识机制。

但是莱特币的区别在于其采用了Scrypt加密算法,而不是比特币是SHA-256加密算法。

这两种算法的区别在于:

莱特币的Scrypt加密算法不适宜进行并行计算,因为其需要依赖大量内存。因此导致莱特币较难开发出专用的矿机。这使参与莱特币的门槛更低,从而也能更好地适应去中心化的理念,让所有人都有参与的机会。

而比特币的SHA-256算法,在解密过程中,只需要进行哈希碰撞解密即可,适合进行并行计算,因此很容易开发专用的挖矿芯片(ASIC矿机),效率相比普通的图像处理器(Graphic Processing Unit,GPU)可以提升几个数量级。这种专用矿机的出现,会导致算力更加集中,不利于去中心化。显然,与莱特币相比,比特币要参与挖矿,至少你得先买一个矿机。

然而,事实总是事与愿违的:用于Scrypt算法的专用矿机最终还是被开发出来了,并且被广泛使用。

除了算力去中心化方面的考虑之外,在早期,很多基于比特币源码改造而成的山寨币(如果加密算法与比特币一样),很容易被人用比特币矿机迅速挖掘出大量币,造成财富分配不平等,而且由于山寨币总算力小,所以也很容易被人用比特币矿机发起51%的攻击。这导致了很多山寨币价值一落千丈。

莱特币与比特币采用不同算法,让其在早期免于上述攻击,保证了自身的发展。

20.1.3 莱特币的傲人业绩与前景

446 莱特币 2017 年的凶猛涨势币圈有哪三种看法?

莱特币 2017 年涨势凶猛,币圈人士对此看法不一,主要有三种看法:

一是有人认为莱特币是比特币的第一共振货币,在山寨币中流通性强、安全,且速度快,可以是未来比特币的有力补充。

二是也有人认为,比特币适合价值投资,而莱特币只适合短期投机,而所有的山寨币未来都会消失。

三是公认的看法是,比特币逻辑近乎完美,任何山寨币包括莱特币在内都无法取代。

447 莱特币傲人业绩的未来目标是什么?

莱特币的目标是实现 Visa 级别的交易处理能力(每秒 65,000 笔)。

除了提升交易效率、增加兼容延展之外,莱特币先比特币一步,采用了隔离见证和闪电网络的公链。2016 年莱特币基金会发布了重大更新版(V0. 13. x),代码更加优化,功能更加丰富,其中包括备受期待的隔离见证、闪电网络和智能合约等功能,短期内能够实现交易验证速度提升至 5 ~ 7 倍,长期来看,通过闪电网络的架构,是有机会可以实现 Visa 级别处理能力的。

在比特币社区还在论证是采用扩容方案还是“隔离见证 + 闪电网络”的时候,莱特币率先对新技术采取了积极的态度:

2017 年 5 月 10 日正式激活了隔离见证,比特币在 2017 年 8 月才开始启动,同年 11 月在主网络上启用了闪电网络传输,而比特币在 2018 年 1 月才启动。

截至 2018 年 2 月 15 日,莱特币主网已经有 719 个闪电网络节点,1582 条支付通道,处理交易额 4. 7 万美元,已经对接 9 家支付公司,已有 4 家贷记卡(Coinsbank 仅支持欧洲、Shiftayments 仅支持美国、Uquid、Wirex)、4 家在线电商(“Selly. gg”“CoinMall. com”“bitify. com”“litecoin-foundation. org”)支持莱特币交易。对于初出茅庐的闪电网络技术而言,这已经是傲人的成绩。

20.2　比特币现金(BCH)

20.2.1　分叉币、BCH 的诞生与争论

448 分叉币热潮与原因是什么?

首先来说硬分叉与分叉币。简单来说,硬分叉的逻辑是在某一个区块高度,部分节点修改了共识规则,因此,这些节点新产生的区块和其他节点产生的区块互相判定为非法,就形成了硬分叉。通过这种方式产生的新币称为“分叉币”。

紧随比特币现金分叉,超级比特币、比特黄金、比特白金、比特白银、闪电比特等开启浩浩荡荡的分叉热潮。

分叉热潮的主要原因是,分叉币会直接享有比特币主链千万级别用户的基础,因为分叉之前拥有比特币的人,在分叉之后都会按照对应比例直接获得分叉币。此外,分叉(Initial Fork Offering,IFO)这个行为,还可以避免一些相关政策的监管。

449 分叉币与 BCH 是怎样诞生的?

2017 年整个币圈还在为比特币是否要进行区块容量上限提升(扩容)方案争吵不休。支持扩容者认为,这是中本聪当时嘱托的,在区块容量不足以支撑当前交易数量时可以扩容;反对者认为,扩容后会导致总账本大小增长的速度变为原来的数倍,这可能导致观察节点及小规模挖矿节点的离开,因为要付出比原先多几倍的硬盘空间来参与同步账本,从而使去中心化程度降低。

在一直没有达成共识的背景下,由比特大陆公司控制的矿池——ViaBTC 突然在 2017 年 8 月 1 日实施了硬分叉比特币的行动,分叉后将产生了新的币种——比特币现金(BCC,现更名为 BCH)。

BTC 和 BCH 在分叉之前共享同样的账本,而在分叉之时拥有 BTC 的人会按照 1∶1 的比例获得 BCH。

截至 2018 年 5 月 17 日 CoinMarketCap 的数据,比特币现金市值超过 1400 亿美元,排行第 4。

450 粉尘攻击与比特币分叉的争论是怎样的?

所谓粉尘攻击,是指早期由于交易费很低,攻击者可以以低成本发起大量的极

小额交易，把每个区块写得非常大(如几个 TB)，普通节点就根本无法参与了。

自从比特币分叉之后，关于真假比特币之争一直在被讨论。比特币现金的支持者认为，BCH 才是真正的比特币。中本聪设置区块上限大小是为了防止粉尘攻击。而中本聪也曾经提过，在适当的时候，如硬盘容量增大、交易费提高之后，可以去掉区块大小上限为 1MB 的限制。因此，BCH 支持者认为 BCH 才是真正秉承中本聪意志的比特币，而将 BTC 称为“Bcore”，认为 BTC 被核心开发组(core)所把持，以谋求核心开发组的私利。

而 BTC 的支持者认为，BCH 的扩容方案，使参与的节点越来越少，从而降低去中心化程度，违背了比特币的核心精神。并且，BCH 的分叉行为实质上分裂了整个社区，违背了最核心的共识机制，是一种“背叛”的行为。因此，BTC 才是真正的比特币，而 BCH 只是 1 个分叉币。

20.2.2 BCH 的改进

451 BCH 的区块情况是怎样的?

比特币现金将区块上线容量从 1MB 提升到了 8MB，出块速度和工作量证明时采用的加密算法不变。在理论上，BCH 可以将原有的每秒事务处理量(Transaction Per Second，TPS)提升了 8 倍。

但是，这很可能会造成整体账本数据库大小的飙升，在满状态的情况下，分叉之后，BCH 区块的大小也会是 BTC 的 8 倍，这就会导致节点需要配备更多的存储空间，这会导致观察节点(不参与挖矿的节点)以及个人挖矿节点的数量减少，从而使系统的去中心化程度及安全性减弱。

目前，BCH 如果要写满每一个区块，仅 1 年就会产生约 400GB 的区块链数据。相比之下，比特币从 2008 年运行至今，区块链总大小为约 160GB。

452 BCH 的难度调整是怎样的?

比特币现金出块的难度调整机制反馈比 BTC 更加迅速，这主要是因为比特币现金的加密算法与比特币相同，使早期“矿工”可以很容易地将算力从比特币切换到比特币现金，导致比特币现金的出块速度会有剧烈的波动。所以，后来 BCH 进行了难度机制的调整，在原有比特币难度调整的基础上(大约两周一次)，又加入了“若 12 小时内出块数量小于 6，则难度立刻下降 20%”，以避免比特币现金的算力突然下降的情况。

20.2.3 扩容方案与问题

453 BCH 的扩容方案是什么?

目前,比特币现金的采用的扩容方案是继续增加区块容量,近期有消息称,比特币现金会进一步增加区块大小至 32MB。而 BCH 区块链项目的 Electron Cash 团队,在 2018 年 1 月 15 日宣布投资 360 万欧元(约合 447 万美元)到 Terab 项目——扩大 BCH 区块大小至 1 太字节(100 万 MB,现在 BCH 区块大小为 8MB),每秒处理交易数可高达 700 万笔。对此,一些人认为可能会进一步导致其去中心化程度的减弱。

BCH 相比 BTC 的改动:

(1)区块上限从 1MB 变化成 8MB。

(2)难度调整每 2016 块,约 13 天;若 12 小时内出块数量小于 6,则难度立刻下降 20%。

另外的扩容方案,包括隔离见证、闪电网络、继续硬分叉,以增加区块容量。

454 BCH 的潜在问题是什么?

BCH 的潜在问题,主要归纳为两个方面(见表 20－1)。

表 20－1 BCH 的潜在问题

扩容方案匮乏	BCH 通过提升区块大小来提升链的吞吐量,只能线性地增加 TPS,但这只能说是治标不治本的方案。比特币的吞吐量与支付宝相差超过万倍,仅通过提升区块大小来提升吞吐量,最多只能把差距从万倍缩小到千倍,离成为全球性的支付系统差的不是一点半点。截至 2018 年 6 月,除提升区块大小之外,没有看到 BCH 有任何其他的扩容方式
交易量少,超发严重	虽然 BCH 标榜能提供更大的传输容量,然而实际上,BCH 的链上传输寥寥无几,不仅低于 BTC,甚至不及 LTC。由于交易量太低,BCH 的区块大小鲜有超过 1MB,硬分叉扩容事实上几乎没有意义。并且,由于经常降低算力难度,使 BCH 的区块高度(累计的出块数量)明显高于 BTC,也造成了超发的问题,使目前 BCH 的通货膨胀情况更加明显,因为,出块多会导致挖矿奖励增加,使通货膨胀更明显

20.3 瑞波币(Ripple)

20.3.1 内涵与涨幅

455 瑞波币是什么,是数字货币的“老祖宗”吗?

瑞波币是由OpenCoin公司发行的虚拟货币,称作Ripple Credits(其前身为OpenCoin),又称作XRP,中文名为瑞波币,总数量为1000亿。Ripple是世界上第1个开放的支付网络,通过这个支付网络可以转账任意一种货币,简便、易行、快捷,交易确认在几秒内完成,交易费用几乎是零,没有所谓的跨行异地以及跨国支付费用。

瑞波币是Ripple系统中唯一的通用货币,其不同于Ripple系统中的其他货币,比如人民币、美元是不能跨网关提现的;换言之,A网关发行的人民币只能在A网关提现,若想在B网关提现,必须通过Ripple系统的挂单功能转化为B网关的人民币才可以到B网关提现。而瑞波币完全没有这方面的限制,它在Ripple系统内是通用的。

说起加密虚拟货币,在一般人眼里,Ripple是个后来者,但是实际上,Ripple项目的起源远远早于比特币。早在2004年瑞安·富格(Ryan Fugger)就推出了Ripple的第一个实现版本。它的目标是构建一个去中心化的、准许任何人创建自家货币的虚拟货币系统。Ripple网络中的金钱都用“债务”表示,所有交易均表现为账务余额的变化。

455 瑞波币年涨幅500倍的原因是什么?

2017年瑞波币也是涨幅最大的数字货币。2017年年初,只有0.0063美元的瑞波币以50,000%的涨幅领航主流货币。而在2018年1月初的一周内,瑞波币更是上涨逾1.6倍。伴随着瑞波币的暴涨,它的联合创始人克里斯·拉森(Chris Larsen)更是进入了全球富豪榜。

其暴涨的原因很多,这里略作归纳:

(1)与比特币不同的是,比特币是通过挖矿奖励的方式赠予矿工,这种激励模式能够保证网络正常运行。而在瑞波系统中,矿工是不存在的;在2012年瑞波币诞生之初,1000亿个XRP就已经全部产出。创始人保留了其中200亿个,剩下的部分就给了不同的第三方加密托管账户。之后，XRP 先后被分配给客户，但瑞波公司的托管账户中仍然持有 500 亿个 XRP。

（2）瑞波计划将 XRP 打造成一种“连接货币”，让金融机构用它来进行更快速、成本更低的跨境支付结算，而相比之下，当前银行使用的全球支付网络速度较慢，还涉及多个中间人。比特币也具有这类功能，但瑞波每秒能够结算 1000 笔交易，比特币只有 7 笔，而且用瑞波手续费更低。因此，瑞波的应用场景能够使这一代币变得更有价值。

（3）最重要的一个原因，2017 年瑞波推出了 3 个企业级的支付方案：XCurrent、XRapid 和 XVia。

20.3.2　运作方式及其与比特币的比较

457 瑞波币的运作方式是什么？

Ripple 项目的初衷是建立一个分布式的 P2P 清算网络，也就是每个人都是自己的银行，可以签发、接受借贷，同时又作为借贷通道。所以，瑞波币运作方式类似于银行的清算系统。

在进行跨行汇款时，银行间款项的实际结转会被尽可能地延后至夜晚，此时银行计算它与其他银行的应结款项。有可能来自某个银行的待转入款正好与它要转给该银行的待转出款相抵，因此实际上不需要转出、转入任何款项；即使不能完全相抵，它实际结转的金额一般也会远小于客户的电汇金额之和。

由此，瑞波币网络的共识机制是“分布式的 P2P 清算网络”，可以这样简单地描述：两个陌生人之间可以通过他们共同信任的朋友 X 来达成交易，而这个朋友 X 就成了信任交易的通道。

458 瑞波币与比特币有哪 6 点区别？

（1）瑞波币的总量不能增加，只能递减。该公司已经创造出了 1000 亿个单位的瑞波币，计划最终向外发行 75% 的瑞波币货币供应，并承诺永不增发。

（2）瑞波币无须也不能挖矿。

（3）瑞波币的交易确认过程可在几秒钟内完成。瑞波币引入了一个“共识”（Consensus）机制，通过特殊节点的投票，在很短的时间内就能够对交易进行验证和确认。

(4)瑞波币网络支持多种货币。除了自己的瑞波币,它还支持法定货币(例如美元、欧元、日元等),未来有可能支持所有虚拟货币。

(5)瑞波币网络自动进行汇率换算。也就是说,用户可以用任何一种类型的货币向他人支付,从而实现所有货币的全网流通。

(6)瑞波币客户端不需要下载区块链,它在普通节点上舍弃掉已经验证过的总账本链,只保留最近的已验证总账本和一个指向历史总账本的链接,因此,同步和下载总账本的工作量很小。

20.3.3 瑞波币的特点与优势

459 瑞波币及其网络的特点是什么?

瑞波币的最大特点是,其在瑞波网络之中的通用性:在瑞波币系统的任何网关节点上,都是可以自由地存入或者提现瑞波币。

当然,这样是因为瑞波币是 Ripple 系统中唯一的通用货币,不同于 Ripple 系统中的其他货币,比如人民币、美元是不能跨网关提现的。

另外,瑞波币还有以下的四大特点(见表 20-2):

表 20-2 瑞波币还有的四大特点

特点	描述
交易费用低	不同法币之间的交易,存在的差额或交易费比较高。Ripple 的任何交易都低于 0.01 美元
匿名	由于 Ripple 网络不需要用户提供电子邮件、名字,或其他任何信息,从而为消费者提供了隐私保障
安全	发送 Ripple 就像发送现金一样,接收完毕后,没有任何其他费用;而用信用卡和支票付款,付款人必须提供个人信息,这样可能会导致欺诈
可靠	由于 Ripple 交易不可逆,商户可以同任何人进行交易,而不用担心反悔

460 瑞波币信任网络的优缺点是什么?

瑞波币基于"分布式的 P2P 清算网络"的共识机制所建立起来的信任机制的优缺点是:

优点:瑞波币网络创新性地建立了高效的第三方信任中介网络,可以在陌生人之间快速地建立信任关系,从而完成信任的货币交易,大大地提高了效率。

缺点:Ripple 的设计思路基于熟人关系和信任链,一个人要使用 Ripple 网络进行汇款或借贷,前提是在网络中已经有他的朋友,否则无法在该用户与其他用户之间建立信任链。而这也造成了瑞波币发展早期只是在小群体和小圈子之间进行交易的状况,很难迅速地推广壮大。

不过,发展到现在,瑞波币的交易网络已经完善了很多,而且进驻网络的人群和机构数量也非常多了。

461 瑞波币在转账、支付方面的最大优势是什么?

瑞波币是世界上第一个开放的支付网络,通过这个支付网络可以通过任意一种货币转账。

包括美元、欧元、人民币、日元或者比特币,简便、易行、快捷,交易确认在几秒内完成,交易费用几乎为零,没有所谓的跨行异地以及跨国支付费用。

瑞波币是开放源码的点对点支付网络,它可以使你轻松、廉价并安全地把金钱转账到互联网上的任何一个人,无论他在世界的哪个地方。

20.4 狗狗币

20.4.1 内涵与挖矿

462 什么是狗狗币?

狗狗币(Dogecoin,Doge)诞生于 2013 年 12 月 12 日,其作者是澳大利亚的品牌与市场营销专家杰克逊·帕尔默(Jackson Palmer)和美国俄勒冈州波特兰市的程序员比利·马库斯(Billy Markus)。

狗狗币是基于 Scrypt 算法,交易过程比比特币更加便捷,狗狗币的一个确认时间只要 1 分钟,BTC 要 10 分钟,而且狗狗币的数量更多,价格低廉,转账迅速,适合网络打赏等,更满足大众的心理需求,使其得以更方便平民化的发展。

狗狗币有自己的核心文化,包括小费文化、慈善文化与草根文化,决定了它的发展与人气前景。

463 狗狗币能挖矿吗?

狗狗币和比特币一样都可以进行挖矿,狗狗币第 1 年挖出 1000 亿个,以后每年挖50亿个,没有上限。也就是第1年以后,通胀率保持每年5%并一直递减,20年以后,每年通胀只有2.5%。这样才更符合货币的发展。

早在2014年9月底,狗狗币的算力已经从60G上升到接近1T,可以说,辅助挖矿解决了狗狗币的最大安全问题。对辅助挖矿和以前LTC创始人提出的合并挖矿是完全不同的方案。

20.4.2 制造神话

464 2013年数字货币最"奇葩"的故事是什么?

一位澳大利亚的品牌与市场营销专家,一位美国俄勒冈州波特兰市的程序员,这两个人此前素昧平生,却成功地将最火爆的两种产品:比特币和狗狗币(对于美国人而言,Doge就与"土豪"在中国的流行程度类似)结合在了一起,结果狗狗币就诞生了。而且人们还真的在使用它。

时至今日,狗狗币依然是美国最受青睐的虚拟货币。截至2018年1月9日CoinMarketCap最新的数据显示,Bittrex(B网),Poloniex(P网)这2个来自美国的数字货币交易网站占据了全球狗狗币交易市场的60%,而作为中文主体用户的比特儿国际只占据了5.63%的交易份额,2个国家的用户相差巨大,由此可见,美国人对于狗狗币的价值观和文化是非常认可的。

465 狗狗币神奇的成长经历是什么?

Adobe公司悉尼市场部门的杰克逊·帕尔默一直在研究电子货币,看了Doge后突发奇想,发了一篇推文:《投资Dogecoin,这就是下一个大机遇》。

随后,他得到了不少回复,都是鼓励他继续完成这个想法。而一个礼拜后他买下了"Dogecoin. com"的域名,该域名被Doge的大本营Reddit收录。

与此同时,在波特兰的比利·马库斯一直想创造属于自己的电子货币,他希望这种货币能够满足更多人的需求,而不是像比特币那样为投机者服务。在域名刚注册后两天之内,他偶然知道了这个网站,顿时觉得找到了归属。

于是他给帕尔默发了条推文,表达合作之意。在帕尔默回复之前,他就开始重新排列比特币的源代码,并加入了"Doge Meme"的元素。

后来两人一拍即合,在帕尔默半开玩笑的推文发布后1周左右,狗狗币诞生。

在 Reddit 的帮助下，这个网站马上就火了。两周的时间，狗狗币已经有了专门的博客、论坛，市值达到 800 万美元，一度跃升为全球第七大电子货币。

466 狗狗币创造的奇迹是什么？

狗狗币在 2014 年上线后，由于 Reddit 的助力，流量呈现爆发式发展。经过 1 年半的时间，即到 2015 年 6 月初，市值达到 1 亿。由于没有预挖，狗狗币分发公平，慈善、打赏文化深入人心，用户发展速度惊人。

2015 年 6 月初狗狗币客户端地址数就达到 160 万个，是莱特币 5 倍之多；客户端活跃地址数，比特币为 19.6 万个，狗狗币 8.3 万个，莱特币 1.1 万个；国外 Twitter 的关注数为 15 万多用户，是比特币 1.7 倍，莱特币 6 倍，Facebook 点赞数和比特币持平，远超莱特币。

企业互联网时代最大的价值就是庞大用户，狗狗币用户基数用了 1 年时间达到了比特币用户数的 1/3，是莱特币的 4 倍。

20.4.3　传奇揭秘

467 狗狗币是如何成为币圈最励志故事的？

狗狗币的神话故事，是怎样被制造出来的？答案是“小费”。

如果你在互联网上表演了一个相当不错的段子，人们通常会愿意通过电子货币给你点小费。在小费文化盛行的美国，这种事情很容易得到认同。

但比特币太贵了，所以更便宜的狗狗币受到欢迎。其上线仅 1 周的时间，便成为第二大的小费货币。他们正希望脸书能够接受狗狗币，因此，你的朋友不仅可以点赞，还可以顺便给你点小费。

狗狗币如此受追捧的理由当然不止如此。

从技术上说，狗狗币实际上与莱特币是一个派别的，他们都是基于 Scrypt 算法，与莱特币一样，其交易过程比比特币更加便捷，而且他们的数量也更多，狗狗币最多可以挖出 1000 亿个，而比特币只有 2100 万个。

帕尔默也提到，狗狗币并不像比特币那样，人们并不是为了投机才参与其中，这是一种表达分享和感谢的方式。

468 狗狗币为什么能够风靡全球？

狗狗币能风靡全球的原因，主要有以下3点（见表20－3）：

表20－3　狗狗币能风靡全球的原因

原因	描述
小费文化	狗狗币作为电子货币，诞生于2013年12月12日，其上线仅1周的时间，便成为第二大的小费货币。许多人参与狗狗币交易，并不是为了投机，而是把它作为一种表达分享和感恩的方式
慈善文化	狗狗币在慈善方面的应用已经非常广泛，继帮助"牙买加雪橇队"和印度3名运动员踏上索契冬奥会征程之后，Doge4Kids的慈善募捐活动，所得善款全部捐献给4 Paws For Ability慈善机构。此外，狗狗币基金又赞助3万美金以解决肯尼亚水资源危机，通过用赞助NASCAR比赛用车征服了地球，还打出口号要在2015年之前登陆月球等
人气指数比较高	有数据表明在Reddit狗狗币社区关注度超过7.5万人，远远地超过了LTC，而BTC用了5年的时间，才12万人的关注度。有比较广泛的应用在支持大量国外网站接受BTC支付的同时，都支持狗狗币支付；成交量上的一个佐证。在C网上狗狗币的成交量，自上线以来，一直都排在第1位，超过其他所有山寨币包括莱特币的成交量。成交量大，流通性好，是虚拟货币存在的一个重要价值体现

20.5 代表性交易网站

469 比特儿海外版有何优势和特点？

比特儿比特币交易平台由济南智数信息科技有限公司运营，Alexa流量排名位居国内交易平台第一位，采用银行级的安全套接层（Secure Sockets Layer，SSL）安全连接，离线比特币钱包技术，人民币充值1分钟入账。

虚拟币即时充值提现，双重认证，保证用户的交易信息和资金安全，为用户提供安全、快捷、公平、公正的比特币交易平台。

手续费：充值免手续费，交易费低，提现费用根据提现方式确定，快速到账。

比特儿海外场外交易平台附属比特儿海外交易所，在C2C交易菜单下，只可以交易泰达币（USTD），支持支付宝、微信、银行转账。

网址：https://gate.io/。

470 火币网国际站有何优势和特点?

火币网作为中国最早成立也是如今中国最大的比特币交易平台,毫无疑问是国内排名第一的比特币交易平台。2014年3月火币网日均比特币交易量超过10万个,日均交易金额超过5亿元人民币。2014年3月4日日交易量超过35万个,交易金额达15亿元人民币,创造了当时全球比特币交易平台里的最高纪录。庞大的用户基数和完善的技术支撑使火币网拥有全球比特币交易市场50%的份额,是目前全球交易量领先的数字货币交易平台。

火币Pro场外交易平台附属火币Pro交易所,在法币交易菜单下,只可以交易BTC和泰达币(USTD),支持支付宝、微信、银行转账付款。

网址:https://www.huobi.pro。

471 聚币网海外版有何优势和特点?

聚币网以为用户挑选出安全并具有投资价值的二代虚拟货币(山寨币)为宗旨,给用户提供一个安全、稳定和优质的交易体验。现在已经上线的币种已有:莱特币(ITC)、狗币(DOGE)、比特股(PTS)、质数币(XPM)、点点币(PPC)、世界币(WDC)、绿币(VTC)、无限币(IFC)、最大币(MAX)、记忆币(MMC)。

网址:https://www.coinegg.com。

472 可盈可乐(CoinCola)有何优势和特点?

可盈可乐隶属于中国香港特别行政区“CoinCola Limited”,由专业的国际化团队研发与运营,专注于为全球用户提供便捷,可依赖的区块链服务。可盈可乐汇聚全球用户,致力于打造世界级的区块链资产平台。

网址:https://www.coincola.com/。

473 比特星平台有何优势和特点?

合约交易平台比特星(BitStar)是专业的数字资产比特币杠杆交易平台中心,提供BTC、ETH、LTC、ETC、BCC等的5倍杠杆合约交易所,具有稳定的交易系统和安全的钱包方案。比特星致力于为数字货币用户提供丰富、专业的交易类产品。

网址:www.bitstar.com。

20.6 黑心币及其预防与判断

474 什么是黑心币?

虚拟货币,对于参与人而言,最大的风险就是没有人接盘。从国产“山寨币”来看,真正通过挖矿赚币的人很少,大部分人都是进行交易投机——低价买入、高价卖出。而如果没有了接盘者,“山寨币”将很快崩盘。更有甚者,就是制作者以圈钱为目的开发的山寨币统称为黑心币。

随着山寨币市场的火爆,部分无良开发者开发出一款虚拟币后,在推向市场之前,自己先将虚拟币发行总量的一部分据为己有,这个比例一般是2%以内,极个别者甚至达到90%。这类虚拟币有了一定价值或者上了交易平台后,大量抛售变现,使矿工和投资者蒙受巨大损失。

这些开发团队通过各种黑手段,把巨量的币掌握在自己手里,形成一个超级金字塔式的不公平结构。然后通过控盘与炒作,诱使投资者接盘,为自己牟取暴利。其黑心程度已经超过了法币。

所以选择虚拟币的第一要素就是零预挖。

475 黑心币开发团队常用的黑手段是什么?

黑心币的开发团队除偷挖或预挖之外,最常用的牟取暴利的黑手段:

(1)故意设计难度从0或很低的起点开始,初期严重超速

这是一般投资者容易忽略的问题,却是危害最大的黑手段。在开挖的初始阶段,区块与币的产出速度远远快于设计的标准速度。开发团队利用先发优势,可以在很短的时间内掌握巨量的币。

几乎所有的黑心币全部犯禁,最严重的超速达到几十倍,其危害远远大于不超速的偷挖。

未犯禁的币,这里举例说明,如某某币,通过区块浏览可知它第一块创建于2013年6月28日,4:59。在24小时之后,即2013年6月29日,04:59,是第2218块。在最初的24小时内,平均0.65分钟产出1个块,与设计的1分钟每块的标准速度很接近。因为从技术角度来讲,初期的难度调整确实需要一个过程,因而可以证实改币没有初期超速的问题,是一个诚实的、有投资价值的币。

(2)故意设计每块产出币数快速下降

这同样是一般投资者容易忽略的问题,却是危害很大的黑手段。开发团队打着“抗通胀、保值增值”的旗号,故意设计每块产出币数快速下降,使得巨量的币在初始阶段产出,掌握在他们手里。

很多黑心币都采用这种办法,以第一块的产出币数为基准:有些币不到 2 天快速下降到 1/4,甚至 24 小时之内快速下降到 65%。

由于采用“PoW + PoS”的币在技术上可以有效防止 51% 攻击,但是很不幸,很多“PoW + PoS”的黑心币,都采用了每块产出币数快速下降的黑手段,没有投资价值。

这里举例一个正常的币,如某某币,采用了“PoW + PoS”的技术路线,但它的每块产出币数固定是 3.5 个币,维持 560 年不变(实际上相当于永久不变)。这说明该币是一个诚实的、有投资价值的,并且有抗 51% 攻击能力的币。

注:“PoW + PoS”的币,实际上有 2 种区块:PoW 块与 PoS 块,早期都是 PoW 块,1 个月后 PoS 块开始出现,2 种块按一定的规则轮流产生。PoW 块的报酬与其他币类似,币数按预设的规则产出;PoS 块的报酬是一定的利息,通常币数很少,这是技术需要,是正常的。上文所指的“每块产出币数快速下降”,是指 PoW 块的每块产出币数。

476 判断黑心币,预挖与非预挖的标准是什么?

这是一个两难的问题,完全无预挖的作者没有动力去维护,预挖多的币存在作者套现、恶意砸盘的风险。一般来说,作者会预挖一部分用于推广、维护等,但预挖一般不超过 2%。但在实际操作中许多作者都大量地预挖。

(1)恶意砸盘者,比如熊猫币(交易代码:PND)的作者预挖严重,在上市交易时作者直向市场砸了 18E 的币,从 200 聪比特币砸到几聪的价格。同时国内推广 QQ 群被解散,大批投资者被深度套牢,造成了极为恶劣的影响。

(2)因祸得福者,由于作者预挖发生故障而导致的完全零预挖,比如分子币(交易代码:MOL),该币发布后作者偷挖了约 1000 万个(总量 2E),当时在国外山寨币论坛引起轩然大波,有山寨币爱好者直接用大算力(51% 算力攻击)导致该币分叉,作者在重启区块后预挖的币全部丢失,导致该币目前只有 1.9E 总量,因为该事故导致的完全零预挖反而激发了广大币友对该币的兴趣,全网算力一度突破 200G。当时作者的维护动力来源于海内外爱好者的捐赠和打赏,作者对币友的热情也出乎意料。

所以，与其去纠结于预挖和无预挖，不如去关注作者预挖了多少以及预挖的币的用途。建议预挖超过 2% 的币都不要涉猎。

477 如何从查区块来辨别黑心币？

怎么区别一个虚拟币是否是零预挖，从而判断是否为黑心币，查区块是一种识别方法。可分为 5 大步骤：

(1)打开钱包，并等待钱包完成同步

依次打开钱包“帮助”“调试窗口”“控制台”。

(2)输入命令：getblockhash 第几区块

比如输入：getblockhash 1，获取第 1 个块的 hash 值：

42d5ed6d77f1740ac5da23bb63410aaac84cffb3853fbc0366343b582372dc58

(3)输入命令：getblock，即刚才获取的 hash 值

比如输入第 2 步中 getblock，即 42d5ed6d77f1740ac5da23bb63410aaac84cffb3453fbc0366343b582372dc58

(4)找到 tx 的值，这里是：a866e929e7b58499b7fd7f4c87b9cb88ce0aa04d75a0925e32ed447b3a32fdc9

比如输入：getrawtransaction，即：a866e929e7b58499b7fd7f4c87b8cb98ce0aa04d85a0925e32ed447b3a32fdc9 1

(5)那么得到的信息中，value 值即是这个区块的含量为：8.00000000，就是第 1 个区块的货币数量了

这个查询办法是所有虚拟币通用的。

由于虚拟币的不可逆特性，无良开发者要尽快预挖自己所需要的大量虚拟币，只有采取 1 ~ N 个前期块数量设置庞大来实施预挖行为。

478 如何从初期奖励与挖矿、募资程序上来辨别黑心币？

(1)初期奖励过高

部分币种为了圈钱设置的奖励规则极为不公平，初期奖励极高，作者在发布的同时即启用大算力挖矿，并快速减半，导致名义上没有预挖，但实际上存在作者持币量过高的变相预挖情况。而且这种变相预挖不透明，存在极大的砸盘套现风险。

(2)PoW、PoS以及IPO

PoW,即工作量证明,简单而言就是通过运算获得奖励,可以通过矿机或者电脑CPU、GPU等进行运算,也就是所谓的挖矿。投资者可以通过从上家购买或者自己挖矿获得。相对较为公平,初期投资者不能垄断币的数量和价格。代表币种:比特币等。

PoS,即股权证明,这种方式的币投资者只能从上家购买,类似金字塔式,分配极为不公平,许多币初期投资者获得了大量的币,后来者只能花高价从初期投资者处获取,从而导致初期投资者对币价格的垄断。代表币种:未来币等。

所谓IPO在山寨币领域更类似于众筹,即作者或公司发起投资,海内外投资者进行投资并获取一定数量的币或期权,此类代表币种:比特股(PTS)等。但PTS因3I公司的原因一再延迟,对投资者信心有较大的打击。

第五部分

区块链2.0:智能合约与可编程金融

第21章 区块链2.0的基石：智能合约

21.1 智能合约的概念、内涵及其与区块链的关系

21.1.1 智能合约的概念与内涵

479 什么是智能合约？

智能合约（Smart Contract）最早是由多产的跨领域法律学者尼克·萨博（Nick Szabo）通过他自己网站上的几篇文章提出的概念，至少可以追溯到1995年，远远早于区块链技术。他的定义为：

“一个智能合约是一套以数字形式定义的承诺（promises），包括合约参与方可以在上面执行这些承诺的协议。”简单来说，智能合约是合作双方以数字形式，将合约内容写入计算机可读的代码中，以保证双方执行承诺，合约附带的权利、义务及违反后果是由计算机或者计算机网络来执行。

而区块链的智能合约，也可以理解为是双方在区块链资产上交易转账时，触发执行的一段代码（合同），将它称为智能合约。

智能合约具有区块链和实际应用场景相结合的重要特性，也是区块链能够被称为颠覆性技术的主要原因，是可编程金融、可编程货币的技术基础。

智能合约今后可能成为全球经济的基本构件，任何人都可以接入这一全球经济中，而不需要事前审查和预付成本。智能合约无须要求用户彼此信任，因为智能合约不仅是由代码进行定义的，也是由代码强制执行的，完全自动且无法干预，也就是“代码即法律”。

与传统合约不同，智能合约无须依靠第三方或政府信用背书，而是结合区块链技术来执行合约内容，即在区块链的众多节点之间进行复制并且广播出去，一

旦合约启动,则是按照合约条款来执行,并自动检查实施情况及进行后续处理。

480 智能合约的内涵是什么?

所谓的智能合约是一套以编程形式定义的合同,无须人为介入即可自动执行。智能合约能操纵真实世界的资产,当一个预先编好的条件被触发时,智能合约执行相应的合同条款,以此实现"可编程的经济"。

智能合约无须彼此信任,因为智能合约不仅是由代码进行定义的,也是由代码强制执行的,完全自动且无法干预。

智能合约的核心是利用程序算法替代人为执行合同。这些合约需要自动化的资产、过程、系统的组合与相互协调。传统合约是指双方或者多方协议做或不做某事来换取某些东西,每一方必须信任彼此会履行义务。

合约包含 3 个基本要素:要约、承诺、价值交换,并有效地定义了新的应用形式,使区块链从最初的货币体系拓展到金融的其他应用领域,包括在股权众筹、证券交易等领域,开始逐渐有应用落地。

例如去中心化的股票、保险、赌博等功能,在物联网、供应链等领域得到广泛应用。可编程的经济将能显著解决经济运行中的透明和可信问题,降低社会运行成本。

481 如何用熟悉的例子来解读智能合约?

区块链 2.0 时代是智能合约。智能合约是一种可以自动化执行的简单交易。在日常生活中与我们有什么联系?

举一个简单的例子,我你将要进行一场台球比赛,谁赢了,谁得奖金。在开赛之前,我们就将奖金金额定好,并放进一个智能合约控制的账户内。一旦比赛结束后,智能合约就可以根据收到的指令自动判断输赢,并进行转账。这个过程是高效、透明的,不需要公正等第三方介入。换言之,有了智能合约以后,比赛、打赌一直延伸到所有金融交易和商业等就没办法赖账了。

21.1.2 智能合约与传统合约、区块链的关系

482 智能合约与传统合约的区别是什么?

传统合约是双方或者多方共同协议做或不做某事来换取某些东西,前提是

互相信任彼此会履行义务。

由于智能合约完全是由代码定义的,由代码执行的,完全自动且人工无法干预,所以,同样是彼此协议做或不做某事,智能合约无须信任彼此。

智能合约能如此操作是因为其具备3个特点:自治、自足、去中心化。

首先,自治表示合约一旦启动就自动运行,完全不需要它的发起人进行任何的干预。也就是不依赖第三方,合约验证和执行的整个过程随着用户间的直接交易而变得快速,大大减少了花费在合约上的总金额。其次,智能合约能通过提高服务或者发行资产来获取资金,使其获得了自足的能力来获取资源,且合约条款部署到区块链上之后,不能更改。最后,智能合约是去中心化的,它不依赖于某个中心化的服务器,它是分布式的,且通过网络节点自动运行。

483 智能合约与区块链的关系是什么?

两者最大的关系是,智能合约将把区块链普及给大众。为何这样说?因为:

区块链技术最有可能成为21世纪的颠覆性技术力量之一,就像互联网对现代生活几乎所有方面都产生了深远影响一样,区块链架构能给人类社会带来巨大变化。

随着对区块链及其重要性的认识加深,人们的浓厚兴趣可能将继续加速推动这项技术的发展,然而,区块链发展和普及的一个主要障碍是陡峭的学习曲线和区块链的实现难度。想要让区块链获得更广泛的接纳,关键在于简化和重构,这就是智能合约的用武之地。

智能合约不是使已经复杂的事情更加复杂,而是把去中心化的优势提炼成更为简单和便利的形式,让更多的人都能享用,有效解决区块链的技术性挑战。

21.2 智能合约的特点、问题与原理及其执行步骤

21.2.1 智能合约的特点与问题

484 对于具体操作人员而言,智能合约最大的特点是什么?

智能合约2.0的最大特点是开发者不用学习新的智能合约语言,直接使用自己熟悉的Java、C/C#、Go等编程语言来进行智能合约的开发。这意味着什么?智能合约2.0可以对接全球百万级的开发者社区,有利于快速地形成庞大

的智能合约生态。同时,智能合约 2.0 还具备自主研发轻量级基于堆栈的虚拟机(智能合约在虚拟机上运行),配合"确定性调用树"的技术,可以实现理论上无限的扩展性。

485 智能合约普及面临的两大问题是什么?

智能合约能最大限度地减少通过信任的方式来解决一些问题,最小化信任能让事情更加便捷,因为其能通过全自动执行来替代人工判断。智能合约有巨大的优势,但是面临两大问题:

一是公众对其还不了解,需要时间进行普及。

二是需要新的法律法规来保障智能合约的法律效力。

21.2.2 智能合约的原理与构建

486 智能合约是如何运行的,即其工作原理是什么?

简单来说,其工作原理是构建、存储与执行(见表 21-1)。

表 21-1 智能合约的运行步骤和原理

步骤	原理
第 1 步	智能合约由区块链内的多个用户共同参与制定,可用于用户之间的任何交易行为;协议中明确了双方的权利和义务,开发人员将这些权利和义务以电子化的方式进行编程,代码中包含会触发合约自动执行的条件
第 2 步	一旦编码完成,这份智能合约就被上传到区块链网络上,即全网验证节点都会接收到合约
第 3 步	智能合约会定期检查是否存在相关事件和触发条件;满足条件的事件将会推送到待验证的队列中
第 4 步	区块链上的验证节点先对该事件进行签名验证,以确保其有效性;等大多数验证节点对于该事件达成共识后,智能合约将成功执行,并通知用户
第 5 步	成功执行的合约将移出区块,而未执行的合约则继续等待下一轮处理,直至成功执行

487 智能合约构建及执行是什么?

简单来说,基于区块链的智能合约构建及执行分为三步(见表21－2)。

表21－2　智能合约的构建及执行

步骤	描述
第1步:构建	既然智能合约严格按照条纹进行工作,那么智能合约也肯定是由区块链内的多个用户共同制定
第2步:存储	这段智能合约(其实就是一段代码)通过整个P2P网络部署到每个节点上,并且将这段代码存储入区块链中
第3步:执行	这一段代码定时进行自动检查,将满足条件的事务进行验证,达成共识后,通知所有用户

21.2.3　执行步骤

488 用户如何共同参与制定一份智能合约?

步骤如表21－3所示:

表21－3　用户参与制定智能合约的步骤

步骤	描述
第1步	用户必须先注册成为区块链的用户,区块链返回给用户一对公钥和私钥;公钥作为用户在区块链上的账户地址,私钥作为操作该账户的唯一钥匙
第2步	用户(2个及2个以上)根据需要,共同商定了一份协议承诺,其中包含了双方以电子化的方式、编程机器语言形成的权利和义务。参与者分别用各自私钥进行签名,以确保合约的有效性
第3步	签名后的智能合约,将会根据其中的承诺内容传入区块链网络之中

489 智能合约如何通过P2P网络扩散并存入区块链?

步骤如表21－4所示:

表 21－4　智能合约通过 P2P 网络扩散并存入区块链步骤

步骤	描述
第 1 步	在区块链全网中，合约通过 P2P 方式扩散，每个节点都会收到一份智能合约。区块链中的验证节点会将收到的合约先保存到内存中，等待新一轮的共识时间，触发对该份合约的共识和处理
第 2 步	共识时间到了，验证节点会把最近一段时间内保存的所有合约一起打包成一个合约集合(set)，并算出这个合约集合的哈希值，最后将这个合约集合的哈希值组装成一个区块结构，扩散到全网。其他验证节点收到这个区块结构后，会把里面包含的合约集合的哈希取出来，与自己保存的合约集合进行比较，同时发送一份自己认可的合约集合给其他验证节点。通过这种多轮的发送和比较，所有的验证节点最终在规定的时间内对最新的合约集合达成一致
第 3 步	最新达成的合约集合会以区块的形式扩散到全网。每个区块包含以下信息：当前区块的哈希值、前一区块的哈希值、达成共识时的时间戳以及其他描述信息。同时，区块链最重要的信息是带有一组已经达成共识的合约集。收到合约集合的节点，都会对每条合约进行验证，验证通过的合约才回最终写入区块链中，验证的内容主要是合约参与者的私钥签名是否与账户匹配

490 智能合约如何自动执行？

其步骤如图 21－1 所示：

(1)智能合约会定期检查自动机状态，逐条检查每个合约内包含的状态机、事务以及触发条件；将条件满足的事务推送到待验证的队列中，等待共识。未满足触发条件的事务将继续存放在区块链上。

(2)进入最新轮验证的事务，会扩散到每一个验证节点，与普通区块链交易或事务一样，验证节点首先进行签名验证，确保事务的有效性。验证通过的事务会进入待共识集合，等大多数验证节点达成共识后，事务会成功执行并通知用户。

(3)事务执行成功后，智能合约自带的状态机会判断所属合约的状态，当合约包括的所有事务都按照顺序执行完后，状态机会将合约的状态标记为完成，并从最新的区块中移除该合约。反之，将其标记为进行中，继续保存在最新的区块中等待下一轮处理，直到处理完毕。

整个事务和状态的处理都由区块链底层内置的智能合约系统自动完成，全程透明、不可篡改。

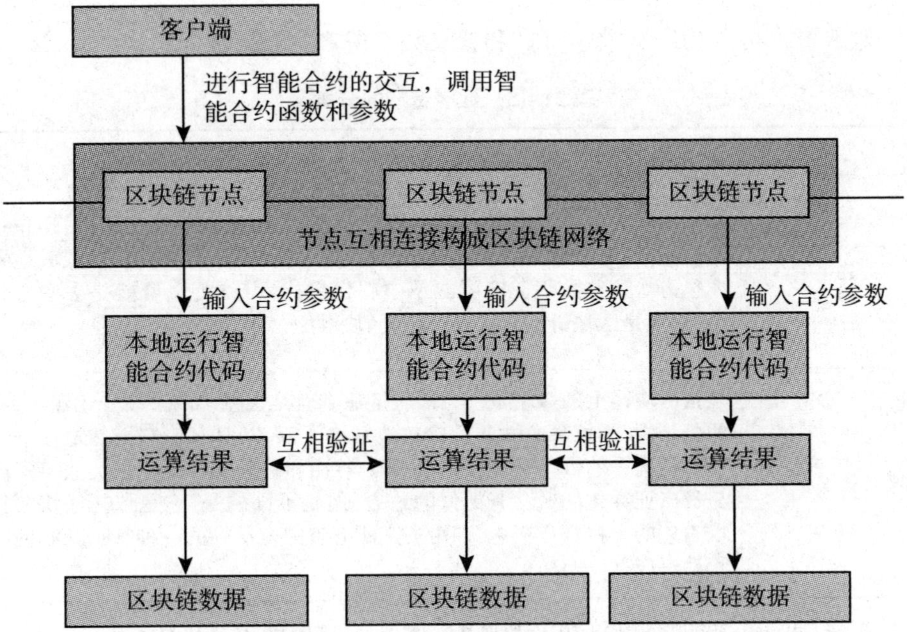

图 21－1　智能合约执行的简单流程

21.3　智能合约与四大概念(元素)的关系

491 理解智能合约，需要先理解哪四个概念？

这四个概念分别为 DA、DAE、Oracle、DI。具体来说：

(1)数字资产(Digital Asset，DA)。

(2)数字资产交易所(Digital Asset Exchange，DAE)，或者为数字资产管理平台(Digital Asset Management，DAM)。主要是针对所有数字资产的一种发行、存托、记账、交易撮合的平台，不同于传统交易所，DAM 的发行、存托、记账和撮合服务以及资产的交割都由区块链或是它的客户端资产钱包自动完成。

(3)仲裁服务(Oracle)，该条是针对智能合约(smart contract)的，即发生智能合约违约时，一般进行在线(online)仲裁的一种仲裁服务商。

(4)数字身份(Digital Identity，DI)。

492 什么是数字资产(DA)?

数字资产可分为广义数字资产和狭义数字资产(见表21-5)。

表21-5 数字资产的分类

分类	描述
广义数字资产	是指一切以电子数据形式存在的资产,其中甚至包括数字货币,还包括商业积分、电子股票、债券、知识产权、电子地契、基金、收益权,或其他资产包等。这些数字资产可能是中心化机构发行的,也可能是去中心化的,可能是区块链的,也可能是非区块链的
狭义数字资产	是指区块链上的数字资产。区块链原本就是比特币的去中心化账本,它的公开性,不可篡改性并且成功地解决了双花问题,使它天然地成了一种非常优秀的数字资产发行、记账、转让和管理的技术。该类数字资产与资产证券化的概念有类似的地方,但是不同的是,它是依托区块链技术表达的一种资产概念,即由资产所有者完全掌控的一种基于互联网的流动资产

注意:未来互联网金融进化的趋势是:资产在区块链上的数字化。

493 什么是数字身份(DI)?

数字身份,这是一个极其重要的概念,在未来尤其重要。

数字资产(DA)、数字资产管理平台(DAE)与仲裁服务(Oracle)三者组合在一起,可统称为金融互联网(Fin-network)(注意:这是点对点的去中心化的金融互联网)。

在现实中,一个法人或自然人,即实体人如何与进行关联对接?这就是数字身份(DI)。

这个DI在实体人这一侧应该是由法律背书的实名认证,可以按照不同的授权等级从生物人身上采取唯一的识别特征,可以是瞳孔、人脸、指纹,甚至是DNA片段等。

当一个实体人使用DI进入金融互联网时,使用特征片段进行签名,获得一个临时或永久授权进入目标DA网络,进入DA网络后根据授权码生成一个关联账户,该授权凭证表示为该实体人。

494 这四大概念(元素)之间有什么关系?

任何实体人(自然人或法人),通过数字身份(DI)认证服务,利用自己的特征值,例如人脸、瞳孔与指纹等去签名一个授权码,定义该授权码的有效时间。再利用该授权码签名进入目标数字资产网络(DA-net),也可以直接进入数字资产管理平台(DAE)交易所通过交易获取目标数字资产。

注意:在数字资产管理平台提供无差别的数字资产交易服务时,所有的区块链数字资产应当遵循一定的开发标准,否则交易所的性能和安全性都难以保障。

当然,如果出现什么问题,可以通过仲裁服务(Oracle)去解决。

21.4　智能合约应用的空间

495 智能合约应用的想象空间有多大?

智能合约不仅可以运用于可编写金融(金融、拍卖、借贷、众筹、股权、保险等),还可以应用在众多领域内,譬如医疗领域、知识版权保护、选举数据证明、遗嘱、注册及物联网等,都能够达到事半功倍的效果。

例如通过智能合约,物联网上冗长繁复的供应链会变得更加简明化,参与者能够看到物流追踪,提高交易效率。又如,由于区块链上的数据具有匿名性、加密性,在选举投票中可以降低操纵选票的可能性,对投票的公平性有所帮助等。

诸如此类的应用还可能在很多领域实现,例如,房地产行业、证券登记和清算,而且智能合约能够借助自动化、高效率和低成本的优势,结合潜力十足的行业领域,推出更加便民利民的应用举措等。由此可见,智能合约的想象空间、应用空间是非常大的。

496 为何说智能合约是以太坊的标志性创新?

以太坊是个创新性的区块链平台,它的创新之处是,既采用了区块链的原理,又增加了在区块链上创建智能合约的功能,即在区块链中封装代码和数据,允许任何人在平台中建立和使用通过区块链技术运行的去中心化应用。

比特币虽然在技术领域内有巨大的创新,但是也有诸多不足,所以以太坊建立了一个可编码的图灵完备的区块链。

图灵完备意味着该虚拟机和编程语言拥有计算能力,一切可计算的问题都能计算。在这个区块链上,程序员可以通过编写代码,创建新的数字资产。也可以通过编写智能合约的代码,创造非数字资产的转移交行功能。

因为这是一个可以编码、图灵完备的区块链基础,通过这些编码,在区块链的基础之上,能够管理更多的非数字资产。这意味着,区块链交易远不止买卖货币,将会有更广泛的应用指令嵌入区块链中,所以,在以太坊平台上创立新的应用场景就变得十分简便了。

497 以医疗为例,怎样说明智能合约的运用前景?

现阶段,医疗健康行业无法实现跨平台安全地共享医疗数据,一旦改变就医地点就可能会丢失数据,查找起来也比较烦琐,而且各个数据库系统的存储方式难以统一,关键信息往往分散且无法访问。

区块链能够提供记录和共享信息的平台,也保证了个人健康医疗数据不被篡改。当区块链记录下信息之后,智能合约就能发挥重要作用,在私钥解密后,可以通过区块链轻松地获取个人医疗信息,省去了很多麻烦。

国际首个医疗产业智能合约操控平台已在第四届"世界互联网大会·乌镇峰会"上发布,面向医生提供了安全稳定的辅助诊断系统,面向患者则提供了智能可信、方便快捷的信息咨询平台,使医生和患者双方均能获得更加优质可靠的医护环境。

根据IBM推测,全球56%的医疗机构将在2020年前投资区块链技术。包括飞利浦医疗、Gem医疗巨头和Google、IBM等科技巨头都积极地探索区块链技术的医疗应用,试图将两者完美结合。

21.5 投产前必须注意的三件事

498 在项目投产前,智能合约需要提供形式化验证功能,为何?

编写完全符合要求的代码是非常困难的,所有软件都非常容易出错或遭受各种攻击,但有了智能合约,实际资产将面临危险。

需要一种更好的方法来确保这些合约的健全和安全,这种方法便是形式化验证——一种检查代码将按预期执行的数学技术:

"智能合约应以易于验证的语言实施,因此像Haskell和OCaml这样的函数式语言会比 C/C++ 、Java 等命令式语言更适合智能合约代码,因为它们的结构更容易推理和形式化验证。当然,更多的程序员对 Java 更为熟悉,但是着重点必须从易用性转向安全性。"

需要注意的是,形式化验证也有一些限制,它不是完全自动的,仍需要人类的技能。

另外,形式化验证只能证明我们实际想要检查的属性;如果你不验证正确的事情,漏洞将依然存在。

499 在项目投产前,如何确保智能合约的透明性,是否方便检查代码?

举例来说明这一问题。

有个最大的智能合约实验——The DAO;The DAO 是一个虚拟化投资工具,筹集了 1.5 亿美元的资金,但在之后,该平台立即成为攻击者的目标,5000 万美元的融资被盗走,存进了攻击者自己的账户。

当安全研究人员开始分析 The DAO 时发现,想要理解 The DAO 的运作流程非常困难。因为 The DAO 的所有字节码,即虚拟机器代码都能在区块链上看到,但真正采用哪个版本的源代码并不清楚。所以,智能合约代码在确保无漏洞的同时,也需要透明化。

因此,在签署协议时,我们能清楚地知道协议的内容,并能更容易地发现错误。实现这一点的方法是,使用解释而非编译型语言,因此,实际代码在区块链上可见,并且可以轻松检查。

另外,字节码需要准确匹配创造它的源代码,这就需要认证编译器本身了。

500 在项目投产前,如何提供智能合约明确的治理机制?

智能合约储存在区块链上,根据定义,代码是不可改变的。即在完美世界中,代码不会改变。

但是,软件从来不是完美的,对于基础平台的更改可能将发生或将影响合约代码的执行方式,一个给定的区块链,处理这些变化的过程是灌输其对平台信任的关键。

在没有明确治理模式的地方,智能合约的发展绝不会是一帆风顺的,当它对于人们有利时,核心开发者或任何正在运行节目的人都有权中途改变游戏的规则。

当然,对于这种权力滥用而言,区块链的脆弱性在很大程度上取决于其社区。所以,未来的区块链应该从一开始就制定明确的治理原则,以便以可预测的方式进行协议更改,一旦这些问题解决,智能合约便可进入生产阶段,成为许多日常合约的支柱。

第 22 章　区块链 2.0 与可编程金融

22.1　概念、内涵与范围

501 区块链 2.0 和可编程金融的概念是什么？

区块链 2.0 时代是以以太坊、瑞波币为代表的智能合约的开发和应用，或理解为可编程金融，其原理和特性决定其先天肩负着重构金融在内的各行业未来形态的使命，是对金融领域的使用场景和流程进行梳理、优化的应用。

可编程金融应用是指区块链在泛金融领域的众多应用。基于区块链可编程特点，人们尝试将智能合约添加到区块链系统中，形成可编程金融。

智能合约意味着区块链交易远不止买卖货币这些交易，将会有更广泛的指令嵌入区块链之中。凡是用来注册、确认和转移各种不同类型的资产，都可以通过智能合约实现，几乎包括所有的金融交易服务，例如，股票、私募股权、众筹工具、债券、对冲基金、年金、养老金和所有的期货、期权等金融衍生品。

502 区块链 2.0 与智能合约的关系是什么？

如果把区块链 2.0 定义与智能合约等同起来，那么区块链 2.0 不仅是“可编程金融”的，而且还有更多的其他运用，诸如在智能合约有关问题中提到的医疗领域、知识版权保护、选举数据证明及物联网等。

如今，由于区块链才刚在金融领域起步，还远未能涉及“可编程经济”，更谈不上“可编程社会”了。所以，本书对区块链 2.0 内涵的界定，将其暂时限定在“可编程金融”之内。这也是大部分业内外人士所认同的。

当然，本书所讲的区块链 2.0 与一些资料上所涉及的范围有些不同，这也是很正常的。原因在于：一些人将其与智能合约等同起来，或者将其扩展到“可编程经济”的某些范畴内。这两种范围的界定，你也是没有足够的理由说它“是不正确的”。

503 区块链2.0,即可编程金融的运用范畴如何?

区块链2.0应用加入了智能合约,即利用程序算法替代人为执行合同的概念。这使区块链从最初的货币体系,可以拓展到股权、债权和产权的登记、转让,证券和金融合约的交易、执行,甚至博彩和防伪等金融领域(见图22-1)。

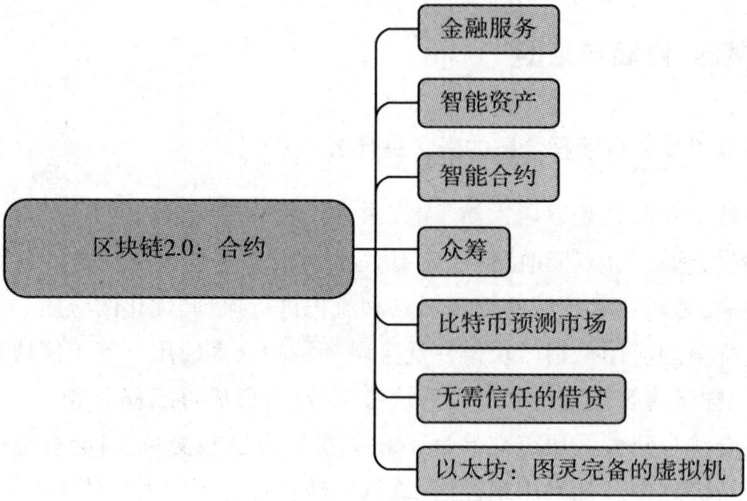

图22-1 可编程金融:区块链2.0应用

22.2 区块链2.0数字资产、借贷、众筹等应用

504 区块链2.0概念下的智能资产是什么?

智能资产:区块链可以用于任何资产的注册、存储和交易,包括金融、经济和货币的各个领域,以及所有的有形资产和无形资产。区块链开辟了不同类型、各个层次的行业运用功能,涉及货币、市场和金融交易。使用区块链编码的资产,通过智能合约成为智能资产。

智能资产是指所有以区块链为基础的可交易的所有资产类型,包括有形和无形资产。智能资产通过区块链控制所有权,并通过合约来符合现行法律。

智能资产有可能让我们构建无须信任的去中心化资产管理系统。

505 区块链 2.0 数字资产的运用前景将会是怎样的?

数字资产是指所有权以数字形式记录的资产。虚拟货币是数字资产,但由于区块链是一个"去中心化"的资产注册表,它也可以被用于注册资产所有权和转让任何数字资产。数字债券可以兑付支付券或将资产赎回到委托人的数字地址,而不需要托管人的介入。

如果把这个概念进一步延伸应用,实物资产也可以被数字化。智能实物资产也是能够根据一定的交易规则接入区块链资产。从某种角度来讲,智能实物资产是可以通过区块链控制资产的。

比如一幢楼房的所有权可以由区块链的数字资产形式表示。如果楼房连接到互联网,并可以接入区块链,就可以追踪代表其数字资产的状态。如果这个数字资产从一个所有人转移到了另一个所有人手中,该楼房将在区块链上更新其状态,即改变其所有者信息。这是让物联网实现自动化的方式。

506 区块链 2.0 的借贷、众筹与预测应用是怎样的?

(1)无须信任的借贷

区块链的去信任机制网络是智能资产和智能合约发展的重要推动因素。这让不认识的人在互联网上把钱借给你,而你可以将你的智能资产作为抵押,这必然大幅地降低借贷成本,并让借贷更具竞争力。非人为干预的机制也让纠纷率大大降低。

(2)众筹

基于区块链的众筹平台支持初创企业通过创建自己的数字货币来筹集资金,分发自己的"数字股权"给早期支持者,这些数字货币作为支持初创公司应获股份的凭证。

(3)预测市场

区块链 2.0 还可以通过对现实生活中可能发生的事情进行结果预测,比如选举、体育赛事等。

22.3 区块链 2.0 微支付与 API 运用

507 区块链 2.0 微支付运用是怎样的?

目前使用的支付系统产生于 20 世纪 50 年代,每一笔交易都需要固定的最低收费。因此发送小额资金,例如 5 美元,是无法使用这个系统的(尽管包括 Dwolla 公司在内已经开始提供小额资金交易服务)。收取固定手续费的做法一直没有改变,原因很简单。例如,在 2013 年汇款的平均费率为 8.9%,为银行带来了 480 亿美元的收入,手续费是一个稳定的收入来源。

正如 TCP / IP 允许信息的瞬时发送,现在,区块链协议允许价值无论大小瞬间转移。ChangeCoin 公司把这个概念变成了现实。ChangeCoin 提供微支付基础设施网络。假设你想在网站阅读文章,但免费版只允许你读这篇文章的一部分,要想阅读整篇文章,必须缴纳最小订阅费。利用微支付,用户只需支付几美分就可以阅读整篇文章,而不用套餐式订阅。

这种方式还可以用于有线电视订阅,用户可以只购买 4 ~5 个他们经常看的频道,而不需要套餐购买 200 个频道。微支付还可以用于 WiFi 热点,用户只用按照他们使用数据的流量支付费用。

508 区块链 2.0 数据块链 API 运用是怎样的?

包括 Chain 在内的公司允许开发者根据区块链协议开发应用程序编程接口(Application Programming Interface,API),包括:

用 API 来分配涉及电能、带宽、存储和计算处理等到设备或服务的数据资源。

开发 API,比如虚拟设备公司 Oculus Rift 正在开发能虚拟空间进行交易的 API,这将进一步模糊虚拟与实体经济之间的界限。

微支付的 API,根据需要支付的类型量身定制,例如给大鱼号小费,或者给拼车司机小费,微支付在“分享经济”中非常有用,现在的消费者已经越来越多地变成了消费用户。

22.4 区块链 2.0 金融服务、程序等运用

509 区块链 2.0 智能金融和程序资金运用是怎样的?

智能金融是非常新的概念,程序的开发用于资金委托。智能金融合同把条件和收益都编进了程序。当两方之间有交易发生时,该程序可以验证该产品或服务是否由合同的供应商发出,只有经过验证,资金才会汇到卖家账户。通过开发随时可供使用的按照供应商和客户之间预设条件的程序,智能合同可以确保

实时、安全、几乎免费的托管服务。

除金融交易之外,智能合同正在进入法律体系。比如,一些区块链开发公司如 Empowered Law 等正在利用分布式交易台账的区块链协议,为资产保护、遗产规划、纠纷解决、租赁和公司治理提供多重签名账户服务(Multi-Signature)。

510 区块链 2.0 在金融服务方面的运用如何?

金融服务是区块链 2.0 的一个重要方向,就是利用数字货币与传统银行和金融市场作对接。

比如,旧金山数字支付公司(Ripple Labs)就是一家使用区块链技术来重塑银行业生态系统的公司,它创造了一个"去中心化"的支付网络,旨在帮助验证那些基于类似于比特币的数字货币交易,其目的是减少各种货币跨境支付的成本与时间。

与比特币不同的是,Ripple Labs 针对的目标主要是银行及汇款服务商,而非消费者。使用 Ripple 支付网络可以让多国银行直接进行转账和外汇交易,而不需要第三方中介。

2014 年 Ripple Labs 与 2 家美国银行和 1 家德国银行签约,分别是 Cross River 银行、CBW 银行和 Fidor Bankin Germany,为其客户提供快速跨国汇款服务。Ripple Labs 的网络可以让小型银行在交易中避免一些不必要的中间手续费。

又如,Paypal 在做比特币和传统金融和支付市场对接的解决方案;BTCjam 在做基于区块链的去中心化 P2P 借贷;Overstock 在做基于区块链的去中心化证券交易所 Medici 等。

22.5　区块链 2.0 股权合规及优势

511 国内公司股权(股份)的法律现状如何?

国内公司分为两个大类:股份公司和有限公司。股份公司对应股份,有限公司对应股权。

股份公司又分为上市公司和非上市股份公司。上市公司的股份登记在中国证券登记结算公司;非上市公司的股份(一部分可在新三板或区域股权交易所挂牌。其中,新三板挂牌的股份也登记在中国证券登记结算公司),按公司法规定,以股票为权利凭证,并配以股东名册来记录持股人。

值得注意的是,除新三板挂牌和区域股权市场托管股份之外的非上市股份公司已发行的股份,不需要第三方机构登记,完全靠公司自身发行股票和维持股东名册来确定股权。

对于有限公司而言,因不存在股票这种凭证,股权证明就成了公司自行维护的“股东名册”。

综上所述,我国《公司法》对无论哪种公司的股权(股份)都给予了较大的自主权:让公司自行提供股权(股份)的最终证明。

512 区块链股权(股份)的法律效力如何?

我国《公司法》允许公司采取任何成文记录的形式来创建并维护股东名册,不局限于特定载体。区块链作为一种公开账本,不仅完全符合公司法规定,而且更是未来的趋势。作个比较,早年的股票是纸质的,且需要人工手动记账式交易,后来就电子化了;货币从纸钞到电子化也是这个进程。

中国公司股权登记也越来越倾向于借鉴发达国家的成熟经验,股权不在国家机关登记,而是由商会、工会等民间自治组织来登记,以市场认可的第三方来提供关于股权(股份)的权利证明。所以,如果股权通过区块链来登记,就把可信的第三方彻底去中心化了,即不再局限于特定的第三方,依靠全体参与者共同维护一套登记系统。这套系统有 4 个特点:一是把登记权利交给了公司,体现了自治精神;二是确保了股权登记的公开透明、真实可信,减少了争议;三是促进股权流通和资源共享,股权登记和转让更便捷、安全;四是及时,数据被永久、安全地保存。

513 区块链股权(股份)登记与流通的优势是什么?

(1)股权登记管理

股权登记发挥着向社会公示的作用,让潜在交易主体了解权属状态;登记也是交易的关键环节,记录所有权的转移。现在,非上市公司股权往往需要经人工处理,股东名册维护很烦琐,历史交易维护和跟踪也变得困难。区块链股权登记完全数字化,有着安全透明、不可篡改、易于跟踪的特点,有很大的优势。

(2)股权转让流通

股权转让流通是一个重要环节,传统 OTC 场外股权交易,以交易双方信用为基础,需要双边授信后才可进行交易,信用风险由交易双方自行承担,而交易平台集中承担市场交易参与者的信用风险。

区块链可以有效降低交易的信用风险。股权所有权登记在区块链中,股权交易必须要有所有者私钥签名才能验证通过,交易确认后,股权变更也会记录在区块链中,保障了交易双方的利益。

22.6　区块链2.0智能合约的主流平台

514 掀起区块链2.0革命浪潮的智能合约平台是哪一个?

在区块链2.0时代中最著名的莫过于具有智能合约功能的公共区块链平台——以太坊,也可以说是以太坊掀起了区块链2.0革命的浪潮。

以太坊是一个图灵完备的区块链一站式开发和运行平台,采用多种编程语言实现协议,采用Go编程语言写的客户端作为默认客户端。基于以太坊的智能合约,很容易创建个性化的数字资产或数字货币,还支持货币的中心化管理者、数字货币的黑白名单、货币增发、挖矿实现、代币和其他货币的自动兑换。开发语言是Solidity语言。

在以太坊的官网首页上,给出了3个智能合约的样式(Demo):虚拟货币合约Token、众筹合约Crowdsale、去中心自治组织合约The DAO,供开发者参考。目前运行的以太坊版本是1.0,采用的是PoW挖矿的共识算法,目前公网的TPS是25笔,在开发中的1.5版本,将采用类似于PoS的Casper算法,使区块链的确认速度相对于PoW的线性效率达到指数级。规划中的2.0版本的目标是,TPS有望达到2000。

以太坊的开源地址:https://github.com/ethereum/。

515 以太坊智能合约平台的优势和特点在哪里?

截至2018年8月甚至在未来很长一段时间内,出现了众多区块链2.0智能合约平台,其中,以太坊无疑是最具潜力的“独角兽”。

一是应用的多样性,根据以太坊应用检索网站(http://dapps.ethercasts.com/)统计,正在开发中的以太坊分布式应用(DApp)有328项,其中涵盖了金融服务、预测市场、电子竞技、彩票和云算力等多个行业。

二是具备端到端的产业链条,除开发平台之外,还包括运行中的区块链、矿业、客户端钱包,同时也获得了交易所的广泛支持。

因此,有些应用既能在比特币区块链上运行,也能在以太币区块链上运行。

516 比特币侧链,区块链2.0重要平台之一,其概况如何?

比特币侧链是以锚定比特币为基础的新型区块链,基于侧链可以建立各种智能化的金融合约,包括股票、期货、衍生品等。侧链可以根据特性和目的各不相同,都依赖于比特币主区块链所保障的弹性和稀缺性。

比较著名的比特币侧链是Rootstock和BlockStream。Rootstock向后兼容以太坊,以太坊发布的DApps程序也可以部署在Rootstock上使用,从而兼得比特币级别的安全性和以太坊应用的多样性。Rootstock支持的TPS性能为300。

BlockStream的元素链同样使用比特币双向挂钩技术,除智能合约之外,还为比特币快速地带来了许多创新技术,包括私密交易、证据分离、相对锁定时间、新操作码、签名覆盖金额等特性。核心技术框架跟比特币一样,采用C++语言开发。

BlockStream的开源地址为:https://github.com/ElementsProject/elements。

517 以太坊侧链,区块链2.0重要平台之一,其概况如何?

以太坊侧链(ConsenSys的BTC Relay),通过使用以太坊的智能合约功能可以允许用户在以太坊区块链上验证比特币交易。BTC Relay使用区块头创建一种小型版本的比特币区块链,以太坊DApp的开发者可以从智能合约向BTC Relay进行API调用来验证比特币网络活动。BTC Relay进行了跨区块链通信的有意义的尝试,打开了不同区块链交流的通道。

518 IBM的fabric,区块链2.0重要平台之一,概况怎样?

IBM的HyperLedger,又称为fabric,是一个带有可插入各种功能模块架构的区块链实施方案,fabric架构的核心逻辑包括:Membership、Blockchain和Chaincode。Membership服务用来管理节点身份、隐私、保密性、可审计性。Blockchain使用P2P协议来管理分布式账本,提供最有效的哈希算法来维护区块链世界状态的副本。采取可插拔的方式,根据具体需求设置共识协议,比如PBFT、Raft、PoW和PoS等,IBM首选PBFT算法。Chaincode提供一种安全且轻量级的沙盒运行模式,在VP节点上执行Chaincode逻辑,类似以太坊在EVM

虚拟机上运行智能合约。fabric 的核心开发语言是 Go 语言，系统目标是 15 个验证节点下达到 10 万 TPS 的性能。

fabri 的开源地址：https://github.com/hyperledger/fabric。

519 Counterparty，区块链 2.0 重要平台之一，其概况如何？

Counterparty 建立在比特区块链之上，把比特币区块链当成可信的时间戳服务和可信的信息发布证明。

目前其支持燃烧证明、合约、去中心化 XCP 与 BTC 交易所、赌约或期货、资产或股份发行、分红等应用。

其开发人员已成功将以太坊的编程语言移植到 Counterparty 平台，这一新进展可使用户在比特币区块链上保存和执行图灵完备的以太坊代码。

Counterparty 开源地址：https://github.com/PhantomPhreak/counterpartyd。

520 其他区块链 2.0 的重要平台，概况怎样？

国内的小蚁刚刚发布了虚拟机 Antshares VM 的白皮书，并在 GitHub 上公布了开源代码（开源地址：https://github.com/AntShares/AntShares.VMAntshares），Antshares VM 是一种轻量级通用型的区块链虚拟机，用户可以在小蚁区块链上部署并执行智能合约，让数字资产升级为可编程的智能数字资产。

其他还有 R3 联盟为银行系统提供的 Corda 平台、支持多行业的（金融、物联网、供应链、社交游戏等）的量子链 Qtum，还有以色列的 Synereo，采用了一种轻量级的智能协议语言 Rholang。

第23章 以太坊的内涵框架、机制运行及其与比特币的比较

23.1 以太坊的概念、意义与特点

23.1.1 以太坊的概念与意义

521 以太坊是什么？

以太坊（Ethereum，ETH）是一款能够在区块链上实现智能合约、开源的底层系统。它是建立在密码学技术之上的一种基础框架，使任何人都可以在其上开发应用，并在区块链上运行。

具体来说，以太坊对脚本、竞争币和链上元协议等概念进行了整合和提高。使得开发者能够创建任意的、基于共识的、可扩展的、标准化的、图灵完备的、易于开发和协同的应用。

其中，涉及智能合约。就像微信上运行的小程序一样，在以太坊上部署的智能合约运行在以太坊特有的虚拟机上，通过以太坊虚拟机和远程过程调用（Remote Procedure Call，RPC）接口与底层区块链进行交互，并且可以根据具体的应用场景开发相应的智能合约。

而且，在以太坊上可以任意编写智能合约，通过智能合约实现强大的功能，实现去中心化应用的开发。

所以，以太坊是一个具有智能合约功能的开放区块链平台，使开发人员能够建立和发布各种分布式应用。通过在以太坊上编程建立各种分布式应用，可以解决诸如投票、域名、金融交易、众筹、公司管理、合约、知识产权、硬件集成的智能资产等各方面问题。

522 以太坊是如何产生的？

这得从比特币说起。

由于比特币存在非图灵完备性、缺少保存状态的账户概念，以及 PoW 挖矿机制带来的资源浪费和效率问题，在很多区块链应用场景下并不适用。

人们需要一个新的基于区块链的具有图灵完备性、高效共识机制、支持更多应用场景的智能合约开发平台。

于是，2013 年比特币社交群里的一位天才少年，名为维塔利克·布特林（Vitalik Buterin），提出了以太坊的概念。同年，维塔利克·布特林（Vitalik Buterin）发表了“以太坊白皮书”，并说明了建造去中心化程式的目的。

2014 年通过在互联网上公开进行了为期 42 天的以太币预售（ICO），维塔利克·布特林募集到约 1843 万美元的开发资金。2015 年 7 月 30 日以太坊的公共区块链正式启用。

以太坊，在实现比特币众多不足的同时，与比特币区块链技术一样，使用了激励驱动的安全模式，共识的达成基于选择具有最高总难度的区块，矿工创建区块，其他人检测有效性等特点。

523 以太坊的发展线路是怎样的？

按照以太坊规划白皮书，以太坊的完整发展路线分为四个阶段，即“前沿”（Frontier）、“家园”（Homestead）、“大都会”（Metropolis）和“宁静”（Serenity）。

如今正处于大都会阶段。大都会是以太坊发展四个阶段里面的第三个阶段，分两步实施：“拜占庭”和“君士坦丁堡”。

现今实施成功的“拜占庭”，引入了大量的新特性，主要包括 zk-SNARKs、“revert”功能、“return data”、抽象账户。“君士坦丁堡”计划于 2018 年部署，其主要特性就是平滑处理掉所有由于”拜占庭“所引发的问题，并引入 PoW 和 PoS 的混合链模式。

524 以太坊曾经的众筹概况是怎样的？

2014 年 7 月至 8 月，以太坊开发团队通过线上销售 ETH 代币而筹得资金，人们可以通过支付比特币来兑换以太币，最初的固定兑换率为一个 BTC 等于 2000 个 ETH。而在 2016 年 10 月，一个 BTC 可以买到 50 个 ETH。

众筹参与者发送比特币到一个比特币地址，并且收到一个包含相对应购买到ETH数量的以太坊钱包。技术细节可以在以太坊博客中找到：

https://blog.ethereum.org/2014/07/22/launching-the-ether-sale/

通过这种方式，超过6000万个以太币被买走，相当于31,500个比特币，当时价值约为1800万美元。同时额外发行了20%的以太币（120万以太币）用以促进开发以及设立以太坊基金会。

525 以太坊对于区块链2.0的意义是什么？

在区块链2.0时代中最著名的莫过于具有智能合约功能的公共区块链平台以太坊了。

也可以说是以太坊掀起了区块链2.0革命的浪潮。以太坊为了解决比特币扩展性不足的问题而生，事实证明也确实如此，大量的Token（数字化的价值载体或权益证明，如Q币）基于以太坊发行，疯狂之后，成功将ETH推上了全球加密数字货币市值排行榜的第2名。

但区块链2.0技术只能达到每秒70～80次交易次数，这也成为其快速发展的制约性因素。于是，这就需要将眼光放到未来的3.0时代。

23.1.2 Token与特点

526 什么是Token？

谈以太坊，需要先来了解一下Token。

Token是一种数字化的价值载体，是一种权益证明。如Q币，在中心化的系统中也可以发行，不是区块链所特有。

从技术上说，区块链和Token可以完全分开。但Token结合上区块链，就能通过加密算法和分布式账本来确定真伪以及资产的唯一性，并通过共识算法进行流通。

区块链作为下一代互联网，作为价值网络，没有Token是不可想象的。而没有区块链技术作为防伪和流通的Token，也是有重大缺陷的。

只有结合上区块链的Token，才具备三要素，即数字权益证明、加密和可流通。

527 区块链和 Token 的关系是什么?

区块链最重要的应用就是价值在互联网上直接流通。通过实体或虚拟资产的 Token 化,将资产上链能直接通过网络跨国界、跨时差、低成本地进行资产交易与转移。而诸如以太坊等平台通过 Token 化,一方面,可以进行平台融资,为平台的启动和发展募集资金;另一方面,在链上产生用于资产交易的价值中介,实现链上资产 P2P 自由交易和流通,打破了货币兑换的限制。

在区块链 1.0 时代,也就是以比特币为代表的时代。链上没有其他资产,比特币作为一家"世界银行",没有其他链上资产,就只是做一件事——发行货币并进行记账。比特币通过挖矿来发行 Token 并其维持安全运转,但它本身并不是交易平台,不能直接链上交易。而是通过链下交易,链上支付。

在区块链 2.0 时代,也就是以以太坊为代表的公有链时代。通过构建公有链,完成区块链的全球基础设施建设,通过挖矿来发行 Token 并实现公有链的正常运转。在公有链上可以编写智能合约,完成交易平台的构建。

528 以太坊的主要特点是什么?

简单来说,以太坊区块链的特点主要包括:

(1)单独为智能合约制定 Solidity 编程语言。

(2)使用了内存需求较高的哈希函数:避免出现算力矿机。

(3)叔块(Uncle Block)激励机制:降低矿池的优势,减少区块产生间隔为 15 秒。

(4)难度调整算法:一定的自动反馈机制。

(5)Gas 限制调整算法:限制代码执行指令数,避免循环攻击。

(6)记录当前状态的哈希树的根哈希值到区块:某些情形下实现轻量级客户端。

(7)为执行智能合约而设计的以太坊简化的虚拟机(Ethereum Virtual Machine,EVM)。

23.2 以太坊的框架与结构

23.2.1 以太坊的框架、结构与合约语言

529 以太坊的总体系统架构是怎样的?

以太坊的系统构架见图 23 -1。

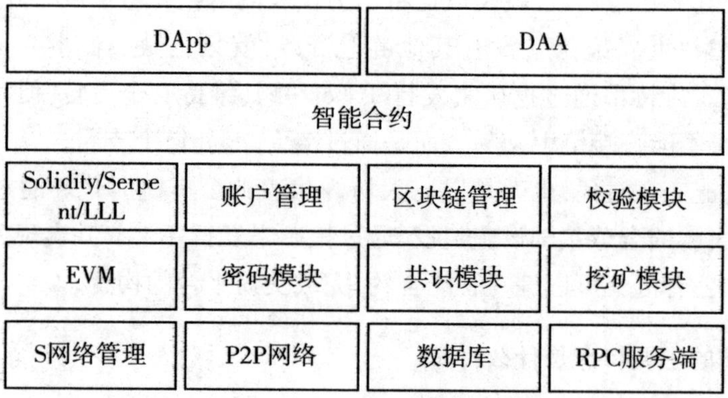

图 23 -1 以太坊的总体构架系统

以太坊最上层的是 DApp。它通过 Web3. js 和智能合约层进行交换。所有的智能合约都运行在以太坊虚拟机(EVM)上,并会用到 RPC 的调用。

在 EVM 和 RPC 下面是以太坊的四大核心内容,即 blockChain、共识算法、挖矿以及网络层。

除了 DApp 之外,其他的所有部分都在以太坊客户端里,目前最流行的以太坊客户端就是 Geth(Go-Ethereum)。

其中,RPC 是一种通过网络从远程计算机程序上请求服务,而不需要了解底层网络技术的协议。

530 以太坊区块链的六层结构是什么?

以太坊的六层结构,从上至下分别是数据层、网络层、共识层、激励层、合约层与应用层。其解读见表 23 -1。

表 23－1　以太坊区块链的六层次结构

数据层	是一个“区块＋链表”的数据结构，本质是一个分布式区块链
网络层	P2P 网络
共识层	制定区块链获取货币的机制。比如，比特币用的是工作量证明机制：电脑的性能越好，越容易获取货币奖励。还有权益证明机制：类似于众筹分红的概念，会根据你持有的货币数量和时间，给持有者发放利息。还有比如超级账本用的是拜占庭容错（PBFT）
激励层	挖矿机制
合约层	以往的区块链是没有这一层的。所以，最初的区块链只能进行交易，而无法用于其他的领域或是进行其他的逻辑处理。但是合约层的出现，使得在其他领域使用区块链成为现实，比如用于物体组成的因特网（Internet of Things，IoT）。以太坊中这部分包括了以太坊虚拟机和智能合约两部分
应用层	区块链的展示层。如以太坊使用的是 truffle 和 web3－js，区块链的应用层可以是移动端、web 端，或是融合进现有的服务器，把当前的业务服务器当成应用层

531 以太坊智能合约的常用语言是什么？

智能合约是以太坊的最大特色。

以太坊有 3 种常见的智能合约语言，这些语言可以被编译成智能合约运行在以太坊虚拟矿机上。它们是：

Solidity 和 Javascript 语言类似。这是目前最受欢迎的和功能丰富的智能合约脚本语言。

Serpent 和 Python 语言类似，在以太坊历史的早期受欢迎。

LLL（Lisp Like Language）和 Lisp 类似，只在早期使用，大概是最难用的一种。

23.2.2　DApp 的条件与特征

532 DApp 是什么，需要具备哪 3 个条件？

DApp 即去中心化应用（Decentralized Application，DApp）。需要具备：

（1）运行在分布式网络上；

（2）参与者信息被安全存储，隐私得到很好的保护；

(3)通过网络节点去中心操作。

符合以上 3 个条件的应用可以认为是一个去中心的应用。

533 DApp 的 3 个特征是什么?

DApp 的 3 个特征是:

(1)程序开源,数据加密保存在公开且去中心的区块链上;

(2)应用必须通过标准算法来生产代币,代币根据应用需要使用,提供贡献的用户都应该获得代币奖励;

(3)根据市场反馈改进,必须由多数用户一致同意。

DApp 应该具有类似宪法章程这样的设置,公开概述区块链上的功能和运行机制。这样形成了一个去中心组织网络,在没有人类干预的前提下,通过预先设定的业务规则自动运行。

534 以太坊的 DApp 是怎样的?

以太坊的一个 DApp 是由智能合约和客户端代码构成的。智能合约就像加密的包含价值的箱子。只有当特定条件被满足时才能被打开,它封装了一些逻辑、规则、处理步骤或者双方之间的协议。

从架构的角度来看,DApp 类似于传统的 Web 应用。区别是:传统 Web 应用的客户端有 JavaScript 代码,用户在自己的浏览器中执行,服务器的代码由主机运行。但在 DApp 中,它的智能逻辑运行在区块链上,客户端代码运行在特殊的浏览器 Mist 里面。

23.3 以太坊的核心概念

23.3.1 虚拟机、账户及状态

535 什么是以太坊的虚拟机?

与比特币区块链系统不同,以太坊设计了专门用来运行智能合约的以太坊虚拟机(EVM)。以太坊虚拟机是一个同网络文件系统或者其他操作过程隔绝开来的封装起来的计算机代码运行环境。简单来说,就是以太坊中智能合约的运行环境。

在这个环境中，任何人都可以上传智能合约程序，并让这些程序自动执行，同时保证现在和以前的所有程序的状态总是公共可见的。

这些程序运行在区块链上，严格地按照虚拟机定义的方式继续执行。所以任何人都可以为所有权、交易格式和状态转换函数创建商业逻辑。

536 以太坊除虚拟机之外，还有哪些其他部分？

以太坊虚拟机是运行合约逻辑的计算元件，不依赖于一个中心服务器的计算。但是，以太坊虚拟机只是一个整体的一部分。除此之外，还有其他部分，例如 Swarm 和 Whisper。只有各类部件协调运作，以太坊才能真正实现抗屏蔽（审查）、自我维持、去中心化的"世界"计算机的景愿。

(1) Swarm

Swarm 是点对点文件共享，它与 BitTorrent 相似，但以以太币作为微报酬进行激励。文件被分解成块，分配并被参与的志愿者们储存。那些为存储并为区块提供服务的节点，从那些需要储存和检索数据服务的节点得到以太币作为补偿。

这是不依赖于中心服务器的文件存储。

(2) Whisper

Whisper 是一种信息检索协议，它允许节点间直接以一种安全的形式互发信息，并对第三方组织窥探者隐藏发送者和接收者的信息。

这是不依赖于中心服务器的通信管理。

537 什么是以太坊的账户？

以太坊的基础单元是账户。这些账户可以通过消息传递发生互动变化。每个账户都有一个与之关联的状态和一个 20 字节的地址。所有价值和信息的转移都体现为账户状况的变化。以太坊区块链通过控制所有账户的变化实现其各种功能。

以太坊中有两类账户。

(1) 外部账户

这类账户和比特币中的账户一样，该类账户被一对公钥和私钥控制。外部账户的地址是由公钥决定的。

(2) 合约账户

该类账户被存储在账户中的代码控制，也就是运行在以太坊上的智能合约。

合约账户的地址是在创建合约时由合约创建者的地址和该地址发出过的交易数量计算得到的。

两类账户的区别在于,外部账户没有代码,人们可以通过创建和签名一笔交易从一个外部账户发送消息。每当合约账户收到一条消息,合约内部的代码就会被激活,允许它对内部存储进行读取、写入、发送其他消息和创建合约。

538 什么是以太坊账户状态的变化?

以太坊账户状态的变化是指以太坊账户组成成分发生的变化。

以太坊账户含有 4 个组成部分:

(1)序号(nonce)

如果账户是一个外部拥有账户,序号代表从此账户地址发送的交易序号。如果账户是一个合约账户,序号代表此账户创建的合约序号。

(2)余额(balance)

此地址拥有 Wei 的数量。

(3)梅克尔(Merkle)树根的哈希值

梅克尔树会将此账户存储内容的哈希值进行编码,默认值是空值。

(4)代码哈希值

是指此账户以太坊虚拟机内代码的哈希值。对于合约账户而言,就是被哈希的代码并作为代码哈希值被保存起来。对于外部账户而言,代码哈希值是 1 个空字符串的哈希值。

23.3.2 交易、Gas、存储及栈

539 什么是以太坊消息?

以太坊消息在某种程度上类似于比特币的交易,但是两者之间有 3 点重要的不同。具体是指:

(1)以太坊的消息可以由外部实体(外部账户)或者合约创建,然而比特币的交易只能从外部创建。

(2)以太坊消息可以选择包含数据。

(3)如果以太坊消息的接受者是合约账户,可以选择进行回应,这意味着以

太坊消息也包含函数概念。

540 什么是以太坊的交易？

太坊区块链系统只有两种类型的交易：合约创建和消息通信。

以太坊所有的交易都是在外部账户触动下发生的，合约账户不会自发地产生任何行动。只有当外部账户发出交易时，合约账户才会执行相应的操作。以太坊通过规定节点必须与运算结果保持一致，从而保证智能合约严格确定地执行。

交易包含消息的接受者、用于确认发送者的签名、以太币账户余额、要发送的数据和被称为 Start gas 和 Gas price 的两个数值。

为了防止代码出现指数型爆炸和无线循环，每笔交易需要对于执行代码所引发的计算步骤做出限制。

Start gas 就是通过需要支付的燃料来对计算步骤进行限制，Gas price 是每一计算步骤需要支付矿工的燃料的价格。

541 什么是以太坊的 Gas？

以太坊上的每笔交易都会收取一定的交易费用，这个费用是以 Gas 支付的。Gas 就是用来衡量在一个具体计算中要求的费用单位。

Gas price（以太币计）是由交易创建者设置的，发送账户需要预付的“交易费用 = Gas price × Gas amount”，即“预付的交易费用（单位以太币）= Gas 数量（单位 Gas）× Gas 价格（单位以太币/Gas）”。

设置 Gas 的目的是限制交易执行所需要的工作量，因为任何人都可以发布执行脚本（智能合约）到以太坊上，如果不加以限制，就会有恶意用户发布无限循环的脚本到平台上，占用网络资源。

当 EVM 执行时，Gas 将会按照特定的规则被消耗。如果执行结束，Gas 价格由交易创建者设置。如果执行结束还有 Gas 剩余，这些 Gas 将会被返回到账户。

无论执行到什么位置，Gas 一旦被耗尽，执行会立即停止，并触发一个 Gas 被耗尽的异常，同时，当前调用帧所做的所有状态修改都将被回滚。消耗的 Gas 不会被退回。

542 什么是存储、主存和栈?

(1)存储

每个账户都有一块永久的内存区域,被称为存储,其形式为 key-value,key 和 value 的长度均为 256 位。

在合约里,不能遍历账户的存储。对于主存和栈而言,存储的读操作开销较大,修改存储甚至更多。一个合约只能对它自己的存储进行读写。

(2)主存

第二个内存区被称为主存。合约执行每次消息调用时都有一块新的被清除过的主存。

主存可以按字节寻址,但是读写的最小单位是 32 字节。操作主存的开销随着主存的增长而变大。

(3)栈

EVM 不是基于寄存器,而是基于栈的虚拟机。因此,所有的计算都在一个被称为栈的区域内执行。

栈最大有 1024 个元素,每个元素有 256 位。对栈的访问只限于其顶端,允许复制最顶端的 16 个元素中的一个到栈顶,或者是交换栈顶元素和下面 16 个元素中的一个。

所有其他操作都只能取最顶端的一个或几个元素,并把结果压在栈顶。

当然,可以把栈里的元素放到存储或者主存中,但是,无法只访问栈里指定深度的那个元素,在那之前必须把指定深度之上的所有元素都从栈中移除才行。

23.3.3 指令集、调用及库等

543 什么是以太坊指令集?

EVM 的指令集被刻意保持在最小规模,以尽可能避免可能导致共识问题的错误实现。

所有的指令都是针对 256 位这个基本单位的数据单位进行的操作,具备常用的算术、位、逻辑和比较操作。也可以做到条件和无条件跳转。

此外,合约可以访问当前区块的相关属性,如它的编号和时间戳。

544 什么是消息调用?

合约可以通过消息调用(Message Calls)的方式来调用其他合约或者发送以太币到非合约账户。消息调用和交易非常类似,它们都有一个源、一个目标、数据负载、以太币、Gas 和返回数据。

事实上每个交易都可以被认为是一个顶层消息调用,这个消息调用会依次产生更多的消息调用。

一个合约可以决定剩余 Gas 的分配。比如,内部消息调用时使用多少 Gas,或者期望保留多少 Gas。如果在内部消息调用时发生了"out-of-gas"异常(或者其他异常),合约将会得到通知,一个错误码被压在栈上。这种情况只是内部消息调用的 Gas 耗尽。在 Solidity 中,这种情况下发起调用的合约默认会触发一个人工异常。这个异常会打印出调用栈。

被调用的合约(发起调用的合约也一样)会拥有崭新的主存并能够访问调用的负载。调用负载被存储在一个单独的被称为调用数据(CallDate)的区域。调用执行结束后,返回数据将被存放在调用方预先分配好的一块内存中。

调用层数被限制为 1024,因此对于更加复杂的操作而言,应该使用循环而不是递归。

545 什么是代码调用和库?

以太坊中存在一种特殊类型的消息调用,被称为 Callcode,它跟消息调用几乎完全一样,只是加载来自目标地址的代码,将在发起调用的合约上下文中运行。

这意味着一个合约可以在运行时从另外一个地址动态地加载代码。存储当前地址和余额都指向发起调用的合约,只有代码是从被调用地址获取的。

这使 Solidity 可以实现库。可复用的库代码可以应用在一个合约的存储上,用来实现复杂的数据结构,从而使智能合约更加强大。

546 什么是日志、创建和自毁?

(1)日志(Logs)

在区块层面,可以用一种特殊的可索引的数据结构来存储数据。这个特性被称为日志,Solidity 用它来实现事件。

合约创建之后就无法访问日志数据,但是这些数据可以在区块链外高效地访问。因为部分日志数据被存储在布隆过滤器(Bloom filter)中,可以高效并且安全地搜索日志,所以那些没有下载整个区块链的网络节点(轻客户端)也可以找到这些日志。

(2)创建(Create)

合约甚至可以通过一个特殊指令来创建其他合约,不是简单地向零地址发起调用。

创建合约的调用与普通的消息调用的区别在于,负载数据执行的结果被当作代码,调用者或创建者在栈上得到新合约的地址。

(3)自毁(Selfdestruct)

只有在某个地址上的合约执行自毁操作时,合约代码才会从区块链上移除。合约地址上剩余的以太币会发送给指定的目标,然后其存储和代码被移除。

注意,即使一个合约的代码不包含自毁指令,依然可以通过代码调用(Callcode)来执行这个操作。

23.4 以太坊与比特币的比较

547 以太坊与比特币的相似之处有哪些?

主要有如下相似之处:

(1)和比特币一样,以太坊有一条区块链,这里面包含数据块(交易和智能合约)。这些区块由一些参与者创建或者说挖出,而其他参与者来验证它们。

(2)和比特币一样,以太坊的主网是一个公有的、无许可的网络。换言之,任何人都可以下载或编写软件来连接网络,可以开始创建交易以及智能合约并且验证它们,还可以进行挖矿等,这些操作都不需要在任何其他机构里注册或登录。

(3)和比特币一样,"矿工"通过花费电力解开数学难题并创建有效区块。以太坊的工作量证明算法称为 Ethash,它与比特币的工作量证明稍有不同,这使得用普通硬件挖矿成为可能。以太坊的这种工作量证明算法降低了普遍用于比特币挖矿的特定硬件专用集成电路(Application Specific Integrated Circuits, ASICS)的效率。

(4)以太坊里的代币叫作 Ether,简称 ETH。与 BTC 类似,这种加密货币可以用来与其他加密货币或其他法币进行交易。一个 ETH 的价格大概在 13 美元左右(数据截至 2016 年 10 月)。与 BTC 拥有者被记录在比特币区块链中一样，ETH 拥有者也被记录在以太坊区块链中，尽管在技术实现的方式上它们有些许不同。

548 以太坊与比特币的不同点有哪些？

以太坊与比特币的不同点主要有：

(1)以太坊有更小的区块

在比特币中，最大区块的大小被限定为 1M，而以太坊区块大小根据在上面运行的智能合约的复杂性决定——这叫作 Gas 限制，每个区块的最大值会根据情况稍微有所不同。

目前以太坊中大多数区块大小在 2KB 以下。不过，最大区块大约为 1,500,000Gas。从一个账户到另一个账户的 ETH 基础交易或支付(并非智能合约)大约消耗 21,000Gas。

所以，每个区块中大概可以放进 70(1,500,000/21,000)笔交易。在比特中目前每个区块中大概可以包含 1500 ~ 2000 笔交易。

(2)以太坊的区块时间更短

与比特币区块的 10 分钟相比，以太坊区块间隔的时间大约在 14 秒，而比特币写入数据库的时间平均为 10 分钟。

(3)以太坊虚拟机上可以运行智能合约

相比于比特币原始的脚本语言，在以太坊中用来部署代码以及运行智能合约的语言更高级，因此开发者们更为熟悉。

智能合约代码在一种被称为以太坊虚拟机的东西上运行，以太坊虚拟机分布在网络中所有参与者的计算机上运行着。智能合约可以认为是在以太坊虚拟机上运行的代码块。

很多人将以太坊智能合约称为“图灵完备”，意思是它们是功能完备的，而且在任何其他程序语言中能够完成的计算都可以在这上面完成。

23.5 以太坊的运行原理与状态变化

23.5.1 以太坊的原理与运行

549 以太坊运行原理是什么？

以太坊是通过在比特币区块链系统的基础上进行修改和创新而产生的，以太坊在本质上就是："区块链 + 智能合约"。

以太坊对区块链技术的主要贡献是引入了智能合约这个概念。智能合约是运行在区块链上的一段代码。该代码根据预先设定好的不变规则，对区块链接收到的操作信息进行相应的处理。

智能合约是由事件驱动的，是可以重复运行的、自治的、模块式的计算机代码。不同的计算机代码(智能合约)可以任意地组合起来，共同完成设计好的各种工作任务，例如投票、金融交易等。

智能合约的运用过程是：预先将用图灵完备计算机语言编写的智能合约代码放入以太坊区块链的某个地址上。当有一个同这个智能合约相关的交易发生时，以太坊区块链的节点就会将该交易作为输入参数输入到智能合约内。智能合约按照预先的设定进行处理后，将处理结果输出。

550 如何运行以太坊？

要运行以太坊，你可以下载(或者自己编写)一些称为以太坊客户端的软件。类似于 BitTorrent 或 Bitcoin，以太坊客户端将通过网络连接其他运行了类似客户端软件的计算机，并且通过他们开始下载以太坊区块链，从而赶上进度。

它也将独立的验证每个区块是否符合以太坊的规则。

23.5.2 以太坊的状态变化机制

551 以太坊的状态变化机制是什么？

状态转换是指在一个交易发生时，以太坊从一个正确状态(S)转变到下一个正确状态(S')的过程。为了防止代码的指数型爆炸和无限循环，每笔交易需要执行的代码计算步骤都做出了限制。这个限制就是有限的 Gas 数量，Gas 被消耗完了，计算无论进行到什么地步，都会被终止。

以太坊的状态转换函数为“APPLY(S,TX) - S'”，状态转换的过程可以定义为表 23 - 2：

表 23 - 2　以太坊状态转换的过程

第 1 步	检查交易的格式是否正确（有正确数值）、签名是否有效和随机数是否与发送者账户的随机数匹配。如否，返回错误
第 2 步	计算交易费用，并从签名中确定发送者的地址。从发送者的账户中减去交易费用和增加发送者的随机数。如果账户余额不足，返回错误
第 3 步	设定初值“Gas = Start Gas”，并根据交易中的字节数减去一定量的 Gas 值
第 4 步	从发送者的账户转移价值到接收者账户。如果接收账户还不存在，创建此账户。如果接收账户是一个合约，运行合约的代码，直到代码运行结束或者燃料用完
第 5 步	如果因为发送者账户没有足够的钱或者代码执行耗尽燃料导致价值转移失败，恢复原来的状态，但是还需要支付交易费用，交易费用发送至矿工账户
第 6 步	代码执行成功，将剩余的 Gas 返还给发送者，消耗的燃料费作为交易费用发送给“矿工”

23.6　以太坊和以太坊经典的区别

23.6.1　可变性、发展与兼容

552 可变性有何不同与其利弊？

对于以太坊(ETH)而言，假如大部分人同意修改链条（也就是可变性），那么就可以修改区块链记录和合约。

对于以太坊经典(ETC)而言，区块链记录和合约不可修改（也就是不可篡改性）。

两种方法的利弊：

可变性的好处是人们可以适时地改变以做出正确的决定。因此，修改规范比找漏洞更实用。

不可修改性是人们无论当时有多聪明，但也不可能不出错。因此，应在此方案出现问题的时候，最好是通过现有的法律框架来寻找和解决漏洞。

553 发展有什么不同？

对于 ETH 而言，不管是有意安排或者从诞生就如此，区块链核心决策都是在社区的参与下由以太坊基金会制定并大部分由它开发。

对于 ETC 而言，区块链的决策主要是通过 3 个松散的、有协作关系的团队在社区参与下得到反馈后而决定的。

在任何情况下，任何人都可以为两种区块链提出改进建议。这正是开源的好处，也是很常见的。

你会发现，这两条链的开发人员通过 Github 和 Reddit 相互沟通。希望为了实现共同目标，提高沟通和交流的频率。

554 兼容性有何不同？

目前，这两种区块链相互兼容。ETH 写的合约（或应用程序）可以在 ETC 上应用，反之亦然。

ETH 专注于 eWASM，致力于为越来越多的开发者提供平台。而对于合约安全性的问题而言是次要的，例如：Viper。

ETC 专注于让开发者创造出更安全的合约，如 Viper、IOHK 研究，代价是消耗潜在的开发者人数。

显而易见，这两条链可以互相接纳。无论它们的意愿是否相同。笔者认为，开发人员的数量并不一定与产品的质量挂钩。

23.6.2 可交易、容量与政策等

555 交易速度、区块容量与社区有何不同？

(1)交易速度

ETH，平均 25 秒。升级之后会缩短。

ETC,平均 14 秒。升级之后维持在 10～14 秒(根据 ECIP－1010 和 ECIP－1036 协议)。

(2)区块容量

随着 ETH 日交易量逐渐达到 500 万个,区块容量日渐饱和,这种情况跟最近比特币的交易费用问题类似,这个问题可以通过对区块扩容得到解决(通过增加默认的燃料限制)。

目前,ETC 区块容量还有很大空间。随着越来越多的人接受 ETC,区块容量也会随着增加,跟 ETH 一样。

(3)社区

ETH 主要在 Reddit 上讨论。

ETC 主要在 Slack 上讨论。

556 货币政策、分布与证券有何不同?

(1)货币政策

ETH,计划供应稳步增长,导致 ETH 区块链在生命周期里平均有 3% 的通货膨胀。

ETC,2025 年之前,通货膨胀达到 3%,届时总供应量将达到 2 亿个 ETC。之后会通货紧缩。

(2)地区分布

ETH,美国占 25%、韩国占 25%、中国占 20%。

ETC,美国占 10%、韩国占 25%、中国占 50%。

(3)证券

ETH,目前投资者没有交易证券的选择权。2017 年 10 月之前,ETH 的一个交易型开放式指数基金(Exchange Traded Funds,ETF)产品被监管层否定了。

ETC,拥有 ETC 交易信托基金,该基金允许投资者拥有 ETC,而不用拥有这个资产本身。

第 24 章　以太坊代币、雷电网络、应用及其典型项目

24.1　以太代币的发行

24.1.1　以太币的发行与数量

557 什么是以太币?

在以太坊区块链系统中,所有的操作都是有成本的,以维护系统正常运行和防止系统被滥用或被恶意攻击。相应地,这些成本就体现为一种代币,即以太币,其代码为 ETH。

换言之,用以太币来支付所有交易的手续费和运算的服务费(以太坊的费用被称作 Gas)。

以太币是于 2015 年 7 月 30 日开始发行的。类似于比特币,以太币的发行方式也是采用工作量证明机制(PoW)。

通过工作量证明机制,以太坊每年发行 15,626,576 个以太币。以太坊计划于 2017 年年末将以太币的发行方式改为权益证明机制(PoS)。届时,每年的新发行以太币数量为 1000 万个。以太币的总发行量是没有上限的。

558 以太币的数量存在形式是什么?

以太币比比特币更复杂。以太币的数量存在的形式为:

矿前(Pre-mine) + 区块奖励(Block rewards) + 叔块奖励(Uncle rewards) + 叔块引用奖励(Uncle referencing rewards)。

(1)矿前

2014 年 7 月到 8 月间为众筹大约发行了 7200 万个以太币。这些币有的时候被称之为“矿前”。众筹阶段之后,以太币每年的产量被限制在 7200 万个以太币的 25%[每年以太币的矿产量不高于 1800 万个,除了一次性为 Crowdsale(也称为 ICO,即 Initial Coin Offering)而发行的 7200 万个以太币]。

(2)区块奖励

目前,每产生一个新区块就会产生 5 个新以太币。计算一下,如果每 14 秒挖出一个区块,一年有 3150 万秒(365 ×24 ×60 ×60),这意味着每年有 225 万个区块被挖出来。225 万个区块,每个区块 5 个以太币,也就是每年会产出 1130 万个以太币。这个数字与低于 1800 万个以太币产量的数字吻合。

(3)叔块奖励

事实上,数量可能会比上述数字稍多一些。有些区块被挖得稍晚一些,因此,不能称为主区块链的组成部分。比特币称这类区块为“孤块”,并且完全舍弃了它们。但是,以太币称它们为“叔”(uncles),并且在之后的区块中,可以引用它们。如果叔在之后的区块链中作为叔块被引用,每个叔块会为挖矿者产出大约 4. 375 个以太币(5 个以太币奖励的 7/8)。这被称为叔块奖励。目前每天有大约 500 个叔块被创建,为以太币的日产量链,额外加入 2000 个以太币(以这种速度,每年的产量为 70 万个以太币)。

(4)叔块引用奖励

还有更多:“矿工”每引用一个叔块,就得到了大约 0. 15 个以太币(最多引用 2 个叔块)。

这种定义有效区块,奖励矿工的模式称为幽灵协议(Greedy Heaviest-Observed Sub-Tree)。

559 以太币产量的未来变化情况是怎样的?

以太坊出块机制从工作量证明(PoW)(包括幽灵发行规则)转换为股权证明(PoS)后,以太币的发行会有什么变化,尚未有定论。

股权证明机制将使用一个称为 Casper 的协议(作为友好的“幽灵”),在 Casper 协议下,以太币的发行率将大大低于在幽灵协议下的发行率。

24.1.2 以太币挖矿与单位

560 以太坊挖矿的奖励是什么?

在以太坊中,"矿工"将得到:

(1)新的区块,奖励 5 个以太币(或者 4.375 个新的叔块奖励以太币)。

(2)引用 2 个最近叔块的很少奖励(1/32 的区块奖励,也就是说,每个叔块 1/32 ×5 =0.15625 个新以太币)。

(3)在区块中运行合约的 Gas。目前,每个区块平均的 Gas 限量是 1,500,000,区块网络中每个 Gas 的平均价格是 0.000000022 个以太币,也就是说,一个矿工可能从一个"满的"区块中得到的 Gas 奖励是 0.033 个以太币。注意,合约中的 Gas 是用现存以太币支付的,而非新创造的以太币。

在比特币中,"矿工"将得到:

(1)12.5 个新比特币(实际情况请参考"A Gentle Introduction to Bitcoin Mining")。

(2)打包在区块中的交易所产生的交易费。

561 以太币的单位是怎样的?

就像 1 美元可以分成 100 美分,1BTC 可以被分成 100,000,000 聪(中本聪的聪),以太坊的最小转换的单位是 wei,每个 ETH 有 1,000,000,000,000,000,000 wei。

还有一些中间单位:Finney、Szabo、Shannon、Babbage、Ada 等,这些全部以对加密货币或网络相关领域做出杰出贡献者的名字命名。

Wei 和 Ether 是 2 个最常用的单位(见表 24 -1)。

表 24 -1 Wei 和 Ether 是两个最常用的单位

Unit	Number per ETH	Most appropriate uses
Ether(ETH)	1	Currently used to denominate transaction amounts(eg 20 ETH) and mining rewards(5 ETH)
finney	1000	—

续表

Unit	Number per ETH	Most appropriate uses
szabo	1,000,000	Currently the best unit for the cost of a basic transaction, eg 500 szabo
Gwei	1,000,000,000	Currently the best unit for Gas Prices eg 22 Gwei
Mwei	1,000,000,000,000	—
Kwei	1,000,000,000,000,000	—
Wei	1,000,000,000,000,000,000	The base indivisible unit used by programmers

24.2　雷电网络及其运行

24.2.1　雷电网络的原理与运行

562 以太坊雷电网络的原理是什么？

雷电网络(Raiden Network)是以太坊社区基于闪电网络的思路，提出自己的链下微支付通道解决方案。

雷电项目源码托管在 https://github.com/raiden-network/raiden，开发语言为 Python，目前尚未完成。

其实施原理则是基于《通用支付渠道》(Universal Payment Channels)一文。当我们将以太坊作为一个侧链导入其他加密货币之后，很容易依托以太坊智能合约为各类加密货币开发微支付通道。

雷电项目的思路直接继承比特币闪电网络，但也有所发展。

因为以太坊智能合约对报文格式没有特别的字段限制，使雷电项目得为通道余额快照引入一个单增序号，极为轻松自然地解决了旧版本快照的识别和作废问题。

563 以太坊雷电网络是怎样运行的？

首先要在以太坊上建有一个智能合约，由此智能合约处理 Open

Transaction、Update Transaction 等指令。

Opening Transaction：

Party 1：Public key or other signature verification information for one of the participants.

Party 2：Public key or other signature verification information for the other participant.

Amount 1：The amount of money that Party 1 has placed in the channel

Amount 2：The amount of money that Party 2 has placed in the channel

Signature 1：Party 1's signature on Opening Transaction

Signature 2：Party 2's signature on Opening Transaction

和闪电网络一样，双方需要在以太坊区块链上开设通道并各自锁定以太币。这步动作可通过向雷电智能合约发送一条双方签名认可的报文来实现。报文中的关键信息包括：双方公钥、双方锁定资产数量、双方签名。

此后的任何支付动作都可以发生在以太坊区块链外，参与双方只需要私下传递一系列报文，其中最重要的报文是 Update Transaction，其形式如下：

Update Transaction：

Sequence Number：This number is incremented with each new Update Transaction.

Net Transfer Amount：The amount of money to transfer from Party 1 to Party 2(can be negative).

Hold Period：An amount of time(or number of blocks) to wait before closing the channel and transferring funds，after an Update Transaction has been posted.

Conditions：

1：

Function (argument)：Takes an argument and returns a number between 1 and 0.

Conditional Transfer Amount：Multiply this by the number returned by the Function and add it to the channel's Net Transfer Amount.

2：...

Signature 1:Party 1's signature on Update Transaction.

Signature 2:Party 2's signature on Update Transaction.

此报文除了几处细微的差别外,几乎就是闪电网络的通道余额分配方案的翻版。

24.2.2 雷电网络与闪电网络的比较

564 雷电网路报文与闪电网络不同有哪些?

雷电网络报文的内容与闪电网络的通道余额分配方案只有几处细微的差别:

(1)增加了序列号(Sequence Number)字段和保持期(Hold Period)字段以便识别作废的报文。甲如果向区块链上合约提交一个双方签字的 Update Transaction 报文,合约将等待保持期时间。其间,如果对手方乙能够提交一个序列号更高的 Update Transaction 报文,合约将没收甲质押在通道中的全部资产并转移给乙。如果直至等待超时,乙也没有异议,合约将按照报文内容在区块链上完成转移支付并关闭通道。

(2)通过净转移额(Net Transfer Amount)隐含余额分配的方式和闪电网络略有不同,这里的方式是从建立通道时申明的数额(Amount)1 中扣减净转移额,再将之加到数额(Amount)2 上。和直接申明余额相比只是形式上的差别。

(3)雷电网络中引入了较 HTLC 更为通用的机敏条件(Smart Condition)。机敏条件表现为一个可在区块链上执行的函数功能(Function,或 argument),可接受任何格式的报文为参数,执行后返回一个(0,1)之间的数。将其返回值乘以配套的条件转移量(Condition Transfer Amount),再加到净转移额上去,就完成了条件支付引发的余额调整。闪电网络中的所谓哈希锁(hash lock),现在成了机敏条件的一个特例。机敏条件能够提供远较哈希校验更丰富的功能,比如可以根据某类 Oracle 提供的道琼斯指数值完成衍生品合约的自动执行。

565 雷电网络争议处理及其他设计情形如何?

当发生争议时,只需向区块链上智能合约出示最新版本的 Update Transaction 报文,并请求智能合约对报文中的机敏条件予以处理,就可以强制执行合约。如果没有争议,以上这一切都不会出现在以太坊区块链上,增强了隐私,又提升了性能。

其他设计思路,例如接收方提交适当的论据(argument)作为提款凭证,通过多跳打通微支付通道等都和闪电网络类似。

以太坊创始人维塔利克·布特林曾经提及的状态信道(State Channel)技术,本质上也和这里一样,欲将区块链作为争议仲裁及强制执行的最后手段,平时则应尽力避免信息在链上公开。

24.3 客户端及说明

24.3.1 版本与作用

566 什么是以太坊客户端?

以太坊客户端在市场上有各种语言实现的版本,主要是Go、python、java、C++等,官方主要推荐的是Go语言实现的客户端Geth。

以太坊包含了1个专用的客户端浏览器Mist,使用户可以运行各种各样的去中心化应用DApp。从用户的角度来看,在Mist中使用DApp,就像通过常规浏览器与网站进行交互一样。

567 以太坊客户端软件可以做什么?

简单来说,可以用来:

(1)连接到以太坊网络;

(2)探索以太坊的区块链;

(3)创建新的交易和智能合约;

(4)运行智能合约;

(5)挖矿新的区块。

通过运行以太坊虚拟机,计算机就变成了网络中的一个节点,并与其他节点一样具有同等地位来处理事务。

当然,在一个点对点的网络里,没有“核心”服务器,并且任何一个计算机都能拥有同等的权利和地位。

24.3.2 软件与说明

568 以太坊最受欢迎的客户端软件有哪些?

官方的以太坊客户端都是开源的,可以查看它们背后的代码并且重构这些代码以开发自己的版本。

最受欢迎的客户端有:

Geth(Go 语言客户端):ethereum/go-ethereum。

Eth(C + + 客户端):ethereum/cpp-ethereum。

Pyethapp(Python 客户端):ethereum/pyethapp。

这些都是基于命令行的程序(黑底绿字的那种),可以有更多好看易懂界面的软件。

如今,官方最受欢迎的图形化软件是 Mist(Ethereum 或 Mist),Mist 运行在 Geth 或 Eth 的顶层。

所以,Geth 或 Eth 是底层的东西,Mist 是顶层优美的屏幕。

569 以太坊客户端项目需说明些什么?

以太坊发布以后,有多个客户端,同时也支持多个平台,初学者往往被各种各样的客户端弄迷糊,这里简单地做个总结。

以太坊客户端以语言进行分类,在 github 上分成了不同项目,源代码地址:https://github. com/ethereum/,虽然以太坊客户端众多,但是有两个共同特点:

(1)同一语言的客户端在不同平台上的使用是完全相同的。

(2)不同语言的客户端(Mist、Geth、Eth 等)之间在同一个平台(Linux、Windows 或 OSX)上共用一样的应用配置,同时其命令行可使用的参数也是一致的。

24.4 应用项目(突出用途和特点)

570 以太坊 webthree-umbrella 项目的概况怎么样?

此项目包含 3 个客户端,开发语言是 C++,客户端文件有图形用户界面(AlethZero)、Mix 和 Eth,使用平台有 Windows、Linux 和 OSX,界面为图形化界面。

其功能和特点包括：

该项目严格来说是 cpp-ethereum 项目的一个外壳(shell)，是以太坊基金会的前 CTO，加文·伍德(Gavin Wood)主持编写的，所以人气很高，易用性也很好。AlethZero 是图形化的钱包客户端，对应的是 Geth 的功能，不过是全图形化的。

但是，随着后续以太坊基金会的图形化钱包 Mist 的推出，渐渐没落。Mix 是智能合约(以太坊称为 DApp)的电子集成驱动器(Integrated Device Electronics，IDE)，可以支持智能合约(DApp)的编写、调试、部署，全图形化界面，但是 2016 年 6 月之前已经停止开发了，开发组转向了 Remix。Eth 是 C++ 编写的命令行客户端功能，和 Geth 一样。

571 以太坊 Go-ethereum 项目的概况怎么样？

该项目的开发语言是 Go 语言，客户端文件是 Geth，界面为命令行。适用平台有 Windows、Linux 和 OSX。

其功能和特点包括：

该项目是使用最广泛的以太坊客户端，大部分节点都是运行的该客户端，教程和例子也最多，推荐使用，具有挖矿、组建私有链、管理账号、部署智能合约等常用功能，不可以编译智能合约。

572 以太坊 Mist 项目的概况怎么样？

该项目的开发语言是 JavaScript，客户端文件为 Mist(使用 Ethereum-Wallet 的名称)，使用平台有 Windows、Linux 和 OSX，界面是图形化界面。

其功能和特点包括：

该项目是以太坊基金会主推的项目，Mist 的定位不只是一个钱包，而是将来 DApp(智能合约的应用 APP)市场，类似于苹果市场，在这里可以有你的账号，可以浏览、发布和买卖以太坊的 DApp 应用。

目前，因为开发还不够全面，名称暂时显示为 Ethereum-Wallet，作用也很简单，就是一个钱包的功能。强烈推荐，是未来的主流客户端。

573 以太坊 browser-solidity 项目的概况怎么样？

该项目的开发语言是 C++，客户端文件在浏览器中显示，使用平台有

Windows、Linux 和 OSX,界面是浏览器界面。

其功能和特点包括:

该项目是智能合约浏览器版本的开发环境,可以支持在浏览器中直接开发、调试和编译,对于初学者而言,可以快速上手,不需要安装,非常方便。

直接访问地址为:https://ethereum. github. io/browser-solidity/。

574 以太坊 solidity 项目的概况怎么样?

该项目的开发语言是 C++,客户端文件是 Solc,使用平台有 Windows、Linux 和 OSX,界面是命令行界面。

其功能和特点包括:该项目是以太坊智能合约(DApp)的编程语言,使用 Solc 作为编译程序,该项目主要用于编译,严格来说是一个基本的编译平台,一般开发可用 Mix 替代。

575 以太坊 etheminer 项目的概况怎么样?

该项目的开发语言是 C++,客户端文件是 ethminer,使用平台有 Windows、Linux 和 OSX,界面是命令行。

其功能和特点包括:该项日是 cpp-ethereum 项日的一部分,用于和 Geth 配合进行 GPU 挖矿,比 CPU 挖矿效率高 100 多倍,也可以用于矿池挖矿。

576 以太坊 pyethereum 和 ethereumj 项目的简介是什么?

pyethereum 项目是用 Python 语言编写的以太坊客户端。ethereumj 项目是用 Java 语言编写的以太坊客户端。

两者只是语言不同,和前文 Go 语言编写的客户端 Geth 的功能完全相同。

24.5　典型项目(突出概况)

577 以太坊 Augur 项目的概况怎么样?

Augur 是建立在以太坊平台上的去中心化预测市场平台。利用 Augur,任何人都可以为任何自己感兴趣的主题创建一个预测市场,并提供初始流动性。

Augur 软件开发始于 2014 年秋初,测试版的 Augur 于 2015 年 6 月发布。在 2015 年 8 月至 2015 年 10 月,Augur 的全球众筹活动筹得了 800 万美元。Augur

已经得到了蒂尔(Thiel)基金会以及以太坊维塔利克·布特林的支持。

普通用户可以根据自己的信息和判断,在Augur上预测、买卖事件的股票,例如美国大选等。作为回报,该市场的创建者将从市场中获得一半的交易费用。

当事件发生以后,如果你预测错误、持有错误结果的股票,你将不会获得奖励,你的亏损就是当初的买入成本。如果你预测正确、持有正确结果的股票,每股你将获得1美元,你的收益是1美元减去当初的买入成本。

Augur不同于传统的预测市场,最重要的区别是,Augur是全球化和去中心化的。世界各地的任何人都可以使用Augur,这将为Augur带来空前的流动性、交易量和传统的交易所不曾有过的多种视角和话题。

578 以太坊平台TenX项目的概况怎么样?

TenX项目的目标是建立一个连接现实世界和区块链网络的支付系统,让区块链资产可以通过手机钱包、TenX支付卡、ATM、银行账号等多种渠道在世界任何地方、任何时间、无须等待的进行支付。

TenX利用Comit语言,通过区块链来实现,以完全去信任、实时和无成本的方式工作。

TenX为终端用户提供借记卡和随附的移动钱包,不仅可以使用以太坊(ETH)、比特币(BTC)、达世币(DASH),而且可以提供几乎所有的区块链资产。而且,用户和企业可以以去中心化的方式无缝地交易其区块链资产,消除与当前中心化解决方案相关的任何风险。

TenX与主要的信用卡公司达成了合作,如Visa和万事达。TenX钱包可以在近200个国家使用,接受验收的有超过3600万个节点。

579 以太坊Melonport项目的概况怎么样?

Melonport项目于2016年2月创立于瑞士,并于2016年年8月正式推出。

Melonport项目的创始人是前高盛副总裁蒙纳·塔·丽萨(Mona El Isa)和数学家及Solidity贡献者雷特·特林克(Reto Trinkler)。合作伙伴包括CoinFund、中本聪基金(Satoshi Fund)、Technologies Capital和Privatemarket. io等。顾问是安德烈拉斯·格拉纳(Andreas Glarner),他正与瑞士法律公司MME合作,探索ICO法律合规的新途径,还有区块链风险资本家朱沛宗

(Jehan Chu)和加文·伍德(Gavin Wood),他是以太坊联合创始人兼 Ethcore 的创始人。

Melon Core 的目的是确保投资组合经理开发符合底层代码库的服务,Melon Modules 具有组合匹配的功能,包括价格反馈、波动率计算和每日损益计算,可以应用于任何对冲基金的投资理念。

Melonport 包含一系列基于以太坊的智能合约,旨在将成本最高的对冲基金项目自动化。为了满足那些有抱负的对冲基金经理以及期待削减成本的经理,Melonport 协议包括 2 套基于以太坊的智能合约——Melon Core 和 Melon Modules;包括自动执行代码,可以执行过去由人类执行的任务。

协议的两个要素旨在帮助管理者轻松地建立对冲基金,在智能合同中嵌入预设代码、不可篡改的投资参数,确保信守承诺,并留下一个可审计的基金成功记录,用来吸引未来投资者和简化监管合规。

580 以太坊 Slock.it 项目的概况怎么样?

Slock. it 项目希望通过让公司和个人实现所有连接的智能对象的租用、出售或共享来改革共享经济。所以,它一直致力于发展共享经济的未来基础设施,即通用共享网络。该项目成立于 2015 年 11 月时已经获得了 200 万美元的种子基金,并计划于 2018 年推出测试版。

Slock. it 依托于公共以太坊区块链,通用共享网络将为用户提供一套可移动的桌面应用程序,通过它们,用户可以从世界任何地方找到、定位、租赁和调控由智能合同介导的对象。

Slock. it 的主要优点在于操作简单:只需要一把“钥匙”(你的智能手机)就能完成所有的一切(打开应用程序—查找附近的对象—付款—应用),无须注册或登录,而这都得益于智能安全存储。

Slock. it 的主要特点包括:

(1)无须许可:开发商和制造商不需要因为使用通用共享网络作为产品单元而申请许可。

(2)互操作性:租用汽车的网络同时也可以作为支付车辆停车费或电费的途径。

(3)成本有效:由于利用的是公共基础设施,所以不会产生数据中心的资本支出。

(4)安全性:在默认情况下,以太坊分散式应用程序或准备系统可以借助公钥或私钥密码,但底层基础设施不会出现任何中心故障。

(5)透明度:通用共享网络依托于公共以太坊区块链,任何人都可以查询。

581 以太坊 Oraclize 项目的概况怎么样?

Oraclize 定位为去中心化应用的数据搬运工,它作为 Web APIs 和 DApp 的可靠链接。

有了 Oraclize,就不需要建立额外的信任链,因为你的行为已经被强制加密验证了。Oraclize 是一个可证明的诚实的预言机服务,可以让智能合约访问互联网。

Oraclize 是与平台无关的,为所有主流的智能合约能力平台提供一种虚拟的接口。

可以想象得到,通过投入成千上万的有意义的数据到区块链中,可以使智能合约产业更加繁荣,更多有价值的应用呈现更强大的生命力。

第 25 章　超级账本的构架特色、价值功用与开发应用

25.1　超级账本的概述

25.1.1　超级账本的概念、成长与目标

582 超级账本是什么？

2015 年 12 月由 Linux 基金会牵头，联合包括 IBM、Accenture、Intel、J. P. Morgan、R3、DAH、DTCC、FUJITSU、HITACHI、SWIFT、Cisco 等 30 家企业，创立了超级账本（Hyperledger）项目。

该项目通过创建通用的分布式账本技术，协助组织扩展、建立行业专属应用程序、平台和硬件系统来支持成员各自的交易业务，试图打造一个透明、公开、去中心化的分布式账本项目。

由于点对点网络的特性，分布式账本技术是完全共享、透明和去中心化的，所以非常所合于金融行业的应用，以及例如制造、银行、保险、物联网等无数个其他行业。

通过创建分布式账本的公开标准，实现虚拟和数字形式的价值交换，例如，资产合约、能源交易、结婚证书，能够安全、高效、低成本地进行追踪和交易。

583 超级账本项目指导机构与其成长是怎样的？

超级账本项目社区由技术委员会（Technical Steering Committee，TSC）指导，首任主席由来自 IBM 开源技术部 CTO 的克里斯·费里斯（Chris Ferris）担任，管理组主席则由来自数字资产控股（Digital Asset Holdings）公司的 CEO 布莉斯·马斯特斯（Blythe Masters）担任。

另外，自 2016 年 5 月起，Apache 基金会创始人布瑞恩·贝伦多夫（Brian

Behlendorf)担任超级账本项目的首位执行董事。2016 年 12 月中国技术工作组 正式成立,由万达、华为、IBM 担任主要负责人,负责国内社区组织和技术引导工作。

超级账本项目飞速成长,有超过 160 家全球知名企业和机构加入。其中包括 30 多家来自中国的企业,包括 2016 年 5 月 19 日加入的艾亿新融旗下的艾亿数融科技公司,2016 年 6 月 22 日加入的 Onchain、比邻共赢(Belink)信息技术有限公司、BitSE,2016 年 7 年 27 日加入的布比,2016 年 8 月 30 日加入的三一重工,2016 年 9 月 8 日加入的万达金融,2016 年 10 月 24 日加入的华为等。

584 超级账本项目的目标是什么?

从本质上来讲,超级账本项目是由各种中介类公司(成员)共同创立的区块链公司。其根本目的是为这些中介类公司(成员)提供业务上的帮助。即让成员共同合作,共建开放平台,满足来自多个不同行业的各种用户的需求,并简化业务流程。具体来说:

(1)创建企业级的、开源的分布式账本框架和代码库,支持商业事务;

(2)通过技术和业务治理,为市场提供一个中立的、开放的、社区驱动的基础设施;

(3)创建技术社区,开发区块链和共享账本的容量证明(Proof of Capacity, POC)、应用案例、现场试验和部署;教育公众,为区块链技术争取市场机会;

(4)推广社区内各子社区,推广带多个平台和框架的工具箱方法。

25.1.2 超级账本的原则、地位与价值

585 超级账本项目的基本原则是什么?

可归纳为 3 个方面:

(1)重视模块化设计,包括交易、合同、一致性、身份、存储等技术场景;

(2)重视代码可读性,保障新功能和模块都可以很容易添加和扩展;

(3)随着需求的深入和更多应用场景的出现,不断增加和演化新的项目。

586 超级账本在区块链中的地位与价值是什么?

从区块链技术的价值演进和与比特币、以太坊的联动来说:

比特币,代表数字货币、区块链思想的诞生,提供了区块链技术应用的原型。而

以太坊挣脱了数字货币的枷锁,促进了智能合约的诞生,延伸了区块链技术的功能。

超级账本则是进一步引入权限控制和安全保障,首次将区块链技术引入到分布式联盟账本的实际应用场景之中。

25.2　超级账本的构架与组成

25.2.1　超级账本构架设计与组成

587 超级账本架构设计是怎样的?

超级账本项目首次提出并实现了完备的权限管理、创新的一致性算法和可拔插、可扩展的框架。包括三大组件:区块链(Blockchain)、链码(Chaincode)和成员权限管理(Membership)(见图 25 -1)。

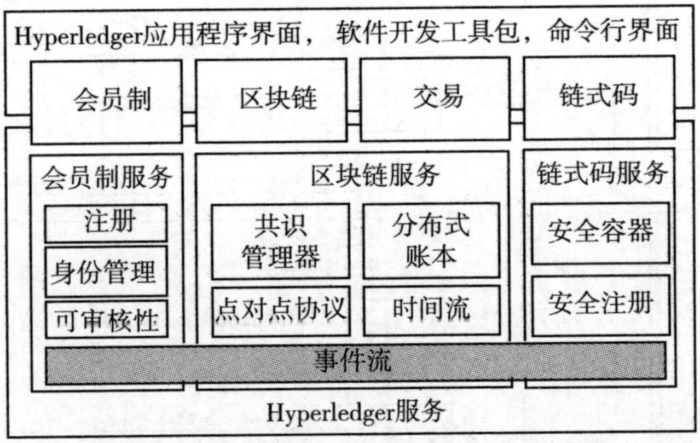

图 25 -1　超级账本架构设计(来源于《以太坊(Hyperledger)白皮书》)

区块链提供一个分布式账本平台。一般而言,多个交易被打包进区块之中,多个区块构成一条区块链。区块链代表的是账本状态机发生变更的历史过程。

链码包含所有的处理逻辑,并对外提供接口,外部通过调用链码接口来改变世界观。世界观是一个键值数据库,用于存放链码执行过程中涉及的状态变量。

通过基于公钥基础设施(Public Key Infrastruture,PKI)的成员权限管理,平台可以对接入节点和客户端能力进行限制。

588 超级账本的组成是怎样的?

超级账本项目包括 5 个框架项目:Fabric、Sawtooth Lake、Iroha、Burrow、Indy;包括 3 个工具项目:Blockchain explorer、Cello、Composer。所有项目都遵守 Apache v2 许可(见图 25-2)。

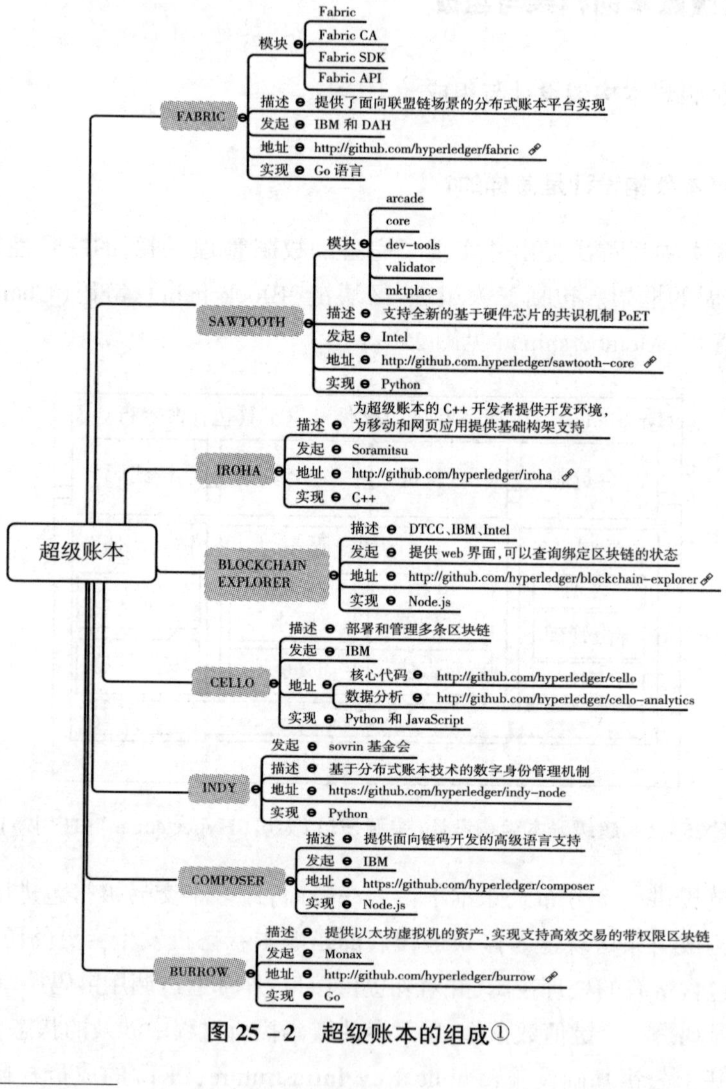

图 25-2 超级账本的组成①

---

① 阿丹的彩蛋:《区块链必知——超级账本 Hyperledger》,载 CSDN:https://blog.csdn.net/mist99/article/details/79645751,最后访问日期:2018 年 7 月 30 日。

25.2.2　超级账本项目的特色

589 超级账本 5 个框架项目的内涵和特点是什么?

超级账本项目包括 5 个框架项目,即 Sawtooth Lake、Fabric、Iroha、Burrow、Indy。

Sawtooth Lake 包括 arcade、core、dev-tools、validator、mktplace 等部分,是高度模块化的分布式账本平台,用以创建、部署和运行分布式账本。Sawtooth Lake 针对的是以最少资源消耗处理大量的分布式验证器,支持全新的共识机制—逝去时间证明(Proof of Elapsed Time,PoET)。

Fabric 包括 fabric 和 fabric-apiX 两个部分,是区块链技术的一种实现,它的目标是成为开发应用和解决方案的基础,设计为模块化架构,最早由 IBM 和 DAH 发起。fabric 允许组件(共识和成员服务模块)可以插入即用,支持 PoFT 等新的共识机制,支持权限管理。

Iroha 是一个业务区块链框架,一个轻量级分布式账本,侧重于移动,用于简单和容易地并入需要分布式账本技术的基础设施项目。

Burrow 发布于 2014 年 12 月,首次提供了一个模块化的、带经过许可的智能合约解释器的区块链客户端,它采用了部分以太坊虚拟机(EVM)的技术规范。

Indy 提供了工具、程序库和可重复使用的组件,用于提供基于区块链或者其他分布式账本的数字身份,从而让它们跨管理域、跨应用和其他建模软件(silo)进行互操作。

590 超级账本 3 个工具项目的内涵和特点是什么?

超级账本项目包括 3 个工具项目,即 Blockchain explorer、Cello 和 Composer。

Blockchain explorer 用于展示和查询区块、事务和相关的 Web 应用。可以查看、调用、部署或者查询区块、事务和相关数据、网络信息、链码和事务序列,以及任何其他保存在账本中的相关信息。

Cello 是 Bass 工具集,帮助创建、管理、终止区块链。Cello 的目标是将按需的服务部署模式带给区块链生态系统,减少创建、管理和终止区块链所需要的工作量。

Composer 是一个协同工具，用以创建区块链业务网络，加速智能合约及其跨分布式账本部署的发展。

25.3 超级账本的主要功能

591 超级账本主要有哪些功能？

Hyperledger Fabric 是一种模块化的区块链架构，是分布式记账技术（Distributed Ledger Technology，DLT）的一种独特的实现，它提供了可供企业运用的网络，具备安全、可伸缩、加密和可执行等特性。

Hyperledger Fabric 提供了身份管理、隐私和机密性、高效处理能力、Chaincode 功能和模块化设计等 6 项区块链网络功能。

592 什么是身份管理、隐私和机密性功能？

（1）身份管理

为了支持被许可的网络，Hyperledger Fabric 提供了一个成员身份服务（membership identity service），它管理用户 ID 并对网络上的所有参与者进行身份验证。

访问控制列表可以通过特定网络操作的授权来提供额外的权限。

例如，一个特定的用户 ID 可以被允许调用一个链代码应用程序，但是阻止了部署新的链代码。关于 Hyperledger Fabric 网络的一个真理是，成员相互了解（身份），但他们不知道彼此在做什么（隐私和机密性）。

（2）隐私和机密性

Hyperledger Fabric 使竞争的商业利益和任何需要私人的、机密的交易的团体能够在同一个被许可的网络上共存。

私有通道（channel）是受限制的消息传递路径，可用于为网络成员的特定子集提供事务隐私和机密性。

所有的数据都是不可见的，包括事务、成员和通道信息，任何网络成员都不能访问该通道。

593 超级账本高效处理能力是怎么样的?

Hyperledger Fabric 通过节点类型分配网络角色。执行事务的操作从事务排序和提交验证中分离出来,以便向网络提供并发性控制和并行性操作。

在排序之前执行事务使每个对等节点能够同时处理多个事务。这种并发执行提高了每个对等点的处理效率,并加速了对排序服务事务的交付。

除了启用并行处理之外,还可以从事务执行和分类维护的需求中提取节点,而对等节点则从排序(一致的)工作负载中解放出来。

角色的这种分支也限制了授权和身份验证所需的处理;所有的对等节点不需要信任所有的排序节点,反之亦然;因此,在一个节点上的进程可以独立于另一个节点进行验证。

594 模块化设计功能和 Chaincode 功能是什么?

(1)模块化设计

Hyperledger Fabric 实现了一个模块化的架构,为网络设计师提供功能选择。

例如,特定的识别、排序(一致)和加密的算法可以被插入任何一个 Hyperledger Fabric 网络中。其结果是,一个通用的区块链架构,任何行业或公共领域都可以采用,并保证其网络将在市场、监管和地理界线之间进行相互操作。

(2)Chaincode 功能

Chaincode 应用程序对通道(channel)中特定类型事务调用的逻辑进行编码。

例如,为资产所有权变更定义参数的 Chaincode,确保所有转移所有权的交易都服从相同的规则和要求。

系统 Chaincode 是一个特殊的 Chaincode,它定义了整个通道(channel)的操作参数。生命周期和配置系统 Chaincode 定义了通道(channel)的规则;认可和验证系统 Chaincode 定义了支持和验证事务的需求。

25.4　开发者及其操作

595 开发者可以做什么?

作为区块链应用开发者,需要根据业务逻辑来开发与分布式账本打交道的智能合约,以及相应的用户侧应用程序。

超级账本支持基于主流编程语言的智能合约(链码)设计,极大地方便了应用开发人员快速开发新型的分布式应用,或将已有应用迁移到区块链系统上。

区块链应用,一般由若干部署在区块链网络中的智能合约,以及调用这些智能合约的应用程序组成。典型的区块链应用程序的工作过程见图 25-3。

其中,用户专注于与业务本身相关的应用程序;智能合约则封装了与区块账本直接交互的相关过程,被应用程序调用。

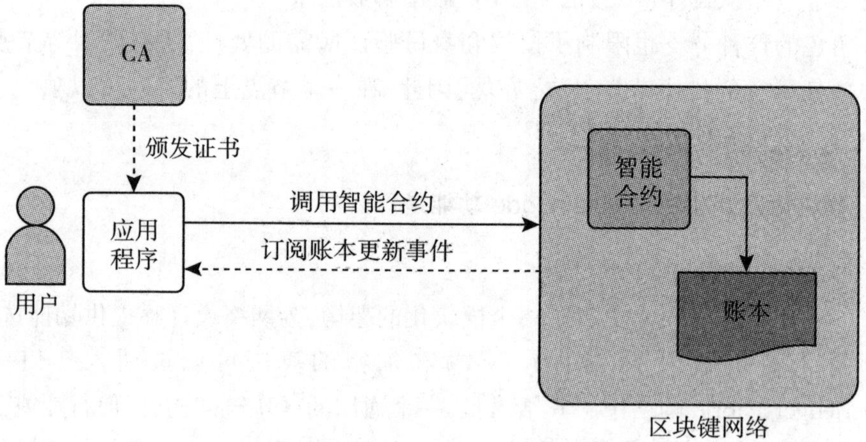

图 25-3　区块链应用程序的典型工作过程①

596 开发智能合约的原则是什么?

智能合约直接与账本结构打交道,处于十分核心的位置。智能合约代码本质上是为了对上层业务逻辑进行支持。智能合约最终会部署在区块链网络中,并与账本进行交互。

开发者需要了解所选用区块链平台的智能合约结构、语言特性、状态存储方式等知识。

此外,开发者还需要对智能合约的生命周期管理进行考虑,包括代码的编写、版本管理、提交验证以及升级版本等,都需要遵循一套标准的规范。

① 阿丹的彩蛋:《区块链必知——超级账本 Hyperledger》,载 CSDN:https://blog.csdn.net/mist99/article/details/79645751,最后访问日期:2018 年 7 月 30 日。

597 开发应用程序关注的核心是什么?

应用程序通过调用智能合约提供的方法接口来实现业务逻辑。

由于离用户侧更近,应用程序的开发更为灵活,可以采用已有的主流开发语言进行开发,包括 Javascript、Python、Go、Java 等。

在运行位置上,应用程序既可以运行在区块链网络的节点上,又可以运行在中心化的服务器上,但必须保证可以访问到智能合约暴露的服务接口。

25.5　超级账本的运用

598 超级账本对金融资产的处置是怎样的?

金融资产如果能在区块链网络上实现去中心化,使所有资产的利益相关方不需要通过层层中间环节,就可以直接访问每个资产,进而发起交易和获取相关信息。这些金融资产,包括股票、权证、债券等。

金融资产交易可以在利益相关者之间商定的时间期限内解决,交易可以实现实时结算,利益相关者都可以实时掌握资产情况等。

同时,对于任何种类的资产而言,利益相关方可以增加业务规则,因而也能通过自动化逻辑的应用来进一步降低成本。

另外,创建资产的人必须实现资产和相关交易规则的保密或者公开。例如,资产创建者应该能够创建资产,而这一资产的交易记录以及交易模式对于利益相关者之外的群体是不可见的,甚至创建人本身也不能访问。

599 超级账本如何实现商业合作或协作?

比如,公司 A 发起一个协作的事件请求,无论这个过程中涉及多少中间环节,例如代理接收或支付、CSD、ICSD、本地或全球保管银行、资产管理公司等。公司 A 需要将邀请的完整细节信息实时发送给利益相关方。

一旦利益相关者做出交易决策,这个决策也需要被实时处理完成(包括作为协作事件一部分的新增份额)。

在需要的时候,投资者的响应会被保密,因此,他们就可以基于价值做出决策,而不用担心自己操做行为带来的负面影响。

600 超级账本的供应链实现概况是怎样的?

超级账本供应链运用,更多强调的是其深度可搜索性,保证能够在过去的层层交易中追溯所需记录。其核心是为每一个基于其他部件构成的商品创建出处,即可追溯的源。

当然,区块链的框架还必须满足供应链中每一位参与者的如下需求:

录入并追踪原材料的来源;记录部件生产的遥测数据;物资运输跟踪;保证包括成品生产、储存、销售及后续事宜在内的所有数据都不被篡改。

601 超级账本为何可以进行主数据管理?

主数据通常并不是交易信息数据,而是行业信息的关键和基础组成部分,如:客户(customer)、员工(employee)、供应商(supplier)、产品(product)、地址(location)和合同(contract)等。

授权认证机构发起变更并对变更进行校验,维护核心数据的唯一性和真实性可以解决许多数据质量和一致性问题。这些正是超级账本的长项。

602 超级账本为何可以运用于共享经济和物联网?

诸如智慧城市、智能家居、自动化、交通、医疗保健、零售、建筑、教育、健身等传统行业领域,共享经济将带来营收的新型模式,甚至催生新的产业。

由于交易中的个体、组织以及监管机构并不总是相互信任,善于利用基于分布式账本的区块链技术将有助于解决交易各方相互间的信任问题。

同时,区块链技术也有助于交易的实时处理和资产状态的实时访问,灵活的部署模型、共识机制、个人交易以及保密合约等。

超级账本这些特点和技术正是共享经济和物联网所需的,甚至是关键之处。

第26章　以太坊、超级账本与比特币的比较

26.1　以太坊与超级账本的比较

26.1.1　总体上的比较

603 以太坊和超级账本，从总体上来说有何异同？

以太坊和超级账本，从总体上来说，其对比如表26－1所示。

表26－1　以太坊和超级账本总体上的比较

比较项	以太坊	超级账本
设计原则	紧耦合	松耦合(便于二次开发)
执行环境	EVM	Docker
平台语言	Go	Go
部署难度	相对简单	相对复杂(资料不足)
扩展性	差(设计缺陷)	好
数据存储	链下完整，链上 hash	链下完整，链上 hash
为什么没有代币	借助币奖励矿工和防止攻击	不需要
SPV	支持	不支持，需要自己实现(和区块本身有关)
企业级应用	相对较好(http://www.8btc.com/public-blockchain-solution)	不太好

续表

比较项	以太坊	超级账本
出块时间	不可控,会越来越长,和区块高度相关,高度 550 万时,大约需要 4 小时(一年之后),以太坊需要转向 pos	通过时间和交易控制
分叉	硬分叉,需要修复大量 bug	暂无(自己开发一样会遇到相同问题)
安全漏洞	Solidity 语言设计漏洞(DAO)	暂无
币机制模型	账户模型 + 分片机制	无
开源协议	LGPL 3.0	Apache 2.0
合约调用	可以	可以
合约语言	Solidity/mix	Go
合约终止方式	计步(Gas)	计时(Docker 环境)

26.1.2 智能合约的比较

604 以太坊智能合约的部署过程是怎样的?

简单来说,以太坊智能合约的部署是这样的:

(1)搭建以太坊私链环境,生成私链的创世区块。

(2)启动私链,生成一个初始的以太币账户,开始挖矿(挖矿需要一个账户接收以太币)。

(3)编写智能合约,一般用 Solidity 和 Mix 语言。

(4)编译智能合约,单个文件的简单合约可以在线编译,多个文件需要借助 solc(编译成字符串,全网同步)。

(5)部署,合约部署当作一笔交易记录在链上,需要支付一定量的以太币,并且运行需要 Gas。

605 超级账本智能合约的部署过程是怎样的?

作为与上一问的对照,简单来说:

(1)搭建 hyperledger 环境(官方文档中有详细描述)。

(2)更改配置文件,启动大于 4 个节点(PBFT 共识)。

(3)编写合约,编译成二进制文件。

(4)把二进制文件放在每个节点中。

(5)在各个节点部署智能合约。

(6)初始化智能合约。

606 以太坊与超级账本的智能合约的比较如何?

以太坊与超级账本智能合约的比较见表 26-2。

表 26-2　以太坊和超级账本智能合约的比较

比较项	以太坊	超级账本
合约间相互调用	可以。 需要将被调用合约的源代码置于调用者合约的顶部,编译器会将最后一个合约作为部署者的合约,调用时给出被调用合约的地址	可以。 在合约中调用其他合约算作一个交易,最终以调用者合约交易执行状态作为整个执行的状态,并将调用者合约的参数记录在链上
库函数	少量库函数	Go 语言库
合约更新	不能更新	V0.6 无法更新,V1.0 在增加
外部系统交互	EVM 无法与外部系统交互	可以,但需要保证交互的统一性
合约部署	当做交易发布(编译成字符串发布,合约大小有限制),需要矿工挖矿才能部署(所有节点)	直接在所有节点部署
合约交易执行	所有节点都需执行来验证	所有节点都需执行来验证
合约复杂度	不能复杂,合约编译成字符串发布,需要全网同步	相对以太坊可以更复杂(基于 docker)

26.2 比特币与以太坊的工作量证明比较

26.2.1 算法比较

607 比特币工作量证明算法原理是什么?

工作量证明的过程,即为不断调整随机值,对区块头做双重 SHA-256 哈希运算,使结果满足给定数量前导 0 的哈希值的过程。其中前导 0 的个数,取决于挖矿难度,前导 0 的个数越多,挖矿难度越大。具体如下:

(1)生成铸币交易,并与其他所有准备打包进区块的交易组成交易列表,生成梅克尔根哈希值。

(2)将梅克尔根哈希值与区块头其他字段组成区块头,80 字节长度的区块头作为工作量证明算法的输入。

(3)不断变更区块头中的随机值,对变更后的区块头做双重 SHA-256 哈希运算,与当前难度的目标值做比对,如果小于目标难度,即工作量证明完成。

工作量证明完成的区块向全网广播,其他节点将验证其是否符合规则,如果验证有效,其他节点将接收此区块,并附加在已有区块链之后。之后将进入下一轮挖矿。

608 以太坊工作量证明算法的原理是怎样的?

以太坊工作量证明算法可以表示为如下公式:

RAND(h,n) <= M / d

其中 RAND()表示一个概念函数,代表一系列的复杂运算。

其中 h 和 n 为输入,即区块头的哈希、以及头中的随机值。

M 表示一个极大的数,此处使用 $2^{256}-1$。

d 为区块难度,即头中的难度。

因此,在 h 和 n 确定的情况下,d 越大,挖矿难度越大,即为难度本义。

即不断变更随机值,使 RAND(h,n)满足“RAND(h,n) <= M / d”,即完成工作量证明。

26.2.2 难度计算

609 比特币挖矿难度是如何计算的?

每创建 2016 个块后将计算新的难度,此后的 2016 个块使用新的难度。计算步骤如下:

(1)找到前 2016 个块的第一个块,计算生成这 2016 个块花费的时间。即最后一个块的时间与第一个块的时间差。时间差不小于 3.5 天,不大于 56 天。

(2)计算前 2016 个块的难度总和,即单个块的难度乘以总时间。

(3)计算新的难度,即 2016 个块的难度总和除以 14 天的秒数,得到每秒的难度值。

(4)要求新的难度,难度不低于参数定义的最小难度。

610 以太坊的挖矿难度是如何计算的?

以太坊每次挖矿均须计算当前的区块难度。

按版本不同,有 3 种计算难度的规则,分别为:calcDifficultyByzantium(Byzantium 版)、calcDifficultyHomestead(Homestead 版)、calcDifficultyFrontier(Frontier 版)。

以 calcDifficultyHomestead 为例。计算难度时的输入包括:

parent_timestamp:父区块时间戳

parent_diff:父区块难度

block_timestamp:当前区块时间戳

block_number:当前区块的序号

然后按照一定的公式(略)计算。

进而调整难度。

调整难度的日的,即为使挖矿时间保持在 10 - 19 秒期间内,如果低于 10 秒,增大挖矿难度;如果大于 19 秒,将减小难度。另外,计算出的当前区块难度不应低于以太坊创世区块难度,即 131,072。

26.3　比特币、以太坊与超级账本的比较

26.3.1　账户、存储与出块

611 账户概念的不同在哪里?

比特币没有账户概念,所有余额均通过未完成事务输出(Unspent Transaction Output, UTXO)计算而得。而以太坊和 hyperledger 里均有账户概念。

以太坊的账户分为普通账户和合约账户,每个账户对应有永久存储空间,存储该账户的以太币余额、写节码(bytecode)、计数器(用于防止重放攻击"replay attack")、其他键值对等。

hyperledger 中的账户即为 chaincodeID，每个被删除（delopy）的 chaincode（chaincode 是 hyperledger 中对智能合约的称谓）就是一个账户，每个账户也对应有永久存储空间，存储自定义的键值对。

612 worldstate 究竟存储在哪里？

以太坊和 hyperledger 中的永久存储空间是 worldstate。

对于比特币而言，每个节点维护一个完整的区块链，除此以外，无其他数据需要存储。

而对于以太坊和 hyperledger 而言，worldstate 的信息，即账户的相关信息，是在链下存储的。

事实上，以太坊和 hyperledger 的每个区块包含当前对应的 worldstate 整个数据集合的 1 个哈希值，称为 worldstate-hash。

613 出块速度有什么区别？

比特币平均 10 分钟出一次。注意这是平均，不是固定的，以矿工算出答案、出块来决定，所以快到几秒、慢到几小时都有可能。

以太坊是平均十几秒，而 hyperledger 默认是一个交易出一个块，也支持 CommitTxBatch 模式，多个交易出一个块。

换言之，没有交易时，hyperledger 是不出块的，如一天都没有交易，则一天都没有新块生成。

而比特币和以太坊不一样，即使没有交易也会出块，因为矿工自己会发布 coinbase 交易，以赚取挖矿费。

26.3.2 共识机制与 SPV

614 共识机制有什么不一样？

比特币是工作量证明的鼻祖，以太坊目前也采用工作量证明，hyperledger 使用 IBM 版拜占庭容错（Practical Byzantine Fault Tolerance，PBFT）。

工作量证明都需要设计代币。比特币和以太币，目的在于奖励矿工和防止攻击。

PBFT 则不一定，所以当前 hyperledger 没有内置代币。

615 以太坊和 hyperledger 支持 SPV 吗？

比特币的成功，特殊项目公司（Special Purpose Vehicle，SPV）功不可没。设想一下，下载一个钱包，要等好几天时间同步后才能使用所以，如果没有 SPV，笔者相信现在已没有几个人玩比特币了。

以太坊似乎不支持 SPV（这个需深入研究）。但是 hyperledger 的 fabric 0.6.1 版本是不支持 SPV 的。

第27章 B3i、R3及国内外著名的区块链组织

27.1 全球保险业风向标:B3i联盟

27.1.1 B3i联盟的概况与平台

616 B3i联盟的概况是怎样的?

保险业联盟B3I是区块链保险行业计划(Blockchain Insurance Industry Initiative)的缩写(以下简称B3i联盟)。有15个成员,均为保险行业和再保险行业的主要参与者,在国际再保险市场上占有超过50%的市场份额。被一些人称为"全球保险行业发展风向标"。

2016年10月该项目由欧洲五大保险及再保险公司,即德国安联、慕尼黑再保险、瑞士再保险、荷兰全球人寿和苏黎世保险公司联合发起的。

旨在共同开发区块链技术在保险行业中的应用潜力,实现区块链技术在保险行业中的商业项目落地,提高保险行业工作效率,打造更加智能、更加高效的行业协作方式。为保险公司、再保险公司、零售客户和商业客户带来更多价值和便利。

B3i联盟设立了指导委员会和管理层,指导委员会负责讨论预算和经营方式等事项,管理层负责具体的运营事务。

为保证联盟的公平性和独立性,每位成员需要从公司里挑选1位商业专家、1位IT专家和1位项目牵头人参与B3i联盟的运营,每位联盟成员都会在指导委员会中至少占1个席位,管理层人员则从参与B3i联盟运营的员工中挑选。

617 B3i 联盟第一阶段的产品是什么?

以区块链技术驱动的再保险交易平台是 B3i 联盟第一阶段的区块链产品。

(1)针对的问题:在传统保险业中,面临再保行业高度中介化、运营成本高和信息无法实时更新等痛点。

(2)解决的方式:B3i 联盟提出通过区块链的分布式账本技术,让再保险各个交易方维持同一本交易账本,减少交易方间重复对账的工作和减少保险和再保险企业对中介的依赖度,降低再保险行业的交易成本,提高再保险交易效率。

(3)例证:仅从财务核算效率角度来说,区块链技术能将这个时间缩短至 5 ~ 10 分钟,而传统的再保险交易的财务核算一般需要 10 天以上。

27.1.2　B3i 联盟区块链再保险平台

618 B3i 联盟再保险交易平台的功能怎么样?

在 B3i 联盟再保险交易平台上,保险公司和再保险公司能建立初始再保险交易的电子合同,并在平台上对合同的细节进行修订。

修订过的合同的好处,如图 27 – 1 所示。

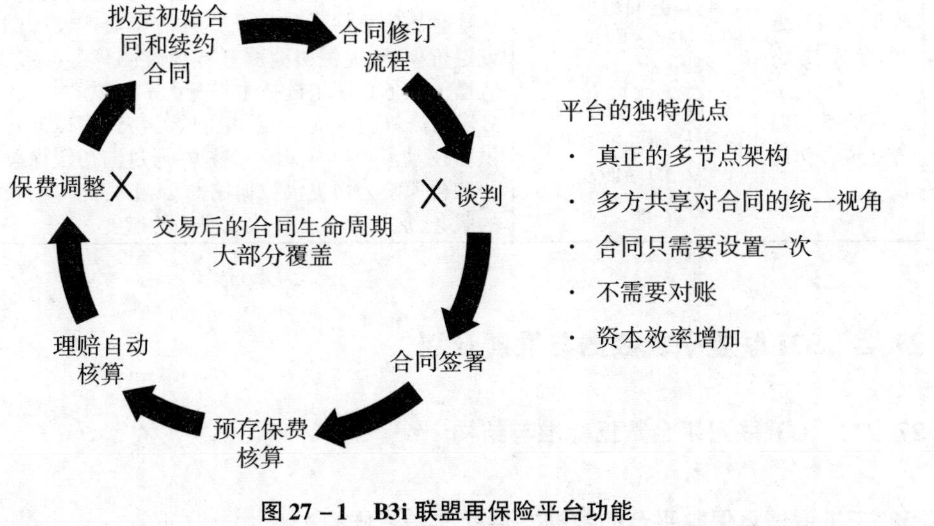

图 27 – 1　B3i 联盟再保险平台功能

(1)自动备份到联盟各个节点上,交易各方能及时看到更新过的合同。

（2）交易方能通过电子签名技术在平台上签署合同，简化合同签署流程。

另外，B3i联盟的再保险交易平台的区块链智能合约技术，能实现预存保费核算和理赔自动核算的功能，减少了人工操作，提高了交易效率。

时至2018年8月，B3i联盟的再保险交易平台暂时还未实现谈判和保费自动调整这两个交易环节。原因是：

（1）这两个环节涉及了很多非标准化的流程，难以使用智能合约技术在交易中实现自动化操作。

（2）谈判和保费调整环节涉及定价模型、保险合同等具体条款。

（3）涉及很多隐私信息。

619 B3i联盟的再保险交易平台对传统经纪业务有哪些改进？

在B3i联盟的再保险交易平台上，再保险经纪的作用被区块链技术所取代，具体的改进与好处见表27-1：

表27-1　B3i联盟的再保险交易平台对传统经纪业务有哪些改进

传统再保险	改进的再保险交易	好处
再保险经纪的主要作用是： 1.作为第三方收集交易双方间的数据文件； 2.撮合交易双方达成合作协议	通过分布式账本保证了交易方间数据文件的真实性，实现了去中介化的点对点交易，打破了传统再保险交易高度依赖再保险经纪的局面	1.经纪从提供合作撮合服务转变为对交易提供专业的咨询服务 2.可以针对初级保险公司的再保需求给出建议，如选择合适的再保险和公司、为再保险资产设计赔付或定价模型、提供协商服务或风险测算等服务，这些增值服务是区块链技术本身无法提供的 3.随着未来技术的发展，再保险经济也可以通过提供新技术参与到再保险交易里，通过向初级保险公司和再保险公司提供数据挖掘、人工智能等新技术的服务，加快交易各方达成协议的速度

27.2　B3i联盟平台数据与发展计划

27.2.1　B3i联盟平台数据标准与结构

620 B3i联盟再保险平台的数据文件标准是怎样的？

B3i联盟再保险平台参照美国国际保险信息化标准协会标准，对数据结构、保险合同、再保险合同、合同实施执行、信息加密等进行了设定。以创建再保险合同为例,初级保险公司(出单人)发起再保险需求分三步(见表 27－2)。

表 27－2　B3i 联盟再保险平台的数据文件标准

步骤	内容	细节与注意
第 1 步	创建再保险交易意向合同,填写基本信息	初级保险公司在创建的合同内要填写合同名称、合同的类别业务(巨灾、健康险等)、生效日期、失效日期、是否需要中介协助该再保险需求、挑选合作的再保险中介公司和再保险公司等。在合同页面中会显示初级保险公司、再保险经纪公司和再保险公司的基本信息(地址、电话)
第 2 步	完善再保险交易合同的详细信息	初级保险公司在创建合同后,需要填写具体的合同条款,比如有限责任或者无限责任、再保险的覆盖率(即每家再保险公司承担的责任结构比例是如何的)。同时,再保险交易平台内设有标准化的费率计算模型,保险公司只需输入预计保费收入、保费的支付方式(期缴趸缴)和支付比例,交易的费率就能自动计算。在测试版本中,平台设定了再保险经纪能收取 10% 的交易中介费,未来会能根据不同情况设定中介费
第 3 步	审核合同信息	当合同信息填写完后,再保险交易平台会自动总结创建的合同信息,并让保险公司进行审阅和确认。具体的信息如保额、免赔额、再保公司名字、留存金等。信息确认无误后,保险公司可以将创建好的再保险合同发布到平台上

621 B3i 联盟再保险平台的数据存储结构是怎样的?

B3i 联盟再保险交易平台将数据结构分成三层,完全私有数据、加密通信数据和主数据(公有加密共享数据)。这三层依次递进,相互作用,可以防止数据信息泄露。

实际上,整个再保险交易平台的数据结构是个分散式的总账,通过分享同一个分散式总账系统,并确保数据存储的私密性,能保证每一次的交易核心都得到记录,且不泄露交易各方的数据信息(见图 27－2)。

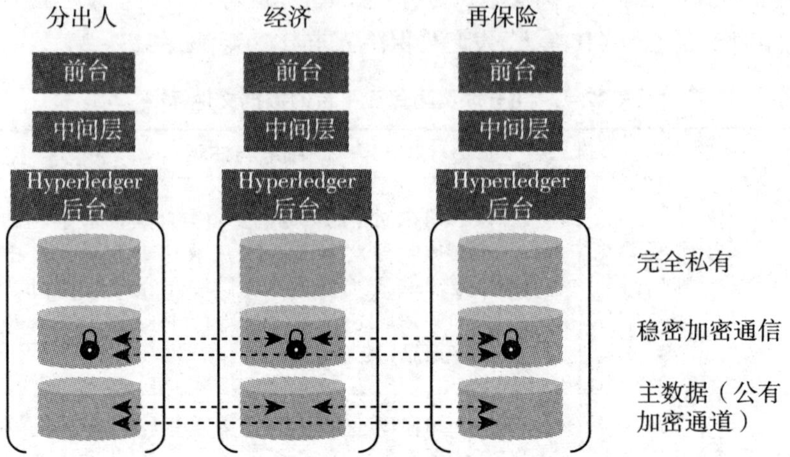

图 27 - 2　B3i 联盟再保险平台的数据存储结构

(1)最底层

该层的数据是主数据,是公有的,会在联盟链内节点储存备份。公司的架构、公司的信息、这些结构性的数据也包含在主数据内。

在再保险交易过程中,交易各方需要相互交换主数据,这部分数据包含了如何描述合同的生命周期、合同周期,合同的不同周期应该怎么样分步执行,以及在不同的步骤中如何从一个步骤触发进入下一个步骤。

以分出人(初级保险公司)向再保险公司上报理赔要求为例,主数据的交换包含了这个保险合同是哪个合同、这笔交易的时间、合同号和初级保险公司是哪些保险公司等。

(2)加密通信数据层

这部分数据是指经过加密通道的通信数据。可能涉及具体的合约细节修改、定价模型等。

加密通信不仅能反复地交换信息,还能实现智能化的操作。如果合同中包括了赔付责任,平台会自动计算各方的理赔责任金额,并发送消息以提示再保险公司进行赔付。

(3)最上层

保险公司自有的私密数据库,所有的数据信息不与第三方共享。

包括了保险公司所有不愿意公开给第三方的数据,主要涉及合同架构的投入和产出,在什么的情况下进行支付,不同利益方间详细的合同条款等。

27.2.2　B3i 联盟的未来计划

622 B3i 联盟未来发展计划是怎样的?

2017 年上半年 B3i 联盟已经完成了第一阶段再保险交易平台的产品研发。

2017 年下半年已经开始对再保平台进行了 Beta 的测试,主要针对联盟内的 15 个公司进行真实再保险交易测试。

2018 年开始有区块链相关的保险产品落地,具体分两块。第一块是再保险交易平台的商业落地,第二块是开发其他领域的区块链保险商业落地应用。具体的方向和应用如下:

(1)商业保险。零售客户端的保险交易量比再保险高很多,未来发展很有潜力。这是下一阶段 B3i 联盟开发的重点项目。

(2)国际财险保险项目。针对一些大型保险公司的财产险产品,如为建造大桥、大楼设计的保险。

(3)担保管理。目前安联已经做了一些担保管理相关的业务,未来会拓展到 B3i 联盟上。

(4)保险联动证券市场。通过区块链平台进入证券市场中,使保险公司直接和用户及资本市场建立起联系。

(5)农业参数型保险。

(6)保险和再保险资金池。

(7)数字身份管理。

27.3　R3 区块链联盟的内涵与发展历程

623 R3 区块链联盟是什么?

R3 区块链联盟就是一个银行的技术联盟。致力于为银行提供探索区块链技术的渠道以及建立区块链概念性产品。其目标很明确,就是进行私有链的研究发展,期待私有链能够取代公有链。

截至 2018 年 5 月已经有大约 70 多家国际银行组织加入,与 200 多个组织有合作,成员几乎遍布全球。

R3 区块链联盟于 2015 年 9 月由 9 家银行创建成立。到 2015 年年底,共 42

家银行。2016年开放非银行金融机构加入。之后R3区块链联盟与微软也建立了合作关系,推出研究实验区块链应用的最新分布式私人账本Corda。

如今的银行使用传统账本,各自的数据库单独维护,同时通过双方“对账”方式确认交易。而基于区块链技术的分布式账本将账本信息分布在网络中各家银行的节点(保留副本)上,当交易信息提交后,区块链网络在短时间内可验证真伪,更新记录,并且留下时间戳,方便后续追踪和审计。

需要有一个组织来制定银行业区块链技术开发的行业标准,一起探索试验区块链技术,并建立银行业的区块链组织,因此,R3区块链联盟应运而生。

R3区块链联盟最核心的职能是内测区块链技术,针对银行业需求,找出适合的分布式总账系统。

624 R3区块链联盟发展历程的简况是怎样的?

2014年R3CEV公司成立,2015年9月R3区块链联盟创立。

创始成员包括巴克莱银行、毕尔巴鄂比斯开银行(Banco Bilbao Vizcaya Argentaria,BBVA)、澳大利亚联邦银行、瑞士信贷、高盛、摩根大通、苏格兰皇家银行、道富银行、瑞银集团等9家公司。

不久后,美国银行(Bank of America)、纽约梅隆银行、花旗集团、德国商业银行、德意志银行、汇丰银行、日本三菱UFJ金融集团、摩根士丹利、澳大利亚国民银行、加拿大皇家银行、SKF、法国兴业银行、多伦多道明银行等13家新的公司参加R3区块链联盟。

2015年10月28日瑞穗银行、北欧银行、意大利联合信贷银行加入R3区块链联盟。

2015年11月19日巴黎银行、富国银行、荷兰国际集团、麦格理银行、加拿大帝国商业银行参与R3区块链联盟。

2015年12月17日有12家企业加入R3区块链联盟。包括:蒙特利尔银行、丹麦银行、联合商业银行、法国Natixis银行、野村、北方信托、OP金融集团、桑坦德银行、加拿大丰业银行、三井住友银行、美国合众银行、西太平洋银行。

2016年2月16日R3区块链联盟成员瑞穗银行与富士通科技演示了基于区块链技术的跨境证券交易结算流程。

2016年4月25日巴西Itaú银行加入R3区块链联盟。

2016年5月24日中国平安集团加入R3区块链联盟。

2016 年 6 月 23 日丰田金融服务公司也加入了 R3 区块链联盟。

2016 年 11 月高盛、桑坦德银行、摩根士丹利从 R3 区块链联盟退出。

2016 年 12 月 14 日 Credicorp 加入了 R3 区块链联盟。

2017 年 5 月 23 日 R3 区块链联盟公开宣布,它获得了分布式总账技术和有史以来规模最大的投资 1.07 亿美元作为其系列 A 轮融资的一部分,来自 40 个机构,跨越 15 个国家。

2018 年 7 月 18 日加拿大的信用联合集团加入了 R3 全球区块链财团。LCUC 包括加拿大最大的 16 所信用联盟,总资产达 1250 亿美元。

625 R3 区块链联盟研究的简况是怎样的?

R3 区块链联盟与一些银行合作探索区块链技术,还自己开展区块链技术的调查研究。R3 区块链联盟使用以太坊和微软 Azure 技术,将 11 家银行连接至分布式账本。

2016 年 4 月 R3CEV 与微软正式建立合作关系,研究实验区块链应用。该联盟后来宣布推出他们专门为这一目的建立的最新分布式私人账本 Corda。

由于,R3 区块链联盟所谓的区块链项目不是一个开放式的项目,R3 区块链联盟的具体工作人们无从得知。人们知道的就是,自从 R3 区块链联盟成立之后,召开了一系列的研讨会。

R3 区块链联盟等于是一个试验场,已经进行几轮测试,具体应用场景包括电子交易、商业票据签发和票据赎回等。首个测试用象征性的资产测试了建立在以太坊(Ethereum)上的区块链技术,Microsoft Azure 提供云服务。

后与 Chain、Eris Industries、Ethereum、IBM 和 Intel 5 家公司合作测试了 5 种不同的区块链技术,用于发行、交易和赎回固定收益产品。

27.4 R3 区块链联盟的各种质疑

27.4.1 技术与运作质疑

626 R3 区块链联盟运作有哪些质疑?

2016 年 R3 区块链联盟进行了大量的宣传炒作。私有链的未来给人的感觉是光明无限的。然而,2016 年年底一张来自 R3 Corda(R3 推出的分布式私人账本,采用的是私有链)的幻灯片却讲述了一个不同的故事。该幻灯片宣称 R3 区块链联盟并没有使用任何的区块链,因为 R3 区块链联盟"不需要区块链"。由此,人们对 R3 区块链联盟的运作产生了许多疑问。这些质疑主要集中在如下 4 个方面(见表 27－3):

表 27－3　R3 区块链联盟质疑的 4 个方面(集中在 Corda 项目上)

质疑点	质疑原因
私有链	由于私有链无法保证存储数据的不能更改性,因为私有链是由中心化实体掌控的,所以私有区块链在加密货币爱好者社区一直饱受争议。于是,整个私有链概念变得似是而非。如是这样的话,传统的结构化查询语言(Structured Query Language,SQL)数据库完全可以替代这种私有链数据库
分布式账本	如果 R3 Corda 无法保证记录的数据是防篡改的,那么使用分布式账本就没有意义了。因为这些私有链项目都没有使用工作量证明机制,而工作量证明机制是确保记录安全、不受伤害和篡改所必需的
模仿比特币生态系统	区块链的吸引力之一就是这种技术可以加快交易速度。经历数年的工作,R3 区块链联盟感觉到自己根本就不需要一个区块链。那么,人们就对 R3 区块链联盟有一个疑问,其开发的 Corda 不使用分布式账本技术,究竟使用什么技术。R3 区块链联盟对区块链技术的弃用,是否意味着模仿比特币生态系统是不可行的
筹集资金的花费	R3 区块链联盟成立以来筹集的上亿美元资金,花掉了一半才声称自己这个以区块链为导向的项目并"不需要"区块链技术。人们非常怀疑 R3 区块链联盟的那些钱究竟花到了哪里去了。不知道 R3 区块链联盟下一步将向哪里发展。R3 区块链联盟项目会不会最终只是对时间和金钱的浪费

27.4.2　极端质疑

627 R3 区块链联盟的成立是否源自银行业对区块链技术的恐惧?

有人和媒体对 R3 区块链联盟成立的原因,提出了另一种观点:R3 区块链联盟的成立是源自银行业机构等对区块链技术的恐惧。大体意思是这样的:

2008 年金融危机引发人们对华尔街和银行机构腐败的反思,2009 年 1 月 3 号中本聪发布了开源的第 1 版比特币客户端,宣告比特币的诞生,吹响了对华尔街战斗的号角。2015 年在世界范围内,掀起了区块链的大风暴。

由于"传统货币最根本的问题在于信任。中央银行必须让人信任它不会让货币贬值,但历史上这种可信度从来都不存在。银行必须让人信任它能管理好钱财,并让这些财富以电子货币形式流通,但银行却用货币来制造信贷泡沫,使得私人财富缩水。”这是中本聪的话。

起初,银行机构对比特币的出现并不在意,只是把它当作是一个毫无影响力的、冷门的技术。然而,随着比特币的发展,随之出现的区块链技术逐渐改变了传统的生产关系,银行发现,在某些领域的整个生产体系中,已经不需要第三方金融机构了。于是他们慌了,成立了 R3 区块链联盟,但是,他们并不是真心想发展区块链技术,而是想研究怎么利用区块链继续对实体经济“吸血”。

关于以上观点,本书不做定论,仅引用在此处。

628 R3 区块链联盟是“科技公司的外壳,银行家的内核”这一观点是怎样的?

一些人认为:分布式账本和 Token(实际就是币)是区块链技术的 2 个核心。而 R3 区块链联盟一直鼓吹只要账本的、不需要币的区块链。诸如所有有关 R3 区块链联盟的报道,都与超级账本有关,但从不会提 Token 或者币。

实际上,没有币的区块链,对银行的威胁也大大减小了,只需要把新技术稍加改造,便可以更好地“吸血”。这是对区块链技术的一种“阉割”。

持上述观点的人还说,熟悉 R3 区块链联盟公司文化和运营的人大都有一个相同的看法:该公司自称是一家科技初创企业,但行为却像一家银行。R3 区块链联盟更像是华尔街的一员或者是一个豪华的咨询公司,而不是一个“饥饿”的创业新贵。

回顾过去,它的早期成功可能代表着银行尝试新趋势的决定,而不是对 R3 区块链联盟的业务或技术进行真正研发和投入。引用一名前雇员的话:“他们不再雇佣技术人员,而是开始雇佣不懂技术的银行家和西装革履的人。”

27.5　其他世界级区块链联盟

629 如今,世界级区块链联盟主要有哪些?

主要有超级账本(Hyperledger)、R3 区块链联盟、保险行业联盟 B3i、全球贸易分布式账本联盟 PTDL、俄罗斯区块链联盟等。

前面章节已经介绍了超级账本(Hyperledger)、R3 区块链联盟、保险行业联盟 B3i。这里介绍一下全球贸易分布式账本联盟 PTDL、俄罗斯区块链联盟的概况。

630 全球贸易分布式账本联盟 PTDL 的概况是怎样的?

全球贸易分布式账本联盟(The Post-Trade Distributed Ledger,PTDL)成立于 2015 年,至今成员数量增加至 37 家,由全球大型金融机构、清算中心、结算中心、交易所和银行等组成,该联盟致力于研究利用区块链和分布式账簿技术提供交易后创新解决方案。

PTDL 的组织委员会由来自芝加哥商业交易所集团、道富银行、汇丰银行、意大利联合信贷银行、欧洲银行票据交换所和伦敦证券交易所集团的代表组成。组织委员会的成员认为:

区块链和分布式账本技术将对交易后产业产生巨大影响。但是,区块链与其他的开创性技术一样,具备巨大潜力的同时也存在一定的不确定性。

PTDL 没有公布所有成员名单,但是瑞银集团、法国兴业银行、欧洲结算银行和伦敦证券交易所等国际大型金融机构都是其成员。而且,联盟还指出了其地理多样化的成员关系,包括全球银行、托管机构、清算机构、交易所、监管机构、政府机构和中央银行等国际大型金融机构都是联盟成员。

PTDL 将交易中的各方、监管机构以及中央银行等多方有机地联系在一起,共同研究如何从区块链的实践中受益。

631 俄罗斯区块链联盟的概况是怎样的?

俄罗斯区块链联盟(简称俄罗斯版 R3)是一个私链联盟,成立于 2016 年 7 月 1 日。成立之日,第 25 届俄罗斯国际金融会议正在召开,会议由俄罗斯央行主办。

联盟成员包括支付公司 QIWI、B&N 银行、汉特—曼西斯克银行(Khanty-Mansiysk Otkritie Bank)、盛宝银行(Tinkoff Bank)、莫斯科商业世界银行(MDM Bank)以及埃森哲咨询公司(Accenture)。

该区块链联盟的主要目标是发展区块链概念验证;进行合作研究和政策宣传;创建区块链技术的共同标准。同时,他们公开宣布将积极建立与国内监管部门和政府的合作。

27.6 我国区块链 2.0 联盟链

27.6.1 最早的三大联盟

632 我国比较出名的区块链联盟有哪些?

我国比较出名的区块链 2.0 联盟主要包括中关村区块链产业联盟、中国分布式总账基础协议联盟(以下简称 ChinaLedger 联盟)、金链盟金融区块链合作联盟(以下简称金链盟)、中国区块链研究联盟(China Blockchain Research Auiance,CBRA)和区块链微金融产业联盟(以下简称微联盟)等。其中,ChinaLedger 联盟、金链盟与 CBRA 的主要参与机构如下(见图 27 - 3)。

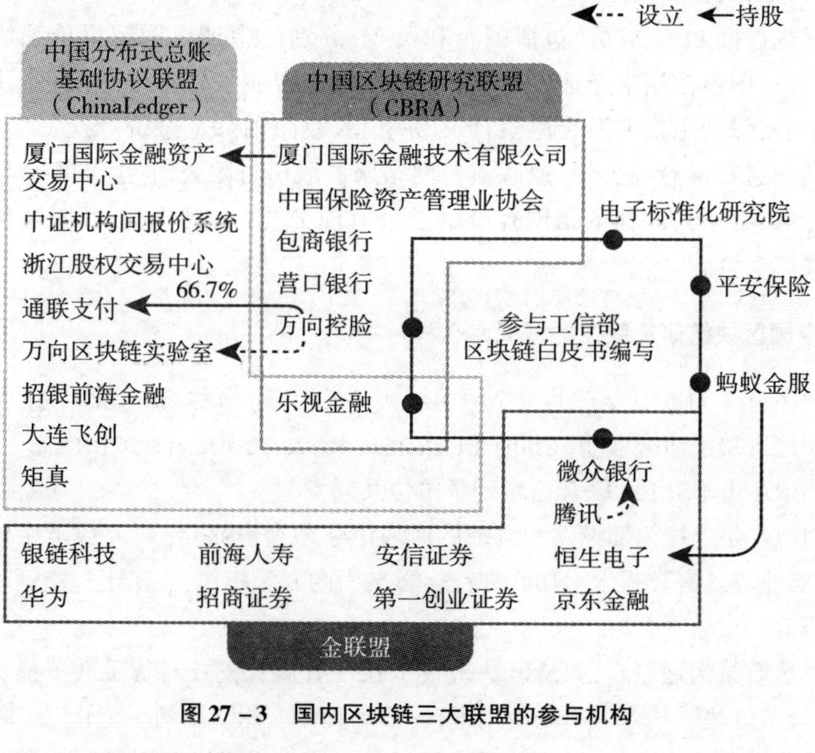

图 27 - 3 国内区块链三大联盟的参与机构

注:图中所示联盟机构未包含联盟全体成员。

633 ChinaLedger联盟的概况怎么样?

2016年4月19日由中证机构间报价系统股份有限公司等11家机构共同发起成立了中国分布式总账基础协议联盟(ChinaLedger联盟)。

上海证券交易所前工程师白硕出任了该联盟技术委员会主任,联盟秘书处则设在了万向集团旗下的万向区块链实验室。

ChinaLedger联盟将致力于开发研究分布式总账系统及其衍生技术,其基础代码将用于开源共享。主要有4个目标:

(1)聚焦区块链资产端应用,兼顾资金端探索;

(2)构建满足共性需求的基础分布式账本;

(3)精选落地场景,开发针对性解决方案;

(4)基础代码开源,解决方案在成员间共享。

联盟首批11家成员,包括国企和民企,分别为中证机构间报价系统股份有限公司、中钞信用卡产业发展有限公司、北京智能卡技术研究院、浙江股权交易中心、深圳招银前海金融资产交易中心、厦门国际金融资产交易中心、大连飞创信息技术有限公司、通联支付网络服务股份有限公司、上海矩真金融信息服务有限公司、深圳瀚德创客金融投资有限公司、乐视金融、万向区块链实验室等。

634 中国区块链研究联盟的概况怎么样?

2016年1月5日全球共享金融100人论坛(以下简称GSF100)在北京宣布成立中国区块链研究联盟(China Blockchain Research Alliance,CBRA)。

CBRA由GSF100联合论坛理事单位共同发起。

CBRA是论坛内部设立和管理的区块链学术研究平台,研究成员由国内外学界、实业界具有较强学术功底和社会影响力的专家担任,立足于打造区块链技术的研究与交流平台。

打造政策沟通平台,厘清区块链技术在现有监管模式与货币政策操作中的定位;打造区块链技术的市场应用平台,推动具体应用规则的规范化、标准化,进行项目落地与路演,形成区块链研究领域具有高端学术品味和较强国际影响力的中国特色新型智库。

635 金链盟的概况怎么样?

2016 年 5 月 31 日金链盟金融区块链合作联盟于在深圳成立。

金链盟旨在整合及协调金融区块链技术研究资源,形成金融区块链技术研究和应用研究的合力与协调机制,提高成员在区块链技术领域的研发能力,探索、研发、实现适用于金融机构的金融联盟区块链,以及在此基础之上的应用场景。

自成立以来,金链盟在信用、股权、积分、保险、票据、云服务、数字资产、理财产品发行及交易等领域开设了研究课题,部分课题项目现已落地或推出产品原型。

2016 年 11 月 26 日金链盟发布了《金融分布式账本主张》,提出合法合规、可追溯、安全、隐私保护、业务导向五大原则,以及价值联盟、自主可控、安全可信、高效可用、业务可行、灵活配置、智能监管七大主张。

金链盟发起成员共 25 个,包括安信证券、京东金融、博时基金、重庆股转中心、第一创业证券、富德保险控股、国信证券、恒生电子、南方基金、平安银行、齐鲁股交中心、平安金科、微众银行、金证股份、深金信会、赢时胜、致远速联、四方精创、银链科技、深证通、武交中心、招商证券、招银网络、中股集团、中证信用。此外,华安财险、华为、前海股转、前海人寿、腾讯、山东城商行合作联盟等也是金链盟成员单位。

截至 2018 年 7 月,金链盟成员已达 100 余家。

27.6.2 其他联盟

636 中关村区块链产业联盟的概况怎么样?

2016 年 2 月 3 日全球首家专注网络空间基础设施创新的中关村区块链产业联盟正式在北京成立。

中关村区块链产业联盟是在中关村管委会,公安部、工信部等国家部委的指导下,由清华大学、北京大学、北京邮电大学、北京航空航天大学、中国信息通信研究院、中国互联网络信息中心、中国移动研究院、中国联通研究院、微软、北京世纪互联宽带数据中心有限公司、点亮投资管理有限公司、布比(北京)网络技术有限公司、北京太一云科技有限公司等 30 多家单位自愿联合区发起成立的社团。

设立该联盟的目的是，积聚力量推广互联网下一步演变的重要技术以支撑区块链，并促进其产业化，中关村管委会网聚各方资源，成立中关村区块链产业联盟，构筑区块链产业高地，推动社会经济和相关产业的发展。

637 微链盟的概况怎么样？

2016 年 7 月 20 日定位于区块链和微金融相结合的产业联盟——区块链微金融产业联盟（以下简称微链盟）在北京宣告成立，北京市网贷行业协会秘书长郭大刚以及众联盟成员出席。

公开资料显示，微链盟是一个以区块链微金融为平台和纽带的整合创新联盟，由中望金服、国嘉资本、布比、PDX 全息互信、富友集团、同盾科技、91 征信等 20 家金融服务机构和科技企业发起成立。该联盟聚集了业内多位理论研究者、互联网技术开发者以及金融从业者。

微链盟希望通过区块链技术帮助微金融客户做好征信，在微金融领域做好支付，2016 年至 2019 年将有望迎来区块链商业应用的高速发展。

该联盟成立后，预计成果包括，智能合约云可以在链或离链运行，实现结算、交易、资产登记、数据共享等合约执行。

638 前海国际区块链联盟的概况怎么样？

前海国际区块链生态圈联盟的前期筹备工作在深圳市前海联合发展控股有限公司（前海管理局直属企业）的主导下，由来自美国的知名区块链应用研发及产业投资企业 iBlockchain 负责联盟的顶层设计、目标定位、章程起草等工作。

同时，iBlockchain 利用其在国内外，尤其是在美国区块链研发、金融资本及孵化器行业的广泛影响力，邀请到了一批区块链领域的行业翘楚、业界先锋，共同发起成立该联盟。

这些被邀请的世界一流区块链技术研发的企业，包括微软区块链战略合作伙伴 ConsenSys、IBM 区块链战略合作伙伴 BlackRidge、国内外区块链领军企业太一云科技、BlockApp、全球最大的投资机构之一美国国际数据集团（International Data Group，IDG）、美国著名孵化器企业 500 Startups 等。

639 银行间市场区块链技术研究组的概况怎么样？

2016 年 8 月 12 日经全国金融标准化技术委员会批复，银行间市场技术标准工作组区块链技术研究组在上海成立。

区块链技术研究组首批成员单位涵盖银行间市场中介机构、市场成员和科研机构，包括中国外汇交易中心、上海黄金交易所、上海清算所、中国国债登记公司、中国银行间市场交易商协会、中国银联、工商银行、农业银行、交通银行、浦发银行、上海银行、汇丰银行、花旗银行、平安保险、中信证券、道富银行、中国金融电子化公司、复旦大学、浙江大学等 19 家机构和高等院校。

区块链技术研究组的工作重心将集中在银行间市场区块链技术、监管及法律框架的前瞻性研究以及与 R3 区块链联盟等国际区块链联盟的联系上。

区块链技术研究组的成立将对区块链技术在银行间市场基础设施和应用服务的规划和建设产生深远影响。

640 陆家嘴区块链金融发展联盟的概况怎么样？

2016 年 10 月 9 日在中国银监会上海监管局、上海市经济与信息化委员会、上海陆家嘴金融城发展局的指导下，上海市互联网金融行业协会、上海金融业联合会、中国金融信息中心等 13 家机构共同发起成立陆家嘴区块链金融发展联盟。

联盟将汇聚多方力量于上海陆家嘴金融核心区，与北京的中关村区块链联盟、深圳的金链盟遥相呼应，形成区块链区域性发展的“北京、上海、广州”三足鼎立新格局。

第六部分

区块链3.0：可编程的经济与社会

第 28 章　区块链 3.0 的概述

28.1　区块链 3.0 的内涵与特点

28.1.1　区块链 3.0 的概念

641 区块链 3.0 要从哪里谈起?

区块链 3.0 要从哪里谈起?笔者认为,至少要把握 4 点,“去中心化应用(DApp)+以太坊的缺陷+可编程经济+自主主权身份”。为何?

去中心化是区块链的核心,是人们“梦寐以求”颠覆现有“中心世界”的根本,其深刻性与“与现有世界的分水岭”等无须赘述。

以太坊是对区块链 1.0,即以比特币为核心的数字货币,明显的、跨越式的升级,所以人们将其定义为区块链 2.0 的代表,这个界定,如今似乎被所有人认同。所以,笔者将“规避或解决以太坊缺陷问题”的区块链,定义为区块链 3.0,应该是能够成立的。

但是,仍要求第一是可编程经济。为何?

(1)区块链促使货币发生了革命,然后延伸到了金融,如何再向上延伸到经济,将怎样迭代升级?

(2)从改变社会这个大尺度上来说,那必然是要改变经济的形式、模式,这是基础。所以,仅解决以太坊的缺陷还不行,还要将这些技术如何与整个社会的经济结合起来,并深刻地改变了现有经济模式才能算是真正的提升与迭代。

这是不是已经算得上是区块链 3.0?笔者认为还不是,原因是:

既然区块链的社会是个“去中心化”的社会,那么个体价值将会被全方位、淋漓尽致地体现出来。怎么才能满足这一条件,即怎么才能达成以人、个体、价值为“中心”和“核心”?那必然要达成一个基础,这个基础就是“自主主权身份”。

在上述推演中,区块链被分成了 4 级:区块链 1.0(数字货币)、区块链 2.0(智能合约 + 可编程金融)、区块链 3.0(可编程经济)和区块链 4.0(可编程社会)。

但是,要实现真正区块链 3.0 的可编程经济,道路还很遥远。

本部分将按照上述逻辑展开论述。

642 什么是区块链 3.0？

由上一问题可知,需要从以太坊没有满足“去中心化”这个生态系统的需求来界定。这是最基础的。

通过研究,笔者发现,可扩展性、互通性和整体应用性的不足,正是如今以太坊没有妥善解决的问题。

所以有人说,区块链 3.0 就是为以太坊如今的问题提供解决方案的。这个是有一定道理的。虽然许多项目都是从不同角度来处理这些问题的,但是,所有区块链系统和协议都在努力建立一个真正的经济性的世界范围内的应用基础。

对于区块链而言,成功来自应用。区块链 3.0 的特点就可以按照这个解决方案分解为 3 个关键组件,即扩展性、互通性和整体应用性。

如何细化,笔者在下文进行论述。

28.1.2 区块链 3.0 的三大特性

643 什么是区块链 3.0 的可扩展性?

可扩展性是区块链的核心能力,即容纳尽可能多的用户,同时仍然保持低交易费用和快速共识。这问题从比特币区块链诞生开始,就一直是各类相关社区、人士讨论的核心话题之一。

比特币与以太坊的可扩展性问题源于他们低效的共识协议。这种低效率导致了几个主要的缺点,其中之一就是较长的出块时间。

出块时间,即区块链上生成一定数量交易区块所花费的时间。实际上就是通常听到的交易速度。由于区块链的特性,决定了任何一笔交易需要在区块链上被证明是有效的,所以出块时间决定了在特定时间内有多少交易可以被处理。

出块时间长和交易速度低会严重限制基础链总体容量和适用性。所以,如今很多新的区块链 3.0 技术研究都把可扩展性作为其设计的核心。

许多项目开始采用创新性共识协议,有时为了扩展性而牺牲分权。显然,现实需要足够强大的技术来使我们的加密梦想成为现实,在实现理想的完全分权之前,又必须是高效率的。

所以,区块链最重要的任务是达到一个足够大规模的可扩展性,这样才能使区块链技术在经济领域得到规模性地应用,从而实现真正的可编程经济。

644 什么是区块链 3.0 的互通性?

互通性是一种不同区块链之间进行交互和协作的协议,沟通区块链之间的智能合约。本质上是消除区块链对集中式中介媒介的需求,提高性能和可扩展性,以及连接私有链和公共链。随着新型基础链和不同协议的增加,互通性正变得至关重要。

互通性或将成为将区块链技术引入现实世界,推开区块链 3.0 大门的主要因素,可谓区块链技术的“神器”。为何这样说?

因为,一旦主体(如企业、组织或机构)采用区块链,出于安全或其他原因,大多数不会采用相同的基础链平台和协议系统。这些平台和系统将分别针对不同的使用情况以及不同级别的功能。所以,需要通过企业资源计划(Enterprise Resource Planning, EERP)和客户关系管理(Customer Relationship Management, CRM)软件整合的区块链技术很可能会有很多不同种类。就像不同主体有着不同的网站和访问渠道一样。

这些主体只有在这个生态体系中相互合作,即所有区块链平台和基础协议都需要相互合作,才能有价值和意义。换言之,大家都进入这个区块链体系,必然是要对彼此是有用的。如果是有用的,就得更好地体现、方便大家的相互合作。

相互合作怎样达成,或高效率地达成,这就涉及互通性。就像如今可以使用微信来登陆其他软件和小程序一样,网上几乎所有的东西都可以通过你的微信账户访问。就像你坐公交车、餐馆里吃饭、购买东西刷卡一样,用微信就可以轻易无缝链接,不用再通过某个程序登录去刷卡。

显然,区块链的互通性要求的就是像微信一样的无缝链接。目前,许多基础项目正从简单的智能合约互通性转向跨区块链的无缝共享信息。这个不是在不同网络之间建立额外的通信层,这些互不相同的链和协议能够自然而然地融合并彼此无缝地工作。这就是区块链3.0的互通性。

所以,以互通性为核心的区块链项目将会经受住时间和适应性的考验,最终成为真正可以应用的技术,并推开区块链3.0的大门。

645 什么是区块链3.0的整体应用性?

有了可扩展性和互通性后,整体应用性便成为几个关键属性的重中之重,这是吸引用户使用的基础。良好的整体应用性直接涉及用户体验,所以这才是最为关键的部分。

小米经济模式为何能生存,为何能创造奇迹,这肯定不在于技术的完美(几乎从设计到制造全部来自第三方)。它的成功就在于"用户的体验"。

所以,区块链3.0的重要特征必选这一点内容,而且这种体验是整体性的、一站式的体验。

28.2 区块链3.0的应用思维与构架

646 区块链3.0的逻辑应用思维应该是怎样的?

当前,包括比特币、以太坊等主流区块链系统,其成熟度都不能支撑大规模现实商业场景。而且在现有系统中,价值往往只能在同一个区块链内进行传递,于是"热闹非凡"的众多区块链实践,似乎搭建了更多的"价值孤岛",这与区块链"价值互联网"的美好愿景是相背离的。

所以,区块链3.0作为一种"去中心化"的技术逻辑,其制高点的逻辑应用应该是"系统思维"的竞争。

显然,区块链技术作为一种通用性技术,从数字货币加速渗透至其他领域,将和各行各业实现创新融合。必须要有体系化、工程化的思想,遵循"组合、循环、进化"和"技术、系统、生态"的规律。

647 区块链3.0的技术底层架构有何要求?

根据《中国区块链行业发展报告2018》报告显示,中国在区块链专利、区块链融资的增速远超过美国,领先全球。但是中国却没有自主知识产权的区块链系统,信息、金融安全受到极大挑战。

因此,考虑两个方面:

（1）区块链项目需要技术系统。不仅是说发币本身，而是用它来解决你所面临的项目、业务和困难。

（2）必须要设计一套 Token 系统。仅是单机数据库变成分布式数据库，这种渐进式的革新是不够的，设计通证的系统才是重中之重。

例如，在波比区块链系统中，其核心的加密通证为 Bobi Token（俗称波币），借鉴了比特币的三重哈希加密逻辑，借鉴了以太坊的分叉逻辑和瑞波币的网络货币特征等，正在朝向通证的系统方向进行设计。

28.3　区块链 3.0 的门槛与因素

28.3.1　区块链 3.0 的实现门槛

648 "高并发处理能力"是区块链 3.0 门槛，为何？

归纳起来，区块链 3.0 实现可编程经济，即项目真正落地，核心门槛有两个：一是区块链技术的高并发处理能力；二是接轨实体经济的能力。这里先来说高并发处理能力。

这要引出一个术语——事务处理系统（Transaction Processing Systern，TPS），TPS 性能对应于交易，就是处理多少次交易量的意思。

TPS 性能是区块链断代的一个硬性标准。从这个指标的角度来分析，有人认为，之所以把以太坊的出现视作区块链 1.0 和 2.0 的分界线，是因为以太坊的 TPS 较之比特币有了很大的提升，从每秒 7 次交易提高到了每秒 40 次左右。

实际上，以太坊之所以被认为开启了区块链 2.0 时代，是因为引入了智能合约与可编程应用底层，由此搭建起可以开发众多现实应用的平台，首先从金融领域引发了革命。

当然，以每秒几十次的交易处理速度（当前以太坊最大的短板就是 TPS 太低，链上的应用略微"火爆"就会造成网络拥堵）是远远不能对接现代商业交易的；例如，在如今互联网的产业中，动辄数十、上百万 TPS 的场景比比皆是。因此，区块链技术想要真正具备广泛的落地能力，百万级别的 TPS 是不可或缺的条件。

649 “接轨实体经济能力”也是区块链 3.0 门槛，为何？

有人提出，“接轨实体经济能力”也是区块链 3.0 门槛，这个是有一定的道理的，可以这么来了解：

从一个角度，区块链之所以被人们认为是如今互联网的升级，即从“信息互联网”升级到“价值互联网”，是因为将“信息”转化成了“价值”，这个价值就体现在可以将社会的方方面面无缝链接（不存在技术、费用等，涵盖物联网的深入应用）到互联网，实现一切的可编程。

从另一角度，即从应用场景来看，区块链 1.0 几乎是一群极客、程序员之间的游戏，从区块链 2.0 时代开始，银行、保险、证券等金融行业开始使用区块链技术并取得成效（可编程金融）。而区块链 3.0 时代的应用场景会更为广泛，需要能够拓展到整个经济体系（可编程经济），涵盖社会生活的方方面面（可编程社会）。

要达到这一标准，就要求区块链 3.0 时代的技术能够与实体经济中的各行各业接轨，必须具备实用性，而不是仅停留在实验室和交易所里。

如今，号称区块链 3.0 的项目多如牛毛，其中一些也确实获得了很大的进步，如 EOS、小蚁 NEO、IOTA 等。但这些项目要么还在做技术攻关，要么在筹备之中，大多还没有切实可用的成果。所以，不能凭借一份商业白皮书就断定区块链 3.0 时代的到来。

28.3.2 区块链 3.0 的必备因素

650 区块链 3.0 应用需要考虑哪些因素？

区块链 3.0 要实现在经济乃至社会各类领域的应用，即实现可编程经济，甚至是可编程社会，至少需要如下几个因素（见表 28－1）。

表 28－1 区块链应用实现所需因素

序号	内容	描述
1	需要很高的并发交易量	Visa 在 2016 年的 MyBroadband 表示，VisaNet 每天平均处理 1.5 亿笔交易，约平均每秒 1667 笔，而像比特币、以太坊每秒几笔、十几笔的交易量肯定不能满足商业级应用

续表

序号	内容	描述
2	需要很快的交易确认时间	比特币1个小时、以太坊几十秒到几分钟的交易确认时间,是不能满足如今商业级应用的
3	交易没有手续费或者手续费极低	以太坊的所有交易都需要Gas,每笔交易的成本高于1元人民币,构建在它上面的应用会有很高的成本,很难吸引普通用户
4	有平台化的开发引擎	目前公链都存在的一个问题,对开发者不友好,进入门槛很高,尤其对于没有区块链技术团队的一般应用行业
5	需要良好的社区环境	对于开发者、基于链上的应用提供者以及普通用户而言,都可以在社区中找到需要的资源
6	结合行业特点	选择适合业务场景的区块链

28.4 区块链3.0的大文件存储

651 区块链为什么需要大文件储存?

从区块链1.0时代的数字货币,到区块链2.0时代的智能合约,再到区块链3.0时代的全面应用,区块链每一次时代跃迁都必然会对底层开发平台的各项性能提出更高的要求。

进入区块链3.0时代,应用场景将从数字货币,可编程金融、经济深入到社会的方方面面。这意味着主链平台上将会有海量的DApp应用在上链运行。对于区块链底层平台而言,不仅需要在高并发、交易确认速度、安全性等性能上有较大提升,同时对于大文件、大块数据分布式存储的需求也越来越急迫。

前些年,区块链行业对于区块链存储大数据、大文件并没有重视起来。无论是比特币还是以太坊,都没有将大数据存储考虑在内。例如当前比特币的交易速度只有每秒6笔,如果以后扩容成功,比特币的交易数据将会更加快速地变大。以太坊虽然有储存空间的概念,但以当前的技术手段,想要储存1M左右的数据,企业就得付出极高的成本。

所以,随着区块链3.0应用探索步伐的加快,对于整个区块链行业的开发者而言,眼下拥有一款专门适合区块链应用开发的文件系统已经迫在眉睫。

652 为何说区块链数据储存量的增大将让使用者付出高昂的代价?

以以太坊为例：

如果按照以太坊钱包默认的Gas价格计算，即41个Gwei，当前以太坊区块燃料限制（Block Gas Limit）每个区块4,700,000个Gas（创建合约的时候可调整）。

要将1MB的数据写入区块链需要占用132个以上的块，需要消耗0.0254364个ETH（1e9gwei × 4700000 × 132 × 41）。

按照2018年7月初ETH价格约为439.8美元计算，那么以太坊存储1MB数据的价格约为11.2美元。这个费用是非常高的。

28.5 区块链3.0与提升TPS的方法

653 如何提升区块链TPS，一般的方法有哪些?

从目前的技术解决方案角度来说，能够实现如此高效率的TPS方法，不外乎DPoS（超级节点）、侧链、分片、数据库可用性组（Database Availability Group，DAG）、区块链租赁、分散储存设备、链外计算、链外状态信道、Plasma等。

这些解决方法的原理基本上看起来都很简单，但是真正想要实现“更高的效率”和“去中心化”还有很多困难。

从目前来看，无论何种技术的解决方式都是在“更高的效率”和“去中心化”二者之间寻找一个平衡，还没有哪一种方案可以完全实现区块链的理想状态。

因涉及商业机密，目前，依然不清楚迅雷链是通过何种方法实现如此大百万级别的TPS。但是，考虑到迅雷的实际情况，或许其集中在分片、侧链、链外计算这三种方法。

654 提升区块链TPS的分片处理原理是怎样的?

区块链的分片处理就是将区块链整体分成不同的部分，区块链各个部分会被记录在网络中的不同账本上。

这个如同在电脑上，我们会对硬盘进行分区，然后将数据储存在不同的分区之中，这样整体的负担就可以分散到各个分区上（见图28-1）。当然，这种方法在实际应用中还有很多技术困难要克服。

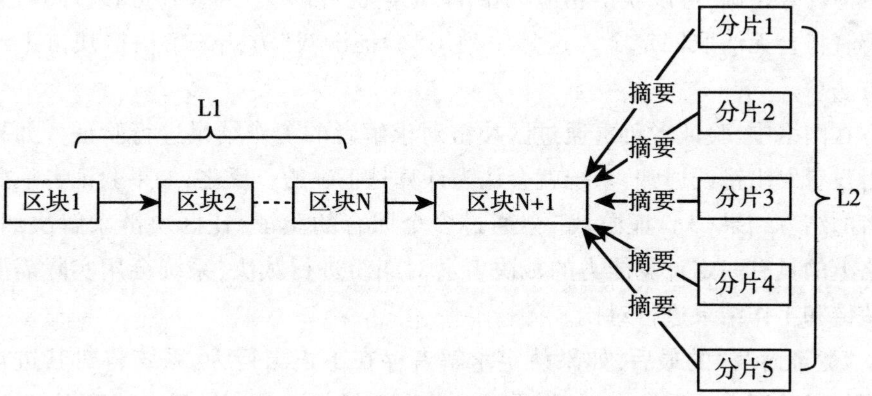

图 28－1　分片处理提升区块链的 TPS

655 提升区块链 TPS 的侧链模型是怎样的?

侧链是最早针对比特币扩容提出来的概念与方式,即让比特币安全地从比特币主链转移到其他区块链,又可以从其他区块链安全地返回比特币主链的一种“协议”。

这里以闪电网络(Lighting Network)为例:

它指的是 A 和 B 两人可以把比特币放到一个多重签名钱包中实施链下锁定,然后进行交易签名并更改双方各自能取回的比特币数量。交易参与方可以随时关闭交易通道,最后一笔经过签名且包含最新余额动态的交易最终将会被广播并写入比特币区块链(回归链)上。

如果涉及更多的第三方,比如:

已知 C 想和 A 交易,但双方没有建立支付通道,不过 A 和 B、B 和 C 都各自建立了支付通道,这时 C 就可以通过 B 和 A 达成交易,B 其实在整个交易过程中充当一个网关的角色。整个过程实际上不需要在主链确认,因为都是几方之间倒来倒去的“数字游戏”,因此交易速度会非常迅速。只有当关闭交易通道时,才会最终确定各自的余额并写进主链区块。

656 如何链外计算以提升区块链的 TPS?

所谓链外计算,是指参与数据处理的不是所有的账本,而是网络上的特定参与者(求解者),他们会根据智能合约进行计算,并支付一定量的定金。如果求解者的计算正确,可以获得相应的报酬,定金也可以一并退还。如果计算错误,求解者将会无法取回定金。这是一种用“验证游戏”方式来解决区块链上纠纷的方法。

在网络中,验证者负责通过区块链对求解者的工作结果进行验证。如果验证者没有发出错误通知,系统就会认为计算是正确的。反之,如果验证者质疑求解者的结算结果,“验证游戏”会通过多个回合的验证,让区块链来解决纠纷。网络上的具有一定计算能力的裁决者会对纠纷进行裁决,系统会用实际需要的区块链和工作结果进行对比。

“验证游戏”的最后,如果认定求解者存在不正当行为,系统将对其进行处罚。如果验证者的质疑有误,则需要为验证消耗的资源支付相应的费用。

简单来说,在这个协定中,任何人都可以提出计算任务,任何人在完成计算任务时都可以获得报酬,系统通过对正确计算的奖励来保证结果的正确性。

因此,把计算和验证的步骤放在主链以外进行,不受主链容量的限制,使计算拥有了更大的扩展性。

第29章　EOS及IPFS:区块链3.0的实力先行者

29.1　EOS的内涵、优势与前途

29.1.1　EOS的概念与优势

657 什么是EOS柚子?

EOS(Enterprise Operation System)是由Block. one公司主导开发的一种全新的基于区块链智能合约的平台,旨在为高性能分布式应用提供底层区块链平台服务。其理念同以太坊类似,但综合性能比以太坊更好。

EOS项目的目标是实现一个类似操作系统的支撑分布式应用程序的区块链架构。该架构可以提供账户、身份认证、数据库、异步通信以及可在数以万计的CPU或GPU群集上进行程序调度和并行运算。EOS最终可以支持每秒执行数百万个交易,同时,普通用户执行智能合约无须支付使用费用。

EOS通过超级节点等方式实现了极高的运行性能,此外,其开发环境也比以太坊更加友善,故堪称最能战胜以太坊的区块链3.0项目。

658 EOS柚子的战略定位与优势是什么?

定位为下一代区块链底层操作系统的EOS,每3秒产生1个区块,并引入并行链技术,理论上可以支持百万级TPS。

而对于智能合约这一部分而言,EOS引入了并行处理、异步通信等ETH缺失的关键要素,并额外提供诸如数据库、账号管理权限、调度、认证、通信等功能,这使得DApp开发者可以专注于业务开发,而无须把大量的精力耗费在应用基础层模块搭建上。

EOS 从设计上就支持跨链交互,这使 EOS 近似等于“ETH + Pokadot”。而 EOS 所采用的 DPoS 共识机制对分叉有原生的抵抗能力,看看 BTC 和 ETH 分叉事件所导致的价格波动和社区分裂,就知道从源头遏制分叉的可能,以及对于一个去中心化网络而言是多么的重要。

EOS 甚至支持“冻结”一个运行中的 DApp,这显然是针对 ETH 上 the DAO 事件导致分叉所精心准备的应急处理机制。

如果把 ETH 比喻为 DOS 系统,那把 EOS 比喻为 Windows 系统,这个或许在某些方面并不为过。

29.1.2 EOS 的实践必要性与前途

659 EOS 柚子项目的实践必要性是什么?

区块链 2.0 技术基础设施 ETH,当前存在的核心痛点有:

(1)吞吐量虽然胜过 BTC,但远不能满足当下应用需求;

(2)共识机制无法避免分叉,而且在不断面临分叉;

(3)跟 BTC 一样陷入“机械主义的去中心化理念”,盲目认为 100% 去中心化才是完美。

业内人士甚至一度认为,当前区块链生态中的各知名公链如果不有效解决上述 3 个核心问题,区块链生态的未来则遥遥无期,对传统金融等行业的颠覆,也只不过是痴人说梦。

而 EOS 正致力于解决上述问题,并是卓有成效的。以此来说 EOS 的必要性毋庸置疑。

660 成为区块链 3.0 公有链,为何说 EOS 前途广阔?

主要看 3 个方面:

(1)可编程经济首先要满足各类交易的商业级处理能力需求,EOS 能达到每秒几千的 TPS,接近于商业级应用,而比特币、以太坊每秒几笔、十几笔的交易量肯定不能满足商业级应用。即便是 VisaNet 每天平均处理 1.5 亿笔交易(Visa 在 2016 年的 MyBroadband 上表示),平均约每秒 1667 笔,与如今的高频率的并发交易还是存在一定的差距。

(2)可编程经济还需要很快的交易确认时间,如今 EOS 可以达到秒级的确认速度，基本能满足这一要求。而比特币 1 个小时、以太坊几十秒到几分钟的交易确认时间，会给用户带来很差的体验。

(3)交易没有手续费或者手续费极低，EOS 是免交易费的。而如今的以太坊的所有交易都需要 Gas，构建在它上面的应用会有很高的成本。

29.2　EOS 的技术亮点与提升

661 EOS 柚子技术的亮点主要体现在哪里？

EOS 定位在下一代区块链智能合约平台，致力于解决当前区块链技术中的一些关键挑战——性能、用户体验和治理。

EOS 柚子技术的亮点集中体现在如下 3 个方面(见表 29－1)。

表 29－1　EOS 柚子技术：集中体现亮点的 3 个方面

支持银行级规模并发交易	EOS 采用了委任权益证明(Delegated Proof of Stake，DPoS))共识机制，网络里所有人投票选出 x 个记账人，x 个记账人对每个区块的交易进行签名验证。这样需要验证通过的节点数量大大降低，提高了效率，使得这个去中心化的网络可以快速处理大量的交易。 这样一来，EOS 在处理交易的规模上将会比以往任何公有链高出几个量级，一旦开发完成，EOS 将成为第 1 个能够支持商业规模应用的平台。另外，EOS 将采用并行处理技术，可以使交易规模达到每秒几百万次。如果能够达到这个标准，EOS 可以同时支持几千个分布式应用程序(DApp)在它平台上运行
大大降低应用开发难度	在此之前，开发者必须从零开始搭建去中心计算机来运行他们的智能 App，所有的 App 开发者都必须解决相同的问题，即账户系统，恢复过程等。 其实，他们缺少的是一个操作系统，由操作系统提供每个应用都需要的通用功能，因此，这些应用就能专注于他们自己的业务逻辑。而 EOS 柚子似乎较好地解决了这一问题
无“燃料”交易	EOS 柚子因为没有额外的“燃料”交易，因此，网络就不会出现拥堵

662 EOS 柚子在高并行处理方面依然有待提升，为何？

在如今的互联网中，如天猫、京东有时每秒交易量能达到百万级别，通过浏览某些网站阅读一些热点文章，有时能达到每秒千万级别，这些对 TPS 提出了很高的要求。

而近期名声在外的EOS之所以一直以区块链3.0代表(被大家认同)自居，就是因为其号称能达到每秒1万次的交易处理能力。但即便是EOS真的做到了1万TPS,也依然是远远不够的。

所以,要真正实现可编程经济,甚至可编程社会的区块链3.0时代,使区块链技术具备广泛的落地能力,百万级别的,甚至是千万级别的TPS是不可或缺的条件。

29.3 星际文件系统

29.3.1 星际文件系统的概念与发展

663 什么是星际文件系统(IPFS)?

星际文件系统(Interplanetary File System,IPFS)是一个面向全球的、点对点的分布式版本文件系统,是一种点对点的超媒体文件存储、索引、交换协议。

IPFS本质上是一种内容可寻址、版本化、点对点超媒体的分布式存储、传输协议,目标是补充甚至取代过去20年里使用的超文本媒体传输协议(HTTP),将所有具有相同文件系统的计算设备连接在一起,希望构建更快、更安全、更自由的互联网时代。

在某些方面,IPFS和Web原本的设计很像,但是IPFS更像是一些由节点组成P2P的Git文件系统。

IPFS原理用基于内容的地址替代基于域名的地址,也就是用户寻找的不是某个地址而是储存在某个地方的内容,不需要验证发送者的身份,而只需要验证内容的哈希,因此,可以让网页的速度更快、更安全、更健壮、更持久。目标是使Filecoin在未来有着巨大的价值。

注意:Filecoin不仅是一个链接电脑的网络,它也是链接个人和组织的网络。

664 IPFS的产生及应用的概况是怎样的?

IPFS诞生于协议实验室(Protocol Labs),该实验室由胡安·贝内特(Juan Benet)创立于2014年5月,而IPFS是在2015年1月正式发布的,2016年IPFS一度成为区块链行业中最受青睐的技术之一。

技术的发展也常常不是单行线的。在西方，IPFS 技术近期亦开始被区块链所应用。比如 2018 年 6 月主网上线的 EOS 就使用 IPFS 作为文件储存的技术。Filecoin 项目正在被用作区块链的激励以实现 IPFS 的志向，该项目预计 2018 年下半年或 2019 年能够上线。

目前，IPFS 已经为区块链项目提供了数据接口，包括 EOS 等在内的公链平台都已采用 IPFS 作为解决方案。并且，IPFS 团队已引入 Filecoin 作为激励层，激励用户存储数据和贡献带宽。不过截至 2018 年 7 月，作为其激励层的 FileCoin 仍在研发中。

665 IPFS 的发展历程是怎样的？

2014 年胡安·贝内特成立协议实验室并获得美国 YC（Y Combinator）投资。

2015 年年初开源协议 IPFS 正式发布，EOS、Imtoken、公信宝等众多区块链项目采用 IPFS 作为底层存储。

之后，以 IPFS 作为底层存储技术，或者是将重构 IPFS 作为底层存储的项目，在全世界范围内延伸，其中包括很多区块链的项目。

在这些采用 IPFS 应用的项目中，通过相互沟通，官方不断完善 IPFS，因此，IPFS 的版本一直在升级、完善，对于用户而言也越来越友好、越来越好用。

2017 年 8 月基于 IPFS 的项目，Filecoin 顾问轮及销售轮融资，共计 2.54 亿美元，出让 10% 的 Token，总量为 20 亿枚，ICO 项目估值 25.4 亿美元。

2018 年 Filecoin 测试版上线（需要以官方公告为准）。

29.3.2　技术与结合

666 什么是 FileCoin 功能？

2016 年解决区块链数据存储与分发的难题的 IPFS（星际文件系统）被开发出来。这个系统具有选择性的存储性能，即 IPFS 在互联网上的热门文件资源永不丢失，适合于公共资源的管理机制。

但冷门的文件可能会丢失，因此，IPFS 需要搭载 Filecoin 激励层，激励各节点存储数据。

从字面含义上来说，Filecoin 可以翻译成“文件袋”。“File”是文件，“coin”

是硬币。可以这样理解:你存储了文件,便可以给你硬币。显然,这是用来激励人们做文件存储的。

所以,Filecoin 为需要长期存储文件的用户提供了可靠的激励。

667 IPFS 与区块链技术是怎样结合的?

区块链目前最大的问题是无法存储大量的数据,因为所有的结点(Node)在理论上都需要存储所有的数据。

IPFS 和区块链能够完美结合,用户可以使用 IPFS 来处理大量数据,然后把对应的加密哈希存储到区块链中并打上时间戳。因此,就无须将数据本身放在链上,不但可以节省区块链的网络带宽,还可以对其进行有效保护。

使用 IPFS 协议,即仅将 IPFS 中的链接(Link)和时间戳(Timestamps)写入不可更改(Immutable)的区块链上,从而达到使用区块链安全储存数据的目的。

29.4 IPFS 新一代的网络服务

29.4.1 3 种模式

668 互联网平台服务经过哪 3 种模式的迭代?

互联网平台所提供的网络服务大致经过了 3 种模式的迭代历程(见表 29－2)。

表 29－2 互联网平台:网络服务 3 种模式的迭代历程

迭代模式	性质	说明
第 1 种模式	集中化	如早期的 12306,只有一个中心服务群(没法分散去做),所有买票的流量直接搭载在这个服务群上,承载的压力非常大
第 2 种模式	分散集群	类似于 O2O 各个网站需要建立不同区域下的服务群,它们背后的互联网数据中心(Internet Data Center,IDC)机房,会让同样的服务在一个局域内分散,这就减轻了中心服务器的压力
第 3 种模式	IPFS:拟打造点对点的网络拓扑模式	颠覆 HTTP 所代表的分布关系,它具有内容可寻址的特点,通过文件内容生成唯一的哈希标识,一定程度上节约了空间开销的成本

669 互联网平台前两种模式的网络服务,有哪些弊端?

在第 1 种模式里,服务高度依赖中心网络。创业公司或者大公司无法承受宕机,运维有一个关键业绩指标(Key Performance Indicators,KPI)称为服务等级协议(Service-Level Agreement,SLA),稳定性没有到 99.9% 属于基本不合格。所以,SLA 需要消耗特别大的成本,大公司需要雇一批运维专家或专业人士,去保障系统的稳定性。

在第 2 种模式里,存储数据有丢失的风险。诸如电缆被挖断、员工删库跑路,都是很大的隐患。

同时,这两种模式的带宽成本相对高很多,会造成较大的带宽资源浪费。

29.4.2 第 3 种模式的好处

670 基于 IPFS 的第 3 种模式有哪些好处?

基于 IPFS 的第 3 种模式,打造了一个点对点的网络拓扑,相当于颠覆 HTTP 所代表的分布关系。

具有内容可寻址的特点,通过文件内容生成唯一的哈希标识,一定程度上节约了空间开销的成本。

HTTP 协议使用的域名寻址,最终会映射到最底层,找到某个域名所对应的 IP 地址下的某个主机,以及某个文件目录中的某个文件。

IPFS 不关心是否存在相同的文件,但内容寻址会通过唯一的标识去访问,并且提前检验这个标识是否已经被存储过。如果被存储过,直接从其他节点读取它,不需要重复存储,在一定意义上节约了空间。

671 如何以实例说明基于 IPFS 网络服务的好处?

比如你想在网上看电影《黑客帝国》,只需启动 IPFS 节点,将这个视频文件加入 IPFS 网络。这样会得到一个哈希指纹 E,同时发布到公共网关,得到一个"/IPFS/E"的路径名。

然后,启动一个本地节点,对该网关发一个寻址 PIN 的请求,IPFS 自动索引分布式哈希表的哈希值,找到指纹 E 所对应的节点列表。

一般来说,大的视频通常不会都存在一个节点之上,可能分片存在其他一些子节点上，IPFS 把这些节点列表全部并行抓取，最后由本地的 Manager 拼成完整的文件。

由于并行的速度远远大于直接下载完整文件的速度，你很快就能在本地化的浏览器上看到电影，还可以继续分享给其他人。

但是 IPFS 也存在着很多风险。

29.5 IPFS 的新架构和作用

29.5.1 IPFS 的构架与描述

672 IPFS 的架构是怎样的？

IPFS 至少有 8 层子协议栈，从上至下分别为身份、网络、路由、交换、对象、文件、命名、应用，每个协议栈各司其职，又互相搭配（见表 29－3）。

表 29－3 IPFS 8 层子协议栈架构

第 1 层	身份	对等节点身份信息生成
第 2 层	网络	比较核心，使用的 LibP2P 可以支持任意传输层协议
第 3 层	路由	分布式松散哈希表，定位对等点和储存对象需要的信息
第 4 层	交换	创建中心服务器，当服务器登记用户请求资源时，让请求同样资源的用户形成一个小集群（Swarm），在这里分享数据
第 5 层	对象	大部分数据对象都是以梅克尔新组件（Merkle DAG）的结构存在，这为内容寻址和去重提供了便利
第 6 层	文件	一个新的数据结构，和新组件（Database Availability Group，DAG）并列，采用与 Git 一样的数据结构来支持版本快照
第 7 层	命名	具有自我验证的特性（当其他用户获取该对象时，使用指纹公钥进行验签，即验证所用的公钥是否与节点地址"NodeId"匹配，这验证了用户发布对象的真实性，同时也获取到了可变状态），并且加入了互联网专家和网络解决方案（Internet Professionals & Network Solution，IPNS）这个巧妙的设计来使得加密后的 DAG 对象名可定义，增强可阅读性
第 8 层	应用	IPFS 的核心价值就在于上面运行的应用程序，可以利用它类似内容分布网络（Content Delivery Network，CDN）的功能，在成本很低的带宽下，去获得想要的数据，从而提升整个应用程序的效率

673 如何较详细地理解交换层运作方式?

IPFS 交换层,类似于迅雷 BT 下载工具。迅雷模拟了 P2P 网络,并创建中心服务器,当服务器登记用户请求资源时,让请求同样资源的用户形成一个小集群(Swarm),在集群里分享数据。

这种方式有两大弊端:

一是服务器是由迅雷统一维护,一旦出现了故障、宕机时,下载操作无法进行。

二是中心化服务还可以限制一些下载请求,人们发明了一种更聪明的方式,即 BT(BitTorrent),让每一个种子节点所要存储的数据通过哈希表存储在里面,BT 工具相对来说不太受监管,服务更加稳定。

IPFS 团队把 BT 进行了创新,称作比特交换(Bit Swap),它增加了信用和账单体系来激励节点分享。

这一设计可以解决“女巫攻击”,信用分不可能靠机器刷来提高,一直刷检索请求,信用分会越刷越低。请求次数和存储量的变量之间有一个比较精妙的算法,类似一个抛物线,前期可以容忍很多东西,达到一定次数后将不再信任。

29.5.2　颠覆与价值

674 IPFS 是如何颠覆传统搜索模式的?

IPFS 从根本上改变了用户的搜索方式,通过 IPFS 用户能够直接搜索到想要的内容。

用户通过 HTTP 浏览器搜索文件,首先要找到服务器的位置(IP 地址),然后使用路径名称在服务器上查找文件。因此,只有文件所有者可以判断这是否是用户要找的文件,并且必须保证托管者不会移除文件、关闭服务器或对文件做任何更改。

当文件被添加到 IPFS 节点上后将生成一个新名字,这个名字实际上是根据文件内容计算出的一个加密哈希。加密能够保证该哈希始终只表示这一文件的内容,哪怕只在文件中修改 1 个比特的数据,哈希都会完全不同。

当向 IPFS 询问哈希时,IPFS 通过使用 1 个分布式哈希表,可以快速(在 1 个拥有 10,000,000 个节点的网络中只需 20 跳)找到拥有数据的节点进行检索,并使用哈希验证其是不是正确的数据。

675 IPFS 的应用价值在哪里?

IPFS 的应用价值,可以归纳为 4 个方面的内容(见表 29 – 4)。

表 29 – 4　IPFS 的应用价值和意义

应用价值	描述
可以为内容创作带来一定的自由	没有太多监管的限制,也没有中间商抽成,内容收益直接归创作者所有
可以降低存储和带宽成本	比如,基于 IPFS 的视频相较于传统视频网站,它降低了同资源的冗余程度,同时大大节约了海量用户在播放视频时所产生的带宽成本
可以与区块链完美结合	区块链的本质是分布式账本,本身的瓶颈之一就是账本的存储能力,目前大部分公链的最大问题是没法存储大量的超媒体数据在自己的链上。 运用 IPFS 技术解决存储瓶颈是目前的过渡方案,最典型的应用就是 EOS。EOS 支持百万级别 TPS 的并发量,很大一部分要归功于其底层存储设计采取了 IPFS 来解决大型数据的传输效率。 EOS 将自己打包好的区块数据通过 IPLD(IPFS 数据模型)进行异构处理,统一生成一种便于内容寻址的数据结构类型,并挂载到 IPFS 的链上,让 IPFS 网络承担存储和 P2P 检索的逻辑,而不消耗 EOS 区块链系统本身太多的计算资源
可以为传统应用提供分布式缓存方案	可以将地理位置坐标数据通过 GeoHash 算法转化成一维字符串,并将与之相关联的具有检索价值的数据存入 IPFS 网络,由于 IPFS 网络标识唯一性,将分布在各个邻近节点上。当检索请求到来时,能够大大提高整个检索动作的效率

第 30 章 迅雷链:区块链 3.0 的实力竞争者

30.1 迅雷链的概念与特征

676 什么是迅雷链?

迅雷链(ThunderChain)是迅雷旗下网心科技研发的具备百万 TPS 高并发、秒级确认能力的高性能区块链。并在此基础上,搭建了迅雷链开放平台,助力开发者快速地开发、部署智能合约,企业或个人可以轻松地将自己的产品和服务上链,更加便捷地开发区块链应用。有人称其为业内首个符合“划时代”标准的区块链应用平台。

迅雷链除了实现百万 TPS 高并发、秒级确认等高性能优势之外,还采用了升级版 PBFT 共识算法,在实际应用中已得到验证。中央人民银行推动的基于区块链的数字票据交易平台,即建立在优化过后的 PBFT 算法基础之上。

更重要的是,迅雷链的应用落地已久。从 2014 年开始,迅雷旗下网心科技就开始探索共享计算,并于 2017 年推出基于区块链技术的智能硬件玩客云,如今用户规模已达百万级别,这或许也是迅雷率先将 TPS 精进至百万的原因。

目前,迅雷链的生态系统正在网罗多种应用,在未来计划将公益、医疗、教育、社交、交通出行、商品鉴伪、版权等行业逐步纳入其中,以赋能实体经济。

677 迅雷链的技术特征是什么?

迅雷链的技术特征可以大致归纳为如下 4 个方面:

(1)迅雷链采用同构多链框架(Homogeneous Multichain Framework),在业内率先实现了链间的确认和交互,使不同交易可以分散在不同链上执行,从而达到百万级每秒处理交易数(Transaction Per Second,TPS)的高并发处理能力。

(2)基于拜占庭容错(PBFT)的底层共识算法,实现超低延迟的实时区块写入和查询;单链的出块速度可达秒级,而且保证了强一致性,不会产生分叉,从而保证快速、可靠地完成上链请求。

(3)支持 Solidity 语言开发的智能合约,兼容以太坊虚拟机 EVM,一次开发支持多个区块链平台通用。

(4)多链架构具备极强的扩展性,当业务规模不断扩大时,可以轻松扩容新链,提升应用并发能力。

30.2 链克与星域云

30.2.1 链克与作用

678 迅雷链的链克是什么,有何作用?

链克是基于迅雷链的工作量证明、激励工具和兑换媒介而设计的。

链克的具体使用场景为:商户耗用链克获得玩客云用户贡献出的闲置计算资源,用户使用链克兑换共享计算相关的产品和服务,如视频网站会员特权服务、网络加速服务、云存储服务、共享内容服务、游戏内容服务等。

链克产生的规则为:每 15 秒 1 个奖励区块,每个区块的奖励为 285 个链克,每 2,102,400 块(约 1 年时间)奖励会减半;每天会根据用户所使用的玩客云的云计算能力及贡献,公平地记录用户的权益。

链克支持与其他应用交互,只需要集成迅雷链,链克兑换软件开发工具包(Software Development Kit,SDK)或对接相关接口即可(兑换协议)。

(1)App 兑换:商户通过在移动端应用 App 中集成 SDK,从而调用链克兑换模块来完成兑换。适用于在移动端 App 中集成链克兑换功能。

(2)扫码兑换:商户系统按照链克兑换协议生成兑换二维码,用户使用链克口袋“扫一扫”即可完成兑换。适用于 PC 客户端、网页端等使用链克兑换的场景。

30.2.2 星域云与功用

679 与迅雷链相结合的共享计算是什么,有何功用?

与迅雷链相结合的共享计算是星域云。其功用及特点为:

(1)星域云与迅雷链形成整体生态,为开发者提供低成本的云计算技术扶持,降低对创业启动资金的需求。星域云主要产品有边缘计算、函数计算、内容分发(Content Delivery Network,CDN)服务等,且产品服务的使用均以链克作为兑换媒介,形成场景闭环。

(2)用海量共享节点取代了传统大型云计算中心,为客户提供分布式云计算服务。宣传已拥有百万量级的共享节点,覆盖全国各省级地区。共享节点平均在线时长为 23 小时、平均上行带宽为 16Mbs、平均存储空间为 1000GB。

(3)结合区块链技术,高效利用普通用户闲置的带宽、存储、计算等资源,能够大幅降低客户的云计算成本。

30.2.3　边缘计算与 CDN 服务

680 什么是星域云的边缘计算?

星域云边缘计算产品为:星域云边缘计算通过应用容器引擎(Docker)的标准化方式开放底层资源,支持对带宽、算力、存储等资源的深度使用(见图 30 - 1)。

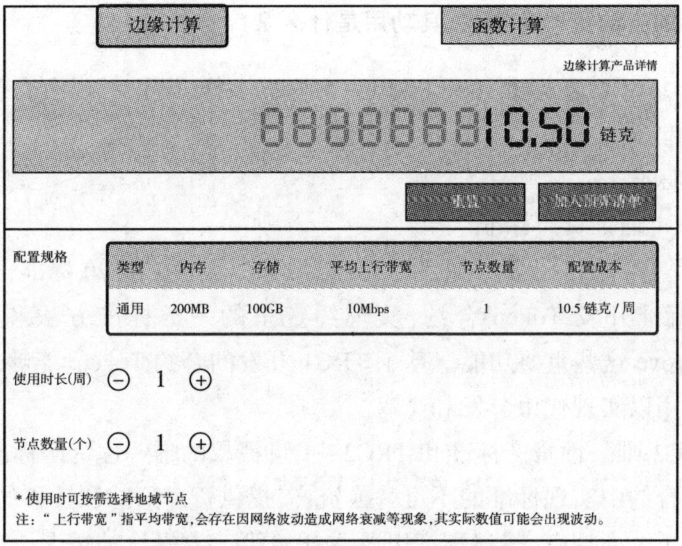

图 30 - 1　迅雷链星域云边缘计算产品

681 星域云的新一代内容分发 CDN 服务有何优势?

星域云创新的新一代内容分发 CDN 服务具有很大是优势:

(1)迅雷星域云是目前唯一拿下 CDN 全国经营牌照的创新型 CDN 服务商。

(2)据报道称,在价格上已经远远低于传统的互联网云计算服务:

这样一来,至少从价格上来说,迅雷在 CDN 方面已经成功碾压 BAT:

阿里云 CDN 价格 0.17 元/GB;

腾讯云 CDN 价格 0.267 元/GB;

百度云 CDN 价格 0.099/GB;

迅雷星域 CDN 价格 0.099 元/GB。

低廉的价格让迅雷获得了不少订单。根据官方披露的数据,迅雷和快手、爱奇艺、小米、熊猫、陌陌、bilibili 等用户有广泛的合作。

30.3 合约资产和平台

682 迅雷链的合约资产有哪些,其功用是什么?

和以太坊 ERC20 标准、NEO NEP—5 标准一样,迅雷链也有自己的合约资产标准,例如 TRC1 通证资产标准、TRC2 唯一性资产标准、TRC2 - 1 可授权的唯一性资产标准。

(1)TRC1 通证资产标准

TRC1 是合约 Token 的一种约定标准,兼容以太坊 ERC20 标准,开发者基于 TRC1 约定标准开发 Token 合约,实现约定里的一类标准方法和状态,包括 transfer、approve 这些重要功能。基于 TRC1 开发的合约 Token,能够被其他合约应用交互使用以实现代币分发和交易。

(2)TRC2 唯一性资产标准和 TRC2 - 1 可授权的唯一性资产标准

在智能合约中实现标准的不可替换资产,提供资产追踪和转移的基本功能。并且考虑到了个人拥有、转移资产以及委托给第三方操作的情况。不可替代的唯一性资产可以是对数字内容或收藏品的所有权等,例如:加密猫、原创音乐专辑等。资产应该是可辨识区分的,如每个加密猫都是唯一的,每张原创音乐专辑都是唯一的,必须单独追踪每一个资产的所有权。

683 什么是迅雷链合约开放平台,有何政策?

合约开放平台是基于迅雷链,提供支持智能合约的稳定、快速的区块链服务,帮助开发者降低成本、快速便捷地开发出优秀的区块链应用。

迅雷链合约开放平台资源的扶持政策:

(1)使用星域云计算资源时,直接补贴开发者链克抵用券,链克再消费云计算服务。

(2)智能合约执行时,需要消耗链克;链克消耗多少,之后再补贴开发者。

(3)流量支持,迅雷各类产品的用户约 4 亿人,开发者的好应用直接有流量导入。

(4)迅雷联合融资机构“孵化”优秀的区块链应用,同时举办区块链应用开发大赛,鼓励开发者互相交流和竞争。

30.4　迅雷链 + TCFS

30.4.1　迅雷链 TCFS 的概念、作用和特点

684 什么是迅雷链 TCFS ?

2018 年 7 月 6 日迅雷集团 CEO 宣布迅雷链文件系统(Thunder Chain File System,TCFS)诞生。

TCFS 是迅雷在百万级共享计算节点的基础上,使用分布式技术专为区块链打造的数据云存储与授权分发的开放式文件系统。

开发者可使自己的产品具备文件数据分布式存储与信息上链等特性,从而快速集成公开透明、不可篡改、可追溯、高可靠、安全加密、海量存储、授权转移等能力。

685 TCFS 主要有什么用途?

在正逢区块链 3.0 时代践行之时,大文件和大块数据上链的诉求开始出现。TCFS 正是为了解决这类问题而产生的。

众所周知,迅雷起家于 P2P 下载,已有 15 年的技术储备,并且目前仍是这种分布式下载技术领先的公司,仍服务 4 亿人。TCFS 顺理成章地继承了迅雷的技

术,并且在迅雷自己搭建的玩客云硬件环境下游刃有余。从设计初衷来看,TCFS 就是为区块链而生的文件系统。

有人说,在区块链主链中,"迅雷链 + TCFS"以及"海外的项目 + IPFS",似乎预示着区块链 3.0 时代已越来越近。

686 迅雷链 TCFS 的 4 个特性是什么?

(1)公开透明:数据使用安全加密哈希索引,修改后的文件是新的哈希,确保数据无法被篡改;基于 Merkle DAG 结构独创的文件管理技术,保留文件的全部变更历史,公开可查询和可追溯。

(2)高安全性:数据使用安全切片存储,使用公私钥签名技术验证用户和文件的持有关系。独创的令牌授权机制,仅有授权的用户才可以访问数据。

(3)高可靠性:数据使用前向纠删码(Forward Error Corection,FEC)编码后,冗余存储在各个共享计算节点上,在系统级别上采用了文件自动修复机制,数据具有超过 15 个 9 的可靠性。使用智能合约实现存储激励机制,确保参与节点稳定,使文件存储具有更高的可靠性。

(4)海量数据存储:文件数据分布式存储在百万级的共享计算节点上,拥有高达数百拍字节(Petabyte,PB)且不断扩展的存储空间,可存储数百亿的文件量,充分满足业务需求。

30.4.2 核心与流程

687 迅雷链 TCFS 是如何对应区块链 3 个核心特性的?

TCFS 的诞生实现了"IPFS + FileCoin"的功能。TCFS 依托迅雷链实现了 FileCoin 的功能,甚至还更多,但是走了一条和 IPFS 截然不同的路线。

区块链的 3 个核心是信任机制、权益保护和授予机制、激励机制,而 TCFS 对应了这 3 个核心,满足了区块链应用开发对文件系统的核心要求(见表 30-1)。

表 30－1　迅雷链 TCFS 的优势和特色

在信任机制方面	TCFS 基于 Merkle DAG 结构独创了文件管理技术，能保留文件的全部变更历史，公开透明、可查询、可追溯，从而保证了高透明性和高安全性
在权益保护和授予机制方面	TCFS 采用安全切片的方式存储数据，通过公私钥签名技术验证用户和文件的持有关系，并运用独创的令牌授权机制，仅允许有授权的用户访问数据
在激励机制方面	TCFS 让开发者既可以选择现成的、经过实际多应用场景打磨的链克来作为激励，未来也可以自行建立新激励机制。文件数据则分布式存储在百万级的共享计算节点上，拥有高达数百 PB(1PB ＝ 1024TB)且不断扩展的存储空间，可存储数百亿的文件量，充分满足业务需求

688 使用迅雷链 TCFS 的流程是什么？

使用 TCFS，即迅雷链文件系统流程见图 30－2。

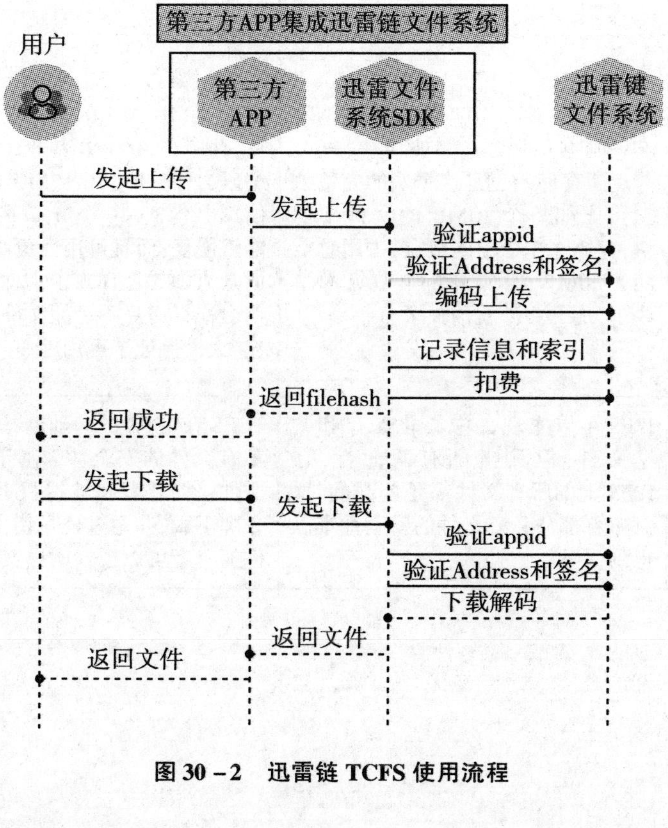

图 30－2　迅雷链 TCFS 使用流程

30.5 TCF与IPFS的比较

689 TCFS与IPFS解决数据存储与分发难题的情况如何?

关于IPFS和TCFS解决区块链数据存储与分发的难题,这里从存储效果、可用性、安全性、激励机制和监管风险5个维度对其进行对比分析(见表30-1)。

表30-1 IPFS和TCFS解决数据存储与分发难题的比较

类别	国外开发IPFS	迅雷开发TCFS
存储效果	互联网上的热门文件资源永不丢失,更适合公共资源的管理机制,但冷门的文件可能丢失。因此,IPFS需要搭载Filecoin激励层,才能激励各节点存储数据,为需要长期存储文件的用户提供可靠机制	TCFS整合了IPFS热门文件永不丢失和Filecoin避免冷门文件丢失的两大技术特性,一举实现了存储效果最大化
可用性	在IPFS中,每个节点会存储完整的文件副本(即使文件被切块,每个节点所存储的也是这个块的完整数据),比如一个10MB的文件不切块,存储在3个不同节点,占用总空间为30MB,但如果3个节点都下线了,那么文件就消失了	TCFS基于冗余编码进行切片存储,同样是10MB大小的文件被分成30个切片,存储在30个节点上,因为采用冗余编码,只需要占用15MB的总空间,即使其中有3~10个节点下线,文件仍然能够恢复,而且可用性更高。更为重要的是,TCFS还加入了文件自愈机制,定期会检查切片不足的文件,进行自动补充,大大保证了可用性
安全性	IPFS可以实现去中心化保存和共享文件,但凡事都有两面性,在IPFS上的所有文件都是公开的,这意味着部分私有文件的安全性难以得到保障	TCFS在IPFS的基础上,进一步保障了私有文件的安全性。基于TCFS,私有文件仅拥有者和被授权者才能够通过令牌下载,并通过公私钥机制保证仅文件拥有者可以授权所属文件

续表

类别	国外开发 IPFS	迅雷开发 TCFS
监管风险	IPFS 由于是基于分布式哈希表(Distributed Hash Table,DHT)网络的,诸如“黄赌毒”等非法内容无法控制,监管难度较大,很容易面临法律和政策风险	TCFS 自主创新的技术极大地降低了监管风险
激励机制	基于 TCFS 的开发者不仅可以选择链克作为激励机制,在未来还可以自行建立激励机制	IPFS 的激励层 Filecoin 截至 2018 年 6 月尚未上线,因而在应用开发方面,TCFS 更具有先发优势

综上所述,IPFS 已上线 3 年时间,且经过不少开发者的实践检验,具备先发优势,亦在海外获得很大认可。从上表的比较来说,TCFS 吸取了 IPFS 很多优点,也克服了一些缺点,所以在区块链开发应用方面的契合度要明显优于 IPFS,但是,在未来还需市场的检验。

显然,TCFS 和 IPFS 一起推动了区块链 3.0 基础设施的建设和完善。

第31章　九大区块链3.0公链的性能、应用及其比较

31.1　五大公链基础与共识机制

31.1.1　五大公链的基本情况比较

690 五大公链（主链）的基本情况如何？

在五大主链中，一是以太坊于2015年上线，是最早的公链，如今已开发到了第三阶段——大都会阶段；二是小蚁NEO于2015年11月上线，根据日志，2018年1月最新的优化是P2P的优化及共识节点服务器升级；三是2017年9月量子链上线后，还没有传出新版本消息；四是2017年10月迅雷正式开启区块链业务，2018年4月迅雷链完成技术升级，公开了TPS等指标；五是EOS计划于2018年6月主链上线(数据截至2018年5月15日)。

其他内容如表31-1所示。

表31-1　五大公链基本情况

主链	量子链	小蚁	迅雷链	EOS	以太坊
愿景	价值快速转移	智能经济	赋能实体经济	去中心操作系统	世界计算机
上线时间	2017.9.13	2015.11.01	2017.10.13	2018.6	2015.7.30
领军人物	帅初	达鸿飞	陈磊	ByteMaster	Vitalik Buterin
是否ICO	是	是	否	是	是
市值(美元)	19亿	53亿	8.9亿(股市)	158亿	688亿

续表

主链	量子链	小蚁	迅雷链	EOS	以太坊
产品进展		2018.1 P2P 优化 共识节点 服务器升级	2018.4.20 超级区块链 发布	2018.4 全球网络测试	大都会阶段

31.1.2　五大公链的共识机制比较

691 五大公链（主链）的共识算法如何？

共识机制没有好坏之分，不同的应用场景用不同的共识机制。但是若要作为主链，一致性、分叉概率以及达成共识的时间是较为重要的指标，这些指标也是直接由共识机制所影响的。这里从 3 个方面进行比较（数据截至 2018 年 5 月 15 日）（见表 31－2）。

表 31－2　五大主链共识机制比较

主链	量子链	小蚁	迅雷链	EOS	以太坊
类型	PoS	DBFT	PBFT 改进	DPoS	PoS + PoS
共识时间（理论）	>1 分钟	15～20 秒	1～3 秒	3 秒	14 秒
一致性	较高	非常一致	非常一致	较高	较低
分叉概率	分叉概率低	无法分叉	无法分叉	分叉概率较小	分叉概率较大

采用 PoW 机制的一致性最低，也最易产生分叉，比特币现在几乎每周都会产生分叉，还有强度很高的硬分叉，如比特币现金（BCH）。

以太坊由于混合了 PoS，分叉概率降低。但是，相比其他 4 个公链，其分叉概率仍属于较高的，相应的是，其一致性在五大主链中较低。

而 DPoS 和 PoS 的一致性较高，分叉概率也较低。EOS 和量子链均受益于此。而迅雷链和小蚁都是基于 PBFT 的改进算法，是目前共识算法中公认的一致性最高的算法，不会出现分叉。

共识机制也直接决定了区块链达成共识的时间，此外，网络状况、节点性能亦会影响共识时间。作为主链，达成共识的时间自然是越短越好。在理论上，以太坊的理论出块时间最快可以是 14 秒、EOS 是 3 秒、小蚁是 15～20 秒、量子链 1

分钟,而迅雷链最短,只需要 1～3 秒。

结论:迅雷链根据自己的节点特点,对 PBFT 作了优化。共识机制的比较上,迅雷链在各项指标全面胜出。

31.2 五大公链的性能与应用

31.2.1 五大公链的性能比较

692 五大主链性能比较的情况如何?

性能决定应用场景。不同的共识机制、算法、网络基础设施会对区块链的性能产生直接影响,而区块链的性能决定着其 DApp(分布式应用)的场景边界。

当然,TPS 不能决定一切,还将从区块稳定性、计算消耗、网络消耗等指标来对五大公链进行评测,并将比特币的性能作为参照。五大主链性能比较情况(数据截至 2018 年 5 月 15 日)见表 31－3。

表 31－3 五大主链性能比较(参照比特币)

主链	量子链	小蚁	迅雷链	EOS	以太坊	比特币
TPS	70	2000	100 万	100 万	20	7
稳定性	187.2	0.78	3.6	暂无	774.7	382.9
计算消耗	较高	低	低	较高	较高	高
网络消耗	中等	较大	较大	中等	中等	较小

比较 TPS 的最终结果是“迅雷链＝EOS＞小蚁＞量子链＞以太坊＞比特币”。

在稳定性这一指标中,小蚁异常稳定,排名第 1,迅雷链第 2,量子链第 3。令人惊讶的是,比特币的稳定性超过以太坊,分别排名第 4 和第 5。

比特币因为 PoW 机制,其计算消耗最高。以太坊、EOS 以及量子链采用 PoS 为主体的机制,PoW 计算量有大幅下降,但在竞品中仍然较高。而迅雷链和小蚁因为采用 PBFT 算法,几乎不消耗计算资源。但这种方式对网络资源的要求比较高。

以太坊、EOS 和量子链的网络资源消耗低于迅雷链和小蚁,但高于比特币。

目前一些区块链怀疑论者认为区块链占用了太多的计算资源和网络资源。事实上,也并非所有区块链都会占用那么多资源。

另外,是否能在各行各业中应用,区块链的性能起到了决定性作用。比如,处理交易问题,TPS低,就不能处理大范围交易,其应用场景也就大大收窄。从这个角度出发,迅雷链和EOS在区块链3.0的争夺上更具实力。

31.2.2　五大公链的应用潜力比较

693 五大主链的应用和潜力如何?

高性能是主链的必要条件,但性能之外,还有很多充分条件,它们同样影响着主链的应用及潜力(数据截至2018年5月15日)(见表31-4)。

表31-4　五大主链应用与潜力

主链	量子链	小蚁	迅雷链	EOS	以太坊
已有应用	25	43	30	—	443
开发友好度	较差	一般	良	良	优
品牌影响力	低	中	中	高	高

第1个条件是当下的DApp运营能力。以太坊因为先到优势,目前是最广泛的应用主链。如今,以太坊上运行的DApp数量高达443个,在测评的五大主链中应用范围最广,10倍于排名第2的小蚁,小蚁上的DApp数量为43个。

第2个条件是当下的品牌影响力。这方面EOS最为强势,尤其是近期EOS正在遴选超级节点,其币价一路上涨。在整个区块链行业里的影响力超越以太坊。

第3个条件是对开发者的便利性。以太坊是公认的开发环境最友好的主链;另外,迅雷链由于采用和以太坊一致的语言,其便利性应该是较好的,需要经过实测。但迅雷链目前尚未发布浏览器等配套,对于开发及使用者而言,较之其他竞品存在一些不便。

31.3　VAR与AE

31.3.1　VAR公链

694 VAR的概况怎么样?

VAR(Variant Network)是新一代的智能合约,融合星际文件系统(Interplanetary File System,IPFS)和人工智能(Artificial Intelligence,AI)的区块

链3.0平台。VAR是全球首个基于AI共识算法的公有链项目,新一代智能合约虚拟机赋予区块链机器学习的能力,独创的Oracle机制完美解决了数据上链的痛点,融合IPFS作为底层大数据存储。同时,VAR专注于原创内容产业,提供全方位的版权产品与服务。

VAR致力于整合区块链、大数据、机器学习等技术,打造一个分布式的大数据智能链平台。

695 VAR的团队怎么样?

VAR拥有一支国际顶尖团队,核心成员包括:

原量子链的核心开发工程师,以太坊社区智能合约深度开发者,原Lisk核心开发工程师,原惠普Go语言研究员,早期操作系统核心开发者,Azure早期设计者,原百度CMD,原MOI Global商务总监,顾问包括:斯坦福大学和上海交通大学的教授等。

其联合创始人王亚伦(Arron Wang),有超过20年的教育行业经验,并对区块链有深入研究;联合创始人安德烈伯爵(Andrew Earls)毕业于德国慕尼黑工业大学,精通C++,Go语言,主攻计算机科学,具有十几种数字货币设计经验和互联网金融开发经验。

696 VAR创新技术有哪些?

主要有6个方面(见表31-5)。

表31-5 VAR 6个方面的创新技术

创新点	简易描述
新一代智能合约(Next Generation Smart Contract)	融合IPFS和AI算法的高性能智能合约虚拟机
高可扩展性(High Scalability)	完善的侧链支持和原子跨链交互协议
AI证明(Proof Of AI)	首次实现AI和区块链的融合,让算力产生更大的价值
高性能(High Performance)	工业级TPS让不可能成为可能
预言机(Oracle)	高效的链上链下数据交互解决方案
并行计算(Parallel Computing)	基于UTXO模型的并行计算,提升并发吞吐量

31.3.2　AE公链

697 AE的概况怎么样？

AE(Aeternity)号称是欧洲版以太坊，自身引入了很多颠覆性创新，旨在重树当今智能合约的底层协议。

AE除了拥有和以太坊类似的智能合约功能之外，还引入了另外几个比较新颖的功能，例如状态通道(State Channel)，去中心化神谕者(Decentralized Oracle)，PoS和PoW的混合共识算法和为了达成系统共识(升级)的投票系统。

AE的技术亮点是图灵完备的状态通道(State Channels)和去中心化预言机(Oracles)。正是因为这些以太坊不具备的特性，AE将自己标榜为下一代区块链。

698 AE的创新点在哪里？

这里主要从4个方面进行总结(见表31－6)。

表31－6　AE的创新点

创新点	描述
状态通道 (State Channel)	受到银行清算的启发，AE认为当区块链上需要发生交易的时候，双方可以选择私下(Off Chain)打开一个脱离区块链的状态通道，当所有交易完成时，双方再把最终的交易的信息记录在区块链上。 而在现实生活中，确实并不是所有的记录都必须要发生在区块链上。使用状态通道可以极大地提高区块链的并发性和隐私性
去中心化神谕者 (Decentralized Oracle)	受到Augur、Gnosis、AE的启发，AE将创建一个分布式的神谕者，将现实世界中的数据连接到区块链中来，例如天气情况、股票价格、比赛结果、名人事件等。 去中心化神谕者的存在，意味着在AE的平台上，将不再需要类似ChainLink这种项目，开发者们将可以非常容易地将预测(赌博)的功能集成到智能合约中

续表

创新点	描述
PoW和PoS的挖矿算法	PoW:AE将使用Cuckoo Cycle算法。该算法的好处在于,使挖矿更"平民化",手机、平板电脑等都可以用于挖矿。PoS:这个和其他的PoS没有多大区别,存放Aeon(AE的代币),来领取新的Aeon币
AE生态系统	AE的共识,即更新网络将会采用投票的方式。除此之外,AE成立了去中心化的组织来完善整个AE的生态系统。例如:AE将会成立孵化器用于AE上面项目的孵化。AE将会长期地举行研讨会、见面会和学术讨论。AE将会和不同领域的项目建立合作伙伴关系等

699 AE的ICO简况怎么样?

AE的ICO有2轮,一共募集了大约22万个ETH。

正在第2轮众筹时,ETH的价格疯涨,从20美元飙涨到300多美金,所以AE的ICO价格很难说,只能算个大概值:0.03美元到0.5美元之间。

AE的最大供应量为2.7亿,流通量为2.3亿左右,AE的交易价格为0.4美元左右;2017年10月中旬市值达到9000万美元左右,为以太坊的1/350。

31.4 小蚁与量子链

31.4.1 小蚁NEO

700 小蚁NEO是什么?

小蚁NEO号称是"中国版以太坊",小蚁NEO兼容所有编程语言,其综合性能也高于以太坊。

小蚁NEO在业内以中国首个区块链项目闻名,主要研发智能合约技术,常常被媒体拿来与以太坊作比较。小蚁NEO是国内区块链底层公有链的代表项目。

不少人把小蚁NEO称为"中国的以太坊",因为其涉及Gas费用、智能合约等,它通过区块链技术和数字身份认证进行资产数字化,利用智能合约对数字资产进行自动化管理,最终打造出一个"智能经济"的一种分布式网络。

截至2018年4月,已经在小蚁NEO上线的DApp List有33个,其中包括蓝鲸淘、BlockSaver等。

701 小蚁NEO和以太坊的主要区别是什么?

主要有三个方面的区别:

(1)以太坊的智能合约只用以太坊自己的编程语言Solidity,而小蚁NEO能兼容所有的编码语言。小蚁NEO的智能合约与以太坊相比,更能体现高确定性、高扩展性、高兼容性等特点,在小蚁NEO上开发,智能合约的开发者不需要学习Solidity(以太坊平台开发要用的语言),就直接使用熟悉的Java、C/C#、Go等编程语言编写智能合约,快速上手并融入区块链开发的世界。

(2)小蚁NEO需要智能合约技术,但不如以太坊完善。以太坊以智能合约来创建数字资产的发行标准,但欠缺的是数字身份认证机制。此外,在共识算法上也有不同。小蚁NEO采用独创的DBFT共识算法,而以太坊则采用PoS算法。

(3)小蚁NEO项目的主要目标是为“智能经济”提供分布式网络的基础架构。那么“智能经济”又是什么?“智能经济=数字资产+数字身份认证+智能合约”,这三者的结合也构建出了小蚁NEO的生态环境。

702 小蚁NEO的融资情况怎么样?

小蚁NEO的整体资金筹集及分配方案:

(1)2014年6月的启动资金估值1000万人民币,占比10%。投资者为:PA镭厉资本和9位自然人。

(2)2015年10月第1轮ICO(Pre—天使轮):筹集2100个BTC(按当时汇兑率换算为人民币465万元),占比17.25%。投资者为:面向数字货币社区,只接受比特币支付。

(3)2016年8月第2轮ICO(天使轮):筹集6129个BTC,占比22.75%。投资者为:面向主流互联网用户,接受人民币支付,参与人数为1493人。

上述融资占50%的股份,剩余的50%(非流通):最初由小蚁NEO团队持有,参与维护网络安全。系统稳定后,拟用于发展合作伙伴、市场营销、后期开发等方向,不直接进入交易所交易。

另外,上述3次融资主要用于公司经营性支出,包括:人员薪酬、经营支出、物业支出、差旅等剩余部分。

31.4.2 量子链 Qtum

703 量子链 Qtum 的概念是什么？

量子链致力于打造基于互联网的价值传输协议以及去中心化应用的开发平台，旨在桥接区块链世界与真实商业世界，满足金融业、物联网、供应链、社交、游戏、慈善、数字资产和股权等领域的应用需求。

在量子链系统中，用户可以通过价值传输协议来实现点对点的价值转移，并根据此协议，构建一个支持多个行业的去中心化的应用开发平台。

量子链解决了什么问题，是否需要解决？是否能解决？

704 量子链 Qtum 志在解决哪两个问题？

量子链志在解决的问题有两个，分别是：打通比特币生态和以太坊生态；打通区块链世界和真实的商业世界（见表 31－7）。

表 31－7　量子链 Qtum 志在解决的两个问题

<table>
<tr><th>解决的问题</th><th>描述</th><th>解决办法</th></tr>
<tr><td>打通比特币生态和以太坊生态</td><td>虽然两种生态的代币可以在交易市场通过法币来互换，但是从技术应用的角度来看，这极大地限制了区块链技术的发展。BTC 和 ETH 是数字货币世界中的最大的两个经济体，在发生货币贸易时，只能通过第三方货币 USDT 的转换才能实现，这个经济就有问题</td><td rowspan="2">通过引入抽象账户模型，打通比特币生态和以太坊生态，设计了更灵活的共识机制和主控合约，解决以太坊智能合约在运行性能上的瓶颈，并加强它和外界数据的交互，从而更广泛地应用于真实商业世界</td></tr>
<tr><td>打通区块链世界和真实的商业世界</td><td>这需要是整个社会、整个行业的变化，这是远大的愿景</td></tr>
</table>

705 量子链 Qtum 的技术创新主要是什么？

（1）基于 PoS 共识机制和 UXTO 模型的智能合约平台

量子链是全球首个基于 PoS 共识机制和 UXTO（Unspent Transaction Output 的缩写，一种追踪比特币的流水账记录法，被后人评价为中本聪的天才设计）模型的智能合约平台，它巧妙地运用其账户抽象层（Account Abstract Layer，AAL）实现了比特币生态及以太坊虚拟机的有机结合，使其既有货币的安全性、稳定性，又能具备去中心化应用平台的便利。

量子链目前也是第一个大型 PoS 机制的智能合约平台，挖矿简单，一台 PC 或可用树莓派等设备或者其他带有量子链节点的物联网设备上进行挖矿，入门门槛低。量子链去中心化程度高，全节点数量和网络的去中心化程度是成正比的，未来可拓展性比较良好，可以支撑起大规模的应用。

（2）DGP 分布式自理协议

数字加密货币出现以来，分叉的问题一直影响着区块链的应用，如何实现区块链网络的自动升级和降低分叉对用户的影响（达成分叉的共识），并且建立更有效的区块链网络治理模式，是区块链行业未来发展中面临的巨大难题和挑战。

量子链在设计之初就考虑了这些问题，并提出了分布式自治协议（Decentralized Governance Protocol，DGP），通过智能合约来治理区块链网络的参数，并实现一个去中心化的网络自治机制，实现区块链网络的自动升级和快速迭代，而不用担心软硬分叉对网络和社区带来的影响。具体包括三点：一是在整个社区内部的矿工、区块生成者和持有者都是区块链治理的参与者，区块链参数的动态调整，通过投票去完成治理的过程，解决硬分叉问题；二是让区块链能够实现自我管理、升级和迭代的系统，实现区块链无缝升级；三是 DGP 合约还具备自毁功能，能在提案治理上发生意外时启动，治理参数退回到默认状态。

（3）自主研发的 x86 虚拟机

该虚拟机具有的特点：

支持多种主流编程语言：C、C ＋ ＋、Go、Rust 等，降低开发难度；

丰富的标准库，提高开发效率；

更加优化的 Gas 模型，降低开发费用；

加强版智能合约—代码即数据，多任务协作，中断和恢复；

无须运行合约即可获得某些合约数据（预言机）。

706 量子链 Qtum 项目的进展情况如何？

主要从三个方面来说：

（1）量子链正在努力发展全球的节点，截至 2018 年 6 月 26 日，正在做的

7203 个全球节点的业绩似乎不错。

(2)量子链正在努力发展链上的 DApp 建设,官网上的 9 个 DApp 已经上线应用,还有 19 个 DApp 未上线应用。不过开发一个 DApp 是非常难的。

(3)目前已经上了很多大的交易所,并且目前有很多 ICO 项目的代币也是基于量子链技术发行的,包括菩提、Bitclave、墨链(InkChain)、BeeChat 等。

另外,量子链也在医疗、保险方面有所涉及。

31.5 比原链与金融链

31.5.1 比原链 BTM

707 比原链是什么?

比原链(Bytom,BTM)是一种多样性比特资产的区块链交互协议,运行在比原链上的不同类型资产(收益权、非上市股权、债权、数字货币等)可以通过该协议进行交换、对赌和基于智能合约的复杂性交互操作。

比原链是一个针对资产领域的专用性公链平台,其宗旨是将数字货币、数字资产与现实财产背书的权证、权益、股息、债券、情报资讯、预测信息等联通,让用户围绕着比原链对上述财产进行登记、交换、对赌等业务交互。

其口号或愿景是:比原链让资产从原子世界跃迁至比特世界。

708 为何说比原链是个专用型公链?

比原链是公链但是是很专注的公链,不是通用性公链,比原链被设计为针对资产领域的专用型公链平台。

比原链不会是另外一个比特币,也不会是以太坊 2.0,比原链是从通用型区块链到专业型区块链的跨越。目前并没有一套完整的、行之有效的区块链协议系统是针对多元化比特资产交易的。比原链被设计为针对资产领域的专用型公链平台,并试图解决以下问题:

(1)数字资产需要什么样的区块链来承载?

(2)如何建立原子资产与比特资产的映射关系,并解决合规性问题?

(3)如何打破原子世界与比特世界的鸿沟,促进资产在链上链下的高效流通?

按照其白皮书的 3 个例子能很好地说明比原链到底是做什么的。

场景 1：收益权资产管理；

场景 2：非上市公司股权管理；

场景 3：证券化资产管理。

709 比原链的优势和风险是什么？

比原链优势和风险见表 31－8。

表 31－8　比原链的优势和风险

<table>
<tr><th>优势</th><th>风险</th></tr>
<tr><td>概念好，项目宏大，让数字资产与原子资产之间流通互转，如果生态建设成功，前景看好</td><td rowspan="2">商业风险，映射环节的风险：物理世界资产数字化后流通性和可追踪的确能得到效率上的实质提升，但两者映射环节的出错，将会使整个系统的意义荡然无存。但线下资产的真实性、交割等，仍然受限于靠其他机制背书（假数据、伪造资产等问题）。线下物理世界入链的第一个环节映射，在最关键的地方，茅台入链可以，但是如果入链时就是假酒，后面再真实可靠也没有用了</td></tr>
<tr><td>资产领域的专用型公链，没有发现强大对手</td></tr>
<tr><td>团队实力强，创始人长铁是巴比特创始人，影响力很广泛</td><td>政策风险：资产证券化涉及巨大利益，是困难重重的，股市的注册证能拖延好几年，如此超前的区块链化的政策风险巨大</td></tr>
</table>

31.5.2　金融链 JRC

710 什么是金融链？

金融链（FinChain，JRC）。旨在利用区块链和人工智能技术聚合社区力量，基于智能合约打造一个集数字资产发行、交易和管理等功能的全球智能金融平台。

金融链是一个去中心化的数字资产发行、交易及管理平台，自身的原生集成包括区块链金融应用开发、代币发行、交易所、跨境支付等功能，可以被视为下一代数字资产银行的发展必经方向，截至 2018 年 5 月，金融链已经收获了数十万用户，相关代币也在多家交易所上市。

金融链项目开始于 2016 年,在 2017 年年初正式全面启动。并于 2017 年 8 月份完成了全球社区众筹。

711 金融链如何重构未来金融世界?

“采用智能金融 = 智能众筹 + 交易所 + Token 银行”(见表 31 – 9)。

表 31 – 9　金融链的智能金融

智能众筹	全世界有梦想的人都可以通过金融链智能金融平台实现(移动端)一键众筹。用户可以自定义发行数字资产,指定名称和分配 Token,并且可以利用可视化智能合约设定持有 Token 的账户白名单,兑换种类、比例、期限,锁仓计划以及相关的交易和转账费用等
交易所	金融链为全球用户提供了高达 10 万 TPS 级别的去中心化交易系统,拥有理想型交易平台应有的所有功能。是一个可以处理纳斯达克级交易吞吐量的,以及具有光速级交易速度、航天级安全水平、交易手续费几乎为零的世界级去中心化交易平台
Token 银行	不仅可以存储和借贷数字资产,还可以让闲置的数字资产产生高额收益,年化收益远超巴菲特。可以帮助普通的数字资产投资者降低投资门槛,提升投资收益。可以支持任意数字资产的兑换,大大提高了数字资产的流通效率

712 金融链六大技术创新是什么?

金融链六大创新见表 31 – 10。

表 31 – 10　金融链六大创新

独创 InFi-loop 共识机制	21 节点为组实现无限循环,性能规模和安全之间首次实现完美均衡
独创 JRC20 协议	实现一键发币和众筹
独创资产找回功能	满足账户商业级应用需求
独创资产管理算法	实现商业级的存币和分红
原生高级多签账户	更安全、灵活、方便
改进石墨烯引擎	达到 10 万 TPS,实现商业级应用性能

713 金融链五大应用场景是什么?

金融链重构了可以应用于全球的智能金融体系(见表 31-11)。

表 31-11　金融链五大应用场景

智能众筹平台	简单方便,为金融链交易所提供海量项目和用户
去中心化交易所	稳定的交易手续费利润,为项目发展提供源源不断的资金支持
Token 银行	降低投资门槛,提供稳定收益,为项目本身积累用户
全球 Token 贷(计划中)	让全世界生活在贫困中的人们都能够享受到数字资产带来的红利
跨境汇兑(计划中)	真正实现全球金融一体化

第 32 章　区块链 3.0 与自主主权身份革命

32.1　时代产物与自主主权身份革命

32.1.1　时代产物、内涵与界定

714 自主主权身份革命是时代进化的产物，为何？

进入区块链 3.0 时代，应用场景将深入到社会管理、文化娱乐、金融服务、医疗健康、IP 版权和物联网等多个领域，这意味着主链（公链）平台上将会有海量的 DApp 应用上链运行。

所有具体的区块链 3.0 的 DApp 应用，本书都没有专门讲述，这里专章来讲述自主主权身份革命。

身份是人类特有的概念，我们通常将身份看作是由某个非实体赋予我们的事物，这些非实体的数据信息共同构建了我们的身份。该身份信息可由一系列的个人信息数据组成，如年龄、姓名、指纹信息等。

随着现代社会发展，国家和企业将社保卡、驾照和其他国家颁发的凭证与身份相混淆，这可能是有问题的。假如一个国家撤销颁发的证书或者即使他只是穿越了国界，一个人就会失去自己的身份，这显然不合理。

数字身份的概念已经诞生了几十年，然而，即使在今天，自主主权身份究竟是什么，它应该参考什么规则，了解的人并不多。如今，数字世界中的身份不但受到中心化控制，同时还十分琐碎，不同的互联网领域都有身份的部分信息。

随着数字化的深入，区块链提供了重新定义数字身份的可能性，我们似乎可以控制自己的身份了。由于区块链上可以保证信息真实且不可能被篡改，同时智能合约能够允许个人拥有永久的身份识别，可以在不同环境中进行可靠且

无须信任的身份验证,可以用来签署自动执行的互联协议。于是,自主主权身份的概念产生了。

715 自主主权身份的概念是什么?

所谓自主主权身份,是指以用户为中心的设计将中心化身份转化为可互操作的联盟身份,同时还允许用户对如何共享身份进行一定的控制。这是向完全自主控制身份迈出的重要一步,下一步我们需要的是用户的自主权。

这是自主主权身份的核心,它要求用户成为自己身份的支配者,而不是让用户仅参与认证的过程。

716 自主主权身份如何界定?

究竟如何界定自主主权身份?事实是,到目前为止,人们还没有达成共识。但是,这里提出界定的 3 点内容和要求:

(1)用户必须是身份管理的中心。这不仅需要在用户同意的情况下实现跨区域身份的互操作性,还要求用户对该数字身份的真实控制,从而创建用户的自主权。要做到这一点,一个自主主权身份必须是全局的、去中心化的。

(2)自主主权身份还必须允许普通用户可以提出声明,可能是能力信息、职业信息、学历信息等,甚至可以包含有关其他人所声称的信息等。

(3)在创建自主主权身份的过程中,必须小心保护个人权益,防止诸如美国国家安全局(National Security Agency,NSA)这些侵犯人权的超级节点的存在。

32.1.2 自主主权身份与区块链的关系

717 为何说区块链让自主主权身份成为可能?

区块链是一个无须授权、信任透明的共享数据库。它能够允许个人在区块链上创建和控制数字身份。区块链与自主主权身份赋予了我们使用数字身份,在保持个人隐私的同时建立信任的能力。

区块链正在激活自主主权身份概念的再一次革命,遵循一套简单定义和一套共识原则,引用自联合国数字身份项目(ID2020,即在 2020 年之前为所有人提供合法身份证明),全球依然有近 1/5 的人口没有身份,区块链或分布式账本技术系统的特性,天然地与自主主权身份相匹配,并且已纳入了国际标准化组织

(ISO)成立的区块链和分布式账本标准化组织(ISO TC307)的工作范畴。

为什么我们需要自主主权身份？各国政府和商业公司正在共享海量的信息,从商品的浏览习惯、白天工作的地理位置、晚上睡觉的地方甚至到我们与谁交往的“朋友圈”,所有这些数据都是相互关联的。此外,随着全世界进入移动互联网时代,数字公民身份正在为第三世界居民激活人权和接入全球经济的能力。如果设计和实施得当,自主主权身份能在提供这些信息的前提下,同时也可以保护个人不受日益恶化的隐私泄露的影响,使个人利益重新归属于个人,而不是某个企业。

718 国内唯一数字身份的区块链项目是什么?

2018 年伊始,新一代分布式链网体系“本体网络”的许可链开源项目 Ontology Zero 入选国家工信部区块链开源项目计划,这将助力于国家区块链技术与产业的发展。目前,本体项目是国内唯一致力于打造新一代分布式数字身份网络的区块链项目。自主主权身份概念在一定程度上成为可期待的内容。

本体信任网络架构了一个分布式融合的信任体系,将信任的多样性在一体化协议体系下进行协同,整合分布式多维实体认证体系及各类不同区块链体系与信息系统,纳入多源身份认证和多源信息交换协议,并提供不同分布式应用场景的开放基础模块,实现分布式点对点的信任体系,构建跨链、跨系统、跨行业、跨应用和跨终端的分布式信任基础设施。

希望在不久的将来,数字化新时代能够真正跨越国界,实现全人类分布式大协作。

32.2 数字身份的演变

32.2.1 第一和第二阶段

719 互联网产生后,人类数字化的身份演变经历了几个阶段?

自互联网出现以来,人类身份的在线模型已经历经了四个广泛的阶段:中心化身份、联盟身份、以用户为中心的身份和自主主权身份。

720 数字身份的第一阶段是什么,情况怎么样?

数字化身份的第一阶段是中心化身份,一般由单一机构进行管理。

在互联网早期，中央政府成为数字身份的发起者和认证者。互联网数字分配机构（The Internet Assigned Numbers Authority，IANA）从 1988 年开始负责确定 IP 地址的有效性；互联网名称与数字地址分配机构（The Internet Corporation for Assigned Names and Numbers，ICANN）从 1998 年开始仲裁域名的有效性。从 1995 年开始证书颁发机构（Certificate Authority，CA）开始帮助互联网商业网站证明它们是谁。

在互联网上，有一些组织创建了层次结构，向去中心化的方向迈进了一步。一个“根”控制器可以替换二级机构来管理他们自己的层次结构。但是，“根”仍然具有核心地位。

随着互联网的发展，另外一个问题就显露出来了：我们的网络身份被日益分化，迫使我们在不同的网站上使用不同的身份，比如支付宝的身份没法登陆微信，微信的身份没法登陆亚马逊，所有这些身份是由这些网站中心化来控制的。

当今互联网的数字身份依然是中心化的，或者使用 oAuth 的方式授权多层次。数字身份由 CA、域名注册商和网站拥有，然后随时可以赋予或撤销用户。然而，过去 20 年来，人们也做了大量努力把身份归还给人们自己。

所谓 oAuth，就是开放授权（Open Authorization，oAuth），即通过开放授权协议为用户资源的授权提供了一个安全的、开放而又简易的标准。与以往的授权方式不同之处是，oAuth 的授权不会使第三方触及用户的账号信息（如用户名与密码），即第三方无须使用用户的用户名与密码，就可以申请获得该用户资源的授权，因此，oAuth 是安全的。

721 数字身份的第二阶段是什么，情况怎么样？

数字化身份的第二阶段是联盟身份，由多个机构或联盟进行管理。

在 20 世纪末，各种商业组织使用一种新形式的在线身份超越了传统的层级制。从而使数字身发生了很大的进步，即“联盟身份”。

“联盟身份”最早来自微软的 1999 年的“护照”（Passport）计划，他们设想出这个概念，即允许用户在多个站点上使用相同的身份。于是，这使微软成为联盟的中心，微软和传统中央集权机构拥有一样大的权力。为了抵制中央集权，太阳计算机系统公司（Sun Microsystems）（以下简称 Sun 公司）在 2001 年组织了自由联盟，希望建立一个“真正的”联盟，结果却又形成了一个寡头统治。

联盟身份有助于在一定程度解决身份割裂的问题，用户可以在多个系统间自由访问。但是,每个单独的网站依然是一个中心,大的体系之间并不互认。显然,在数字身份的第二阶段,实际上是被中央集权的力量分成了几个强大的实体或联盟。

微软大家很熟悉,这些简单介绍一下 Sun 公司:该公司成立于 1982 年的,是世界上最大的 UNIX 系统供应商。主要产品有 Ultrasparc 系列工作站、服务器和存储器等计算机硬件系统,Sun ONE 品牌软件、Solaris 操作环境和 Java 系列开发工具和应用软件,以及各类服务等,并以其高度灵活性、缩放性、可靠性和可用性等特性赢得全球各个行业客户的青睐。

32.2.2 第三和第四阶段

722 数字身份的第三阶段是什么,情况怎么样?

数字化身份的第三阶段是以用户为中心的身份。无须联盟,跨多个个人或机构进行管理。

增强社交网络 ASN 为创建下一代互联网在 2000 年提出了新的数字身份标准。在其白皮书中,他们提出了在互联网架构中建立"永存的在线身份"。

从自主主权身份的角度来看,他们最主要的进步是提出"每个人都有控制自己数字身份的权力"的假设。ASN 小组认为护照计划和自由联盟无法实现这些目标,因为"基于商业驱动"会主要考虑将信息私有化和留存这些客户。

2001 年至今,ASN 身份共享项目开始在去中心化上开展数字身份工作。他们最重要的贡献是在 2005 年与身份协会共同创建了互联网身份工作室——IIW 社区,并在过去 10 年中提出了多个去中心化身份的想法。而"以用户为中心的身份"概念就是 IIW 社区提出的。IIW 社区最初的讨论集中在创造更好的用户体验,强调把用户放在第一位和以用户为中心。然而,以用户为中心的定义很快扩展到包括用户希望对他的身份有更多的控制权、去中心化的信任等在内的诸多方面。

"以用户为中心的身份"的方法倾向于关注两个要素:用户授权和互操作性。通过授权和许可,用户可以决定从一个服务到另一个服务共享一个身份。

IIW 社区有更为雄心勃勃的愿景,他们打算让用户完全控制自己的数字身份。不幸的是,他们的努力并没有成功。

723 数字身份的第四阶段是什么,情况怎么样?

数字化身份的第四阶段就是自主主权身份,由个人完全控制。

在数字身份的第三阶段,“以用户为中心”的设计将中心化身份转化为可互操作的联盟身份,同时还允许用户对如何共享身份进行一定的控制。这是向完全自主控制身份迈出的重要一步,下一步需要的是用户的自主权。自主主权身份的核心,就是要求用户成为自己身份的支配者,而不是让用户仅参与认证的过程。

2012 年 2 月身份主权的概念第 1 次被提出,当时有人提出了一种解决自主主权身份的方法:使用基于密码学的策略来保护用户的自主权和控制权。如今,区块链技术便可以派上用场了。

从 2017 年开始,自主主权身份也进入了国际政策领域。在很大程度上是因为欧洲的难民危机,导致许多人由于从出具证书的国家逃离而缺乏公认的身份。然而,这是一个长期存在的国际问题,由于缺乏国家颁发的证书,外国工人经常被工作地所在国家滥用,据联合国统计,全球没有身份的大约有 10 亿人口。

显然,自主主权身份的重要性正在快速增长,它必将开启一个新的时代。

32.3　自主主权身份原则与障碍

32.3.1　十大原则

724 自主主权身份十大原则是什么?

“自主主权身份”是一把“双刃剑”,既可以用于有益的目的,也可以用于恶意的目的。因此,数字身份必须要平衡好透明度、公平性,并且能够保护个人权益。“自主主权身份”的原则用于确保用户控制是自主主权身份的核心。

根据万维网联盟(W3C)可验证声明工作组及其他一些机构、组织提供了关于数字身份的观点,这里归纳出“自主主权身份”的十大原则(见表 32 - 1)。

表 32 - 1 自主主权身份的十大原则

原则	解读
存在性原则	用户必须是独立存在的,这是任何自主主权身份的核心
可控性原则	用户必须完全控制他们的身份,依托安全算法确保身份及其有关声明的持续有效性、可读性
可访问原则	用户必须有权访问自己的数据。用户能够轻松地查询其身份的所有声明和相关数据
共识原则	是指必须经过用户同意才能使用他们的身份。数字身份系统都是围绕共享该身份及其声明而建立的,互操作会增加系统共享的数量。但是,共享数据的前提是用户授权同意。非身份持有者提出的声明必须经过用户同意才能生效
透明度原则	系统和算法必须是透明的(开源)。用于管理和操作身份网络的系统必须是公开的,包括它们包含的功能和治理模型。算法应该是免费的、开源的,任何人都能开放使用
可移植性原则	是指身份的信息和服务必须是可迁移的。数字身份不能仅由一个单一的第三方实体拥有,即使这是一个值得信赖的实体,也希望能够按照用户的最佳利益行事。问题是,政权可能会改变,用户可能会迁往不同的司法管辖区,实体可能会消失的,特别是在互联网上,任何实体都可能最终消失。可迁移的数字身份确保用户无论在任何情况都可以保持对自己身份的控制
持久性原则	必须是永远存在的或者至少持续到用户期望的期限为止。私钥可能需要更换或者数据可能需要更改,但关联的数字身份应该保持存在。在快速发展的互联网世界中,这个目标可能并不完全合理,所以至少让数字身份维持到新的认证体系来临之前
最小化原则	声明信息的披露必须尽可能的少。当披露数据时,披露的内容应该是满足验证要求的最小信息。这个原则可以通过选择性披露、范围证明和零知识证明技术来支持,我们所做的就是尽可能地保护隐私。例如,如果只要求一个最低年龄,那么确切的年龄就不应该被公开;如果只要求一个年龄,那么不应该公开更精确的出生日期
互操作性原则	数字身份应尽可能被广泛使用。如果他们只在有限的领域工作,身份是没有多大价值的
保护原则	保护用户的权利。当身份网络的需求和个人用户的权利存在冲突时,系统可能会犯错误。为了防范这一点,身份认证必须通过独立、共识、透明的算法以去中心化的方式运行

32.3.2　法律障碍

725 自主主权身份应用涉及哪些法律问题,解决的思路是什么?

区块链智能合约对应的自主主权身份,可能涉及的法律问题是链上电子身份信息不可篡改的特性可能会与有些信息隐私保护的法律不兼容或者有冲突:

一是,当涉及个人生物信息数据时,法律会规定一些机构(比如医疗机构)有权使用该生物信息用于特定目的,这与自主主权身份的个人对其信息的绝对控制、利用和保护是相悖的。该如何解决?责任该如何划分?

二是,金融机构被要求在特定情况下披露个人的身份信息数据以满足美国《银行保密法案》反洗钱的合规要求,如果提供身份信息的服务提供者出错,或者智能合约的代码在运行过程中出错,错误的身份信息数据使合规要求不被满足,该如何解决?责任该如何划分?

三是,如欧洲市民享有"被遗忘权",即当个人数据已和收集处理的目的无关、数据主体不希望其数据被处理或数据控制者已没有正当理由保存该数据时,数据主体可随时要求收集数据的企业或个人(如谷歌)删除其个人数据,该如何解决?

上述问题解决方案的核心思路可以归纳为:立法的改变加技术的匹配。因为法律总是滞后于科技的发展,因此,现有的法律规定无法满足新情况是常有之事。

以上述第一点冲突为例,如将个人的生物信息放到区块链上后,个人对其信息享有绝对的控制权,但法律又规定医疗机构可以使用个人的生物信息。该矛盾的解决办法是:从法律上来说,可以通过立法或者细化规定哪些医疗机构可以通过何种方式获取何种个人信息数据。从技术上说,当医疗机构索取相关数据时,智能合约可自动审核该医疗机构的资质,如满足资质,智能合约便自动释放相关个人信息,同时对信息进行追踪,当该信息不为被许可人使用,或者被利用在非医疗目的时,可屏蔽使用者的使用权等。

32.3.3 应用核心悖论

726 自主主权身份应用的核心引发了哪些悖论，该如何解决？

这一问可以这样来阐述：①自主主权身份的核心问题就是这些信息数据的权利和权利归属问题，即这些数据权利包括哪些内容？是否应由该身份信息指向的个人完全享有对其相关的身份信息数据的权利？该由何种法律来规制？

所谓个人的身份信息数据，本质上是一系列的电子数字、代码、图像、文字，或者基于此形成的数据集合，虚拟世界的"数据"，不是客观意义上的有体物，也未被规定为"权利作为物权客体"的权利，因此并不属于物权法"物"的范畴，无法受到物权法的保护。物权的概念是权利人依法对特定的物享有直接支配和排他的权利。而物权的客体"物"被宽泛地定义为"包括不动产和动产"。

物权包括所有权、用益物权和担保物权，如果直接将这些数据纳入《中华人民共和国物权法》（以下简称《物权法》）的保护范畴是不妥当的。仅从所有权这一点来看，若让信息数据的个人完全享有所有权并不适当，那将使对信息数据的收集、处理、传递、存储的人的利益得不到保护，应该允许此类人和机构享有一定的所有权权能。若因公共利益的需求，也应该给予特定机构（如医疗机构）对个人身份信息数据享有一定的所有权权能，比如血液数据、指纹数据等。但是，对信息数据没有所有权的机构和个人，又能够享有所有权的权能，这是逻辑矛盾的，除非能够有相关权利让渡的法律规制，但在实践中，并无数据上权利让渡的规定。

那么，是否应该在数据上实行数据集权或多权？即允许身份信息指向的个人，以及信息收集、处理、传递、存储及其他有关联的机构或个人均享有平等的权利。这也不妥。因为数据上的权利可能会包含相应的精神性权利和财产性权利，让上述信息数据的收集处理人或者医疗机构对该数据享有精神权利不适当，精神权利应当是单独的完全属于该身份信息数据所指向的人的权利。而财产性利益，主要是对数据使用所产生的经济利益，则是可以共享的。

所以，现行《物权法》无法充分保护身份信息数据，将此类身份信息的数据

① 蔡维德、姜嘉莹：《数权法和其必要性》，载金色财经网：http://www.jinse.com/news/blockchain/126689.html.，最后访问日期：2018年8月10日。

直接纳入《物权法》的保护范畴并不妥当。从更大的范围来看,还有诸多除身份信息数据以外的其他数据,均承载着特定的价值,也应当保护。因此,对数据应有相应的数权立法,如"数权法"对数权及权属进行规制。

32.4 数权解密

32.4.1 数权的概念与新权利

727 自主主权身份引出了数权问题,数权的概念是什么?

在2015年贵阳国际大数据产业博览会上,陈刚先生提出了数权的概念,他认为,数权是一种新的权利类型,一种新的权利客体和一种新的权利权能。其他研究机构也对数权相关理论作了阐述,认为数权的本质是共享权,往往表现为一数多权,不具有排他性。

目前法学界对于"数据权利以及权属"主要有四大主流观点:

(1)新型人格权说:主要是大部分民法学者的观点,应为个人数据创设新型人格权;

(2)知识产权说:可以根据数据集和数据库的不同情况将其归为著作权或邻接权;

(3)商业秘密说:特定情况下数据可当作商业秘密来看待;

(4)数据财产说:数据是一种新型财产权。

728 为何说数权是新时代公民的新权利?

随着大数据时代的来临和区块链技术的应用,数据也成了一种独立的客观存在。在这个新时代,数据已发展成为重要的社会资源,"数据有价",因而有必要赋予数据财产权,并保护数据财产。数据的所有权、知情权、采集权、保存权、使用权以及隐私权等,构成了每个公民在大数据时代的新权益。

数权的本质是共享权,往往表现为一数多权,不具排他性。这与物权(2007年我国颁布了《物权法》,在法律上明确了物权的概念)不同,物权具有所有权的排他性,即同一物之上不得存在两个所有权,任何人都负有不妨害权利人对物独占的支配权。而数据具有无限可复制性,且复制几乎不产生新的成本,可以存在"一数多权",数据持有人可以对复制的数据拥有现实、直接的控制。

对数据权的权利保护是一个宏观的概念,可分为公权视野下的数据国家主权和私权视野下的个体数据权。在我国,数据的主体多样,包括个人、法人、公共机构、政府等,所以数权既需要公法规制,也需要私法规制:

一是指向公权力,即以国家为中心构建的数据权力,它是以数据管理权和数据控制权为核心内容的国家数据主权;

二是指向私权利,即以个人为中心构建的数据权利,包括数据人格权和数据财产权。

32.4.2 数权立法与物权的区别

729 为何需要对数权立法,未来的"数权法"应该涉及哪些问题?

未来的"数权法"至少需要考虑 3 个方面的事项(根据北航数字社会与区块链实验室蔡维德与美国埃默里大学法学院姜嘉莹的观点归纳)(见表 32 - 2)。

表 32 - 2 未来的"数权法"至少应该涉及的内容

数权的主体	即相关权利人,包含数据所指向的特定对象以及对该数据的收集、处理、传递、存储的人(包含自然人、法人、非法人组织等)。但是,不同权利主体的权限应当有所区别。数权的主体可依据对数据的不同使用进行分类,并赋予其特定权利或设定权利限制等。这个可以借鉴知识产权的立法,如《中华人民共和国著作权法》中的著作权人享有著作权,对作品享有完全的人身权和财产权;对改编、翻译、注释、整理已有作品而产生的作品的人也享有著作权,但不得侵犯原作品的著作权;表演者、录音录像制作者对改编后的作品进行表演、录音录像要取得著作权人的双重许可,也享有一定的表演者权和录音录像制作者权
数权的客体	数据是由一系列电子数字、代码、图像、文字组成的,单一一个数字或者代码等可能并无任何价值,只有由其组合才能形成有价值的信息,因此数权的客体应当是有一定规律和价值的数据集合
数权的内容	数权除所有权之外,还应设立用益数权、担保数权、共享权的制度。所谓用益数权,就是着眼于开发数据的使用价值,贯彻效益原则,允许非所有权人对特定数据享有特定权利;所谓担保数权,就是可利用有较大价值的数据去取得或者支配特定数据的交换价值,用于实现债权;所谓共享权,主要由数据共享或者部分共享的特性而设定,对数据共享的相关权利人、权能进行规定并将其制度化

此外,数权的立法,还应当考虑数权所涉及不同权利人的精神权利和财产权利。

730 数权与物权的主要区别是什么？

数权与物权的主要区别可以简略地从表 32－3 反映出来。

表 32－3　物权与数权的区别①

比较项	物权	数权
客体	为人所支配的特定物	有一定规律或价值的数据集合
主体	特定的人	应当是相关权利人，包含数据所指向的特定对象以及该数据的收集、处理、传递、存储人（包含自然人、法人、非法人组织等）。但对权利人进行分类，对应不同权利权限
内容	所有权和他物权（用益物权和担保物权）	所有权、用益数权、担保数权、共享权

① 蔡维德、姜嘉莹：《数权法和其必要性》，载金色财经网：http://www.jinse.com/news/blockchain/126689.html.，最后访问日期：2018 年 8 月 10 日。

图书在版编目(CIP)数据

区块链实用解码730问 / 王骥编著. -- 北京：法律出版社，2018

ISBN 978-7-5197-2715-4

Ⅰ. ①区… Ⅱ. ①王… Ⅲ. ①电子商务－支付方式－问题解答 Ⅳ. ①F713.361.3-44

中国版本图书馆CIP数据核字(2018)第215658号

区块链实用解码730问
QUKUAILIAN SHIYONG JIEMA 730 WEN

王 骥 编著

策划编辑 沈小英
责任编辑 沈小英 毛镜澄
装帧设计 李 瞻

出版 法律出版社
总发行 中国法律图书有限公司
经销 新华书店
印刷 固安华明印业有限公司
责任校对 王晓萍
责任印制 吕亚莉

编辑统筹 财经法治出版分社
开本 720毫米×960毫米 1/16
印张 30.5
字数 470千
版本 2018年9月第1版
印次 2018年9月第1次印刷

法律出版社/北京市丰台区莲花池西里7号(100073)
网址/www.lawpress.com.cn
投稿邮箱/info@lawpress.com.cn
举报维权邮箱/jbwq@lawpress.com.cn
销售热线/010-63939792
咨询电话/010-63939796

中国法律图书有限公司/北京市丰台区莲花池西里7号(100073)
全国各地中法图分、子公司销售电话：
统一销售客服/400-660-6393
第一法律书店/010-63939781/9782
西安分公司/029-85330678
重庆分公司/023-67453036
上海分公司/021-62071639/1636
深圳分公司/0755-83072995

书号：ISBN 978-7-5197-2715-4
定价：138.00元